国家级一流本科专业建设点配套教材
高等院校物流专业"互联网+"创新规划教材

运输组织学（第2版）

孟祥茹　主　编
姜　华　孙建萌　白　燕　副主编
伊红霞　参　编

内 容 简 介

本书系统地阐述了运输组织学的理论与实务，兼顾综合运输体系的完整性。全书共分 11 章，包括运输概论、客货流分析和运输量预测、运输组织评价指标、货物运价与运费、货运车辆运行组织、公路货物运输组织、集装箱运输组织、公路旅客运输组织、运输优化与决策、国际货物运输公约、信息技术在运输中的应用。本书还提供了与运输组织有关的案例和习题，供读者阅读、训练使用。

本书可作为高等院校交通运输、物流工程和物流管理专业的教材，也可作为大中专院校相关专业的参考教材，或者供从事交通运输与物流管理工作的技术人员和管理人员自学参考。

图书在版编目(CIP)数据

运输组织学 / 孟祥茹主编. —2 版. —北京：北京大学出版社，2022.12
高等院校物流专业"互联网+"创新规划教材
ISBN 978-7-301-33632-8

Ⅰ.①运… Ⅱ.①孟… Ⅲ.①交通运输管理—高等学校—教材 Ⅳ.①F502

中国版本图书馆 CIP 数据核字（2022）第 229232 号

书　　　名	运输组织学（第 2 版） YUNSHU ZUZHIXUE（DI-ER BAN）
著作责任者	孟祥茹　主编
策划编辑	郑　双
责任编辑	黄园园　郑　双
数字编辑	金常伟
标准书号	ISBN 978-7-301-33632-8
出版发行	北京大学出版社
地　　　址	北京市海淀区成府路 205 号　100871
网　　　址	http://www.pup.cn　新浪微博：@北京大学出版社
电子邮箱	编辑部 pup6@pup.cn　总编室 zpup@pup.cn
电　　　话	邮购部 010-62752015　发行部 010-62750672　编辑部 010-62750667
印刷者	河北文福旺印刷有限公司
经销者	新华书店
	787 毫米×1092 毫米　16 开本　25.25 印张　606 千字 2014 年 3 月第 1 版　2022 年 12 月第 2 版　2023 年 9 月第 2 次印刷
定　　　价	69.00 元

未经许可，不得以任何方式复制或抄袭本书之部分或全部内容。
版权所有，侵权必究
举报电话：010-62752024　电子信箱：fd@pup.pku.edu.cn
图书如有印装质量问题，请与出版部联系，电话 010-62756370

第 2 版前言

运输组织学是一门正在发展的综合性边缘学科，涉及交通运输学、组织学、管理学和经济学等多个学科。本书以公路运输为主，兼顾综合运输体系的完整性。本书涵盖了五种运输方式的运输组织评价指标体系及五种运输方式各种运输费用的计算，尤其详细分析了公路运输行业车辆运用及效果的评价内容。第 2 版在修订过程中注重教材的创新性，按照创新型人才培养模式构建了新的课程建设平台，整体优化课程内容，重组课程结构，实施以能力为核心的教学模式，使学生在运输组织的基本理论、方法、技能方面得到全面学习和系统训练。书中还以二维码的形式加入了教学视频，便于学生自主学习。

本书是为满足我国高等院校交通运输与物流专业本科生的专业学习而编写的。本书第 1 版于 2014 年 3 月由北京大学出版社出版，与第 1 版相比，第 2 版主要做了以下修改。

（1）按照教育部质量工程建设要求，坚持"工程"与"管理"相融合的原则。本次修订更换了所有章节的案例，全面更新了数据、相关物流术语，删除了陈旧的知识内容。

（2）增加了一章的内容，由原来的 10 章增加为 11 章，增加国际货物运输公约相关内容。

（3）吸收了本学科领域的最新科技成果，广泛吸纳先进的教学经验和教改成果，体现新时期科技的发展对人才培养提出的新要求，做到理论与实践紧密结合。

本书还具备以下特点。

（1）实用性强。按照运输基本知识、运输组织的评价、运费计算、货运车辆运行组织、运输优化与决策的思路进行章节设计，符合学习者循序渐进的学习习惯。

（2）实践性和应用性强。每章开始设置了导入案例供学习者分析、研读，提供多样的思考与练习题，以便学习者巩固、运用所学的运输理论和实务。

（3）内容丰富，结构新颖。每章开始给出了本章的教学目标，对各知识点及需要学习者掌握的程度进行了说明。

（4）内容完整系统、重点突出。所用资料力求更准确地解答问题点。本书在注重介绍运输组织理论知识的同时，还强调运输组织知识的应用性。

本书由孟祥茹（山东交通学院）任主编，姜华（山东交通学院）、孙建萌（山东省交通科学研究院）和白燕（山东交通学院）任副主编，伊红霞（临沂市交通运输局）参编。具体的编写分工是：孟祥茹编写第 1、3、4、8 章；孙建萌编写第 2、7 章；姜华编写第 5、6

章；白燕编写第 9、11 章；伊红霞编写第 10 章。在本书的编写过程中，参考、借鉴了国内外相关学术论文、著作、视频和其他资料，特此向这些资料的作者表示衷心的感谢。本书在出版过程中，得到了北京大学出版社的大力支持，在此一并表示衷心的感谢。

由于编者水平有限，加之时间仓促，书中难免存在不足之处，敬请读者批评指正。

编　者

资源索引

目 录

第1章 运输概论 1
1.1 运输概述 2
1.1.1 运输的概念 2
1.1.2 运输的功能 3
1.1.3 运输节点的种类 3
1.1.4 运输原理 4
1.1.5 运输的发展趋势 4
1.2 运输的地位、作用与运输业的类型 5
1.2.1 运输的地位 5
1.2.2 运输在物流中的作用 6
1.2.3 运输业的类型 7
1.3 运输服务及运输供求的基本特征 8
1.3.1 运输服务的基本特征 8
1.3.2 运输供求的基本特征 9
1.4 运输方式的技术设施 11
1.4.1 铁路运输 11
1.4.2 道路运输 13
1.4.3 水路运输 14
1.4.4 航空运输 15
1.4.5 管道运输 15
1.4.6 运输方式的优缺点和适用范围 15
1.5 运输合理化 16
1.5.1 运输合理化的影响因素 16
1.5.2 不合理运输的表现形式 17
1.5.3 运输合理化措施 20
本章小结 22
综合练习 24

第2章 客货流分析和运输量预测 26
2.1 货流分析 28
2.1.1 货物的分类 28
2.1.2 货运产品的基本指标 29
2.1.3 货流及货流图 30
2.1.4 货流的不均衡性分析 33
2.2 客流分析 35
2.2.1 旅客的分类 35
2.2.2 客流及其分类 36
2.2.3 客流图 37
2.2.4 客流的不均衡性分析 37
2.2.5 客流动态及其演变规律 39
2.3 运输量预测 42
2.3.1 运输量预测的含义 42
2.3.2 运输量预测的定性预测法 43
2.3.3 运输量预测的定量预测法 44
本章小结 48
综合练习 50

第3章 运输组织评价指标 52
3.1 汽车运输过程及基本术语 53
3.1.1 汽车运输过程 53
3.1.2 汽车运输基本术语 54
3.2 评价汽车利用程度的单项指标 56
3.2.1 车辆时间利用指标 56
3.2.2 车辆速度利用指标 58
3.2.3 车辆行程利用指标 60
3.2.4 车辆载重能力利用指标 61
3.2.5 车辆动力利用指标 64
3.3 评价汽车运输工作的综合指标 64
3.3.1 汽车运输生产率 65
3.3.2 汽车运输成本 71
3.4 铁路运输组织评价指标 75
3.4.1 货车运用指标 75
3.4.2 客车运用指标 78

3.4.3 机车运用指标 80
3.5 水路运输组织评价指标 81
　　　3.5.1 水路运输量指标 81
　　　3.5.2 港口运输指标 82
　　　3.5.3 船舶营运指标 86
3.6 航空运输组织评价指标 89
　　　3.6.1 航空运输量指标 89
　　　3.6.2 航空运输效率指标 91
　　　3.6.3 机场利用指标 93
　　　3.6.4 飞行安全指标 95
本章小结 95
综合练习 96

第4章　货物运价与运费 98

4.1 运输价格 99
　　　4.1.1 运价及其特点 99
　　　4.1.2 运价的种类 100
　　　4.1.3 运价结构 101
　　　4.1.4 运价的影响因素 102
4.2 公路运价与运费 103
　　　4.2.1 公路货物运费的计价标准 103
　　　4.2.2 公路货物运价价目 104
　　　4.2.3 公路货物运输的其他费用 105
　　　4.2.4 公路货物运费计算 106
4.3 铁路运价与运费 107
　　　4.3.1 铁路货物运价核收依据 107
　　　4.3.2 铁路货物运价类别 107
　　　4.3.3 货物运费计算步骤 108
　　　4.3.4 铁路运费计算 109
　　　4.3.5 铁路其他杂费计算 112
4.4 水路运价与运费 114
　　　4.4.1 水路货物运价的分类 114
　　　4.4.2 国内水路货物运价的制定 115
　　　4.4.3 班轮运费计算 118
4.5 航空运价与运费 121
　　　4.5.1 航空运费计算中的基本知识 121
　　　4.5.2 国际货物运价的种类及使用规定 122

　　　4.5.3 普通货物运费计算 123
　　　4.5.4 指定商品运费计算 125
　　　4.5.5 等级货物运费计算 126
　　　4.5.6 贵重货物运费计算 128
　　　4.5.7 书报、杂志类运费计算 129
　　　4.5.8 行李运费计算 130
本章小结 130
综合练习 131

第5章　货运车辆运行组织 135

5.1 汽车货运生产计划 136
　　　5.1.1 汽车货运生产计划的含义 136
　　　5.1.2 运输量计划的编制 140
　　　5.1.3 车辆计划的编制 141
　　　5.1.4 车辆运用计划的编制 143
　　　5.1.5 车辆运行作业计划的编制 147
5.2 运输车辆的选择 148
　　　5.2.1 车辆类型的选择 148
　　　5.2.2 车辆载重量的选择 149
　　　5.2.3 新能源汽车的选择 152
5.3 车辆行驶线路的优化 154
　　　5.3.1 车辆行驶线路的类型 154
　　　5.3.2 汇集式行驶线路的选择 159
5.4 货运车辆运行组织形式 166
　　　5.4.1 多班运输 166
　　　5.4.2 甩挂运输 168
本章小结 171
综合练习 171

第6章　公路货物运输组织 174

6.1 公路货物运输概述 175
　　　6.1.1 公路货物运输的分类 175
　　　6.1.2 公路运输的优缺点 176
　　　6.1.3 公路货运站 177
6.2 整车货物运输组织 177
　　　6.2.1 整车货物运输的概念 177
　　　6.2.2 整车货物运输的站务工作 178
　　　6.2.3 货物装卸 178
　　　6.2.4 整车货物运输单据 180

6.3 零担运输组织...............................181
    6.3.1 零担运输概述...................181
    6.3.2 开展零担运输的条件..........182
    6.3.3 零担货源组织方法..............182
    6.3.4 零担运输组织方式..............183
    6.3.5 零担运输的作业流程..........185

6.4 冷链运输组织...............................192
    6.4.1 冷链物流..........................192
    6.4.2 冷链运输..........................193
    6.4.3 冷链运输车辆的选择..........196
    6.4.4 冷链运输控制.....................197
    6.4.5 冷链运输组织工作..............197

6.5 危险货物运输组织........................198
    6.5.1 危险货物概述.....................198
    6.5.2 危险货物运输资质管理......199
    6.5.3 危险货物运输组织管理......200

6.6 大件货物运输组织........................203
    6.6.1 大件货物的概念.................203
    6.6.2 大件运输的概念和特点......204
    6.6.3 大件运输车辆.....................205
    6.6.4 大件运输组织.....................206

本章小结..208
综合练习..208

第7章 集装箱运输组织...............................211

7.1 集装箱运输概述............................212
    7.1.1 集装箱的定义及标准化......212
    7.1.2 集装箱的类型.....................215
    7.1.3 集装箱的标记.....................216
    7.1.4 集装箱运输的优越性及特点..219

7.2 集装箱货物的交接........................221
    7.2.1 集装箱货物.........................221
    7.2.2 集装箱的选择.....................224
    7.2.3 集装箱货物的装载..............226
    7.2.4 集装箱空箱调运.................228

7.3 集装箱运输单证............................229
    7.3.1 提单.....................................229
    7.3.2 场站收据.............................230
    7.3.3 交货记录.............................231

    7.3.4 集装箱设备交接单..............233
    7.3.5 集装箱装箱单.....................236

7.4 国际海运集装箱运输组织............238
    7.4.1 国际海运的分类.................238
    7.4.2 国际海运集装箱船舶
          配积载.................................239
    7.4.3 国际集装箱多式联运..........247

本章小结..249
综合练习..250

第8章 公路旅客运输组织...............................253

8.1 城间公路客运组织........................254
    8.1.1 公路汽车客运站.................254
    8.1.2 公路客运营运方式..............257
    8.1.3 公路客运班车的分类..........258
    8.1.4 客运班次计划的编制..........259
    8.1.5 客车运行作业计划的编制..267

8.2 城市公交客运组织........................270
    8.2.1 城市公交客运方式及营运
          方式.....................................270
    8.2.2 城市公交线路网.................272
    8.2.3 公共汽车营运组织..............277
    8.2.4 公共汽车行车作业计划的
          编制.....................................281

8.3 城市轨道交通运输组织................291
    8.3.1 城市轨道交通的类型..........291
    8.3.2 地铁与轻轨的技术特征......292
    8.3.3 列车运行计划.....................294
    8.3.4 轨道交通输送能力的计算..298
    8.3.5 列车运行组织.....................299

本章小结..301
综合练习..301

第9章 运输优化与决策...............................304

9.1 运输方式的选择............................306
    9.1.1 各种运输方式的技术经济
          特征.....................................306
    9.1.2 影响运输方式选择的因素
          分析.....................................308

9.1.3 运输方式选择的成本比较法 309
9.1.4 考虑竞争因素的方法 310
9.2 运输服务商的选择 312
 9.2.1 服务质量比较法 312
 9.2.2 综合选择法 313
 9.2.3 层次分析法 313
9.3 运输问题的图上作业法 317
 9.3.1 图上作业法概述 317
 9.3.2 线路不成圈的图上作业法 320
 9.3.3 线路成圈的图上作业法 321
9.4 运输问题的表上作业法 322
 9.4.1 表上作业法概述 322
 9.4.2 表上作业法在运输问题中的应用 323
 9.4.3 供需不平衡的物资调运问题 330
9.5 最短线路与最大流量 332
 9.5.1 最短线路 332
 9.5.2 最大流量 333
本章小结 335
综合练习 335

第 10 章 国际货物运输公约 339

10.1 国际海上货物运输公约 340
 10.1.1 国际海上货物运输合同 340
 10.1.2 约束提单的国际公约 343
10.2 国际铁路货物运输公约 347
 10.2.1 国际铁路货物运输概述 347
 10.2.2 《国际货约》 348
 10.2.3 《国际货协》 349
10.3 国际航空货物运输公约 352
 10.3.1 航空货物运输合同 352
 10.3.2 华沙体系 355
10.4 国际公路货物运输公约 358
 10.4.1 国际公路货物运输合同 358
 10.4.2 《国际货物运输的有关关税协定》 359
 10.4.3 《国际公路货物运输合同公约》 360
10.5 多式联运法律法规 361
 10.5.1 《联合国国际货物多式联运公约》 361
 10.5.2 《联合运输单证统一规则》 362
 10.5.3 《多式联运单证规则》 363
 10.5.4 《国际集装箱多式联运管理规则》 364
本章小结 364
综合练习 365

第 11 章 信息技术在运输中的应用 367

11.1 条码技术 368
 11.1.1 条码的概念 368
 11.1.2 条码的术语及分类 369
 11.1.3 物流条码 371
11.2 射频识别技术 375
 11.2.1 RFID 的概念 376
 11.2.2 RFID 的组成 377
 11.2.3 RFID 的工作原理 379
 11.2.4 RFID 技术在集装箱运输中的运用 380
11.3 全球定位系统 381
 11.3.1 GPS 技术简介 381
 11.3.2 GPS 的组成 382
 11.3.3 GPS 信号接收机的分类 384
 11.3.4 GPS 的定位原理和工作原理 384
 11.3.5 GPS 在运输中的应用 385
11.4 地理信息系统 386
 11.4.1 GIS 概述 387
 11.4.2 GIS 的组成 388
 11.4.3 GIS 的核心问题 388
 11.4.4 GIS 在运输中的应用 389
本章小结 391
综合练习 391

参考文献 395

第1章 运输概论

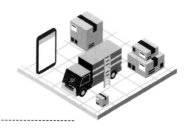

📦【本章知识架构】

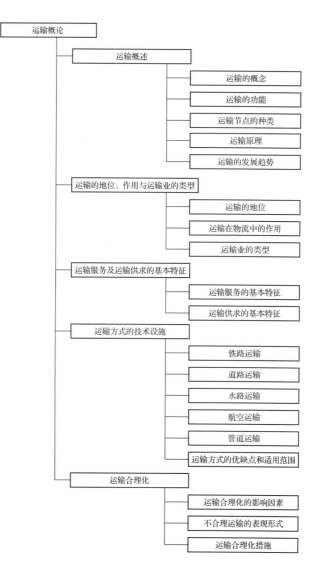

【教学目标】

通过本章学习，了解运输的概念、功能及运输的发展趋势；了解运输业的类型；掌握运输的地位及不合理运输的表现形式；掌握运输原理；掌握运输服务及运输供求的基本特征；了解五种运输方式的技术设施。

【导入案例】

减少碳排放、发展低碳运输

面对日益严重的环境问题，减少碳排放、发展低碳运输已经成为各国的共识。正如党的二十大报告中所强调的，加快发展方式绿色转型。推动经济社会发展绿色化、低碳化是实现高质量发展的关键环节。加快推动产业结构、能源结构、交通运输结构等调整优化。货运行业作为高碳排放行业，减排刻不容缓。公路运输与铁路运输是我国内陆的两大货运方式，承担了全国约80%的货运量。铁路运输的单位碳排放强度是公路运输的1/10，但铁路货运量在全社会货运量中的占比却远不及公路货运量，通过制定合理的奖惩策略（"奖励型"策略为补贴，"惩罚型"策略为碳税）引导货流转移的结构性减排不失为一种有效的减排方式。同时，技术创新或引进新技术的成本较高，通过合理的奖惩策略引导货运企业进行技术创新也是一种减排途径。

运输是物流过程的主要职能之一，也是物流过程各项业务的中心活动。物流过程中的其他各项活动，如包装、装卸搬运、物流信息等，都是围绕运输进行的。可以说，在科学技术不断进步、生产的社会化和专业化程度不断提高的今天，一切物质产品的生产和消费都离不开运输。

1.1 运输概述

1.1.1 运输的概念

中华人民共和国国家标准《物流术语》（GB/T 18354—2021）中对"运输"的定义为，运输（transport）是利用载运工具、设施设备及人力等运力资源，使货物在较大空间上产生位置移动的活动。货物运输示意图如图 1.1 所示。运输包括生产领域的运输和流通领域的

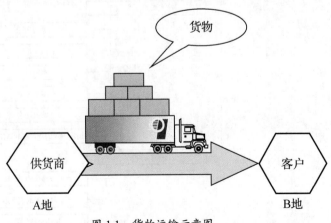

图 1.1 货物运输示意图

运输。生产领域的运输一般在企业内部进行，称为企业内部物流。企业内部物流包括原材料、在制品、半成品、成品的运输，是直接为产品服务的，也称物料搬运。流通领域的运输则是在大范围内，将货物从生产领域向消费领域转移，或从生产领域向物流网点转移，再从物流网点向消费所在地转移的活动。流通领域的运输与搬运功能相似，它们的区别仅在于空间范围的大小。流通领域的空间范围较大，可以跨城市、跨区域、跨国界，而搬运仅限于一个部门内部，如车站内、港口内、仓库内或车间内。

1.1.2 运输的功能

运输是物流作业中最直观的要素。运输提供两大功能：产品转移和产品储存。

1. 产品转移

无论产品处于哪种形式，是材料、零部件、装配件、在制品，还是制成品，也不管是在制造过程中将被转移到下一阶段，还是更接近最终的顾客，运输都是必不可少的。运输的主要功能是产品在价值链中的来回移动。既然运输利用的是时间资源、财务资源和环境资源，因此只有当它提高了产品价值时才是重要的。

运输之所以涉及时间资源，是因为产品在运输过程中是难以存取的。这种产品通常是指转移中的存货，是各种供应链战略（如准时化和快速响应等）所要考虑的一个因素，应尽可能减少制造和配送中心的存货。运输之所以要使用财务资源，是因为会产生驾驶员劳动报酬、运输工具的运行费用，以及一般杂费和行政管理费用分摊。此外，还要考虑因产品灭失损坏而必须弥补的费用。运输直接和间接地使用环境资源。在直接使用环境资源方面，运输是能源的主要消费者之一；在间接使用环境资源方面，由于运输造成拥挤、空气污染和噪声污染而产生环境费用。

运输的主要目的是以最少的时间、财务和环境资源成本，将产品从原产地转移到规定地点。此外，产品灭失损坏的费用也必须是最低的。同时，产品转移所采用的方式必须能满足顾客对产品交付和装运信息的可得性等方面的要求。

2. 产品储存

对产品进行临时储存是一个不太寻常的运输功能，也即将运输车辆临时作为储存设施。如果转移中的产品需要储存，但在短时间内（如几天后）又将重新转移的话，那么该产品在仓库卸下来和再装上去的成本也许会超过储存在运输工具中每天支付的费用。

在仓库空间有限的情况下，利用运输车辆储存不失为一种可行的选择。可以采取的一种方法是，将产品装到运输车辆上，然后采用迂回线路或间接线路运往目的地。对于迂回线路来说，转移时间将大于直接线路。当起始地和目的地仓库的储存能力有限时，这样做是合情合理的。在本质上，运输车辆被当作一种临时储存设施，但它是移动的，而不是处于闲置状态。

概括地说，用运输工具储存产品可能是昂贵的，但当需要考虑装卸成本、储存能力限制或延长前置时间时，那么从物流总成本或完成任务的角度来看却是可行的。

1.1.3 运输节点的种类

运输节点按主要功能可划分为转运型节点、储存型节点、流通型节点。运输节点的种类见表1-1。

表 1-1 运输节点的种类

种类	细分
转运型节点	陆运中转站
	港口
	航空港
储存型节点	按服务对象划分：自备仓库和营业仓库
	按所属职能划分：生产仓库和储备仓库
	按结构划分：平房仓库、楼房仓库、高层货架仓库、罐式仓库
	按保管方式划分：普通仓库、冷藏仓库、恒温仓库、露天仓库、危险仓库、散装仓库
	特种仓库：移动仓库、保税仓库
流通型节点	流通仓库
	转运仓库
	集货中心
	分货中心
	加工中心

1.1.4 运输原理

1. 规模经济原理

规模经济的特点是随着装运规模的增长，单位运输成本随之降低。例如，整车的单位运输成本低于零担运输。诸如铁路和水路之类的运输能力较大的运输工具，每单位的运输费用要低于汽车和飞机等运输能力较小的运输工具。运输规模经济的存在是因为转移一批货物的固定费用可以由整批货物的质量分摊，所以一批货物越重分摊的费用越低。

2. 距离经济原理

距离经济指每单位距离的运输成本随距离的增加而减少。例如，800 千米的一次装运成本要低于 400 千米的二次装运。运输距离经济的存在是因为租用运输工具、装卸所发生的固定费用将分摊到每单位距离的变动费用上，所以运输距离越长每单位距离支付的固定费用就越低。

1.1.5 运输的发展趋势

1. 运输的集约化

依靠提高科技水平，增加运输业的科技含量，加强科学管理和建立合理的运输体制，来提高运输效益。集约化经营的优势之一是规模效益，是一种"高投入、高产出、高效益"的经营方式。建立有效的经营管理系统，是运输集约化经营的一项基本要求。有效的经营管理系统包括三个层次的含义：经营管理权限的完整性，能保证运输过程按照运输的要求进行；经营管理权限的有效性，能保证企业各项管理能落到实处；经营管理的高效性，运输生产点多面广，需要及时决策处理，没有高效的管理，很难做出正确的决策。

2. 运输的标准化

运输的标准化是指以交通运输为一个大系统，制定系统内部设施、机械装备、专用工具等的技术标准，仓储、配送、装卸、运输等的作业标准，作为交通运输突出特征的信息标准，形成与物流其他环节以及和国际接轨的标准化体系。运输的标准化主要涉及四个方面：基础性标准；现场作业标准；信息化标准；物流服务标准。

3. 运输的信息化

5G、物联网、大数据、云计算、人工智能等技术与交通运输深度融合，交通运输领域新型基础设施建设取得重大进展，交通基础设施数字化率显著提高，数据开放共享和平台整合优化取得实质性突破。自主化先进技术装备加快推广应用，实现北斗卫星导航系统对交通运输重点领域的全面覆盖，运输装备标准化率大幅提升。

4. 运输的智能化

运输的智能化是将先进的信息技术、数据通信技术、电子控制技术及计算机处理技术等有效地运用于整个运输管理体系，从而将道路使用者、交通管理者及其相关的服务部门有机地联结起来，使交通运输的运行功能进入智能化阶段。坚持创新驱动发展，推动互联网、大数据、人工智能、区块链等新技术与交通行业深度融合，推进先进技术装备应用，构建泛在互联、柔性协同、具有全球竞争力的智能交通系统，加强科技自立自强，夯实创新发展基础，增强综合交通运输发展新动能。

5. 运输的绿色化

运输的绿色化是指在运输过程中抑制运输对环境造成危害的同时，实现对运输环境的净化，使运输资源得到充分利用。坚持"绿水青山就是金山银山"的理念，坚持生态优先，全面推动交通运输规划、设计、建设、运营、养护全生命周期绿色低碳转型，协同推进减污降碳，形成绿色低碳发展长效机制，让交通更加环保、出行更加低碳。实施交通运输绿色低碳转型行动。研究制定交通运输领域碳排放统计方法和核算规则，加强碳排放基础统计核算，建立交通运输碳排放监测平台，推动近零碳交通示范区建设。建立绿色低碳交通激励约束机制，分类完善通行管理、停车管理等措施。

1.2 运输的地位、作用与运输业的类型

1.2.1 运输的地位

1. 运输是物流的主要功能要素之一

按物流的概念，物流是"物"的物理性运动，这种运动不但改变了物的时间状态，也改变了物的空间状态。而运输承担了改变空间状态的主要任务，运输再配以搬运、配送等活动，就能圆满完成改变空间状态的全部任务。在现代物流观念未诞生之前，不少人将运

输等同于物流，其原因是物流中很大一部分内容是由运输承担的，是物流的主要部分，因而出现上述认识。

2. 运输是社会物质生产的必要条件之一

运输业是国民经济的基础和先行产业。马克思将运输称为"第四个物质生产部门"，是将运输看成生产过程的继续，这个继续虽然以生产过程为前提，但如果没有这个继续，生产过程就不能最终完成。所以，虽然运输的这种生产活动和一般生产活动不同，它不创造新的物质产品，不增加社会产品数量，不赋产品以新的使用价值，而只变动其所在的空间位置，但这一变动使生产能继续下去，使社会再生产不断推进，所以将其看成一种物质生产部门。

3. 运输可以创造"场所效用"

场所效用的含义是同种"物"由于空间场所不同，其使用价值的实现程度不同，其效益的实现也不同。由于改变场所而最大限度地发挥使用价值，最大限度地提高产出投入比，这就称为"场所效用"。通过运输，将"物"运到场所效用最高的地方，就能发挥"物"的潜力，实现资源的优化配置。从这个意义来讲，也相当于通过运输提高了物的使用价值。

4. 运输是"第三利润源"的主要源泉

（1）运输是运动中的活动，它和静止的保管不同，要靠大量的动力消耗才能实现这一活动，而运输又承担大跨度空间转移的任务，所以活动的时间长、距离长、消耗也大。消耗的绝对数量大，其节约的潜力也就大。

（2）从运输费用来看，运输费用在全部物流费用中占的比例最高，一般综合分析计算社会物流费用，运输费用在其中占比接近50%，有些产品的运输费用甚至高于产品的生产费用。

（3）由于运输总里程大，运输总量巨大，通过体制改革和运输合理化可大大缩短运输吨千米数，从而获得比较大的节约。

1.2.2　运输在物流中的作用

物流合理化，在很大程度上取决于运输合理化，所以，在物流过程的各项业务活动中，运输是关键，起着举足轻重的作用。运输工作是整体物流工作中一个十分重要的环节，搞好运输工作对企业物流的意义主要体现在以下方面。

1. 运输是物流系统功能的核心

物流系统具有创造物品的时间效用、形式效用、空间效用三大效用（或称三大功能）。时间效用主要由仓储活动来实现，形式效用由流通加工业务来实现，空间效用通过运输来实现。运输是物流系统不可缺少的功能。物流系统的三大功能是主体功能，其他功能（装卸、搬运和信息处理等）是从属功能。而主体功能中的运输功能的主导地位日益凸现，成为所有功能的核心。

2. 运输影响着物流的其他构成因素

运输在物流过程中还影响着物流的其他环节。例如，运输方式的选择决定装运货物的包装要求；使用不同类型的运输工具决定其配套使用的装卸搬运设备，以及接收和发运站台的设计；企业库存量的大小直接受运输状况的影响，发达的运输系统能适量、快速和可靠地补充库存，以降低必要的库存水平。

3. 运输费用在物流费用中占有很大比重

在物流过程中，直接耗费的活劳动和物化劳动所支付的直接费用主要有运输费用、保管费用、包装费用、装卸搬运费用和物流过程中的损耗等。其中，运输费用所占比重最大，是影响物流费用的一项重要因素。运输是降低物流费用、提高物流速度、发挥物流系统整体功能的中心环节，特别在我国交通运输不发达的地区更是如此。因此，在物流的各环节中，如何搞好运输工作，开展合理运输，不仅关系物流时间占用多少，而且还会影响物流费用的高低。不断降低物流运输费用，对于提高物流经济效益和社会效益都起着重要的作用，所谓物流是企业的"第三利润源"，其意义也在于此。

1.2.3 运输业的类型

现代运输业按不同的标准可划分为不同的类型，通常有下列几种分类方法。

1. 按运输对象分类

（1）旅客运输，为实现人的空间位移所进行的运输服务活动，简称客运。

（2）货物运输，为实现物的空间位移所进行的运输服务活动，简称货运。

2. 按服务性质分类

（1）公共运输，为社会性运输需求提供服务，发生各种方式的费用结算的运输。

（2）自用运输，为本单位内部工作、生产、生活服务，不发生费用结算的运输，具有非营业性质。

3. 按服务区域分类

（1）城市运输，其服务区域范围为一座城市的城区之间以及城区与郊区之间的运输。

（2）城间运输，其服务区域范围为不同城市间广大地区的运输。

4. 按运输工具分类

（1）铁路运输，以铺设的轨道为移动通路，以铁路列车为主要运输工具的运输方式。

（2）公路运输，以城间公路及城市道路为移动通路，以汽车为主要运输工具的运输方式。

（3）水路运输，以水路（江、河、湖、海等）为移动通路，以船舶为主要运输工具的运输方式。

（4）航空运输，以空路为移动通路，以飞机为主要运输工具的运输方式。

（5）管道运输，以管路为移动通路，以管道为主要运输工具的一种连续运输方式。

5. 按运输作用与距离分类

（1）干线运输，利用铁路、公路的干线，大型船舶和飞机的固定航线进行的长距离、大运量的运输。干线运输是运输的主体。

（2）支线运输，在与干线相接的分支线路上的运输。支线运输路程较短、运输量相对较小，支线的建设水平和运输水平往往低于干线，因而速度较慢。

（3）城市内运输，又称末端运输，一般具有运量小、运距短、送达地点不固定且较分散的特点。

1.3　运输服务及运输供求的基本特征

1.3.1　运输服务的基本特征

运输生产是指向运输需求者（用户）提供运输服务的过程，而运输生产的成果则称为运输产品。运输服务的基本特征如下。

1. 运输服务的公共性

运输服务的公共性是指运输服务在广泛的社会范围内与广大群众均有利害关系的特性，主要表现在以下方面。

（1）它为保证人在生产和生活过程中的"出行"需要提供运输服务，利用者广泛。

在现代社会生活中，人们不可能在同一地点满足工作、生活，以及教育、娱乐等各方面的需要，因而产生"出行"的需求。即人们要经常产生出门活动的需求，那么，当出行的距离超过一定的步行范围时，就要乘用交通工具，所以因人的移动而产生的运输需求是非常广泛的。

（2）它为保证社会经济活动中"物"的运输需求提供运输服务，利用者也十分广泛。

"物"的生产过程中所发生的原材料、半成品、成品、加工设备及辅助用品的运输，需求者非常广泛。与此同时，上述产品进入流通领域，特别是人民生活的必需品、消费品在流通过程中的运输，几乎与每个家庭甚至每个居民的生活都密切相关，可见运输服务的需求者十分广泛。

总之，无论是人的出行，还是物质的移动都是在整个社会范围内普遍发生的运输需要，因而运输服务对整个社会的经济发展和人民生活水平的提高，均有着广泛的影响，从而表现出运输服务的公共性特征。

2. 运输产品的特殊性

（1）运输产品是无形产品。

在广义的生产概念中，就生产结果而言，主要有以下三种生产方式。

① 劳动对象发生质的或形态的变化，如工业产品及建筑业产品等。

② 劳动对象发生空间位置的变化，如运输生产等。

③ 劳动对象发生时间位置的变化，如物品的储存等。

第一种生产形式的产品为有形产品，因此也称有形产品生产。第二种和第三种生产形式的产品为无形产品，故称无形产品生产。例如，运输生产并没有改变人或物的形态，只是使其进行了空间场所的移动，使之具有移动价值，运输生产为社会提供的并不是实物形态的产品，而是一种服务，其产品为无形产品。

服务的无形性会给顾客带来以下问题。

① 在购买有形产品时，顾客可以在购买前观察、触摸和测试产品；而对于服务，顾客必须依靠服务企业的声誉。所以，服务企业在经营的过程中一定要注意声誉的塑造。

② 购买者在选购有形产品时考虑与其身份和地位相符的产品。有形产品的经营者在经营过程会增加其产品的抽象概念，如奔驰、劳斯莱斯等通过增加其品牌的内涵来提升其产品的价值。而服务的购买者为降低服务质量的不确定性，在选择服务时会寻求服务质量的标志和证据。顾客一般从服务人员、设备、沟通材料、品牌、价格、非官方认证证书或声明、官方证书等方面对服务质量进行判断。

（2）运输产品是即时产品。

即时产品是指它只能在其生产与消费过程中即时存在的产品。也就是产品只能在其生产与消费同时进行的过程中存在，生产与消费两个环节不可分割，在时间与空间上重合。运输过程对于运输供给者来说是生产过程，对于运输需求者来说是消费过程。

即时性对运输供给者的影响：运输生产只能在有运输需求的时间、空间进行；每一运输生产过程必须保证质量，一旦运输质量不合格将造成巨大影响。

即时性对运输需求者的影响：运输需求者只有在有运输生产的时间、空间利用运输服务，其运输需求才能满足。

（3）运输产品以复合指标为主要计量单位。

复合指标是由两种计量单位组合构成的计量指标。

运输企业的生产是通过提供运输工具来实现运输对象的空间位置的移动。这就使运输产品同时体现两种量：运输对象的量，如人或吨；移动距离的量，如米、千米。

一般用运输对象的量和其移动距离的量的乘积来计量运输产品，计量指标为人千米（人·km）或吨千米（t·km）。

复合指标的优点：便于对各种运输方式下的运量进行统计、分析和比较；计算统计期内企业和单个车辆的运量，可作为计算运费的依据。其缺点是不能准确表示出全部的移动内容。因此，运输业常以运输对象的数量辅助计量运输产品。

3. 运输服务的准公费服务性

准公费服务是介于纯私费服务和纯公费服务之间的服务。

纯私费服务是指由社会成员通过市场用私人费用按等价交换原则购买所需服务，并由服务供给者提供的服务。

纯公费服务是指由社会公共事业部门支付费用，免费向各社会成员提供的服务，如社会治安保障、广播电视、义务教育等。

1.3.2 运输供求的基本特征

运输供求的基本特征是运输供给者与需求者所具有的特征，主要包括运输需要的异质性、运输供求的波动性、运输供求的价格弹性。

1. 运输需要的异质性

运输需要的异质性是指不同类型的运输需求者均对运输服务具有多种要求的特性。

无论是旅客或货物的运输需求者，都不仅仅要求由出发地至目的地的单纯的空间场所的移动，还对所提供的运输服务质量提出各种要求，如安全、迅速、准确、方便、经济、舒适等。而且不同类型的运输需求者对各项运输服务质量要求各有侧重，从而表现出各种运输对象对运输服务质量的不同要求。

以上分析表明，不同类型的运输需求者都对运输服务质量有其基于自身需要的不同要求，并有一定程度的针对性，从而表现出运输需要的异质性特征。

2. 运输供求的波动性

运输供求的波动性包括运输供给的波动性和运输需求的波动性。

运输需求的波动性是指运输时间及空间分布上的不均匀性，以旅客运输表现得比较明显，也就是客流分布的波动性。

运输需求按运输时间分布的波动性，主要表现如下。

（1）一年之内季节性波动，如收获季节农副产品的运输、寒暑假学生的运输、旅游旺季游客的运输等，均表现出一年之内的季节性波动。

（2）日间波动，如节假日期间、周五晚上、周一早晨的城市客运表现出的日间客流波动，月初与月末的货物运输表现出的日间货流波动等。

（3）日内沿不同小时分布的波动，如一日之内早晚上下班时出现的客运高峰及平时的低峰运输，夜间客、货运输按不同小时分布的波动等。

运输需求按运输空间分布的波动性，主要表现如下。

（1）运输区域分布的不均匀性，如市区内客流多于郊区，市区内繁华街道线路的客流多于一般线路，城市运输需求高于农村，沿海经济发达地区的运输需求高于山区和边远地区等。

（2）运输方向分布的不均匀性，如每日早晨乘客多向工作地方向流动，而傍晚则向家庭所在地方向流动；货物运输中的农副产品的主要运输方向为大中城市，而工业产品则主要流向农村及小城镇等。

深入研究运输需求沿运输时间、运输方向及区域分布的波动性，目的是适时提供相应的运输服务，以提高运输服务质量和经济效益。所谓运输供给的波动性，是指运输企业所提供的运输能力必须根据运输需求的波动性而适时调整，因此出现运输供给的不均匀性。

在一般情况下，运输需求量是较有规律的波动，可以通过运输工具的数量及运行次数的增减来进行平衡。但是，要做到运输需求与运输供给完全一致，在技术上则是很困难的。

有时为了满足波动性的运输需求，常常在短时间内提供最大的运输能力，由于是按运输高峰需求而组织的运输能力，在非高峰（平峰）运输的情况下，就会有相当部分运力因不能被利用而剩余，这就是通常所称的剩余运力。

为了尽量减少这种运力的浪费，运输企业可以采取以下措施。

（1）利用运输平峰期对车辆进行维修。

（2）实行分散运输，如在城市中错开一些单位的上下班时间，组织时差通勤，尽量减少高峰时期的压力。

（3）开辟平峰期间的运输市场，如利用剩余车辆组织临时客、货运输，开辟平峰期间的运输线路。

（4）实行不同运输时间的差别运价，如将高峰期间扩大运输能力的费用由高峰期间的用户负担，而对平峰期间的用户在价格上给予优惠，以增加平峰期间的运量，尽量减少剩余运力所造成的浪费。

3. 运输供求的价格弹性

运输供求的价格弹性包括运输需求的价格弹性和运输供给的价格弹性。

（1）运输需求的价格弹性简称运输需求弹性，指运输需求量变化率（$\Delta Q'/Q'$）与运价变化率（$\Delta P'/P'$）之比，用来表示运输需求随运价变化而变化的程度大小。

在通常情况下，价格与消费的关系是：对价格提高的商品消费减小，而对价格降低的商品消费增多。

影响运输需求弹性的主要因素有是否存在可代替运输需求的其他方式、运输费用在产品总成本中或家庭生活费用中所占比例、运输需求的必要性等。

（2）运输供给的价格弹性简称运输供给弹性，以运输供给的变化率与运价的变化率之比来表示。

影响运输供给弹性的主要因素有运输设施的投资额、剩余运力、运输市场情况、运输服务的即时性等。运输设施的投资额越小，运输供给弹性就越好。运输服务即时性的影响主要表现在即时产品不能储存、不能调拨，因而与有形产品生产相比，运输供给弹性较小。

1.4 运输方式的技术设施

在物流所有的功能中，运输是最基本的功能，是物流的核心。人们提到物流，首先想到的便是运输。货物从甲地运到乙地可以产生地点或场所效用，产生这种效用的就是运输。运输业作为物质生产部门，与其他物质生产部门一样，经历了不同的发展时期，为了满足社会各种需求，形成了铁路、公路、航空、水路、管道五种运输方式。这几种运输方式在满足人或物的空间位移的要求上具有同一性，即安全、迅速、经济、便利、舒适。但这几种运输方式所采用的技术手段、运输工具和组织形式并不相同。因此，形成的技术性能（如速度、质量、连续性、保证货物完整性，以及保证旅客的安全、舒适性等）、对地理环境的适应程度及经济指标（如能源和材料消耗、投资、运输费用、劳动生产率等）都不尽相同。

1.4.1 铁路运输

铁路运输是指在铁路上将车辆编组成列车载运货物、由机车牵引的一种运输方式。铁路运输系统主要由铁路线路、机车车辆、信号设备和车站四部分组成。

1. 铁路线路

铁路线路是列车运行的基础，承受列车质量，并且引导列车的行进方向。铁路线路主要由以下三部分组成。

（1）路基，主要承受轨道、机车车辆及其载荷的压力。

（2）桥隧建筑物，使铁路能够跨越河谷、穿过山岭。

（3）轨道，直接承受车轮的压力和冲击力并将其传给路基，引导车轮的运行方向。轨道由钢轨、轨枕、道岔、道床、联结零件、防爬设备等组成。

2. 机车车辆

机车车辆包括机车和车辆。

（1）机车。

机车是铁路运输的动力源，牵引列车运行。机车的种类如下。

① 蒸汽机车。蒸汽机车是以蒸汽机驱动的机车，结构简单、制造成本低、驾驶与维修都简单，但热效率低，功率与速度都受到限制，已经被淘汰。

② 内燃机车。内燃机车是以内燃机驱动的机车，其热效率比蒸汽机高，可达20%~30%，加足燃料后可长时间运行，但机车构造复杂、制造与维修困难、运营费用较高。

③ 电力机车。电力机车是从铁路沿线的接触网上获取电能产生牵引力的机车，其热效率高、功率大、运输能力大、启动快、速度高、爬坡能力好、污染小、噪声小，是最有发展前途的一种机车，但其对供电系统的投资较大。电力机车是目前我国铁路运输的主体。

（2）车辆。

车辆主要用于承载货物和旅客，无动力，需由机车牵引。

货运车的种类有棚车、敞车、平车、罐车、保温车等。客车的种类有座车、卧车、餐车、行李车、邮政车等。铁路货物列车的一般载重为3000~5000t，载重在6000t以上的称为重载列车。

3. 信号设备

信号设备的作用是保证列车运行与调车安全，提高铁路的通过能力。信号设备由铁路信号、连锁设备、闭塞设备组成。

（1）铁路信号。

铁路信号是对列车运行、停止和调车工作的命令，是保证列车运行安全和作业效率的重要手段。

我国铁路规定用红色（停止）、黄色（注意或减速慢行）、绿色（按规定的速度运行）、蓝色（准许越过信号机调车）、白色（不准越过信号机调车）这几种信号颜色。铁路信号按信号形式可分为视觉信号、听觉信号；按设备形式可分为固定信号、移动信号、手信号。

（2）连锁设备。连锁设备的主要作用是保证站内列车运行和调车作业的安全，以及提高车站的通过能力。

（3）闭塞设备。闭塞设备是用来保证列车在区间内运行安全的区间信号设备。它能控制列车运行，保证在一个区间内同时只有一辆列车占用。

4. 车站

车站按技术作业性质可分为编组站、区段站、中间站；按业务性质可分为货运站、客运站、客货运站。

（1）编组站。编组站用于解体和编组各类列车；组织本地区的车流；供应列车动力，整备检修机车；列车的日常技术保养。

（2）区段站。区段站大多设在中等城市和铁路网上牵引区段的分界处。其主要任务是办理列车的中转作业，进行机车的更换或机车乘务组的换班，以及解体、编组区段列车和摘挂列车。

（3）中间站。中间站主要办理列车的到发、会让、越行及客货运业务。中间站数量很多，设备规模较小，遍布全国铁路沿线中小城镇和农村。

1.4.2 道路运输

道路运输又称公路运输，是指在公路上使用机动车辆或是人力车、畜力车等非机动车辆载货运输的一种方式，适用于近距离、小批量的货运，或者是水路、铁路难以到达地区的长途、大批量货运。道路运输系统主要由道路、车辆、汽车站组成。

《中华人民共和国道路运输条例》

1. 道路

道路是指通行各种车辆和行人的工程基础设施，一般指公路。公路根据使用任务、功能和适应的交通量可分为以下几种。

（1）高速公路。高速公路为供汽车分向、分车道行驶并全部控制出入的干线公路。四车道高速公路一般能适应按各种车辆折合成小客车的远景设计年限，年平均昼夜交通量为 25000～55000 辆；六车道高速公路一般能适应按各种车辆折合成小客车的远景设计年限，年平均昼夜交通量为 45000～80000 辆；八车道高速公路一般能适应按各种车辆折合成小客车的远景设计年限，年平均昼夜交通量为 60000～100000 辆。

（2）一级公路。一级公路为供汽车分向、分车道行驶的公路，一般能适应按各种车辆折合成小客车的远景设计年限，年平均昼夜交通量为 15000～30000 辆。

（3）二级公路。二级公路一般能适应按各种车辆折合成中型载重汽车的远景设计年限，年平均昼夜交通量为 3000～7500 辆。

（4）三级公路。三级公路一般能适应按各种车辆折合成中型载重汽车的远景设计年限，年平均昼夜交通量为 1000～4000 辆。

（5）四级公路。四级公路一般能适应按各种车辆折合成中型载重汽车的远景设计年限，年平均昼夜交通量为双车道 1500 辆以下，单车道 200 辆以下。

各级公路远景设计年限：高速公路和一级公路为 20 年；二级公路为 15 年；三级公路为 10 年；四级公路一般为 10 年，也可根据实际情况适当调整。

2. 车辆

（1）厢式货车。厢式货车本身带有载货车厢，有防雨、防丢失功能，货物安全性好。厢式货车只适用于装运特殊货物，往往只能单向运输，效率低。

（2）普通载货汽车。普通载货汽车根据载重量不同，可分为大型（8t 以上）、中型（2～8t）、小型（2t 以下）。

（3）专用载货汽车。

（4）牵引车和挂车。牵引车是一种有动力而无装载空间的车辆，是专门用来牵引挂车的运输工具。挂车是无动力但有装载空间的车辆，可分为全挂车和半挂车。

3. 汽车站

汽车站的功能主要是对汽车运输活动进行组织管理和为运输车辆提供后勤技术保障。根据运输对象的不同，汽车站可分为客运汽车站和货运汽车站。客运汽车站由客运服务区、停车场、维修厂、油库组成；货运汽车站由货运服务区、停车场、维修厂、油库组成。

1.4.3 水路运输

水路运输按船舶航行区域，可分为远洋运输、近洋运输、沿海运输、内河运输。水路运输系统主要由船舶、港口、航道组成。

1. 船舶

货物运输船舶按照其用途不同，可分为干货船和油槽船两大类。

（1）干货船（dry cargo ship）。

干货船通常分为以下 7 种。

① 杂货船（general cargo ship）。杂货船一般是指定期航行于货运繁忙的航线，以装运零星杂货为主的船舶。这种船航行速度较快，船上配有足够的起吊设备，船舶构造中有多层甲板把船舱分隔成多层货柜，以适应装载不同货物的需要。

② 干散货船（bulk cargo ship）。干散货船是用于装载无包装的大宗货物的船舶。依所装货物的种类不同，又可分为粮谷船（grain ship）、煤船（collier）和矿砂船（ore carrier）。这种船大都为单甲板，舱内不设支柱，但设有隔板，用以防止在风浪中运行的舱内货物错位。

③ 冷藏船（refrigerated ship）。冷藏船是专门用于装载冷冻易腐货物的船舶。这种船设有冷藏系统，能调节多种温度以适应各舱货物对不同温度的需要。

④ 木材船（timber ship）。木材船是专门用于装载木材或原木的船舶。这种船舱口大，舱内无梁柱及其他妨碍装卸的设备，船舱及甲板上均可装载木材。为防甲板上的木材被海浪冲出舷外，在船舷两侧一般设置不低于一米的舷墙。

⑤ 集装箱船（container ship）。集装箱船可分为部分集装箱船、全集装箱船和可变换集装箱船三种。

部分集装箱船（partial container ship）仅以船的中央部位作为集装箱的专用舱位，其他舱位仍装普通杂货。

全集装箱船（full container ship）是专门用于装运集装箱的船舶。它与一般杂货船不同，其货舱内有格栅式货架，装有垂直导轨，便于集装箱沿导轨放下，四角有格栅制约，可防倾倒。全集装箱船的舱内可堆放 3~9 层集装箱，甲板上还可堆放 3~4 层集装箱。

可变换集装箱船（convertible container ship）的货舱内装载集装箱的结构为可拆装式的。因此，它既可装运集装箱，必要时也可装运普通杂货。

集装箱船航速较快，大多数船舶本身没有起吊设备，需要依靠码头上的起吊设备进行装卸，因此这种集装箱船也称为吊上吊下船。

⑥ 滚装船又称滚上滚下船（roll-on/roll-off ship）。滚装船主要用于运送汽车和集装箱。这种船本身无须装卸设备，一般在船侧或船的首、尾有开口斜坡连接码头，装卸货物时，汽车或集装箱（装在拖车上的）直接开进或开出船舱。这种船的优点是不依赖码头上的装卸设备，装卸速度快，可加速船舶周转。

⑦ 载驳船（barge carrier）又称子母船。载驳船是指在大船上搭载驳船，驳船内装载货物的船舶。载驳船的主要优点是不受港口水深限制，不需要占用码头泊位，装卸货物均在锚地进行，装卸效率高。目前较常用的载驳船主要有普通载驳船（lighter aboard ship，LASH）和海蜂式载驳船（seabee ship）两种。

（2）油槽船（tanker）。

油槽船是主要用于装运液体货物的船舶。油槽船根据所装货物种类不同，又可分为油轮和液化天然气船。

① 油轮（oil tanker）。油轮主要用于装运液态石油类货物。它的特点是机舱都设在船尾，船壳衣身被分隔成数个储油舱，有油管贯通各油舱。油舱大多采用纵向式结构，并设有纵向舱壁，在未装满货时也能保持船舶的平稳性。

② 液化天然气船（liquefied natural gas carrier）。液化天然气船专门用于装运经过液化的天然气。

2. 港口

港口是供船舶停靠、集散客货、为船舶提供各种服务的具有综合功能的场所。港口的主要功能有：装卸运输功能；服务功能；工业功能；贸易和商业功能。

3. 航道

航道是供船舶安全航行的通道。航道一般分为自然航道、人工航道。

1.4.4 航空运输

航空运输是利用飞机或其他航空器在空中进行客、货运输的运输方式。航空运输系统主要由航空港、航空线网、飞机组成。

1. 航空港

航空港一般称为机场，主要由飞行区、运输服务区、机务维修区组成。

2. 航空网线

航空网线由航线、航路组成。

3. 飞机

飞机依动力的不同，可分为螺旋桨式飞机、喷气式飞机、直升机等。

1.4.5 管道运输

管道运输是指由钢管、泵站和加压设备等组成的利用管道加压输送气体、液体、粉状固体的运输方式。管道运输系统主要由管线、管线上的运输站点组成。

1. 管线

管线一般使用钢质的管道焊接而成，能承受较大的压力。

2. 管线运输站点

管线运输站点分为首站、中间站、末站。

1.4.6 运输方式的优缺点和适用范围

现代运输的五种基本运输方式在运输工具、线路设施、营运方式及技术经济特征等方面各不相同,因而各有优势,各有其不同的适用范围。五种运输方式的优缺点和适用范围如表 1-2 所示。

表 1-2 五种运输方式的优缺点和适用范围

运输方式	优点	缺点	适用范围
铁路运输	运输能力大;运输速度快;运输成本低(长距离、大批量);受自然条件影响小;运输经常性好;能耗低;通用性好	机动性差;投资大,建设周期长;占地多	大宗低值货物的中、长距离运输;大批量、时间性强、可靠性要求高的货物运输
道路运输	机动灵活;驾驶员容易培训;包装简单,货损少	运输成本高;运输能力小;占地多;劳动生产率低;能耗高;环境污染严重	中、短距离运输
水路运输	运输能力大;能耗低;运输成本低;建设投资费用低;占地少;劳动生产率高;平均运距长	运输速度慢;受自然条件影响大;可达性差	运距长、运量大、对运达时间要求不高的大宗货物运输,也适合集装箱运输
航空运输	运输速度快;安全性高;经济价值独特;包装要求低	载运量小;投资大,成本高;易受气候条件限制;机动性差	价值高、体积小、对运达时间要求高的特殊货物运输
管道运输	运输量大;管道建设周期短、投资费用低;占地少;符合绿色运输要求,能耗小,成本低	灵活性差,只适合气体、液体和少量固体运输;当管道运输量明显不足时,运输成本会显著提高	单向、定点、量大的流体状且连续不断的货物运输

1.5 运输合理化

1.5.1 运输合理化的影响因素

由于运输是物流中最重要的功能要素,因此物流合理化在很大程度上依赖运输合理化。运输合理化就是按照货物流通规律,组织货物运输,力求用最少的劳动消耗得到最高的经济效益。运输合理化的影响因素很多,起决定性作用的有五方面的因素。

(1)运输距离。在运输时,运输时间、运输货损、运输费用、车辆或船舶周转等运输的若干技术经济指标,都与运输距离有一定比例关系,运输距离长短是运输是否合理的一个基本因素。缩短运输距离从宏观、微观看都会带来好处。

(2)运输环节。每增加一次运输,不但会增加起运的运输费用和总运输费用,而且还会增加运输的附属活动,如装卸、包装等,各项技术经济指标也会因此下降。所以,减少运输环节,尤其是同类运输工具的环节,对合理运输有促进作用。

(3)运输工具。各种运输工具都有其使用的优势领域,对运输工具进行优化选择,按运输工具特点进行运输作业,最大限度地发挥所用运输工具的作用,是运输合理化的重要一环。

（4）运输时间。运输是物流过程中需要花费较多时间的环节,尤其是远程运输,在全部物流时间中,运输时间占绝大部分,所以运输时间的缩短对整个流通时间的缩短有决定性的作用。此外,运输时间短,有利于运输工具的加速周转,充分发挥运力的作用,有利于货主资金的周转,有利于运输线路通过能力的提高,对运输合理化有很大贡献。

（5）运输费用。运输费用在全部物流费用中占很大比例,运输费用高低在很大程度上决定整个物流系统的竞争能力。实际上,运输费用的降低,无论对货主企业来讲还是对物流企业来讲,都是运输合理化的一个重要目标。运输费用也是各种合理化措施是否行之有效的最终判断依据之一。

1.5.2 不合理运输的表现形式

不合理运输是在现有条件下可以达到的运输水平而未达到,从而造成了运力浪费、运输时间增加、运输费用超支等问题的运输形式。不合理运输是在组织货物运输过程中,违反货物流通规律,不按经济区域和货物自然流向组织货物调运,忽视运输工具的充分利用和合理分工导致的。目前我国存在的不合理运输形式主要有以下几种。

1. 空车行驶

空车行驶是不合理运输的最严重形式,是最典型的不合理运输表现形式。在实际运输组织中,有时候必须调运空车,从管理上不能将其看成不合理运输。但是,因调运不当、货源计划不周、不采用运输社会化而形成的空驶,是不合理运输的表现。造成空驶的不合理运输主要有以下几个原因。

（1）能利用社会化的运输体系而不利用,却依靠自备车送货提货,从而出现单程重车、单程空车行驶。

（2）由于工作失误或计划不周,造成货源不实,车辆空去空回,形成双程空车行驶。

（3）由于车辆过分专用,无法搭运回程货,只能单程重车、单程空车行驶周转。

2. 对流运输

对流运输亦称相向运输、交错运输,是指同一种货物,或者彼此之间可以相互代用而又不影响管理及效益的货物,在同一条运输线路或平行运输线路上做相对方向运输的不合理运输现象。对流运输主要有以下两类形式：明显的对流运输（图1.2）,即在同一条运输线路上的对流；隐含的对流运输（图1.3）,是易被忽视的对流运输。

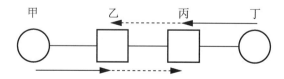

注：○表示发货地址；□表示收货地址；----→表示对流运输流向线。

图1.2　明显的对流运输

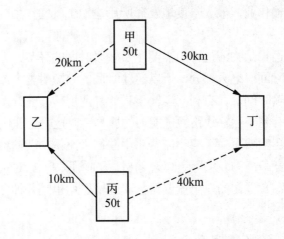

注：──→ 表示正确的运输线路；----→ 表示错误的运输线路。

图1.3 隐含的对流运输

3. 迂回运输

迂回运输是指货物绕道而行的运输现象。由甲地发运货物到丁地，本来可以直接到达丁地，却经过了乙地至丁地，则在从甲地到丁地的过程中发生了迂回运输，如图1.4所示。迂回运输有一定复杂性，不能简单处之，只有当计划不周、地理不熟、组织不当而发生的迂回，才属于不合理运输。如果最短距离线路有交通阻塞、道路情况不好，或者有对噪声、排气等特殊限制时发生的迂回，不能称为不合理运输。

4. 倒流运输

倒流运输是指货物从销地或中转地向产地或起运地回流的不合理运输现象，如图1.5所示。其不合理程度要甚于对流运输，因为往返两程的运输都是不必要的，形成了双程的浪费。

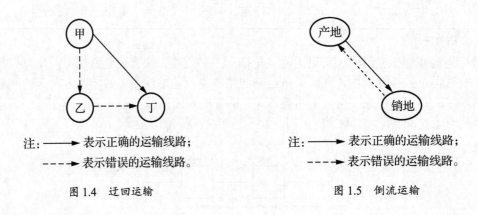

图1.4 迂回运输　　　　　图1.5 倒流运输

5. 重复运输

重复运输是指一种货物本来可以直达目的地，但是却在目的地之外的其他场所将货物卸下,再重复装运送达目的地,这是重复运输的一种形式;另一种形式是,同品种货物在同一地点一边运进,同时又向外运出。重复运输增加了不必要的中间环节,延缓了流通速度,增加了费用,增大了货损。重复运输如图1.6所示。

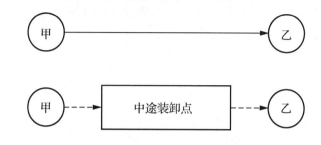

注: ——→ 表示正确的运输线路; ---→ 表示错误的运输线路。

图1.6 重复运输

6. 过远运输

过远运输是指舍近求远的不合理运输现象,如图1.7所示。近处有资源不调而从远处调,这就造成可采取近程运输而未采取,拉长了货物运输距离的浪费现象。过远运输占用运力时间长、运输工具周转慢、物资占压资金时间长,而且易出现货损,增加了费用。

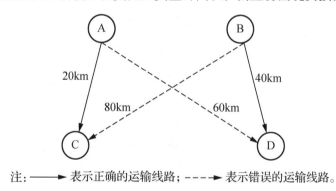

注: ——→ 表示正确的运输线路; ---→ 表示错误的运输线路。

图1.7 过远运输

7. 无效运输

无效运输是指被运输的货物杂质过多,如原木的边角料、煤炭中的煤矸石等,使运输能力浪费于不必要物资运输的不合理运输现象。例如,我国每年有大批原木进行远距离的调运,但是原木的直接使用率只有70%,剩余30%边角料的运输就属于无效运输。

8. 运力选择不当

在选择运输工具时,未利用各种运输工具的优势而造成的不合理运输现象,常见的有以下几种形式。

(1)弃水走陆。在既可以利用水运也可以利用陆运时,不利用成本较低的水运或水陆联运,而选择成本较高的铁路运输或汽车运输,使水运优势不能发挥。

(2)大型运输工具的过近运输。不在大型运输工具的经济运行里程范围却利用这些运力进行运输。主要的不合理之处在于大型运输工具起运及到达目的地的准备、装卸时间长，且机动灵活性不足，在过近距离运输中发挥不了运速快的优势。相反，由于装卸时间长，反而会延长运输时间。另外，与小型运输工具相比，大型运输工具装卸难度大、费用也较高。

（3）运输工具承载能力选择不当。不根据承运货物数量及质量选择，而盲目选择运输工具，造成过分超载、损坏车辆或者货物不满载、浪费运力的现象。尤其是"大马拉小车"现象较多。由于装货量小，单位货物运输成本必然增加。

（4）托运方式选择不当。对于货主而言，在可以选择最佳托运方式而未选择，造成运力浪费及费用支出加大的现象。例如，应当选择整车而采取零担托运、应当直达而选择中转运输、应当中转而选择直达运输等，都属于这一类型的不合理运输。

以上对不合理运输的描述，主要是从细分的角度分析。在实践中，必须将其放在物流系统中进行综合判断，否则，很可能出现效益背反现象。单从一种情况来看，避免了不合理，做到了合理，但它的合理却使其他部分出现不合理。只有从系统角度进行综合判断才能有效避免效益背反现象，从而达到整体最优化。

1.5.3 运输合理化措施

1. 提高运输工具实载率

实载率有两个含义：一是单车实际载重与运输距离的乘积和标定载重与行驶里程的乘积的比率，这在安排单车、单船运输时，是作为判断装载合理与否的重要指标；二是车船的统计指标，即一定时期内车船实际完成的货物周转量（以吨千米计）占车船载重吨位与行驶里程的乘积的百分比。在计算时，车船行驶的里程，不但包括载货行驶，也包括空车行驶。提高实载率的意义在于：充分利用运输工具的额定能力，减少车船空车行驶和不满载行驶的时间，减少浪费，从而达到运输的合理化。

我国曾在铁路运输上提倡"满载超轴"，其含义就是充分利用货车的容积和载重，多载货，不空驶，从而达到运输合理化目的。这个做法对推动当时的运输事业发展起到了积极作用。而今开展的"配送"形式，是将多家需要的货和一家需要的多种货进行配装，以达到容积和载重的充分合理利用。在铁路运输中，采用整车运输、合装整车、整车分卸及整车零卸等具体措施，都能提高实载率。

2. 减少动力投入，增加运输能力

这种合理化的要点是：少投入、多产出，走高效益之路。运输的投入主要是能耗和基础设施的建设，在设施建设已完成的情况下，尽量减少能源投入，是少投入的核心。做到了这一点就能大大节约运输费用，降低单位货物的运输成本，达到运输合理化的目的。国内外在这方面的有效措施有以下几个。

（1）我国在客运紧张时，采取加长列车、多挂车皮的办法，在不增加机车的情况下增加运输量。

（2）水运拖排和拖带法。竹、木等物资的运输，利用竹、木本身浮力，不用运输工具载运，采取拖排法运输，可省去运输工具本身的动力消耗，达到运输合理化；将无动力驳船编成一定队形，一般是纵列，用拖轮拖带行驶，可以有比船舶载运运输量大的优点，达到运输合理化。

(3）顶推法。这是我国内河货运采取的一种有效方法。将内河驳船编成一定队形，由机动船顶推前进。其优点是航行阻力小，顶推量大，速度较快，运输成本较低。

（4）汽车挂车。汽车挂车的原理和船舶拖带、火车加挂基本相同，都是在充分利用动力的基础上增加运输能力。

3. 发展社会化的运输体系

运输社会化的含义是发挥运输的大生产优势，实行专业分工，打破一家一户自成运输体系的状况。一家一户的运输体系中，车辆自有，自我服务，不能形成规模，而且一家一户的运输需求有限，难以调剂，因而容易出现空驶、运力选择不当（因为运输工具有限，选择范围窄）、不能满载等现象，且配套的接发货设施、装卸搬运设施也很难有效运行，所以浪费颇大。实行运输社会化，可以统一安排运输工具，避免对流、倒流、空驶、运力选择不当等不合理运输形式，不但可以追求组织效益，而且可以追求规模效益，所以发展社会化的运输体系是达到运输合理化的非常重要的措施。

4. 开展中短距离铁路公路分流，采用"以公代铁"的运输

这一措施的要点是在公路运输经济里程范围内，或者经过论证，超出平均经济里程一定范围，但也尽量利用公路运输。这种运输合理化的表现主要有两点：一是相对比较紧张的铁路运输，用公路运输分流后，可以得到一定程度的缓解，从而加大这一区段的运输通过能力；二是充分利用公路"门到门"和运输速度快且灵活机动的优势，实现铁路运输难以达到的服务水平。我国"以公代铁"目前在杂货、日用百货及煤炭运输中较为普遍，一般在 200 千米以内，有时可达 700～1000 千米。

5. 发展直达运输

直达运输是追求运输合理化的重要形式，其要点是通过减少中转，从而提高运输速度，节省装卸费用，降低中转货损。在生产生活资料运输中，通过直达还可以建立稳定的产销关系和运输系统。需要注意的是，如同其他运输合理化措施一样，直达运输的合理化也是在一定条件下才会显现，不能绝对地认为直达一定优于中转，需要从物流系统的整体出发进行综合判断。

6. 配载运输

充分利用运输工具载重和容积，合理安排装载的货物及载运方法，以达到运输合理化。配载运输是提高运输工具实载率的一种有效形式。配载运输往往是将轻重商品混合配载，在以重质货物运输为主的情况下，同时搭载一些轻泡货物。例如，海运矿石、黄沙等重质货物时在舱面挡运木材、毛竹等，铁路运输矿石、钢材等重质货物时搭运农副产品等，在基本不增加运力投入、不减少重质货物运输量的前提下，解决轻泡货物的搭运。

7. "四就"直拨运输

"四就"直拨运输是减少中转运输环节，力求以最少的中转次数完成运输任务。一般批量到站或到港的货物，首先要进入分配部门或批发部门的仓库，然后按程序分拨或销售给用户。这样一来，往往出现不合理运输。"四就"直拨运输，首先是由管理机构预先筹划，然后就厂、就站（码头）、就库、就车（船）将货物分送给用户，无须入库。

8. 发展运输技术

依靠科技进步是运输合理化的重要途径。例如，专用散装车及罐装车，解决了粉状、液状货物运输损耗大、安全性差等问题；袋鼠式车皮、大型半挂车解决了大型设备整体运输问题；滚装船解决了车载货的装卸问题；集装箱船比一般船能容纳更多的箱体等，都是通过运用先进的科学技术实现运输合理化。

9. 适当进行货物加工

有不少产品由于产品本身形态及特性问题，很难实现运输的合理化，如果进行适当加工就能有效解决合理运输问题。例如，将造纸材在产地预先加工成干纸浆，然后压缩体积运输，就能解决造纸材运输不满载的问题；轻泡货物预先捆紧包装成规定尺寸，就容易提高装载量；水产品及肉类预先冷冻，就可提高车辆实载率并降低运输损耗。

10. 提高货物包装质量，改进配送中的包装方法

运输距离的长短、装卸次数的多少都会影响货物的完好度，所以应合理选择包装材料，以提高包装质量。有些货物的运输距离较短，且要采取特殊放置方法，则应改变相应的包装。

11. 正确选择运输线路

一般应尽量安排直达运输，尽可能缩短运输时间，还可以安排沿路或循环运输，以提高车辆的容积利用率和里程利用率。

本章小结

本章根据我国的国土、人口、资源分布和产业布局等特点，综合评估各种运输方式造成的土地占用、能源消耗、运输费用、环境影响、运输安全等成本效应。未来我国交通运输选择"优先发展铁路、促进铁路公路协调发展"的战略模式，既要摆脱对公路运输过于依赖的束缚，也不能因强调铁路运输而削弱其他运输方式的发展。其发展思路可概括为三点：通过增加铁路投资，加快铁路发展，逐步提高铁路在运输市场中的份额并维持在合理水平；确保公路、水路、管道运输稳步发展，实现航空运输快速发展；通过增量调整和存量升级，推动各种运输方式在发展过程中按照比较优势进行分工与协作，使运输结构和运输布局不断优化。

拓展阅读

"十四五"期间现代综合交通运输体系发展目标

到 2025 年，综合交通运输基本实现一体化融合发展，智能化、绿色化取得实质性突破，综合能力、服务品质、运行效率和整体效益显著提升，交通运输发展向世界一流水平迈进。

设施网络更加完善。国家综合立体交通网主骨架能力利用率显著提高。以"八纵八横"高速铁路主通

第1章 运输概论

道为主骨架,以高速铁路区域连接线衔接,以部分兼顾干线功能的城际铁路为补充,主要采用250千米及以上时速标准的高速铁路网,对50万人口以上城市覆盖率达到95%以上,普速铁路瓶颈路段基本消除。7条首都放射线、11条北南纵线、18条东西横线,以及地区环线、并行线、联络线等组成的国家高速公路网的主线基本贯通,普通公路质量进一步提高。布局完善、功能完备的现代化机场体系基本形成。港口码头专业化、现代化水平显著提升,内河高等级航道网络建设取得重要进展。综合交通枢纽换乘换装效率进一步提高。重点城市群一体化交通网络、都市圈1小时通勤网加快形成,沿边国道基本贯通。

运输服务更加高效。运输服务质量稳步提升,客运"一站式"、货运"一单制"服务更加普及,定制化、个性化、专业化运输服务产品更加丰富,城市交通拥堵和"停车难"问题持续缓解,农村和边境地区运输服务更有保障,具备条件的建制村实现快递服务全覆盖。面向全球的国际运输服务网络更加完善,中欧班列发展质量稳步提高。

技术装备更加先进。第五代移动通信(5G)、物联网、大数据、云计算、人工智能等技术与交通运输深度融合,交通运输领域新型基础设施建设取得重要进展,交通基础设施数字化率显著提高,数据开放共享和平台整合优化取得实质性突破。自主化先进技术装备加快推广应用,实现北斗系统对交通运输重点领域全面覆盖,运输装备标准化率大幅提升。

安全保障更加可靠。交通设施耐久可靠、运行安全可控、防范措施到位,安全设施完好率持续提高。跨部门、跨领域的安全风险防控体系和应急救援体系进一步健全,重特大事故发生率进一步降低。主要通道运输安全和粮食、能源、矿石等物资运输安全更有保障,国际物流供应链安全保障能力持续提升。

发展模式更可持续。交通运输领域绿色生产生活方式逐步形成,铁路、水路承担大宗货物和中长距离货物运输比例稳步上升,绿色出行比例明显提高,清洁低碳运输工具广泛应用,单位周转量能源消耗明显降低,交通基础设施绿色化建设比例显著提升,资源要素利用效率持续提高,碳排放强度稳步下降。

治理能力更加完备。各种运输方式一体融合发展、交通基础设施投融资和管理运营养护等领域法律法规和标准规范更加完善,综合交通运输一体化融合发展程度不断提高,市场化改革持续深化,多元化投融资体制更加健全,以信用为基础的新型监管机制加快形成。

展望2035年,便捷顺畅、经济高效、安全可靠、绿色集约、智能先进的现代化高质量国家综合立体交通网基本建成,"全国123出行交通圈"(都市区1小时通勤、城市群2小时通达、全国主要城市3小时覆盖)和"全球123快货物流圈"(快货国内1天送达、周边国家2天送达、全球主要城市3天送达)基本形成,基本建成交通强国。

正如党的二十大报告中"新时代新征程中国共产党的使命任务"提到的,全面建成社会主义现代化强国,总的战略安排是分两步走:从二〇二〇年到二〇三五年基本实现社会主义现代化;从二〇三五年到本世纪中叶把我国建成富强民主文明和谐美丽的社会主义现代化强国。

"十四五"时期综合交通运输发展主要指标如表1-3所示。

表1-3 "十四五"时期综合交通运输发展主要指标

类别	指标	2020年	2025年[①]	属性
设施网络	1. 铁路营业里程/万千米	14.6	16.5	预期性
	其中:高速铁路营业里程	3.8	5	预期性
	2. 公路通车里程/万千米	519.8	550	预期性
	其中:高速公路建成里程	16.1	19	预期性
	3. 内河高等级航道里程/万千米	1.61	1.85	预期性
	4. 民用运输机场数/个	241	>270	预期性
	5. 城市轨道交通[②]运营里程/千米	6600	10000	预期性

续表

类别	指标	2020年	2025年①	属性
衔接融合	6. 沿海港口重要港区铁路进港率/(%)	59.5	>70	预期性
	7. 枢纽机场轨道交通接入率③/(%)	68	80	预期性
	8. 集装箱铁水联运量年均增长率/(%)	—	15	预期性
	9. 建制村快递服务通达率/(%)	50	>90	预期性
智能绿色	10. 重点领域④北斗系统应用率/(%)	≥60	>95	预期性
	11. 城市新能源公交车辆占比⑤/(%)	66.2	72	预期性
	12. 交通运输二氧化碳排放强度⑥下降率/(%)	—	〔5〕	预期性
安全可靠	13. 道路运输较大及以上等级行车事故万车死亡人数下降率/(%)	—	〔12〕	约束性
	14. 民航运输飞行百万小时重大及以上事故率/(次/百万小时)	0	〔<0.11〕	约束性
	15. 铁路交通事故十亿吨千米死亡率/(人/十亿吨千米)	0.17	<0.3	约束性

注：①〔〕内为5年累计数；②纳入国家批准的城市轨道交通建设规划中的大中运量城市轨道交通项目；③国际枢纽机场和区域枢纽机场中连通轨道交通的机场数量占比；④重点营运车辆、邮政快递自有干线运输车辆、应安装具备卫星定位功能船载设备的客船及危险品船等；⑤新能源公交车辆占所有地面公交车辆的比重；⑥按单位运输周转量计算的二氧化碳排放。

关键术语

运输原理　公路运输　铁路运输　水路运输　航空运输　管道运输

综合练习

一、单项选择题

1. （　　）不是运输业发展的趋势。
   A. 运输产业化　　B. 运输智能化　　C. 运输标准化　　D. 运输信息化
2. （　　）措施不一定能很好地实现运输的合理化。
   A. 正确选择运输线路　　　　　　B. 发展社会化运输系统
   C. 充分利用运输工具装载能力　　D. 对配送尽量使用小吨位运输车
3. 能实现"门到门"运输的运输方式是（　　）。
   A. 铁路运输　　B. 公路运输　　C. 航空运输　　D. 水路运输
4. （　　）是长途客运和精密仪器、鲜活易腐货物及急救物资的理想运输方式。
   A. 航空运输　　B. 水运运输　　C. 管道运输　　D. 公路运输

二、多项选择题

1. 评价运输合理化的要素有（　　）。
   A. 运输距离　　　B. 运输时间　　　C. 运输线路

D. 运输环节　　　　E. 运输费用
2. 运输业有着与工农业生产不同的特点，具体表现在（　　　）。
   A. 运输业不生产新的实物形态的产品
   B. 运输业是处于流通过程中的生产部门
   C. 运输产品的生产和消费是同一过程
   D. 运输产品具有非同一性
3. 公路运输的技术特征有（　　　）。
   A. 投资小　　　B. 机动灵活　　　C. 单位载重量大　　D. 送达速度快
4. 铁路线路由三部分组成，即（　　　）。
   A. 路基　　　　B. 轨道　　　　C. 桥隧
   D. 路面　　　　E. 垫层
5. 运输服务的公共性主要表现在（　　　）。
   A. 保证为社会物质在生产和流通过程中提供运输服务
   B. 保证为人们在生产和生活过程中的出行需要提供运输服务
   C. 运输产品是有形产品
   D. 运输生产与运输消费同时进行
   E. 运输产品具有非储存性

三、名词解释

1. 运输
2. 规模经济原理
3. 距离经济原理
4. 旅客运输
5. 货物运输
6. 铁路运输

四、简答题

1. 运输的主要目的是什么？
2. 简述运输的发展趋势。
3. 运输的地位如何？
4. 如何实现运输合理化？

五、案例分析

假设你是一家物流公司的运输管理人员，公司的客户向你咨询以下问题，请你针对每种情形，从客户利益出发，考虑不同运输方式的优缺点和适用范围，为客户选择合理的运输（联运）方式，并简要说明理由。
（1）从北京到德国法兰克福，运输50千克展览会急需展品。
（2）从深圳到美国旧金山，运输5000台电视机。
（3）从连云港某食用油工厂到乌鲁木齐，运输500箱食用油。
（4）某牛奶工厂在方圆50千米内收购牛奶，然后将生产好的包装牛奶运送到本市的超市。
（5）从武汉到美国纽约，提供20TEU（标准集装箱）运输服务。

第 2 章 客货流分析和运输量预测

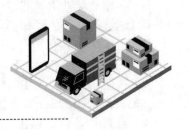

📦【本章知识架构】

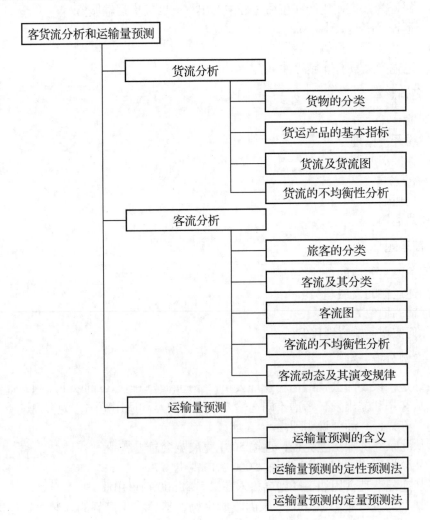

第 2 章
客货流分析和运输量预测

【教学目标】

通过本章学习，了解货物的分类、货运产品的基本指标；掌握货流及货流图；明确客货流的不均衡性；了解客流及其分类；掌握客流图及客流动态；了解运输量预测的定性预测法；掌握运输量预测的定量预测法。

【导入案例】

推进出行服务快速化、便捷化

构筑以高铁、航空为主体的大容量、高效率区际快速客运服务体系，提升主要通道旅客运输能力。2012—2020 年各种交通运输方式客运量占比如图 2.1 所示。2020 年，铁路、公路、水路、民航在客运量中的占比分别为 22.8%、71.3%、1.6%、4.3%。动车组已成为铁路旅客运输的主力军，动车组列车承担铁路客运量的约 70%，网络售票比例超过 80%。民航航班正常率连续 3 年超过 80%。道路客运转型升级步伐加快，城乡客运服务体系不断完善，公交优先战略深入实施，服务水平明显提升。

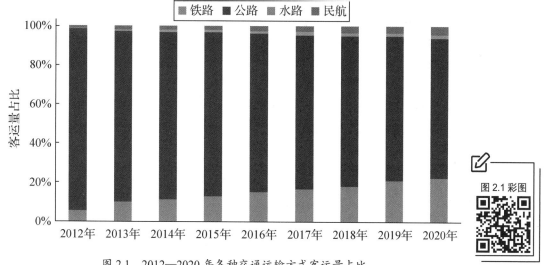

图 2.1　2012—2020 年各种交通运输方式客运量占比

鼓励不同运输方式加强协同合作，积极发展公铁、空铁、空公、空海等联运服务模式。不断提升旅客联程运输服务质量，积极推进联运票务一体化，不断完善高铁无轨站、异地候机楼、行李直挂运输等专业化服务。杭州萧山国际机场、深圳宝安国际机场等机场的部分城市候机楼结合公空联运初步实现了跨运输方式行李直挂。提高旅客联运信息化水平，鼓励综合客运枢纽建设综合信息服务平台，提高旅客联运公共信息服务能力。

做好客货流分析和运输量预测，对于保证运输业适应国民经济的发展和人民物质文化生活水平的提高有重要意义。预测的运输量包括铁路、公路、水路、航空等运输方式的旅客运量、旅客周转量、货物运量和货物周转量，以及管道运输的货物运量和货物周转量。运输量预测按期限通常分近期预测、中期预测和长期预测。一般 5 年以内为近期，5~10 年为中期，10 年以上为长期。

2.1 货流分析

货流分析

2.1.1 货物的分类

货物是运输的直接对象,是物流中的流体,它与运输组织工作有密切的关系。为了有效地实现货物的运输组织工作,常常将货物按运输组织工作的需要进行分类。一般可按货物装卸方法、运输和保管条件、托运批量、物理属性、运输对象的重要程度等因素进行分类。

1. 按货物的装卸方法分类

按货物的装卸方法,可以将货物分为计件货物和散装货物。

(1)计件货物是可以用件计数的货物。每一件货物都有一定的质量、形状和体积,可按件重或体积计量装运。带运输包装的计件货物,按其包装物的形状可分为桶装、箱装、袋装货物等;按其包装物的性质可分为硬质包装、软质包装、专业包装货物等。集装货物可以视作计件货物的一种特殊形式,如采用托盘、集装箱、集装袋等运输的货物。

(2)散装货物又可分为堆积货物和罐装货物。堆积货物是指不能计点件数,可以用堆积方法来装卸的货物,即允许散装散卸的货物,如煤炭、砂石、矿石、土等。罐装货物一般指液体货物,如油类、液体燃料、水等,用罐装方法进行装卸搬运的货物。

2. 按货物的运输和保管条件分类

按货物的运输和保管条件,可以将货物分为普通货物和特种货物。

(1)普通货物是指在运输、配送、保管及装卸搬运过程中,不必采用特殊方式或手段进行特别防护的一般货物。

(2)特种货物是指在运输、配送、保管及装卸搬运过程中,必须采取特别措施才能保证其完好无损和安全的货物。特种货物又可分为危险货物、大件(长大、笨重)货物、鲜活易腐货物和贵重货物等。

3. 按货物的托运批量分类

按货物的托运批量,可以将货物分为整车货物和零担货物。

(1)整车货物。汽车运输整车货物是指一次托运货物的质量在 3t 及以上,或者虽不足 3t 但其性质、体积、形状需要一辆汽车运输的货物;铁路运输整车货物是指一批货物的质量、体积或形状需要一辆 30t 及其以上铁路货车运输的货物。整车货物的特点是货流较稳定,装卸地点变动较少,如粮食、煤炭、建筑材料等,因此宜采用大载重的运输工具,并使用效率较高的装卸机械。

(2)零担货物。汽车运输零担货物是指一次托运货物的质量在 3t 以下,或者不满一整车的小批量货物;铁路运输零担货物是指不够整车运输条件的货物,且一件体积最小不得小于 $0.02m^3$(一件质量在 10kg 以上的除外),每批货物不得超过 300 件。零担货物的主要特点是货物种类繁多,批量小,货流不稳定,装卸地点经常变动,因此宜采用小载重的运输工具进行运输。

4. 按货物的物理属性分类

按货物的物理属性,可以将货物分为固体、液体、气体三种不同性质的货物。

在不同地理和经济区域,以及产业发展的不同阶段,三种不同物理属性货物的运输量构成是不同的。就我国现阶段的货物物理属性构成而言,以固体货物的运输量为最大,其中又以块状货物(如煤炭、矿石等)和粉末状货物(如水泥、化肥等)居多。

5. 按运输对象的重要程度分类

按运输对象的重要程度,可以将货物分为重点物资货物和一般物资货物。货物运输时间的缓急程度主要是依据国家政策及有关规定确定的。

(1)重点物资货物是指在运输时间上对国民经济、人民生活、宏观效益等方面有重要影响的物资,如抢险救灾、战备急需的物资。

(2)一般物资货物是指相对重点物资货物而言的其他各种货物。一般物资货物在运输时间上没有特殊的要求。托运人自己要求优先运输的货物一般不算重点物资货物。有些一般物资有较强的时间性,如农业生产用的种子、农药、化肥、薄膜等,为了不误农时,承运人应以支农物资对待,优先安排运送。

2.1.2 货运产品的基本指标

衡量货物运输业产品多少的指标是货物周转量,也称运输工作量,它是货运量和运距的乘积。故货物运输产品的基本指标有货运量、运距(运程)和货物周转量。下面分别阐述其含义和影响因素。

1. 货运量

货运量是指运输企业在一定的时期内实际运送的货物质量,其一般计量单位为吨(t)。不论货物运输距离长短或货物种类如何,凡货物质量达到 1t 者,即计算为一个货物吨。货运量是反映运输生产成果的指标,体现着运输业为国民经济服务的数量。一定时期货运量的大小是反映国力状况的一个重要指标。反映货运量的指标有发送货物吨数、到达货物吨数和运送货物吨数。

(1)发送货物吨数是指在发送站(港)始发的货物质量。它表明物质生产部门交给运输业运送的产品量,也说明运输业满足国民经济对运输需要的程度,它直接关系运输工具的调度。国家计划的运量,就是按发送货物吨数计算的。

(2)到达货物吨数是指到达目的站(港)的货物质量。它是从一批货物的运输已经完成的角度来反映运输业的成果。它能准确地反映货物运输的最终结果。通过目的站(港)所在地区的产品种类和数量,在一定程度上反映出此地区的经济特征并表示此地区还需要其他地区供给的产品种类及数量。

(3)运送货物吨数是指运输企业为完成运输任务而从事运送工作的货物质量,一项运输任务由同一种运输方式、同一个运输企业来完成时,发送、到达和运送货物吨数都是相同的。但是当它由不同的运输企业来承担时,运送货物吨数的计算方法就不一样了。这主要发生在铁路运输上。由于全国铁路划分为若干个铁路局,对于仅仅通过的铁路局来说,就只有运送货物吨数而无发送和到达货物吨数。

对于公路、水路而言，其货运量按报告期到达货物质量统计，即报告期内已送达目的地并卸完的货物质量为该报告期的货运量。

2. 运距

运距即运输距离，是运输工具载运旅客或货物的起讫点（旅客为上车点至下车点、货物为装货点至卸货点）之间的路程长度，一般以千米为计量单位。在经济管理工作中有重要意义的是测算和分析平均运距和经济运距两个指标。

（1）平均运距是指一定时期内，平均每位旅客、每吨货物被运送的千米数。在客、货运量既定的情况下，平均运距决定着客、货周转量的大小，影响着运输过程中劳动消耗量的多寡，以及车辆周转时间，客、货运达期限，在途物资数量，运输成本水平等。

（2）经济运距是指在运网布局、客货源状况、各种运输方式的技术经济特性等一定的运输条件下，某种运输方式能发挥最佳经济效益，即达到社会劳动消耗最小的运距。它是在各种运输方式之间相互比较而测算出来的具有一定变化范围和幅度的数值。对不同种类的货物、不同的运输方式和同一运输方式中不同类型的运输工具，经济运距各不相同。测算和分析经济运距可以为确定各种运输方式的合理使用范围提供依据。随着经济的发展和生产技术的进步，以及各种运输方式技术装备的进步、经营管理水平的提高，经济运距也在不断地变化。

3. 货物周转量

货物周转量是指运输货物的质量（t）与运输距离（km）的乘积。其表示方法为 t·km 或 t·海里（海运为 t·海里，1 海里 ≈ 1.852km）。计算公式为

$$货物周转量 = 实际运送货物吨数 \times 货物平均运距 \qquad (2-1)$$

货物周转量指标不仅包括了货运量，还包括了运距，因而能够全面地反映运输生产成果。

换算周转量是指将旅客周转量按一定比例换算为货物周转量，然后与货物周转量相加成为一个包括旅客和货物运输的换算周转量指标。它综合反映了各种运输工具在报告期实际完成的旅客和货物的总周转量，是考核运输业产量的综合性指标。计算公式为

$$换算周转量 = 货物周转量 + （旅客周转量 \times 客货换算系数） \qquad (2-2)$$

客货换算系数的大小取决于运输 1 人·km 和 1t·km 所耗用人力和物力的多少。目前我国统计制度规定的客货换算系数，按铺位折算时，铁路、远洋、沿海、内河运输的系数为 1；按座位折算时，内河为 0.33，公路为 0.1。

2.1.3 货流及货流图

1. 货流及其分类

货流是在一定时期和一定范围内，一定种类和一定数量的货物，沿一定方向有目的的位移。货流是一个经济范畴的概念，本身包含着货物的流向、流量、流时、运距和类别五个方面的要素。流向是货物运输的方向，有顺向和反向之别，一般以货流量较大的方向为顺向，反之为反向；流量是一定流向内的货物运量；流时是货流发生的时间。货流可以在一定程度上反映一个国家工农业之间、城乡之间、地区之间和企业之间的经济联系，以及

国家的经济状况和运输业水平。货流的大小通常可借助货流量表示。

路段的货流量是指在一定时间内沿该路段的一个方向通过的货物质量。路段货流量的计算公式为

$$I = \frac{Q}{T} \tag{2-3}$$

式中：I——路段的货流量（t/h）；

Q——统计期内沿路段单方向通过的货物质量（t）；

T——统计期时间（h）。

货流具体反映地域间货物运输联系，按照不同的需要，货流有不同的分类方法。

（1）按照调运的方向，可以把每条交通线上的货流分为"往""返"两个方向。在我国铁路上称为上行和下行方向。凡由各地到北京的货流称为上行货流；由北京到各地的货流称为下行货流。内河水运常把顺水方向的货流称为下行货流；逆水方向的货流称为上行货流。在公路中往往以实际方位来标示货流方向。两个方向中，货运密度较大的称为主要货流方向。交通线路上一定地点的货流量，称为货运密度。

（2）按照货物的种类，可以把货流分为若干类。例如，我国铁路和水路干线上，过去把货流分为 12 类。目前，铁路的货运已扩大至 26 类：煤、石油、焦炭、金属矿石、钢铁及有色金属、非金属矿石、磷矿石、矿物性建筑材料、水泥、木材、粮食、棉花、化肥及农药、盐、化工品、金属制品、工业机械、电子（电气）机械、农业机具、鲜活货物、农副产品、饮食品及烟草制品、纺织品（皮革、毛皮）及其制品、纸及文教用品、医药品、其他货物。货流的货物种类可以根据调查的目的，因地区、交通线而有所不同。各个货种货流的总和称为总和货流。

（3）按照运输枢纽工作性质，可以把货流分为始发货流、到达货流、中转货流和通过货流。始发货流是由当地发出的货流；到达货流是由当地收入的货流；中转货流是在当地改换交通工具的货流；通过货流是单纯在当地枢纽经过的货流。

（4）按照经由区域，可以把货流分为区内货流、区间（区际）货流和过境货流。区内货流的发货点和收货点均在本区；区间货流只有发货点和收货点之一在本区；过境货流则收货点和发货点均不在本区，而只是由通过本区的交通线经过，因而使不同区域经济发生联系。

2. 货流图

为了清晰地反映货物种类、数量、方向等因素构成的货流量和流向，可以采用货流图来描述。货流图是用于反映一定时期内某运输线路货流特征的图形。

绘制货流图时，把货物沿实际运输线路的曲线流动表示成直线，从发货点开始，以运输线路的轴线为横坐标，按比例绘出各有关货运点间的距离，再将不同种类货物的货流量按一定比例，用不同符号（或颜色）标在纵坐标上，将同一方向的货流表示在横坐标的一侧，而将相反方向的货流表示在另一侧。这样就得出一个表明不同种类货物的货流量和流向的货流图。货流图上每个矩形面积表示不同种类货物的货物周转量。

货流图可针对某一地区，某一调度区，某车站、车队或班组营运范围的主要货物种类或重要物资绘制，对一些运量较大的主要线路，也可视情况需要分别绘制。为了便于绘制货流图和分析货流，可先编制各货运点的货流表，如表 2-1 所示。据此可以很方便地绘出货流图，如图 2.2 所示。

表 2-1 货流表　　　　　　　　　　　　　　　　　　　　　单位：t

发货点	收货点			共计发送
	A	B	C	
A	—	200	300	500
B	500	—	300	800
C	200	400	—	600
共计到达	700	600	600	1900

货流图的主要作用体现在以下几个方面。

（1）货流图能够清晰地表明各种货物的流量、流向、运距，便于进行有计划的组合与安排。

（2）便于发现运输组织计划中存在的问题，增强货物流向的合理性。

（3）便于根据货流特点组织车辆，进行装卸设备等的配置与调度。

（4）便于编制和检查车辆运行作业计划，组织合理运输。

（5）便于确定线路的通过能力、装卸站点的作业能力，为线路、站点的新建、扩建提供必要的基础资料。

利用计算机作为手段，开发有关应用软件，可使货流图的绘制工作变得更简单、实用、高效。

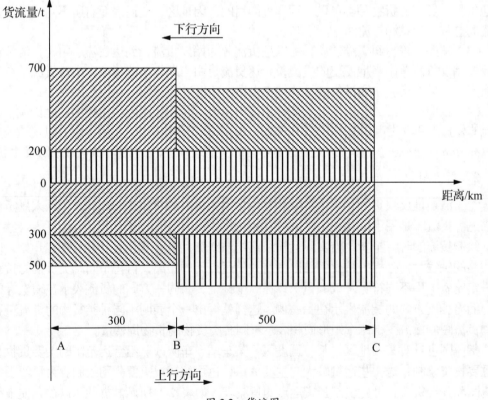

图 2.2 货流图

注：货流图上每个矩形面积表示不同种类货物的货物周转量。

2.1.4 货流的不均衡性分析

货流的不均衡性表现在方向上和时间上两个方面。

1. 货流方向上的不均衡性分析

所谓货流方向上的不均衡性，即货流在相向方向之间的差异，以回运系数 K_v 表示。如果以 $G_{轻}$ 表示轻载方向货流量，$G_{重}$ 表示重载方向货流量，则

$$K_v = \frac{G_{轻}}{G_{重}} \quad (K_v \leq 1) \tag{2-4}$$

【例2-1】AB、BC 间距为 100km、50km，AC、CB、BA 的货运密度为 1000t、1000t、500t，于是得出各区段回运系数如下。

$$K_v(A-B) = \frac{500}{1000} = \frac{1}{2}$$

$$K_v(B-C) = \frac{1000}{1000} = 1$$

$$K_v(A-C) = \frac{1000 \times 50 + 500 \times 100}{1000 \times 150} = \frac{2}{3}$$

故回运系数必须分区段计算。

（1）货流方向不均衡的生产力布局因素。

生产力布局是造成货流方向上不均衡的主要原因。这首先表现在采掘工业和加工工业分布的地域差异上。一般说来，采掘工业生产的产品在质量上远远超过其消费掉的材料。例如，煤矿运入的坑木，在质量上只是产煤量的 1/10 至 1/8。这样，就使采掘工业所在地成为"出超"区。加工工业情况较复杂，其中有一些部门原料和燃料失重性很大。例如，2t 铁矿石（含铁 50%）和 1.2～1.6t 煤才能炼出 1t 铁；在制糖和榨油工业中，成品和原料的质量比值为 1 : 6 左右。这样，有些加工工业集中地便成为"入超"区。另外在大中城市，因居民生活需要，造成对粮食、副食品的大量消费，亦引起运入、运出的不均衡。加之许多大中城市同时就是大的加工工业中心，不均衡性更为严重。

（2）货流方向不均衡的经济后果。

从运营上来看，方向不均衡造成了空车（船）的调拨。空车走行不完成货物运输，但仍要消耗一定的费用，如铁路上空车 1t·km 成本约为重车 1t·km 成本的一半。这便使交通线总的运营费用增加。重车流和空车流产生重车千米 $\sum ns_{重}$ 和空车千米 $\sum ns_{空}$，后者与前者的比率称为空率（α），即

$$\alpha = \frac{\sum ns_{空}}{\sum ns_{重}} \tag{2-5}$$

如果例 2-1 中货流通过铁路上载重 50 t 的棚车运输，则

$$\alpha(A-C) = \frac{10 \times 100}{20 \times 150 + 10 \times 50 + 10 \times 150} = \frac{1}{5}$$

实际情况下，由于车船的专门化和不同物料对运输工具的特殊要求（如石油要求油罐车承运、鲜肉要求冷藏车承运），又使空率大为增加。如例 2-1 中由 C 至 B 一半为石油货流，

需用载重 50t 的油罐车运送，此时

$$\alpha(A-C) = \frac{10\times150 + 10\times50}{20\times150 + 10\times150 + 10\times50} = \frac{2}{5}$$

可见，若货流在方向上较均衡，亦不排除空车调拨的可能性。例如，大庆的原油南运，设备、建材、日用品运入，并不能在车辆上利用回空，这也是敷设油管的一个条件。在海上运输，回空船只为了保持其稳定性，往往需人为地增加载重，形成更大的浪费。货流方向上的不均衡性，造成了新修或改建交通线投资的增加，因为线路及枢纽均需以重车方向的货流为设计依据，从而大大降低线路的经济效果。

（3）货流方向不均衡的改善措施。

要想绝对消除方向上的不均衡是不现实的。但是，通过一些技术经营措施和生产布局措施，可以使这种不均衡得到缓和。技术经营措施是一些治标的办法。线路采用有利于重车方向的运营制度，如单线铁路使用不成对运行图，双线铁路一线作为单线使用；车辆与船舶不过分狭隘专门化；设计陆路交通线时，将空车方向采用较陡的上坡；空车方向运价给以折扣等。

生产力布局措施是改善货流方向上不均衡的治本办法。这方面必须注意以下几点：尽量使采掘工业和原料、燃料失重性很大的加工工业在地域上结合，组织联合企业，如将采矿、焦化、钢铁冶炼工业结合在一起；在大城市、工业区附近建立粮食、副食品、燃料基地；布局工业时，考虑货流方向上的均衡，如在交通线两端的煤炭和铁矿石基地各建钢铁企业并进行原料互换；适当选择分布广泛的原材料（如砂石、黏土、石灰石等）的产地和加工厂，使其能利用回空方向运输。

2. 货流时间上的不均衡性分析

所谓货流时间上的不均衡性，即货流在不同时间的货流量不相等，包括年度的和季度的。这种不均衡程度可用波动系数进行度量。波动系数指全年运量最大季度（或月份）的货流量与全年平均季度（或月份）货流量之比。波动系数越小，表明货流的时间不均衡程度越小；反之，则表明不均衡程度越大。

（1）货流季节不均衡性。

货流季节不均衡性以季节波动系数 K_s 表示。以 $G_{平均}$ 表示交通线网或枢纽全年平均货流量，以 $G_{最大}$ 表示其某一时期最大货流量，则

$$K_s = \frac{G_{最大}}{G_{平均}} \quad (K_s \geqslant 1) \tag{2-6}$$

式（2-6）反映了最大货流量与平均货流量的关系，对于组织运输、准备后备运力有巨大意义。但要表示货流变动一般情况，可求均方差 σ。如果以 G_i 表示每一时期的货流量，N 表示时期的总和数，则

$$\sigma = \sqrt{\frac{\sum(G_i - G_{平均})^2}{N-1}} \tag{2-7}$$

根据均方差求变差系数 C，则

$$C = \frac{\sigma}{G_{平均}} \tag{2-8}$$

例如，两个码头的货物吞吐量季度分配分别为 2、3、4、3（万 t）和 1、3、4、4（万 t），两个码头的 $G_{平均}$ 都为 3（万 t），季度波动系数 K_s 都为 1.33，而变差系数分别为 0.24 和 0.41，即后一码头货流的波动要比前一码头的大一些。

（2）货流季节不均衡性对交通运输的影响。

货流量在时间上的分布一般是不均衡的，如农产品生产有季节性，其货流量也呈相应的季节性变化。货流季节不均衡性对交通运输的影响非常大，交通线路和站（港）不能根据平均货流量，而是要根据最紧张时期的货流量来确定，这样，平时的固定设备便被搁置，影响资金的周转。日常的运输组织工作也因为货流的季节波动而引起许多麻烦，如必须调配劳动力、调剂车船利用等。

2.2 客流分析

客流分析

旅客的空间位移是交通运输的另一种产品，旅客运输的基本指标是客运量、运距，以及二者乘积的总和旅客周转量（客运工作量）。具有一定距离和方向的客运量称为客流，其单位为人·km。交通线路上一定地点的客流量则称为客运密度，单位为（人·km）/km。客运密度又称旅客平均运输密度，是一定时期内平均每千米线路上通过的旅客周转量，即旅客周转量（人·km）除以线路长度（km）所得的商。客运密度反映运输线路上旅客运输的繁忙程度，也是考核线路能力利用程度和运输工作强度的指标。

在公路上行驶各行各业的各种客车，只根据运输部门的旅客周转量计算客运密度，远不能反映全面情况。水运和空运一般很少受航线通过能力的限制，计算客运密度的意义和作用不大。运输密度是一定时期内平均每一营业千米运输线路所承担的换算周转量。货运密度或客运密度只能从一个侧面反映运输线路（区段）运输能力的利用程度和运输工作强度。运输密度则能较全面地反映运输能力的利用程度和运输工作强度，是确定新线建设和旧线技术改造计划的重要依据。

2.2.1 旅客的分类

旅客运输的基本任务就是最大限度地满足人民群众对于出行乘车的需要，确保安全、迅速、经济、便利地将旅客送往目的地。通常用以下几种分类方法划分旅客。

1. 按旅客出行目的分类

按旅客出行目的，可以将旅客分为公务出差、商务、旅游、探亲、通勤、外出打工、生活购物等不同类型。就市、县间长途客运而言，一般探亲访友的旅客数量较大，其次是经商和出差的旅客；在城市公交客运中，通勤乘客所占比重较大。近年来，农村外出打工人数急剧增加，在春节前后形成巨大的客流量。不同类型的旅客有不同的运输服务要求，针对不同出行目的旅客展开有关服务，可以大大提高旅客运输服务水平和运输组织水平。

2. 按发送区域分类

按发送区域，可以将旅客分为市内旅客、城乡旅客、城间旅客和国际旅客。

（1）市内旅客。旅客出行范围在城区。此类旅客在时间、空间上分布很不均衡，客运工作的主要特点是行车频率高、运输距离短、交替频繁、停车次数多，大多由城市公交系统提供服务。

（2）城乡旅客。旅客出行范围在城市与乡村之间。此类旅客多为早进城市晚回乡，出行距离较短，多由短途客运系统提供服务。

（3）城间旅客。旅客出行范围在城市之间。此类旅客流量相对稳定，在短时间内不会出现偶然性的高峰，旅客平均运距长，多由长途客运系统提供服务。

（4）国际旅客。旅客出行范围在国与国之间。此类旅客流量较小且较集中，多由航空客运系统和铁路客运系统提供服务。

一般而言，长途旅客构成的客流较稳定，对舒适性、定时性和快速性要求较高，特别是有些旅客还要转乘其他运输工具，因此编制行车（航班）时刻表或船期表时应与其他运输方式的运输时刻相衔接；而短途旅客构成的客流在时间与空间上分布往往不均匀。

3. 按旅客是否包租运输工具分类

按旅客是否包租运输工具，可以将旅客分为团体旅客和零散旅客。

（1）团体旅客是指一次出行人数较多且目的地一致，由运输企业安排专车运送的旅客。这类旅客运输具有直达运输、统一结算运费、规定旅行线路等特点。

（2）零散旅客是指同时出行人数不多，到达地点各异，搭乘既定线路的运输工具的旅客。

2.2.2 客流及其分类

客流是旅客因生产、工作和生活需要，在一定时期内沿运输线路某一方向有目的的流动。客流同样包括流量、流向、运距、时间和类别五个基本因素。其中，类别是指旅客的构成，流量表示旅客数量的多少，流向表示旅客流动的方向，时间表示旅客出行所耗费的时间。客流量是反映一定时期社会经济发展、人民物质文化生活水平，以及旅游业发展和人口增长速度等因素的一个综合性指标。

客流是合理组织客运业务的基本依据，也是规划客运站场，进行客运基础设施建设的基础数据资料。根据旅客活动范围，一般可将客流分为以下几种。

（1）市区客流，主要指城市道路上流动的旅客。其中，城市公共交通客流占很大比例。

（2）郊区客流，主要指在相邻城市道路干线上流动的旅客。

（3）县区客流，主要指在县境范围内流动的旅客。

（4）区内客流，主要指在行政专区范围内流动的旅客。

（5）跨区客流，主要指经过两个及以上专区范围内流动的旅客。

（6）跨省客流，主要指经过两个及以上省境范围内流动的旅客。

（7）跨国客流，主要指经过两个及以上国家范围内流动的旅客。

影响客流形成的因素很多，通常有人口数量及其分布、人口构成、人均收入、经济发展水平、运输业的发展和运输网布局、旅游业的发展及客运服务质量等。此外，经济体制也在很大程度上影响客流的形成。例如，随着农业经济体制改革和农业机械化的发展，农业人口中形成了较多的富余劳动力，这些劳动力向城市移动，形成了巨大的民工客流，而且这种民工客流在时间和空间上的分布是极不均衡的,在很大程度上影响运输组织工作。所以,铁路、公路、航空、水路等各种运输方式间要协调组织,密切配合,努力做好客流组织与分流工作。

2.2.3 客流图

客流的基本表示方法可以用客流量和流向表示。为便于研究客流的特性,亦可采用编制客流表和绘制客流图的方法,其编制和绘制过程与货流表及货流图相似。表 2-2 和图 2.3 是以某公共汽车为例的客流表和客流图。

表 2-2 某公共汽车路段小时客流表

项目		A 站到 B 站	B 站到 C 站	C 站到 D 站	D 站到 E 站
站距/km		0.9	0.8	1	0.7
路段序号		1	2	3	4
客流量/人	上行方向	800	1000	1200	800
	下行方向	1000	1400	1600	1200

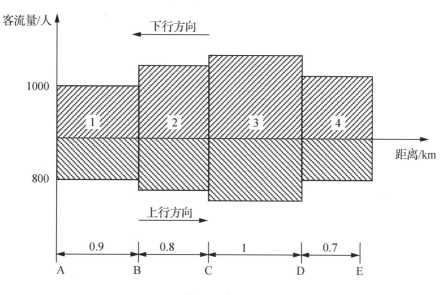

图 2.3 客流图

在绘制客流图时,在客运服务区域很大的情况下,因区域内客运点较多,客流方向也多变,为使绘制工作简化,可以将整个服务区域划分为若干小区,而把各小区视作客运点,并按主要客流线路绘制整个区域的客流图。

2.2.4 客流的不均衡性分析

客流分析的核心是分析客流在时间和空间上分布的不均衡性,以及它们与运输组织和行车组织的关系。

1. 客流时间分布的不均衡性分析

（1）一日内小时客流的不均衡性。

小时客流随人们的生活节奏和出行目的而变化。通常是夜间少，早晨渐增，上班和上学时达到高峰，午间稍减，傍晚又因下班和放学再次形成高峰，此后逐渐减少，子夜最少。这种规律在国内外的城市交通线路上几乎都一样，只是程度不同而已。交通线路的单向分时客流不均衡系数可按规定计算。单向分时客流不均衡系数越趋向于零，则单向分时最大断面客流不均衡程度越大。在单向分时客流不均衡系数较小，即在单向分时最大断面客流不均衡程度较大的情况下，为实现城市交通运输组织合理性和运营经济性，可考虑采用小编组、高密度行车组织方式，即在客流高峰时间段开行较多的班车以满足乘客需求，而在客流低谷时间段减少开行班车数以提高车辆满载率。

由于一日内小时客流分布的不均衡，在确定全日行车计划时应以分时最大断面客流作为依据。另外，在高峰小时内，客流的分布也是不均衡的，存在 15~20 分钟的超高峰期。据有关资料，超高峰期的客流强度要比高峰小时的平均客流强度大 20%~40%。因此，在设计车站设备容量时应考虑高峰小时内短期客流分布的不均衡因素。

（2）一周内全日客流的不均衡性。

由于人们的工作与休息是以周为循环周期进行的，这种活动规律性必然会反映到一周内全日客流的变化上来。在以通勤、通学客流为主的交通线路上，双休日的客流会有所减少；而在连接商业网点、旅游景点的交通线路上，客流又会有所增加，另外星期日与节假日后的早高峰小时客流和星期五与节假日前的晚高峰小时客流，都会比其他工作日早、晚高峰小时客流要大。

根据全日客流在一周内分布的不均衡和有规律的变化，从运营经济性考虑，交通系统常在一周内实行不同的全日行车计划和班车运行图。

（3）季节性或短期性客流的分布不均衡性。

在一年内，客流还存在季节性的变化。例如，由于梅雨季节和学生复习迎考等原因，6 月的客流通常是全年的低谷；在旅游旺季，城市中流动人口的增加又会使交通客流增加。短期性客流急增通常发生在举办重大活动或天气骤然变化的时候。对季节性的客流变化，可采用有效的措施来缓解运输能力紧张情况。当客流在短期内增加幅度较大时，运营部门应针对某些作业组织环节、某些设备的运用方案采取应急调整措施，以适应运输需求。

2. 客流空间分布的不均衡性分析

（1）上下行客流的不均衡性。

在交通线路上，由于客流的流向原因，上下行方向发送、到达的客流通常是不相等的。在发射状的交通线路上，早、晚高峰小时的上下行方向客流不均衡尤为明显。交通线路的上下行方向不均衡系数可按相应的公式计算。上下行方向不均衡系数越趋向于零，则上下行方向最大断面客流不均衡程度越大。在上下行方向客流不均衡系数较小，即在上下行方向最大断面客流不均衡程度较大的情况下，直线线路上要做到经济合理地配备运力比较困难，但在环行线路上可采取内、外环线路安排不同运力的措施。

（2）各个断面客流的不均衡性。

在交通线路上，由于各个车站乘降人数不同，线路单向各个断面的客流存在不均衡现象是不可避免的。交通线路的单向各个断面客流不均衡系数可按相应公式计算。单向断面客流不均衡系数越趋向于零,则单向最大断面客流不均衡程度越大。在单向断面客流不均衡系数较小,即在单向最大断面客流不均衡程度较大的情况下,可采用在客流较大的区段加开区间车的措施,但在行车密度较大的情况下,加开区间车会有一定难度,并且加开区间车对运营组织和车站折返设备都会提出新的要求。

(3)各个车站乘降人数的不均衡性。

交通线路各个车站的乘降人数不均衡,甚至相差悬殊的情况并不少见,在不少线路上,全线各站乘降量总和的大部分往往集中在少数几个车站。此外新的居民住宅区形成规模和新的交通线路投入运营,也会使车站乘降量发生较大变化,带来不均衡的加剧或新的不均衡。

2.2.5 客流动态及其演变规律

1. 线路网上的客流动态

线路网上的客流动态是指全市性的平面图上的客流动态。它反映全市公共交通线路网上客流量的多少及分布特点,一般城市的中心区客流量总是最集中、最稠密的,边缘地区则相对稀疏。线路网上的客流动态一般来说是由中心区的集散点逐渐向外延伸。客流的动态分布与城市的总体布局有很大关系,并受道路格局的制约。线路网上的客流动态数值是用通过量表示的。各个路段的通过量按照时间顺序排成数列,即可显示线路网上客流动态数值及变化特点。根据线路网上客流动态的变化方向和数值波动幅度,可以提供研究线路的新途径,调整运营车辆的选型及配备各阶段的车辆数,以及修改班车时刻表等资料。

2. 方向上的客流动态

一般线路上都有上下行两个方向。两个方向的客流量在同一时间分组内是不相等的,有的线路双向的客流量几乎相等,有的线路则相差很大。由于方向上的客流动态不同,可计算出两个数值,其动态类型也可分为双向型和单向型两种。

(1)双向型线路。

上下行的运量数值接近相等,市区线路属于双向型的较多,如图 2.4 所示。这种线路在车辆调度上比较容易,同时车辆的利用率比较高。

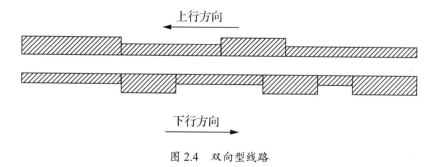

图 2.4 双向型线路

(2)单向型线路。

上下行的运量数值差异很大,特别是通向郊区或工业区的线路很多是属于单向型的,如图 2.5 所示。这样的线路在车辆调度上比较复杂，车辆的有效利用率较双向型线路低。

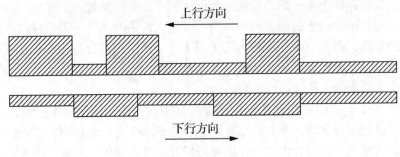

图 2.5　单向型线路

3. 断面上的客流动态

线路上各停车站的上下车人数是不相等的，因此车辆通过各断面时的通过量也是不相等的。若把一条线路各断面上的通过量按上行或下行各断面的前后次序排成一个数列，这个数列就能显示断面上的客流动态。从这些数量关系中，可以看出客流在不同时间内在断面上的分布特点与演变规律。客流在线路各断面上的动态分布是有一定特点的，但将整条线路归纳起来，大致有以下几种类型。

（1）"凸"型客流。

"凸"型客流各断面的通过量以中间几个断面数值为最高，全线路断面上的通过流量呈凸出形状，如图 2.6 所示。

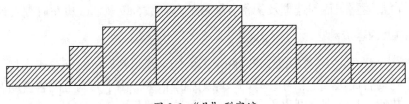

图 2.6　"凸"型客流

（2）"平"型客流。

"平"型客流各断面的通过量很接近，客流强度几乎在一个水平。有些线路在接近起、终点站前的 1~2 站断面通过量较低，但其余断面的通过量很接近，也属于此类型，如图 2.7 所示。

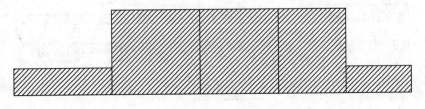

图 2.7　"平"型客流

（3）"斜"型客流。

"斜"型客流各断面的通过量由小到大逐渐增加，或者由大到小逐渐减少，全线路断面显现阶梯形分布，如图 2.8 所示。

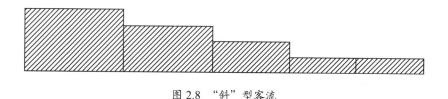

图 2.8 "斜"型客流

(4)"凹"型客流。

与"凸"型客流断面的通过量动态特点正好相反,"凹"型客流中间几个断面的通过量低于接近两端断面的通过量,全线路断面上的通过量呈凹陷形状,如图 2.9 所示。

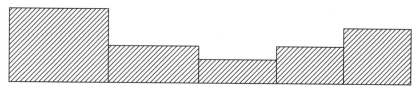

图 2.9 "凹"型客流

(5)不规则型客流。

不规则型客流各断面的通过量分布不能明显地表示为某种形状。

总之,分析断面上的客流动态,可以为经济合理地编制班车时刻表及选择调度措施提供重要的依据。

4. 客流动态的演变规律

客流动态是受外界因素影响而经常变动的。但经过充分的调查研究后可以看到,在一定的时间与范围内,其变异程度具有某些规律性。掌握客流动态的变化规律,是公共交通企业制订运营计划的基础。从季节性、每周日间、昼夜三种不同的时间角度可以探求出一定的演变规律。

(1)季节性变化。

一年中每月的客流量互有差距而不平衡,有一定的起伏变化。在一般情况下,冬季每月的客流量比较高,夏季则比较低。这是因为冬季寒冷,部分骑车人或步行者往往改乘公共交通。岁尾年初人们的生活出行增多,所以市郊区的客流量都有大幅度的上升。夏季居民的社会活动量减少,导致客流量普遍下降。季节性客流动态及其指标是制订客运计划的主要依据,也是编制各月行车计划的主要依据之一。

(2)每周日间变化。

在一个星期的七天中,由于受生产和休假日的影响,每天的客流量是不同的,但变化较为稳定,每周的客流量会有一定的规律。其特点是周一早高峰,周五晚高峰;周六、日的客流量较高,近郊线路比市区线路尤为明显;市区线路在周六、日因休假通勤客流大幅下降,而平日低峰时间的生活娱乐性客流量在周六、日则有很大增加。

(3)昼夜变化。

一昼夜内各个单位时间的客流动态是不同的。公共交通的基本客流主要是由工作性客流构成,在一天的运营时间内出现两个客运高峰。在工业区行驶的线路,受三班工作制的影响,还会形成中午与夜间两个客运小高峰。一天的客流变化要以小时为单位,调度员要结合动态类型及变化规律进行分析，安排好线路的运营时间、班次、车辆使用和行车调度方法等。

2.3 运输量预测

2.3.1 运输量预测的含义

1. 运输量预测的定义

运输量预测是指根据国民经济和社会发展对运输的需求，就未来的旅客和货物运输量进行定性和定量的计算和分析。它是国家经济预测的组成部分之一，也是研究分析交通运输发展战略的重要内容和决策的依据。

2. 运输需求与运输量预测

运输需求与运输量是两个不同的概念。运输需求是社会经济生活中旅客或货主在旅客或货物空间位移方面所提出的具有支付能力的需要。运输量是指在一定的运输供给条件下所能实现的旅客与货物的空间位移量。社会经济生活中的旅客与货物空间位移是通过运输量的形式反映出来的。运输需求、运输供给与运输量的相互关系如图2.10所示（先有运输需求才有运输供给，有了运输供给才有运输量）。

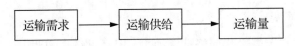

图 2.10 运输需求、运输供给与运输量的相互关系

过去许多预测工作没有分清运输需求与运输量的区别，在大部分预测过程中主要采用了以过去的历史运输量预测未来运输需求的方法。以运输量预测简单代替运输需求预测，这种概念上的误差在一定程度上影响了预测的准确程度。

在运输能力满足需求的情况下，运输量预测尚可以代表对运输需求的预测；而在运输能力严重不足的情况下，不考虑运输能力限制的运输量预测结果，就难以反映经济发展对运输的真正需求。

3. 运输量预测的步骤

运输量预测的步骤大致分为三步。

（1）系统分析客货运输量和工农业生产之间关系的历史和现状，分析未来旅客平均行程延长或缩短的趋势及其影响因素，寻求它们之间关系数量上变化的趋势，掌握预测计算用的数据和成因。

（2）调查了解预测期内发展国民经济的方针政策和有关工农业生产等社会经济发展的主要指标，分析引起未来运输量需求变化因素的趋势。

（3）采用多种方法进行预测，综合比较，确定预测运输量的速度和规模，力求提高预测的准确性和及时性。

4. 运输量预测的内容

（1）社会总运输量预测。社会总运输量是指全国范围内可能发生的客、货运输总量，是由各种运输方式的营业性和非营业性运输单位承运的所有运输需求量，包括国民经济（或某一种运输方式）的正常运量、转移运量和新增加运量。它是编制国民经济计划和进行运输基础设施建设的重要依据，是规划和编制运输生产计划的重要依据。

（2）各种运输方式的运输量预测。各种运输方式的运输量预测包括对铁路、公路、水路及航空等运输方式的货运量、客运量、货物周转量和旅客周转量等的预测。

（3）地区之间的运输量预测。在各地区的客、货运输量确定之后，还需要预测各地区之间的交流量。地区间的客、货交流量是反映地区社会经济空间结构与关系的一个重要方面。

（4）运输企业在运输市场上的占有率预测。运输企业在运输市场上的占有率在很大程度上反映该企业的竞争能力，因此占有率预测是对运输企业竞争能力的预测。

在四类预测中，前两类属于宏观预测的范畴，后两类属于微观预测的范畴。由于预测的目的不同，因此内容的粗细也不同。一般来讲，宏观预测与长期预测的内容要粗一些，微观预测和短期预测的内容要细一些。例如，列入本企业经营的运输量，不仅有客、货运量和周转量，还应包括上行、下行的运输量，淡、旺季的运输量，货运量中主要货物的分类和比重等。

2.3.2 运输量预测的定性预测法

运输量预测的方法有多种，归纳起来大体可分为两大类：定性预测法和定量预测法。在进行运输量预测时，要根据社会经济现象的不同特点、所掌握的资料等选择合适的预测方法进行预测。由于预测方法对预测结果有很大影响，所以不同的预测方法会有不同的预测结果，甚至会得出相反的结论。

定性预测主要依据调查研究，采用少量数据和直观材料，预测人员再利用自己的知识和经验，对预测对象做出预测。定性预测法主要用于对预测对象的未来性质、发展趋势和发展转折点进行预测，适合缺乏充分数据的预测场合。常用的定性预测法有以下两种。

1. 德尔菲法

定性预测最常用的方法是德尔菲法。它是在 20 世纪 40 年代由美国兰德公司提出的。其预测过程大体如下。

（1）由预测组织人员将需要预测的问题一一拟出，然后将这些问题连同本次预测活动的目的、意义等背景材料，一并寄给预测专家。

（2）预测专家各自独立地回答各个预测问题，并将答案寄回给预测组织人员。

（3）预测组织人员对收集的专家意见汇总、分类和整理，将那些专家意见相差较大的问题再抽出来，附上几种典型意见请专家进行第二轮预测。

（4）重复上述过程，直到专家的意见趋于一致或更加集中在一两种意见上为止。以上述专家的最终意见作为预测结果。

德尔菲法的特点：一是参与预测的专家比较多，有尽可能全的代表面；二是征集意见的方法是背靠背，彼此不见面，不通气，避免了受"权威"人士的影响，从而有利于预测活动的民主性和科学性；三是多次反复，以便能充分运用所有参与者的知识、经验和能力，这样可以获得更为准确的结果。

2. 经验判断法

经验判断法的特点是在缺乏资料的情况下，依据有关人员的经验和判断能力，根据已掌握的情况，对运输量的发展趋势做出分析和预测。根据参加预测人员的不同，此方法可分为两大类。

（1）领导干部判断法。由运输部门负责人召集部门管理人员，通过会议听取他们的预测意见，然后由负责人在听取意见的基础上进行最后预测。此方法简便迅速，但主要取决于领导者的经验和判断能力，有时会不准确。

（2）专业人员分析法。召集有关专业人员通过会议进行预测。由于专业人员的工作范围有限，不掌握全部资料，故他们的看法也有局限性，易出现预测数过大或过小的现象。为克服这一缺点，可采用推定平均值的方法加以预测，其计算公式为

$$\text{推定平均值} = \frac{\text{最高估计值} + 4 \times \text{最可能估计值} + \text{最低估计值}}{6} \quad (2\text{-}9)$$

2.3.3 运输量预测的定量预测法

定量预测法是依据必要的统计资料，借用一定的数学模型，对预测对象的未来状态和性质进行定量测算的方法。运输量预测常用的定量预测法有以下几种。

1. 增长率统计法

增长率统计法是指根据预测对象在过去的年均增长率，类推未来某期预测值的一种简便的预测方法。

$$\hat{Y}_t = Y_n (1+r)^t \quad (2\text{-}10)$$

$$r = \left(\sqrt[n]{\frac{Y_n}{Y_0}} - 1 \right) \times 100\% \quad (2\text{-}11)$$

式中：$\hat{Y}_t$——预测对象在未来第 t 期的预测值；

Y_0——预测对象在统计期期初的统计值；

Y_n——预测对象在统计期期末的统计值；

n——统计期包含的时期数减 1；

t——预测期离统计期期末的时期数；

r——预测变量在统计期内的年均增长率。

【例 2-2】某运输企业去年 1—11 月的货运量如表 2-3 所示。试用增长率统计法预测今年 3 月的货运量。

表 2-3　某运输企业去年 1—11 月的货运量

月份	1	2	3	4	5	6	7	8	9	10	11
货运量/万 t	10	11	10	12	16	12	15	13	19	18	20

$$r = \left(\sqrt[n]{\frac{Y_n}{Y_0}} - 1\right) \times 100\% = \left(\sqrt[10]{\frac{20}{10}} - 1\right) \times 100\% \approx 7.2\%$$

$$\hat{Y}_t = Y_n(1+r)^t = 20 \times (1+7.2\%)^4 \approx 26.4 \text{（万 t）}$$

今年 3 月的货运量预测值约为 26.4 万 t。

2. 最小平方法

这是测定长期趋势最普遍使用的方法，所以也称趋势延伸法。其基本思想是把历年的运输量实绩按年顺序排序，构成一个统计数列，建立适宜的数学模型，配合一条较为理想的趋势线并使其延伸，来预测运输量未来的发展趋势。

数学模型一般通过计算历年运输量逐年的增减量，并观察增减量的变化情况来确定。常用的数学模型有三种：直线方程、指数方程、抛物线型方程。如果运输量逐年增减量大致相同，则用直线方程；如果运输量逐年增减率大致相同，则用指数方程；如果运输量逐年增减量的差分数值大体相同，则用抛物线型方程。下面以配合一条趋势直线为例来进行说明。趋势直线方程为

$$Y_t = a + bt \tag{2-12}$$

式中：Y_t——第 t 期的预测运输量；

a，b——常数；

t——时间变量。

运用最小平方法，可求得标准方程组为

$$\begin{cases} \sum y = na + b\sum t \\ \sum(ty) = a\sum t + b\sum t^2 \end{cases} \tag{2-13}$$

式中：n——统计期包含的时期数。

设法使 $\sum t = 0$，求常数 a、b。

$$\begin{aligned} a &= \frac{\sum y}{n} \\ b &= \frac{\sum(ty)}{\sum t^2} \end{aligned} \tag{2-14}$$

然后将 a、b 代入趋势方程式（2-12），进行运输量预测。

【例 2-3】某运输企业连续 6 年的客运量如表 2-4 所示。试用最小平方法预测第 7 年的客运量。

表 2-4 某运输企业连续 6 年的客运量

年数	1	2	3	4	5	6	合计
客运量（y）/万人	100	105	110	115	110	120	660

首先编制趋势方程计算表（表 2-5）。

表 2-5　趋势方程计算表

年数	客运量（y）/万人	t	t^2	ty
1	100	-5	25	-500
2	105	-3	9	-315
3	110	-1	1	-110
4	115	1	1	115
5	110	3	9	330
6	120	5	25	600
合计	660	0	70	120

然后将计算表中的数据代入式（2-14），得

$$a = \frac{\sum y}{n} = \frac{660}{6} = 110$$

$$b = \frac{\sum (ty)}{\sum t^2} = \frac{120}{70} \approx 1.7$$

趋势方程为

$$Y_t = 110 + 1.7t$$

第 7 年的客运量预测为 $y_7 = 110 + 1.7 \times 7 = 121.9$（万人）

3. 回归分析法

回归分析是最常用的预测模型之一。所谓回归分析，是指利用大量统计数据，找出不具备一一对应函数关系的变量之间的数量统计规律，利用得出的回归方程进行预测。

通常情况下，一元线性回归预测模型较简便，使用较多，但预测精度受到限制，主要用于中、短期预测。其模型的标准形式为

$$y = a + bx \quad (2-15)$$

式中：y——预测值，即预测对象所代表的变量；

x——影响因素，即相关变量；

a，b——回归系数。

回归系数 a、b 的计算公式如下。

$$a = \frac{\sum y_i - b\sum x_i}{n} \quad (2-16)$$

$$b = \frac{n\sum x_i y_i - \sum x_i \sum y_i}{n\sum x_i^2 - \left(\sum x_i\right)^2} \quad (2-17)$$

式中：x_i，y_i——原始观察值；

n——统计数据项数。

上述模型建立后，必须对模型进行检验。只有经检验合格的模型，方可用于实际预测。这种检验常通过计算相关系数 r（$0 \leq |r| \leq 1$）来进行。$|r|$ 值越大，说明 x 与 y 线性相关程度越高，具体计算见例 2-4。

【例 2-4】居民的人均年收入与客运量之间存在相关关系，根据表 2-6 的统计资料（实

际工作中一般要取 20 对以上的数据，这里为简化计算，只取了 6 对数据），利用回归分析法预测 2023 年的客运量（设 2023 年的人均年收入为 330 百元）。

表 2-6 某地 2017—2022 年居民人均年收入与客运量

序号	年份	人均年收入（x）/百元	客运量（y）/千万人次
1	2017	116	43.5
2	2018	149	58.0
3	2019	158	69.3
4	2020	177	102.6
5	2021	208	129.9
6	2022	292	207.5

经过初步分析，人均年收入与客运量之间存在一元线性相关关系。若 x 表示人均年收入，y 表示客运量，则建立的回归模型为 $y = a + bx$。由于 $n=6$，所以回归系数

$$b = \frac{n\sum x_i y_i - \sum x_i \sum y_i}{n\sum x_i^2 - \left(\sum x_i\right)^2} = \frac{18415.56}{18811.34} \approx 0.979$$

$$a = \frac{\sum y_i - b\sum x_i}{n} = \frac{610.8 - 0.979 \times 1100}{6} \approx -77.68$$

所以，回归模型就可确定为

$$y = -77.68 + 0.979x$$

计算相关系数 r 为

$$r = \frac{n\sum x_i y_i - \sum x_i \sum y_i}{\sqrt{\left[n\sum x_i^2 - \left(\sum x_i\right)^2\right]\left[n\sum y_i^2 - \left(\sum y_i\right)^2\right]}} \approx 0.992$$

x 与 y 为高度相关，故可以利用人均年收入对客运量进行预测，预测 2023 年的客运量为

$$y = -77.68 + 0.979x = -77.68 + 0.979 \times 330 = 245.39（千万人次）$$

4. 指数平滑法

指数平滑法的原理就是通过对历史观察值进行加权处理，平滑掉部分随机信息，并根据观察值的表现趋势，建立一定模型，据此对预测对象做出预测。指数平滑法包括一次指数平滑法、二次指数平滑法和三次指数平滑法。其中，一次指数平滑法的计算公式为

$$\hat{Y}_{t+1} = \alpha Y_t + (1-\alpha)\hat{Y}_t \tag{2-18}$$

式中：$\hat{Y}_{t+1}$——$t+1$ 期的预测运输量；

　　　Y_t——t 期的实际运输量；

　　　α——平滑系数，$0 \leq \alpha \leq 1$；

　　　$\hat{Y}_t$——t 期的预测运输量。

平滑系数 α 的值越小，说明近期数据对预测值的影响越小，预测得到的结果比较平稳；反之，则近期数据对预测值的影响越大。

α 取值的确定有两种方法。一是由经验确定。若统计资料实际值的长期趋势为接近稳定的常数,应取居中的 α 值(一般取 0.4~0.6);若统计资料实际值呈明显的季节性波动(即波动大),则应取较大的 α 值(一般取 0.6~0.9),使近期的实际值在指数平滑值中有较大作用,从而使近期的实际值能迅速反映在未来的预测值中;若统计资料实际值的长期趋势变动较缓慢(即波动小),则应取较小的 α 值(一般取 0.1~0.4),使远期实际值的特征也能反映在指数平滑值中。二是试验法,选择几个不同的 α 值进行试算,取其平均误差小者。

【例 2-5】试用一次指数平滑法预测例 2-2 中 12 月的货运量(α =0.8)。

计算过程略,计算结果如表 2-7 所示。

通过表 2-7 的平滑计算可知,12 月货运量的预测值为 19.6 万 t。

表 2-7 一次指数平滑法货运量计算表   单位:万 t

月份	项目			
	Y_t	αY_t	$(1-\alpha)\hat{Y}_t$	$\hat{Y}_{t+1}$
	①	②	③	④=②+③
1	10	—		—
2	11	8.0	2.0	10
3	10	8.8	2.0	10.8
4	12	8.0	2.2	10.2
5	16	9.6	2.0	11.6
6	12	12.8	2.3	15.1
7	15	9.6	3.0	12.6
8	13	12.0	2.5	14.5
9	19	10.4	2.9	13.3
10	18	15.2	2.7	17.9
11	20	14.4	3.6	18.0
12	—	16.0	3.6	19.6

注:计算结果四舍五入,取小数点后一位。

本章小结

客货流分析又称运输对象分析。运输对象随时间和地点而改变,不同的运输对象具有不同的特征,并且不同地点的不同特征还相互影响。例如,公路上的客货流,前一段时间的流动情况对后续时间的客货流是有影响的。在不同的路线地段,其客货流情况也是相互影响的。对于各种不同的运输方式,客货流的流动也是有相互影响的。铁路运输对公路运输的客货流有影响,公路运输反过来也影响铁路运输的客货流。同样,运输系统中的几种运输方式的客货流,形成了相互依存、相互影响、相互制约的关系。因此,在整个交通运输体系中,客货流形成了一个动态的系统。

第 2 章
客货流分析和运输量预测

运输量预测是指根据国民经济和社会发展对交通运输的需求,探索未来旅客和货物运输量发展的趋势,对未来一定时期内交通运输业所应承担的工作量所作的测算和判断。它是国民经济预测的组成部分之一,也是研究分析交通运输发展战略的重要内容和决策的依据。

"十四五"时期现代综合交通运输体系发展环境

"十三五"时期,我国综合交通运输体系建设取得了历史性成就,基本能够适应经济社会发展要求,人民获得感和满意度明显提升,为取得脱贫攻坚全面胜利、实现第一个百年奋斗目标提供了基础保障,在应对新冠肺炎疫情、加强交通运输保障、促进复工复产等方面发挥了重要作用。五年里,我国交通运输基础设施网络日趋完善,综合交通网络总里程突破 600 万千米,"十纵十横"综合运输大通道基本贯通,高速铁路运营里程翻一番、对百万人口以上城市覆盖率超过 95%,高速公路对 20 万人口以上城市覆盖率超过 98%,民用运输机场覆盖 92% 左右的地级市,超大特大城市轨道交通加快成网,港珠澳大桥、北京大兴国际机场、上海洋山港自动化码头、京张高速铁路等超大型交通工程建成投运。战略支撑能力不断增强,中欧班列开行列数快速增长,京津冀一体化交通网、长江经济带综合立体交通走廊加快建设,交通扶贫百项骨干通道基本建成,新建、改建农村公路超过 147 万千米,新增通客车建制村超过 3.3 万个,具备条件的乡镇和建制村全部通硬化路、通客车,快递网点基本覆盖全部乡镇,建制村实现直接通邮。运输服务质量持续提升,旅客高品质出行比例不断提高,航班正常率大幅上升,集装箱铁水联运量年均增长超过 20%,快递业务量翻两番、稳居世界第一。新技术新业态蓬勃发展,具有完全自主知识产权的全系列复兴号动车组上线运行,C919 客机成功试飞,ARJ21 支线客机规模化运营,跨海桥隧、深水航道、自动化码头等成套技术水平跻身世界前列,船舶建造水平持续提升,网约车、共享单车、网络货运平台等新业态快速发展、治理能力不断增强。"放管服"改革持续深化,铁路、空域、油气管网等领域重点改革任务扎实推进,高速公路省界收费站全面取消,交通物流降本增效成效显著。绿色交通、平安交通建设稳步推进,新能源汽车占全球总量一半以上,营运货车、营运船舶二氧化碳排放强度分别下降 8.4% 和 7.1% 左右,民航、铁路安全水平保持世界领先,道路运输重大事故数量和死亡人数分别下降 75% 和 69% 左右。

与此同时,我国综合交通运输发展不平衡、不充分问题仍然突出。综合交通网络布局不够均衡、结构不尽合理、衔接不够顺畅,重点城市群、都市圈的城际和市域(郊)铁路存在较明显短板。货物多式联运、旅客联程联运比重偏低,定制化、个性化、专业化运输服务产品供给与快速增长的需求不匹配。智能交通技术应用深度和广度有待拓展,部分关键核心产品和技术自主创新能力不强。交通运输安全形势仍然严峻,产业链供应链保障能力不足。绿色低碳发展任务艰巨,清洁能源推广应用仍需加快。综合交通运输管理体制机制有待健全完善,制约要素自由流动的体制机制障碍依然存在。

"十四五"时期,我国综合交通运输发展面临的形势更加复杂多变。正如党的二十大报告中提到的,全面建设社会主义现代化国家,是一项伟大而艰巨的事业,前途光明,任重道远。当前,世界百年未有之大变局加速演进,新一轮科技革命和产业变革深入发展,国际力量对比深刻调整,我国发展面临新的战略机遇。从国际看,当今世界正经历百年未有之大变局,新一轮科技革命和产业变革深入发展,新冠肺炎疫情冲击全球产业链供应链和国际物流体系,经济全球化遭遇逆流。从国内看,我国开启全面建设社会主义现代化国家的新征程,区域经济布局、国土开发保护格局、人口结构分布、消费需求特征、要素供给模式等发生深刻变化,对综合交通运输体系发展提出新要求,交通运输行业进入完善设施网络、精准补齐短板的关键期,促进一体融合、提升服务质效的机遇期,深化改革创新、转变发展方式的攻坚期。要适应国土空间开发保护、新型城镇化建设、全面推进乡村振兴的要求，优化发展布局，强化衔接融合，因地制宜完善区域城乡综合交通网络；要坚持以创新为核心，增强发展动力，推动新科技赋能提升交通运输发展质量效率；要增强综合交通运输体系韧性，调整发展模式，将绿色发展理念、低碳发展要求贯穿发展全过程，提高自身运行安全水平和对国家战略安全的保障能力；要将满足人民对美好生活的向往、促进共同富裕作为着力点，转变发展路径，促进建管养运并重、设施服务均衡协同、交通运输与经济社会发展深度融合，以全方位转型推动交通运输高质量发展。

关键术语

货运量　　货物周转量　　货流图　　客流图　　运输量预测

综合练习

一、单项选择题

1. 客流的大小可以用（　　）来反映，它是指某一方向上单位时间内流动的旅客人数。
   A. 客时　　　　B. 客流量　　　　C. 客流强度　　　　D. 流距
2. 客流调查方法中的（　　）是由调查人员用目测方法，记录乘客上下车人数及其他资料的方法。
   A. 观察法　　　B. 发票法　　　　C. 填表法　　　　　D. 问讯法
3. 在公路旅客运输中，客运弹性系数是（　　）增长速度的比值。
   A. 客运量与地区人口　　　　　　B. 客运周转量与地区人口
   C. 客运量与国民收入　　　　　　D. 客运周转量与国民收入
4. 旅客或货主对运输供给部门提出实现旅客或货物空间位移方面有支付能力的需求称为（　　）。
   A. 运输供应　　B. 运输投资　　　C. 运输要求　　　　D. 运输需求
5. 定性预测法的依据是（　　）。
   A. 比较原则　　B. 因果分析原则　C. 时间序列原则　　D. 类推原则
6. 到目前为止，我国旅客运输市场预测中成熟的预测方法仍然停留在对（　　）的预测上。
   A. 运输密度　　B. 运输需求　　　C. 运输市场　　　　D. 运输总量

二、多项选择题

1. 客流的分布特点包括（　　）。
   A. 客运量降低　　　　　　　　　B. 不均衡性渐缓
   C. 往返方向较货流平衡　　　　　D. 有强烈的季节性
2. 货流包含货物的（　　）等基本要素。
   A. 类别　　　　B. 数量　　　　　C. 方向
   D. 运距　　　　E. 时间

3. 按货物运输的地点,可以将货流分为(   )。
   A. 区内货流　　　B. 区间货流　　　C. 始发货流
   D. 中转货流　　　E. 到达货流
4. 在货流图上可表示的要素有(   )。
   A. 货物流量　　B. 货物周转量　　C. 货物流时　　D. 货物类别
5. 公路货运工作量调查可以分为(   )几个阶段。
   A. 准备　　　　B. 现场调研　　　C. 实施　　　　D. 结果处理

三、名词解释

1. 货运量
2. 货物周转量
3. 运输量预测
4. 定性预测法

四、简答题

1. 分析客流时间分布的不均衡性。
2. 分析货流时间分布的不均衡性。
3. 分析运输需求与运输量预测的关系。

五、计算题

某市 2010—2021 年地铁客运量的历史数据如表 2-8 所示。试建立线性方程,并预测 2025 年客运量。

表 2-8　某市 2010—2021 年地铁客运量的历史数据　　　单位:百万人

年份	t	客运量(Y_t)
2010	1	58
2011	2	64
2012	3	72
2013	4	82
2014	5	91
2015	6	101
2016	7	111
2017	8	122
2018	9	133
2019	10	143
2020	11	152
2021	12	162

第 3 章
运输组织评价指标

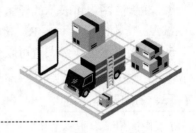

【本章知识架构】

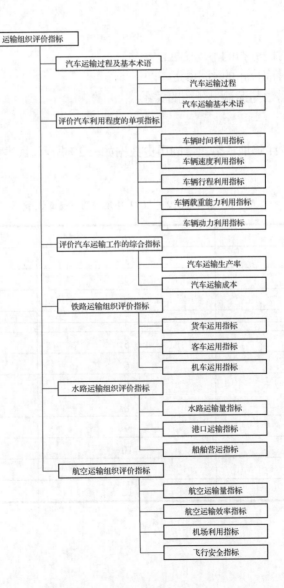

第 3 章
运输组织评价指标

【教学目标】

通过本章学习，了解汽车运输过程及基本术语；掌握评价汽车利用程度的五个单项指标；明确评价汽车运输工作的综合指标；掌握铁路运输组织评价指标；掌握水路运输组织评价指标；了解航空运输组织评价指标。

【导入案例】

某货运企业承揽了一个两城市之间的货物运输项目，城市 A 与 B 之间的距离为 2490km，该货运企业车辆营运速度为 50km/h，车辆每天出车时间为 12h。从受理货物开始，该物流公司经过 35h 就将货物送到了 B 地收货人。

请根据以上资料，思考下列问题。
（1）该批货物的运送速度是多少？
（2）影响运送速度的主要因素有哪些？
（3）该企业的平均车日行程为多少千米？
（4）在该项业务中，影响车辆技术速度的因素有哪些？

运输过程服务质量、效率、成本控制需要测量相应指标，这就是运输组织评价指标。运输组织评价指标是指对运输活动过程中的组织绩效进行评价，它一般是按照统一的评价标准，采用一定的评价指标，按照一定的程序，运用定性和定量的方法，对一定时期内的运输量、运输服务质量、运输效率及运输成本与效益等方面做出综合判断。

3.1 汽车运输过程及基本术语

3.1.1 汽车运输过程

运输过程主要包括两大组成部分：运输用户与运输企业之间的运输商务过程；运输企业运送旅客和货物的运输生产过程。运输商务过程其实是由运输用户与运输企业之间，围绕运输服务需求及运输服务质量和价格，明确双方权利和义务进行交易并最终形成契约关系，订立运输合同的过程。运输生产过程则是运输企业履行上述契约要求，提供相应的运输产品，将运输对象从始发地送到目的地的过程。这一过程是在运输企业内部，借助一定的运载工具，并综合运用相关技术设备和人力资源，组织有关部门和环节的协调和配合，实现运输对象的运送过程及其相关技术、经济和安全管理过程。通过运输，货物或旅客被移动一定距离，即完成运输工作。一个汽车运输过程通常由以下四个基本工作阶段或工作环节组成。

（1）准备工作：向起运地提供运输车辆。
（2）装载工作：在起运地装货或上客。
（3）运送工作：自起运地向运送目的地运送货物或旅客。
（4）卸载工作：在运送目的地卸货或下客。

如图 3.1 所示，汽车由停车场 P 点空车开往起运地 A 准备装货或上客（含加油等辅助过程），这是准备工作阶段；在 A 点装货或上客结束，这是装载工作阶段；将货物或旅客由 A 点运至 B 点，这是运送工作阶段；在 B 点将货物卸下或下客，这是卸载工作阶段。有时，因某种原因（如车辆本身就停在起运地），上述四个基本工作阶段缺少了第一个准备工作阶段，此时也称为一个运输过程。

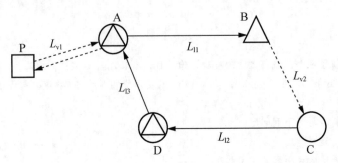

图 3.1 汽车运输过程示意图

图 3.1 中，P 代表停车场；A、B、C、D 代表客货运点；L_l 代表重驶行程；L_v 代表空驶行程；实线代表重驶，虚线代表空驶；圆圈代表装货或上客；三角形代表卸货或下客。

3.1.2 汽车运输基本术语

1. 运次

在上述运输过程中，通常将包括准备、装载、运送及卸载几个工作环节在内的一个循环的运输过程称为一个运次。显然，运次包括完整循环过程（存在准备工作环节）的运次和不完整循环过程（缺乏准备工作环节）的运次两种情况。如图 3.1 所示，若在 D 点卸货或下客完毕后，又在原地装货或上客，而后运送至目的地 A 点卸货或下客，也构成一个运次，但由于从 D 点到 A 点的运输过程中缺少了准备工作阶段，因此称为不完整循环过程的运次。

2. 车次

如果在完成运输工作的过程中，车辆自起点行驶到终点，途中存在车辆停歇并存在货物装卸或旅客上下，则这一运输过程称为一个车次或单程。在一个车次中，为了货物装卸或旅客上下的中途停歇，可能只有一次，也可能有多次。在一个车次中每经历一次中途停歇，便经历了一次运次。因而一个车次是由两个或两个以上的运次组成的。

运次与车次分别是两种不同运输过程的计量单位，运次适用于直达运输过程，车次适用于沿途有"收集"和"分散"的运输过程。

3. 周转

若车辆在完成运输工作过程中，又周期性地返回到第一个运次的起点，那么这个运输过程称为周转。一个周转可能由一个运次或几个运次组成，周转的行车线路，习惯上称为循环回路。

第3章 运输组织评价指标

4. 运量

汽车运输在每一个运输过程中,所运送的货物质量称为货运量,所运送的旅客人数称为客运量。货运量和客运量统称为运量。运量是衡量汽车运输工作成果的一项重要的统计指标。

5. 周转量

运量与相应货物或旅客被移动的距离的乘积通常称为周转量,其计量单位是 $t \cdot km$ 或 $人 \cdot km$。

换算周转量是指将旅客周转量按一定比例换算为货物周转量,然后与货物周转量相加,成为一个包括客货运输的换算周转量指标。它综合反映了各种运输工具在报告期实际完成的旅客和货物的总周转量,是考核运输业的综合性的产量指标。计算公式为

$$换算周转量 = 货物周转量 + (旅客周转量 \times 客货换算系数)$$

在汽车运输中换算周转量为

$$1 换算吨千米 = 1 t \cdot km = 10 人 \cdot km$$

6. 运输工作量

将汽车运输完成的运量及周转量统称运输工作量,亦称运输产量。故运输工作量或运输产量分别包括运量和周转量两种指标,而不是指运量和周转量之和。运量、周转量和运输工作量的关系如图 3.2 所示。

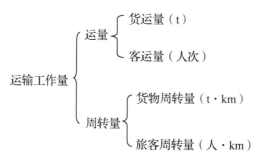

图 3.2 运量、周转量和运输工作量的关系

7. 车日

企业拥有的车辆包括营运车辆和非营运车辆。营运车辆是指企业专门用于从事营业性运输的车辆;非营运车辆是指企业用于其他用途的车辆,如工程急救车、公务车、教练车等。以营运车辆为讨论对象,车日是指运输企业的营运车辆在企业内的保有日数(在册车日)。我国有关部门规定,凡企业的营运车辆,不论其技术状况如何,是工作还是停驶,只要在本企业保有一天,就计为一个车日,即营运车日或营运车辆的在册车日。在统计期内,企业所有营运车辆的总车日(U),等于营运车辆数与其在企业内保有的日历天数的乘积的累计数。

由于企业的营运车辆,按其技术状况可以分为完好(即技术状况完好,具备参加营运的条件)和非完好(即技术状况不好,不具备参加营运的条件)。而完好的营运车辆又可能

处于正在进行运输作业或在车场（库）内等待运输工作两种状态；非完好的营运车辆也可能处于维修（维护或修理）状态或处于等待报废状态（车辆已被封存待从企业资产账目中清除）。因而，根据营运车辆可能所处的各种状态，总车日可以分为完好车日（记为 U_a）和非完好车日（U_n）。其中，前者又包括工作车日（U_d）和待运车日（U_w），后者则包括维修车日（U_{mr}）和待废车日（U_b）。由于在待运车日、维修车日和待废车日中，车辆均处于非运输作业或停驶状态，因而这三种车日又统称为停驶车日（U_p）。由此可见，总车日又由停驶车日和工作车日组成。营运总车日的构成如图3.3所示。

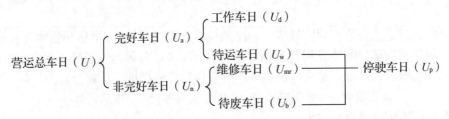

图 3.3　营运总车日的构成

【例3-1】某企业有营运车辆30辆，4月21日报废5辆，4月26日调征外用5辆。求该企业4月的营运总车日。

4月的日历天数为30天，故

营运总车日=5×20+5×25+20×30=825（车日）

该企业4月的营运总车日为825车日。

评价汽车利用程度的单项指标

3.2　评价汽车利用程度的单项指标

3.2.1　车辆时间利用指标

以车日和车时为基础，用以反映车辆时间利用的指标主要有完好率（α_a）、工作率（α_d）、总车时利用率（ρ）和工作车时利用率（δ）。

1. 完好率

完好率是指统计期内企业营运车辆的完好车日与总车日的百分比。完好率表明了总车日可以用于运输工作的最大可能性，故又称完好车率。完好率与非完好率（α_n）是互补指标，即两者的和是100%。

$$\alpha_a = \frac{U_a}{U} \times 100\% = \frac{U - U_n}{U} \times 100\% \tag{3-1}$$

$$\alpha_n = \frac{U_n}{U} \times 100\% = 1 - \alpha_a \tag{3-2}$$

完好率是一种车辆技术管理指标，用以表示企业营运车辆的技术完好状况和维修工作水平。完好率指标的高低虽不直接影响车辆生产率，但它能说明企业进行运输生产活动时，车辆在时间利用方面可能达到的程度。只有提高了完好率，才有可能提高车辆工作率。

完好率的高低受很多因素的影响，车辆本身所特有的技术性能就是一个很主要的方面，如车辆的使用寿命、坚固性和可靠性，对维护和修理的适应性，行车安全性等。车辆的生产活动是在复杂的运用条件下进行的，不利的运输条件常会导致车辆技术状况的恶化。例如，道路状况对车辆的完好程度也有很大影响，即使车辆在城市道路和公路干线上行驶，也会因路面的等级和种类、交通量的大小等不同，致使同一种型号车辆的技术状况出现很大的差别。恶劣的气候条件，也会给车辆的技术状况带来不利的影响。

在上述条件一定的情况下，车辆完好率主要取决于企业对车辆的技术管理、使用状况及维修质量。汽车运输企业应加强技术管理和维修工作，特别要注意车辆的例行维护。除了要合理地改进维护作业的劳动组织、改进操作工艺和方法、改进机具设备和广泛采用新技术，还应建立和健全岗位责任制，不断提高维修工人的技术水平和管理水平，保证原材料的及时供应和质量等。驾驶员的技术操作水平和熟练程度，对于车辆的技术状况也有很大的影响。科学地采用定车、定挂、定人的管理方式，经常注意对驾驶员的技术培训和安全教育等，也是提高完好率的重要措施。

2．工作率

工作率是指统计期内工作车日与总车日的百分比，反映企业总车日的实际利用程度，故又称工作车率或出车率。工作率与停驶率（α_p）是互补指标，即两者的和是100%。

$$\alpha_d = \frac{U_d}{U} \times 100\% = \frac{U - U_n - U_w}{U} \times 100\% \tag{3-3}$$

$$\alpha_p = \frac{U_n + U_w}{U} \times 100\% = 1 - \alpha_d \tag{3-4}$$

车辆工作率反映了企业营运车辆的技术状况及运输组织工作水平，它对于车辆生产率有直接的影响。要提高工作率，就必须努力消除导致车辆停驶的各种因素，才有可能使工作率维持在较高水平。提高工作率的具体措施有：加强企业的物资管理工作和生产调度工作，注意有计划地培养驾驶员；加强与公路部门的联系和协作，逐步有计划地改善路面质量，提高路面等级，改善交通管理，保证线路畅通；加强与气象部门的联系，注意天气变化规律，及时采取必要措施；加强计划运输和（客）货源组织工作，提高车辆完好率等。

3．总车时利用率

总车时利用率是指统计期工作车日内车辆在线路上的工作车时与总车时的百分比，用以表示平均一个工作车日的24h中，有多少时间用于出车工作，因此也称昼夜时间利用系数。

$$\rho = \frac{H_d}{24 U_d} \times 100\% \tag{3-5}$$

式中：H_d——车辆在统计期工作车日内在线路上的工作车时（h）。

对于单辆车辆在一个工作车日内的总车时利用率为

$$\rho = \frac{T_d}{24} \times 100\% \tag{3-6}$$

式中：T_d——单辆车辆在一个工作车日内在线路上的工作车时（h）。

要提高总车时利用率，就要延长车辆在工作车日内的出车时间。所谓出车时间，是指车辆由车场驶出，直到返回车场时止的延续时间（扣除计划规定的驾驶员用餐、休息等时间)。要延长出车时间除了提高完好率,还应努力开拓运输市场,提高企业的运输组织工作水平。实践证明,采用适宜的运输组织形式(如实行多班制或双班制工作制度),是提高总车时利用率,提高车辆运用效率的有效措施。

4. 工作车时利用率

工作车时利用率是指统计期内车辆在线路上的行驶车时与线路上的工作车时的百分比,即统计期内车辆的纯运行时间在出车时间中所占的百分比,又称出车时间利用系数。

$$\delta = \frac{H_t}{H_d} \times 100\% = \frac{H_d - H_s}{H_d} \times 100\% \tag{3-7}$$

式中:H_t——统计期内车辆在线路上的行驶车时;

H_d——车辆在线路上的工作车时;

H_s——车辆在线路上的停歇时间。

提高工作车时利用率的主要途径是最大限度地减少车辆在线路上的停歇时间,即减少装卸停歇时间、因技术故障停歇时间及因组织工作不善而造成的车辆停歇时间等。要减少上述停歇时间,所采取的措施主要是提高企业的装卸机械化水平及运输组织工作水平。

总车时利用率(ρ)和工作车时利用率(δ),不能全面评价车辆是否得到有效利用。这是因为车辆可能在线路上工作,即ρ值较大,但由于某种原因却在线路上停歇,或者车辆可能在行驶,δ值较大,但却没有载货(客);同时,当充分利用车辆时(如增加出车次数),这两个系数还有可能下降。因为出车次数增加后,可能使维修停歇时间增加而使ρ值下降,也可能使装卸停歇时间增加而使δ值下降。所以,总车时利用率和工作车时利用率,宜作为企业内辅助评价指标并与其他有关指标结合使用。

上述车辆完好率、工作率、总车时利用率及工作车时利用率四个指标,从不同角度综合反映了车辆的时间利用程度。其中某一项指标的提高,不一定能保证车辆全部时间的利用程度必然提高。反过来说,每一项指标均降低,则表现为车辆时间利用程度的降低,因此会影响车辆生产率的提高。

3.2.2 车辆速度利用指标

车辆速度是指车辆单位时间内的平均行驶里程。用以反映车辆速度利用的指标主要有技术速度(v_t)、运送速度(v_c)、营运速度(v_d)和平均车日行程($\overline{L}_d$)。

1. 技术速度

技术速度是指车辆在行驶车时内实际达到的平均行驶速度,即在纯运行时间内平均每小时行驶的里程,用以表示车辆行驶速度的快慢,计量单位为 km/h。计算公式为

$$v_t = \frac{L}{T_t} \tag{3-8}$$

式中:L——车辆在统计期内的总行程(km);

T_t——车辆在统计期内的行驶时间(h),包括与交通管理、会车等因素有关的短暂停歇时间。

汽车在实际行驶过程中,其技术速度受多种因素的影响。汽车本身的技术性能(尤其是速度性能,如动力性能、最高速度、加速性能等)、车辆的结构、制动性能、行驶平顺性

和稳定性、车辆的外形、新旧程度等都是影响技术速度的主要因素。在车辆本身的技术性能一定的条件下，道路条件往往也是影响车辆技术速度发挥的一个重要原因。具有良好速度性能的车辆，在恶劣的道路条件下，也不可能达到较高的技术速度。道路条件对于车辆技术速度的影响主要表现在道路的等级、宽度、坡度、弯度、视距、路面状况和颜色等。在城市运输中，道路的交通量、照明条件、法定的行驶速度等，对车辆技术速度有很大的影响。另外，天气情况、装载情况、拖挂情况、驾驶员操作技术水平高低等也对技术速度有一定的影响。

技术速度一般低于设计速度，它们之间差距的大小，反映了车辆速度的利用程度。技术速度越高，车辆速度利用就越充分。在保证行车安全的前提下，尽量提高技术速度，意味着在相同的运行时间内，可以行驶更多的里程，使旅客或货物移动更远的距离。但盲目地追求高技术速度，有可能造成行车事故次数的增加，使运输安全性下降，还可能造成燃料消耗不合理，使运输成本提高。

2. 运送速度

运送速度是指车辆在运送时间内，运送货物或旅客的平均速度，用以表示客、货运送的快慢，也是评价运输服务质量的一个指标，计量单位为 km/h。计算公式为

$$v_c = \frac{L}{T_c} \tag{3-9}$$

式中：T_c——车辆自起点至终点到达时刻所经历的时间（h），不包括始末点的装卸作业（上、下客）时间，但包括途中的各类停歇时间。

影响运送速度的主要因素有技术速度、企业的营运组织工作水平、驾驶员的驾驶水平、途中乘客的乘车秩序及货物装卸技术水平等。

运送速度是一个重要的运输质量指标。对用户来说，运送速度快，可以节省旅客的旅行时间，减少旅客的旅途疲劳，还可以减少货物在途资金占用，加快货物及资金的周转速度和商品流通的速度，具有良好的经济和社会效益；对企业来说，不仅可以提高车辆生产率，而且较高的运送速度有利于提高企业在运输市场中的竞争能力。

3. 营运速度

营运速度是指车辆在线路上工作时间内的平均速度，即车辆在出车时间内实际达到的平均速度，用以表示车辆在线路上工作时间内有效运转的快慢，计量单位为 km/h。计算公式为

$$v_d = \frac{L}{T_d} = \frac{L}{T_t + T_s} \tag{3-10}$$

式中：T_d——车辆在线路上的工作车时（h）；

T_s——车辆的各类停歇时间（h），包括始、末点的装卸作业或上下旅客车时。

营运速度也是反映技术速度利用程度的指标。营运速度既受技术速度的限制，又受工作车时利用率的影响，三者之间的关系为

$$v_d = v_t \delta \tag{3-11}$$

凡是影响技术速度和工作车时利用率的因素，同时也是影响营运速度的因素。影响营运速度的主要因素有：技术速度的大小、运输组织工作水平、装卸机械化水平、车辆技术

状况及运输距离等。

营运速度高,意味着在相同的出车时间内,可以行驶更多的里程,完成更多的运输工作量。营运速度一般比技术速度小 10%~20%。当运输距离很长时,装卸停歇时间所占比重较小,则 v_d 趋近于 v_t。

4. 平均车日行程

平均车日行程是指统计期内,全部营运车辆平均每个工作车日内行驶的里程,是以车日作为时间单位计算的综合性速度指标,计量单位为 km。计算公式为

$$\overline{L}_d = \frac{L}{U_d} \tag{3-12}$$

由于

$$\overline{L}_d = T_d v_d = T_d \delta v_t \tag{3-13}$$

因此,平均车日行程指标是一个反映营运车辆在时间和速度两方面利用程度的综合性指标。延长出车时间可以提高车日行程,但在出车时间一定的条件下,应从速度方面加以考虑。影响平均车日行程的主要因素有车辆的营运速度、车辆的工作制度及调度形式等。

3.2.3 车辆行程利用指标

营运车辆在一定统计期内出车工作行驶的里程称为总行程(总车千米)。总行程由重车行程和空车行程两部分构成。车辆载有旅客或货物行驶的里程,称为重车行程(亦称重车千米)。重车行程是实现运输生产的有效行程,是总行程的有效利用,属于生产行程。车辆完全无载行驶的里程,称为空车行程(空车千米)。空车行程有空载行程和调空行程。空载行程是指车辆由卸载地点空驶到下一个装载地点的行程;调空行程是指空车由车场(库)开往装载地点,或由最后一个卸载地点空驶回车场(库)的行程。

车辆的行程利用指标,即里程利用率(β),是指统计期内车辆的重车行程与总行程的百分比,用以表示车辆总行程的有效利用程度。计算公式为

$$\beta = \frac{L_1}{L} \times 100\% = \frac{L_1}{L_1 + L_v} \times 100\% \tag{3-14}$$

式中:L_1——统计期内车辆的重车行程(km);
L_v——统计期内车辆的空车行程(km)。

【例 3-2】某市汽车运输公司 2022 年平均营运车数 200 辆,车辆工作率 80%,平均车日行程 300km,全年空车行程为 4380000km。试计算该公司 2022 年营运车辆的里程利用率。

由已知条件,可计算出该公司 2022 年工作车日数为

$$U_d = 平均营运车数 \times 工作日数 = 200 \times 365 \times 80\% = 58400(车日)$$

总行程为

$$L = \overline{L}_d \times U_d = 300 \times 58400 = 17520000(km)$$

则里程利用率为

$$\beta = \frac{L_1}{L} \times 100\% = \frac{17520000 - 4380000}{17520000} \times 100\% = 75\%$$

里程利用率是一个十分重要的指标,在总行程一定的前提下,要提高里程利用率,必须增加重车行程的比重,车辆只有在有载运行下才会进行有效生产。车辆空驶是一种很大

的浪费，它不仅没有产生运输工作量，相反却消耗了燃料和轮胎，增加了机械的磨损，从而致使运输成本上升。车辆空驶距离越长，这种影响也就越严重。

提高里程利用率，是提高车辆运输工作生产率和降低运输成本的有效措施，对经济效益有重要影响。企业实际里程利用率不高，主要是里程利用率受客流量、货流量在时间上和空间上分布不均衡，以及车辆运行调度等主客观因素的影响。加强运输组织工作是提高里程利用率的一项重要措施。为此应积极做好货（客）源组织工作，正确掌握营运区内货（客）源的形成及其货（客）流的规律，确保生产均衡性；加强运输市场的管理，坚持合理运输；应不断提高车辆运行作业计划的准确性，积极推广先进的调度方法；科学地确定收、发车点和组织车辆行驶线路；正确选择双班运输的交接地点；尽量调派与装运货物相适宜的车型，组织回程专用车辆装运普通货物；加强经济调查，合理规划车站、车队、车间（包括修理厂）、加油站之间的平面位置等。

编制运输生产计划时，通常要先确定里程利用率，再计算重车行程。重车行程的计算公式为

$$L_1 = L\beta \tag{3-15}$$

确定里程利用率的计划值时，一般以上期实际达到的里程利用率指标值为参考依据，并通过预测分析计划期内客流量和货流量在时间和空间分布的均衡程度测算确定。

3.2.4 车辆载重能力利用指标

车辆的载重能力是指车辆的额定载重量或额定载客量。反映车辆载重能力利用程度的指标是吨（客）位利用率［又称重车载重（客）量利用率］和实载率。

1. 吨（客）位利用率

吨（客）位利用率是指车辆在重车行程中实际完成的周转量与重车行程载重量的百分比。重车行程载重量的计算方法是以每辆车的重车行程分别乘以其额定载重（客）量加总求得。

吨（客）位利用率的计算方法有两种：静态的吨（客）位利用率和动态的吨（客）位利用率。

（1）静态的吨（客）位利用率是按一辆营运车的一个运次（班次），来考察其载重能力的利用程度。其计算公式为

$$\gamma = \frac{P}{P_0} \times 100\% = \frac{qL_1}{q_0 L_1} \times 100\% = \frac{q}{q_0} \times 100\% \tag{3-16}$$

式中：γ——车辆的吨（客）位利用率；
P——某运次（班次）车辆实际完成的周转量（t·km 或人·km）；
P_0——某运次（班次）车辆的重车行程载重（客）量（t·km 或人·km）；
q——车辆实际完成的载重（客）量（t 或人）；
q_0——车辆额定载重（客）量（t 或人），也称额定吨（客）位。

由式（3-16）可见，静态的吨（客）位利用率表示车辆额定载重（客）量的利用程度，与重车行程无关。

【例 3-3】某额定载重量为 8t 的货车某运次实际装卸货物 4t，某额定载客量为 45 客位

的客车某班次实际载客 40 人。求这两辆营运车的吨（客）位利用率。

吨位利用率为

$$\gamma_{货} = \frac{q}{q_0} \times 100\% = \frac{4}{8} \times 100\% = 50\%$$

客位利用率（也称满载率）为

$$\gamma_{客} = \frac{q}{q_0} \times 100\% = \frac{40}{45} \times 100\% \approx 88.9\%$$

（2）动态的吨（客）位利用率是按全部营运车辆一定时期内的全部运次，综合考察其载重能力利用程度。其计算公式为

$$\gamma = \frac{\sum P}{\sum P_0} \times 100\% = \frac{\sum(qL_1)}{\sum(q_0L_1)} \times 100\% \tag{3-17}$$

式中：$\sum P$——统计期内所有营运车辆实际完成的周转量之和（t·km 或人·km）；

$\sum P_0$——重车行程载重（客）量（t·km 或人·km）。

考核企业营运车辆载重（客）量利用程度，一般都是考核全部营运车辆。因而，这种动态的吨（客）位利用率应用较广。

【例 3-4】11 月某企业 A 车（额定载重量为 5t）总行程为 6400km，其中重车行程 4460km，共完成货物周转量 22160t·km；B 车（额定载重量为 5t）总行程为 6300km，其中重车行程 4200km，共完成货物周转量 18160t·km；C 车（额定载重量为 10t）总行程为 6000km，其中重车行程 3600km，共完成货物周转量 36000t·km。试计算 A、B、C 三车的吨位利用率。

由已知条件，可求得 A、B、C 三车 11 月的重车行程载重量之和为

$$\sum P_0 = \sum(q_0L_1) = 4460 \times 5 + 4200 \times 5 + 3600 \times 10 = 79300（t·km）$$

A、B、C 三车 11 月实际完成的货物周转量之和为

$$\sum P = 22160 + 18160 + 36000 = 76320（t·km）$$

由此可知其载重能力没有被充分利用，则 A、B、C 三车的吨位利用率为

$$\gamma = \frac{\sum p}{\sum p_0} \times 100\% = \frac{76320}{79300} \times 100\% \approx 96.2\%$$

车辆额定载重（客）量的大小与利用程度的高低，对车辆生产率有显著的影响。一般情况下，额定载重（客）量大的车辆具有较高的生产能力，但能力的发挥还取决于载重（客）量的利用程度。载重（客）量利用得愈充分，车辆生产率就愈高。在车辆额定载重（客）量既定的情况下，影响载重（客）量利用程度的因素主要有货（客）源条件、车辆调度水平、客运线网密度和发车频率、客运服务质量和服务水平、货物特性及货运种类、车辆类型及车厢几何尺寸、装车方式及装载技术、有关的装载规定和车货适应程度等。

2. 实载率

实载率是按全部营运车辆一定时期内的总行程计算的载重能力利用指标，是指汽车实际完成的周转量占其总行程载重（客）量的百分比，用以反映总行程载重（客）量的利用程度。总行程载重（客）量的计算方法，是以每辆车的总行程分别乘以其额定载重（客）量加总求得。实载率的计算公式为

$$\varepsilon = \frac{\sum P}{\sum P_0'} \times 100\% = \frac{\sum(qL_1)}{\sum(q_0 L)} \times 100\% \qquad (3-18)$$

式中：ε——车辆的实载率；

$\sum P_0'$——总行程载重（客）量（t·km 或 人·km）。

【例 3-5】 求例 3-4 中 A、B、C 三车 11 月的实载率。

A、B、C 三车 11 月的总行程载重量为

$$\sum P_0' = \sum(q_0 L) = 6400 \times 5 + 6300 \times 5 + 6000 \times 10 = 123500 \ (t \cdot km)$$

即三辆车在 11 月总行程可能完成的最大运输工作量为 123500 t·km，但其实际完成的运输工作量为 76320 t·km，所以其实载率为

$$\varepsilon = \frac{\sum P}{\sum P_0'} \times 100\% = \frac{76320}{123500} \times 100\% \approx 61.8\%$$

对于单辆车或一组吨（客）位相同的车辆，则其实载率可表示为

$$\varepsilon = \frac{\sum(qL_1)}{q_0 \sum L} \times 100\% = \frac{\sum(qL_1)}{q_0 \dfrac{\sum L_1}{\beta}} \times 100\% = \gamma \beta \qquad (3-19)$$

因此，实载率是反映车辆在行程利用和载重能力利用方面的一个综合性指标。要提高实载率，一方面要努力提高吨（客）位利用率，另一方面要减少车辆空车行程，提高里程利用率。

实载率虽然能够综合反映车辆行程和载重能力的利用程度，较全面地评价车辆有效利用程度，但在组织运输过程时不能完全以实载率代替里程利用率和吨（客）位利用率。分析车辆生产率诸多影响因素的影响程度时，也应对里程利用率和吨（客）位利用率分别进行分析。这是因为这两个指标的性质、内涵不同，对组织运输生产各有不同的要求。以实载率代替里程利用率和吨（客）位利用率，会掩盖超载等问题的存在。例如，假设有甲、乙、丙、丁四个货车车组，它们各自的车辆利用程度数据如表 3-1 所示。

表 3-1　各车组车辆利用程度数据

组别	里程利用率 β /（%）	吨位利用率 γ /（%）	实载率 ε /（%）
甲	83.3	96	80
乙	66.7	120	80
丙	50.0	160	80
丁	40.0	200	80

单就实载率而言，四个车组都是 80%。但从里程利用率和吨位利用率两个指标看，情况就大不相同。假如四个车组的货车额定载重量都是 5t，各组车辆平均每次装卸的货物按甲、乙、丙、丁顺次是 4.8t、6t、8t、10t。由此可以看出，甲组的运输生产组织工作基本正常，乙组有违章超载现象但不严重，丙组严重违章超载，丁组则更加严重，超载 1 倍。另外，在车辆运行中空驶情况严重，特别是丁组有 60%的行程是空驶。如果只考核实载率，这些情况就被掩盖了。

3.2.5 车辆动力利用指标

车辆的动力利用指标即拖运率（θ），是指挂车完成的周转量与主、挂车合计完成的总周转量的百分比。拖运率反映了拖挂运输的开展情况及挂车的载重量利用程度。其计算公式为

$$\theta = \frac{\sum P_t}{\sum P_m + \sum P_t} \times 100\% \tag{3-20}$$

式中：$\sum P_t$——统计期内挂车完成的周转量（t·km）；
　　　$\sum P_m$——统计期内主车完成的周转量（t·km）。

【例 3-6】某汽车运输公司 2022 年挂车完成货物周转量 27600000t·km，汽车本身完成货物周转量 58632000t·km。据此可计算该公司 2022 年的拖运率为

$$\theta = \frac{\sum P_t}{\sum P_m + \sum P_t} \times 100\% = \frac{27600000}{58632000 + 27600000} \times 100\% \approx 32\%$$

影响拖运率的主要因素有汽车与挂车性能、驾驶技术水平、道路条件及运输组织工作水平等。

开展拖挂运输的经济效益十分显著。在一定的货源、道路、现场等条件下，拖运率水平的高低与运输组织水平、汽车与挂车的性能、车辆配备及构成、运输法规等密切相关。开展拖挂运输是提高运输效率和降低运输成本的一个有效途径。

综上所述，评价汽车利用程度的单项指标共有五类十二项，如图 3.4 所示。各项指标均从某一方面反映汽车的利用程度及运输工作条件对车辆利用的影响。

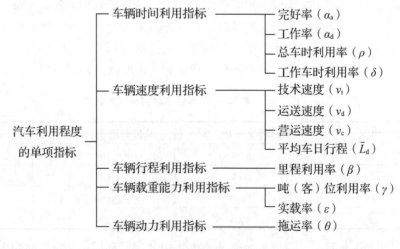

图 3.4　汽车利用程度的单项指标体系

3.3　评价汽车运输工作的综合指标

评价汽车运输工作的综合指标包括汽车运输生产率和汽车运输成本。

3.3.1 汽车运输生产率

汽车运输生产率通常用单车期产量、车吨（客）位期产量和车千米产量表示。单车期产量是指统计期内平均每辆车所完成的货物（旅客）周转量，它反映汽车单车运用的综合效率。车吨（客）位期产量是指统计期内平均每个吨（客）位所完成的货物（旅客）周转量，它反映汽车每个吨（客）位运用情况的综合效率。车千米产量是指统计期内车辆平均每行驶1km所完成的货物（旅客）周转量。

1. 单车期产量指标

按照计算的时间单位不同，单车期产量指标包括单车年产量、单车季产量、单车月产量、单车日产量和单车车时产量等指标。其中，用单车日产量指标来比较不同时期的车辆生产率时，可以避免因计算期日历天数不同而造成的影响。

（1）单车年（季、月、日）产量。

单车年（季、月、日）产量指标可用下述方法计算。

① 按周转量和平均营运车数计算。计算公式为

$$W_{Pt} = \frac{\sum P}{A} \tag{3-21}$$

式中：W_{Pt}——单车期产量（t·km 或 人·km），是统计期（年、季、月、日）内单车完成的货物（旅客）周转量；

$\sum P$——指统计期（年、季、月、日）内全部营运车辆完成的货物（旅客）周转量之和（t·km 或 人·km）；

A——平均营运车数，是统计期内平均每天拥有的营运车辆数（辆），可按下式计算。

$$A = \frac{统计期总车日数}{统计期日历天数} \tag{3-22}$$

【例3-7】某汽车货运公司9月1日有营运货车400辆，9月10日租入营运货车5辆投入营运，9月15日有10辆报废车退出营运，9月25日又有6辆新车投入营运，到月底再无车辆增减变动，9月共完成货物周转量7988000t·km。求该公司的单车月产量。

该公司9月的总车日数为

$$U = 400 \times 30 + 5 \times 21 + 6 \times 6 - 10 \times 16 = 11981（车日）$$

平均营运车数为

$$A = \frac{U}{D} = \frac{11981}{30} \approx 399.4（辆）$$

则单车月产量为

$$W_{Pt} = \frac{\sum P}{A} = \frac{7988000}{399.4} \approx 20000（t·km）$$

② 按车辆运用效率指标计算。计算公式为

$$W_{Pt} = \frac{D\alpha_d L_d \beta q_0 \gamma}{1-\theta} \tag{3-23}$$

式中：D——统计期的日历天数；

L_d——车日行程。

（2）单车车时产量。

单车车时产量是指运输车辆的工作生产率和总生产率，常用车辆利用单项指标来表示，以便分析各单项指标对运输生产率的影响特性和影响程度。工作生产率是车辆在线路上平均每一工作车时所完成的运量或周转量，又称工作车辆生产率。总生产率是车辆平均每一总车时所完成的运量或周转量。按运输形式的不同，又可分为载货汽车、公共汽车和出租汽车的工作生产率和总生产率。

下面就按不同的运输形式，分别对载货汽车、公共汽车和出租汽车的工作生产率和总生产率进行确定。

① 载货汽车的工作生产率和总生产率。

a. 工作生产率。

载货汽车的运输工作通常是以运次为基本运输过程进行组织。由于在一个运次中的货运量（Q_c）为

$$Q_c = q_0 \gamma$$

一个运次完成的货物周转量（P_c）为

$$P_c = Q_c L_1 = q_0 \gamma L_1$$

完成一个运次的工作车时（t_c）为

$$t_c = t_t + t_{lu} = \frac{L_1}{\beta v_t} + t_{lu}$$

式中：t_t——车辆在一个运次中的行驶时间（h）；

t_{lu}——车辆在一个运次中的停歇时间（h），主要是用于装卸货物而停歇的时间。

工作生产率是单位工作车时所完成的货运量（W_q）（计量单位为 t/h）及货物周转量（W_p）[计量单位为（t·km）/h]，即

$$W_q = \frac{Q_c}{t_c} = \frac{q_0 \gamma}{\frac{L_1}{\beta v_t} + t_{lu}} \tag{3-24}$$

$$W_p = \frac{P_c}{t_c} = \frac{q_0 \gamma L_1}{\frac{L_1}{\beta v_t} + t_{lu}} \tag{3-25}$$

b. 总生产率。

在统计期平均每一总车时内，车辆在线路上的工作车时（T_d'）为

$$T_d' = \frac{U_d T_d}{24U} = \left(\frac{U_d}{U}\right) \times \left(\frac{T_d}{24}\right) = \alpha_d \rho$$

所以，平均每一总车时车辆所完成的货运量 W_q'（计量单位为 t/h）和货物周转量（W_p'）[计量单位为（t·km）/h] 分别为

$$W_q' = W_q T_d' = \frac{q_0 \gamma \alpha_d \rho}{\frac{L_1}{\beta v_t} + t_{lu}} \tag{3-26}$$

$$W_p' = W_p T_d' = \frac{q_0 \gamma \alpha_d \rho L_1}{\frac{L_1}{\beta v_t} + t_{lu}} \tag{3-27}$$

由上述计算公式可知，影响载货汽车工作生产率的因素有额定载重量（q_0）、吨位利用率（γ）、重车行程（L_l）、里程利用率（β）、技术速度（v_t）及装卸停歇时间（t_{lu}）共六项。影响总生产率的因素还有工作率（α_d）及总车时利用率（ρ）。

在一定的运输工作条件下，上述各项指标都反映了工作条件对生产率的影响，是影响生产率的使用因素。实际工作中，汽车运输企业可以通过优化各使用因素的状态，来提高生产率指标。

② 公共汽车的工作生产率和总生产率。

a. 工作生产率。

公共汽车（含公路客运）一般以单程（也称车次）为基本运输过程进行组织。公共汽车工作生产率是指平均每工作车时车辆所完成的客运量或乘客周转量，用以评价公共汽车在线路上工作车时内的利用效果。

公共汽车在线路上工作时，由于在一个车次内车辆所载乘客在沿线各停车站不断交替变化（乘客上下车），客流沿各路段的分布具有不均匀性，因此车辆在各路段的实际载客量可能各不相同。所以在一个车次内，车辆实际完成的载客人数（Q_n）及乘客周转量（P_n）（计量单位为人·km）分别为

$$Q_n = q_0 \gamma \eta_a$$
$$P_n = Q_n \bar{L}_p$$

式中：η_a——乘客交替系数；

$\bar{L}_p$——平均运距，指统计期内所有乘客的平均乘车距离（km）。

其中，乘客交替系数是指在一个车次时间内，各路段平均载客客位中，每客位实际运送的乘客人数，以车次的线路长度（L_n）与平均运距（$\bar{L}_p$）之比表示，即

$$\eta_a = \frac{L_n}{\bar{L}_p} \tag{3-28}$$

公共汽车在一个车次中的工作车时（t_n）为

$$t_n = t_{nr} + t_{ns} = \frac{L_n}{\beta v_t} + t_{ns}$$

式中：t_{nr}——公共汽车在一个车次中的行驶时间（h）；

t_{ns}——公共汽车在一个车次中的沿线各站停歇时间（h）。

因而，公共汽车在一个车次中的单位工作时间内完成的客运量和乘客周转量分别为

$$W_q = \frac{Q_n}{t_n} = \frac{q_0 \gamma \eta_a}{\frac{L_n}{\beta v_t} + t_{ns}} \tag{3-29}$$

$$W_p = \frac{Q_n \bar{L}_p}{t_n} = \frac{q_0 \gamma \eta_a \bar{L}_p}{\frac{L_n}{\beta v_t} + t_{ns}} = \frac{q_0 \gamma L_n}{\frac{L_n}{\beta v_t} + t_{ns}} \tag{3-30}$$

载货汽车和公共汽车的 W_p 在形式上是一样的，所以各个相应的使用因素对生产率的影响也是相似的，但各使用因素的意义不同。而载货汽车和公共汽车的 W_q 在形式上稍有差别，这是由于公共汽车运输是以车次为基本运输过程这一特点所致，故在形式上多了乘客交替系数（η_a）。

b. 总生产率。

公共汽车总生产率的确定方法类似载货汽车总生产率的确定方法，即单位总车时内公共汽车所完成的客运量（W'_q）（计量单位为人/h）和乘客周转量（W'_p）[计量单位为（人·km）/h]。计算公式为

$$W'_q = \alpha_d \rho W_q \tag{3-31}$$

$$W'_p = \alpha_d \rho W_p \tag{3-32}$$

公共汽车运输总生产率在形式上与载货汽车完全一致。

③ 出租汽车的工作生产率和总生产率。

出租汽车运输通常按行驶里程与等待乘客的停歇时间收费。所以出租汽车生产率通常用每小时完成的收费行驶里程和收费停歇时间来度量。出租汽车的运输组织通常按运次进行组织，每个运次的时间由四部分组成，即收费里程（L_g）的行驶时间、收费停歇时间（t_g）、不收费里程（L_n）的行驶时间和不收费停歇时间（t_n）。出租汽车的工作车时（t_c）为

$$t_c = \frac{L_g + L_n}{v_t} + t_g + t_n$$

出租汽车的里程利用率（β），表明了出租汽车总行程的利用程度，是收费里程（L_g）与总行程（L）之比，故又称收费里程系数。计算公式为

$$\beta = \frac{L_g}{L} = \frac{L_g}{L_g + L_n}$$

所以，出租汽车的工作车时（t_c）也可表示为

$$t_c = \frac{L_g}{\beta v_t} + t_g + t_n$$

a. 工作生产率。

出租汽车在单位工作时间内完成的收费里程（W_l）（计量单位为 km/h）及收费停歇时间（W_t）（计量单位为 h/h）即为出租汽车的工作生产率，可分别用以下两式计算。

$$W_l = \frac{L_g}{t_c} = \frac{L_g}{\frac{L_g}{\beta v_t} + t_g + t_n} \tag{3-33}$$

$$W_t = \frac{t_g}{t_c} = \frac{t_g}{\frac{L_g}{\beta v_t} + t_g + t_n} \tag{3-34}$$

b. 总生产率。

出租汽车在单位总车时内完成的收费里程（W'_l）（计量单位为 km/h）和收费停歇时间（W'_t）（计量单位为 h/h）即为出租汽车的总生产率，分别为

$$W'_l = \alpha_d \rho W_l \tag{3-35}$$

$$W'_t = \alpha_d \rho W_t \tag{3-36}$$

由以上公式可知，影响出租汽车总生产率的因素有收费里程、收费里程系数、技术速度、每个运次的收费停歇时间及不收费停歇时间。

2. 车吨（客）位期产量指标

车吨（客）位期产量是指统计期内平均每个吨（客）位所完成的周转量，包括车吨（客）位年产量、车吨（客）位季产量、车吨（客）位月产量及车吨（客）位日产量等多个指标。

用车吨（客）位期产量指标反映和比较车辆运输生产率时，可以消除不同车辆额定吨（客）位不同的影响。其中，车吨位日产量和车客位日产量指标，在反映和比较不同单位或不同时期的运输生产率时，既可消除车辆不同吨位或客位的影响，也可消除计算期日历天数可能不一致的影响。因此，车吨（客）位日产量指标，可以比较准确地反映汽车运输企业生产组织工作的水平。

车吨（客）位期产量的计算方法有两种。

（1）按周转量与平均总吨（客）位计算。计算公式为

$$W'_{p_t} = \frac{\sum P}{N} \tag{3-37}$$

式中：W'_{p_t}——车吨（客）位期（年、季、月、日）产量（t·km 或人·km）；

$\sum P$——统计期内全部营运车辆完成的周转量之和（t·km 或人·km）；

N——平均总吨（客）位（t 或人），是指统计期内平均每天在用营运车辆的总吨（客）位。

（2）按车辆各项运用效率指标计算。计算公式为

$$W'_{p_t} = \frac{D\alpha_d \overline{L}_d \beta \gamma}{1-\theta} \tag{3-38}$$

3. 车千米产量指标

车千米产量是指统计期内车辆平均每行驶 1km 所完成的周转量，可按下述方法计算。

（1）按周转量和总行程计算。计算公式为

$$W_{p_k} = \frac{\sum P}{L} \tag{3-39}$$

式中：W_{p_k}——车千米产量（t·km 或人·km）；

L——统计期全部车辆的总行程（km），可以根据每辆营运车累计，也可以按下述公式计算。

$$L = AD\alpha_d \overline{L}_d \tag{3-40}$$

（2）按有关车辆运用效率指标计算。计算公式为

$$W_{p_k} = \frac{\beta \overline{q}_0 \gamma}{1-\theta} \tag{3-41}$$

显然，完成同样的周转量采用提高车千米产量的办法增加的运行费用不多，增加总行程则会较多地增加运行费用。但片面追求较高的车千米产量，可能会引起超载。由此可见，车千米产量是一个敏感性较强又很重要的指标。

4. 汽车运输生产率分析

要提高汽车运输生产率，必须了解各使用因素对生产率的影响特性及影响程度，以便结合企业自身的条件，确定优先改进哪个因素对生产率的提高更为有利。由于公共汽车、

出租汽车的工作生产率均类似载货汽车，因此下面以载货汽车工作生产率为例进行分析。

由载货汽车工作生产率的计算公式可知，影响生产率的使用因素共有六项，即车辆额定载重量、吨位利用率、里程利用率、技术速度、车辆一个运次中的停歇时间及重车行程，而工作生产率又分为以货运量计算的 W_q 和以周转量计算的 W_p 两种。上述六项使用因素，除平均运次重车行程对 W_q 和 W_p 的影响不同外，其他使用因素对其影响是一致的。

由于各使用因素对生产率的影响关系很复杂，为了分析简便，在分析某一使用因素的变化对生产率的影响时，可以假设其他使用因素为常数。因此，下面以 W_q 的工作生产率关系式为对象来分析装卸停歇时间对生产率的影响特性和影响程度。

载货汽车的工作生产率公式为

$$W_q = \frac{q_0 \gamma}{\frac{L_1}{\beta v_t} + t_{1u}}$$

假设其他使用因素均为常数，只有装卸停歇时间为变量时，令 $b = q_0 \gamma$，$c = \frac{L_1}{\beta v_t}$，则

$$W_q = \frac{b}{c + t_{1u}} \tag{3-42}$$

式（3-42）为等轴双曲线方程。当装卸停歇时间（t_{1u}）减少时，车辆工作生产率（W_q）就会提高，但提高的极限值为 $\frac{b}{c}$，如图 3.5 所示。

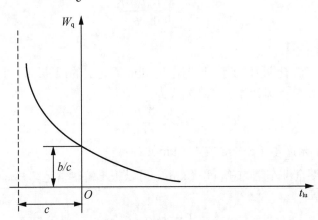

图 3.5　车辆工作生产率与装卸停歇时间的关系

当装卸停歇时间很长时，工作生产率将降低并趋近于零，因为横坐标轴为双曲线的渐近线。而且当 c 值越小（即 L_1 越小），v_t 及 β 值越大时，装卸停歇时间的变化对生产率的影响程度越大。即当运距较短，车辆行驶速度较快时，装卸停歇时间对生产率的影响更为显著。

因此，要提高生产率必须将装卸停歇时间压缩到最低限度。为了缩短装卸停歇时间，应合理组织装卸工作，实现装卸工作机械化，编制汽车装卸作业时间表，有节奏地进行装卸工作，并应简化手续，以减少装卸停歇时间。采用类似的方法，可分析其他使用因素对运输工作生产率的影响特性。

分析各使用因素对生产率的影响程度,可采用绘制生产率特性图的方法。首先,逐一分析各使用因素与生产率之间的变化关系,这样便得到一组各使用因素与生产率之间的变化关系曲线。然后,将这些曲线叠加绘制在一张坐标图上,坐标图的纵轴表示生产率,横轴分别表示各使用因素。载货汽车工作生产率特性图如图 3.6 所示。

由图 3.6 可见,各使用因素对汽车运输生产率的影响程度由高到低依次为:吨位利用率(γ)、装卸停歇时间(t_{lu})、里程利用率(β)、车辆技术速度(v_t)。

因此利用汽车运输生产率特性图可以确定出在某一具体运输条件下提高生产率的最合理方法,如提高重车载重量利用率和额定载重量是提高生产率最有效的方法,缩短装卸停歇时间也是提高生产率的有效方法。而提高里程利用率及技术速度,对生产率的影响不显著,但对运输成本却有显著影响,下面对此做进一步分析。

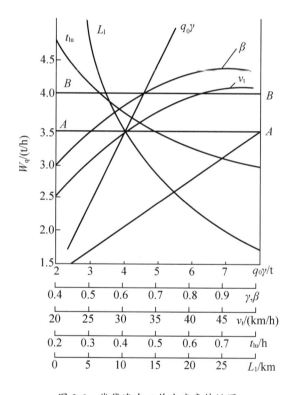

图 3.6 载货汽车工作生产率特性图

注:W_q 为载货汽车运输生产率(t/h);$q_0\gamma$ 为实际载重量(t);γ 为吨位利用率;β 为里程利用率;v_t 为车辆技术速度(km/h);t_{lu} 为装卸停歇时间(h);L_1 为载重行程(km)。

3.3.2 汽车运输成本

汽车运输成本不仅是评价汽车运输工作效果的综合指标,也是考核运输企业的主要经营指标之一。在汽车运输生产过程中,运输生产率的高低、运输服务质量的好坏、运输组织水平的高低、车辆维修技术的优劣等最终都以货币形式反映到成本指标上,进而影响汽车运输企业、物流企业的经济效益。因此，在保证运输服务质量的前提下，不断降低运输成本，对于物流企业、运输企业的生存和发展具有重要意义。

1. 汽车运输成本的计算

汽车运输成本（S）通常用单位运输成本来衡量。单位运输成本是指完成每单位运输产品产量所支付的费用，以统计期内汽车运输企业所支出的全部费用（$\sum C$）与所完成的运输产品产量（$\sum P$）的比值来表示，即

$$S = \frac{\sum C}{\sum P} \tag{3-43}$$

汽车运输成本的计量单位因运输对象、运输条件等不同而异。对于载货汽车与公共汽车运输，S 是指完成每单位运输工作量所支付的全部费用，其计量单位分别为元/（t·km）与元/（人·km）；对于出租汽车运输，S 是按照每单位收费里程或单位收费停歇时间分摊的全部费用计算，其计量单位为元/km 或元/h。

汽车运输企业所支出的全部费用，按照与车辆行驶的关系，一般可分为三部分，即变动费用（$\sum C_c$）、固定费用（$\sum C_f$）和装卸费用（$\sum C_{lu}$）。其中，装卸费用在运输企业中实行单独核算，所以汽车运输企业的运输成本通常只包括前两项费用，即

$$\sum C = \sum C_c + \sum C_f \tag{3-44}$$

在汽车运输企业中，变动费用是指与车辆行驶有关的费用，又叫车辆运行费用，按每千米行程计算。变动费用包括燃料费、润滑油费、轮胎费、车辆折旧费、车辆维修费、计件工资、附加费及其他与车辆行驶有关的杂项费用等。固定费用是指与车辆行驶无直接关系的费用，又叫企业管理费，常按车辆的在册车日或车时计算。这部分费用不论车辆行驶与否，汽车运输企业为组织运输生产必须支付。固定费用包括职工月工资（或计时工资等）、行政办公费、水电费、仓储费、房屋修缮费、牌照费、职工培训费、宣传费及业务手续费等。

（1）载货汽车的单位运输成本。

载货汽车的单位运输成本可表示为每吨千米的变动费用与每吨千米的固定费用之和，即

$$S_g = S_c + S_f \tag{3-45}$$

式中：S_g——载货汽车的单位运输成本 [元/（t·km）]；

S_c——统计期内单位产量分摊的变动成本 [元/（t·km）]；

S_f——统计期内单位产量分摊的固定成本 [元/（t·km）]。

又因为

$$S_c = \frac{LC_c}{\sum P} = \frac{(L/H_d)C_c}{(\sum P)/H_d} = \frac{v_d C_c}{W_p}$$

$$S_f = \frac{\sum C_f}{\sum P} = \frac{(\sum C_f)/H_d}{(\sum P)/H_d} = \frac{C_f}{W_p}$$

式中：C_c——单位行程的变动费用（元/km）；

C_f——车辆单位工作车时的固定费用（元/h）；

$\sum C_f$——统计期内企业支付的全部固定费用（元）。

则
$$S_g = S_c + S_f = \frac{v_d C_c}{W_p} + \frac{C_f}{W_p} \tag{3-46}$$

又因为 $v_d = \dfrac{L_1 v_t}{L_1 + \beta v_t t_{1u}}$，$W_P = \dfrac{q_0 \gamma L_1}{\dfrac{L_1}{\beta v_t} + t_{1u}}$，则载货汽车的单位运输成本为

$$S_g = \frac{1}{q_0 \gamma \beta}\left[C_c + \frac{C_f(L_1 + t_{1u}\beta v_t)}{v_t L_1} \right] \tag{3-47}$$

（2）公共汽车的单位运输成本。

公共汽车的单位运输成本同样可以表示为每人千米的变动成本与每人千米的固定成本之和。用类似载货汽车单位运输成本的求解方法，可得到公共汽车的单位运输成本为

$$S_b = \frac{1}{q_0 \gamma \beta}\left[C_c + \frac{C_f(L_n + t_{ns}\beta v_t)}{v_t L_n} \right] \tag{3-48}$$

式中：S_b——公共汽车的单位运输成本[元/(人·km)]；

L_n——线路长度（km）；

t_{ns}——沿线各站停站时间（h）。

（3）出租汽车的单位运输成本。

出租汽车的单位运输成本可按照每千米收费里程或每小时收费停歇时间确定。计算公式分别为

$$S_c = \frac{\sum C_c}{\sum L_g} = \frac{\sum C_c}{\beta L} = \frac{(\sum C_c)/L}{\beta} = \frac{C_c}{\beta}$$

$$S_f = \frac{\sum C_f}{\sum L_g} = \frac{\sum C_f}{\beta L} = \frac{(\sum C_f)/H_d}{\beta(L/H_d)} = \frac{C_f}{\beta v_d}$$

其中
$$v_d = \frac{L}{H_d} = \frac{L_g/\beta}{\dfrac{L_g}{\beta v_t} + t_g + t_n} = \frac{v_t L_g}{L_g + \beta v_t(t_n + t_g)}$$

所以，出租汽车每千米收费里程的运输成本为

$$S_l = \frac{\sum C}{\sum L_g} = S_c + S_f = \frac{1}{\beta}\left(C_c + \frac{C_f}{v_d} \right) = \frac{1}{\beta}\left(C_c + \frac{C_f[L_g + \beta v_t(t_n + t_g)]}{v_t L_g} \right) \tag{3-49}$$

式中：S_l——出租汽车单位收费里程的运输成本（元/km）。

同理，出租汽车以单位收费停歇时间表示的运输成本（S_t）（计量单位为元/h）为

$$S_t = \frac{1}{\beta t_g}\left(C_c L_g + \frac{C_f[L_g + \beta v_t(t_n + t_g)]}{v_t} \right) \tag{3-50}$$

2. 汽车运输成本分析

降低汽车运输成本，是汽车运输企业经营的重要工作内容，为此，必须了解每个使用因素对运输成本的影响特性和影响程度，以便确定企业的改进措施。

利用上述公式，不仅可以计算汽车运输的成本，而且可以确定各使用因素对运输成本

的影响特性和影响程度,为寻找降低汽车运输成本的有效途径提供理论依据。

(1) 各使用因素对运输成本的影响特性。

可采用与分析汽车运输生产率同样的方法,来分析各使用因素对运输成本的影响特性。以载货汽车运输成本为例,在假设其他使用因素的当前值保持不变的前提下,只考察一个使用因素,可以得出以下结论。

① 随着汽车额定吨位及重车载重量利用率的增加,运输成本将降低,而且固定费用和变动费用将增加。在重车行程越短,行驶速度越低时,这种影响越显著。此外,随着载重量的增加,它对运输成本的影响程度将降低。

② 当里程利用率、技术速度及重车行程提高时,每吨千米的运输成本将降低,而且当这些数值越小时,其影响程度越显著。

③ 每个运次中,车辆装卸停歇时间越长,则运输成本越高。当实际载重量较小,重车行程较短,而每小时工作的固定费用较大时,装卸停歇时间对运输成本的影响特别大。但是,当运距很大时,装卸停歇时间对运输成本的影响将明显减小。

(2) 各使用因素对运输成本的影响程度。

分析各使用因素对运输成本的影响程度,以确定优先改变哪些使用因素对降低运输成本更加有利。这种分析可以仿照汽车运输生产率分析方法进行,从而得到汽车运输成本特性图(以载货汽车为例),如图 3.7 所示。

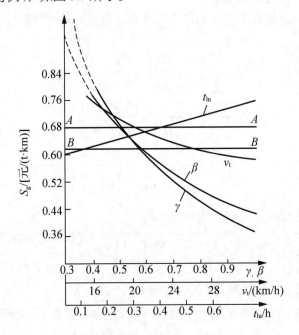

图 3.7 载货汽车运输成本特性图

注:S_g 为载货汽车运输成本 [元/(t·km)];γ 为吨位利用率;β 为里程利用率;v_t 为车辆技术速度(km/h);t_{lu} 为装卸停歇时间(h)。

由图 3.7 可见,各使用因素对运输成本影响程度由高到低排列顺序为:吨位利用率(γ)、里程利用率(β)、装卸停歇时间(t_{lu})、技术速度(v_t)。因此,提高吨位利用率及里程利用率是降低运输成本最有效的方法。

降低运输成本和提高运输生产率是汽车运输企业的两项重要任务。由于各使用因素对运输成本和运输生产率的影响结果不尽相同,因此在运输企业中应当视不同的运输任务,有针对性地选择不同的措施,以优先满足降低运输成本或提高运输生产率的要求。

3.4 铁路运输组织评价指标

铁路运输组织评价指标主要从货车运用指标、客车运用指标、机车运用指标等方面考虑。

3.4.1 货车运用指标

1. 货车平均静载重

货车平均静载重是指每一辆货车平均装载的货物吨数,反映了货车在静止状态下载重量被利用的程度,是衡量装车质量的指标之一,是铁路运营工作的重要指标之一。货车平均静载重只能说明在装车时或重车在静止状态下货车标记载重量的利用程度,而不能反映全部运送过程中货车载重量利用的程度。计算公式为

$$P_{静} = \frac{\sum P}{U_{装}} \tag{3-51}$$

式中:$P_{静}$——货车平均静载重(t/车);

$\sum P$——一定时间内货物发送总吨数(t);

$U_{装}$——一定时间内的总装车数(车)。

【例 3-8】某站某日装车实际情况如下:化肥 3 车(60t 棚车 1 车,装 60t;50t 棚车 2 车,各装 50t);沙 4 车(60t 敞车 1 车,装 60t;50t 敞车 3 车,各装 50t);棉花 3 车(60t 棚车 1 车,装 42t;50t 棚车 2 车,各装 35t)。试计算货车平均静载重。

$\sum P = (60 \times 1 + 50 \times 2) + (60 \times 1 + 50 \times 3) + (42 \times 1 + 35 \times 2) = 482$(t)

$U_{装} = 3 + 4 + 3 = 10$(车)

$P_{静} = (\sum P)/U_{装} = 482/10 = 48.2$(t/车)

2. 货车动载重

货车动载重是指货车平均每运行 1km 所完成的货物吨千米数。货车动载重分为重车动载重和运用车动载重两种。

① 重车动载重。

重车动载重是指平均每一重车千米所完成的货物周转量。计算公式为

$$P_{动}^{重} = \frac{\sum (Pl)}{\sum (nS_{重})} \tag{3-52}$$

式中:$P_{动}^{重}$——重车动载重[(t·km)/km];

$\sum (Pl)$——一定时间内完成的货物(t·km);

$\sum(nS_重)$——一定时间内重车总走行千米数（km）。

提高重车动载重的途径：①提高货车静载重；②合理组织不同装载量的车辆装运不同距离的货物，如以装载量大的车辆运送远距离的货物，以装载量小的车辆运送近距离的货物。

【例3-9】 设甲站有发往乙站和丙站两批各60t的货物，用60t货车一辆和30t货车两辆装运（里程如下）。试确定合理的装运方法。

甲 ____（100km）____ 乙 ____（100km）____ 丙

装运方法一：用一辆60t货车装乙站的近程货物，用两辆30t货车装丙站的远程货物。

$P_静=(\sum P)/U_装=(60+60)/(1+2)=40$（t/车）

$\sum(Pl)=60×100+60×200=18000$（t·km）

$\sum(nS_重)=1×100+2×200=500$（km）

$P_动^重=\sum(Pl)/\sum(nS_重)=18000/500=36$ [（t·km）/km]

装运方法二：用一辆60t货车装丙站的远程货物，用两辆30t货车装乙站的近程货物。

$P_静=(\sum P)/U_装=(60+60)/(2+1)=40$（t/车）

$\sum(Pl)=60×200+60×100=18000$（t·km）

$\sum(nS_重)=1×200+2×100=400$（km）

$P_动^重=\sum(Pl)/\sum(nS_重)=18000/400=45$ [（t·km）/km]

② 运用车动载重。

运用车动载重是指平均每一运用货车千米所完成的货物吨千米数。计算公式为

$$P_动^运=\frac{\sum(Pl)}{\sum(nS_重)+\sum(nS_空)} \quad (3-53)$$

式中：$P_动^运$——运用车动载重[（t·km）/km]；

$\sum(nS_重)$——一定时间内重车走行千米（km）；

$\sum(nS_空)$——一定时间内空车走行千米（km）。

上述公式中分子和分母同除$\sum(nS_重)$，则变成

$$P_动^运=\frac{P_动^重}{1+\alpha} \quad (3-54)$$

式中：α——车辆空率，一定时间内空车走行千米与重车走行千米之比。

3. 货车装载能力利用率

① 货车载重力利用率。

货车载重力利用率又称货车载重力利用系数，是指所装货车的载重能力被利用的百分率。货车载重力利用率是以相对数字反映货车载重能力利用程度的指标，是车站或全路在一定时期内货车平均静载重与货车平均标记载重量的比值。计算公式为

$$\lambda=\frac{P_静}{P_标}×100\% \quad (3-55)$$

式中：λ——货车载重利用率；

$P_{标}$——货车平均标记载重量（t/车）。

$$P_{标} = \frac{\sum P_{标}}{\sum U_{装}} \quad (3-56)$$

货车载重力利用率的大小同货车平均静载重成正比。一切提高静载重的措施，也是提高货车载重力利用率的措施。货车载重力利用率比货车静载重能更好地反映车辆装载的质量。为了提高货车载重力利用率，必须注意车种适合货种，标重配合货吨，做好巧装满载工作。

② 货车容积利用率。

货车容积利用率又称货车容积利用系数，是指所装货车的有效容积被利用的百分率。计算公式为

$$\phi = \left(\frac{V_{装}}{V_{有效}}\right) \times 100\% \quad (3-57)$$

式中：ϕ——货车容积利用率；

$V_{装}$——装载货物占用容积（m³）；

$V_{有效}$——货车有效容积（m³）。

货车容积利用率是用来考核轻质货物紧密装载程度和利用装载容积的一项指标。

4. 货车生产率

货车生产率（即货车日产量）是指一辆运用车一昼夜平均所完成的货物吨千米数。货车生产率是衡量货车利用质量的综合指标，它既反映货车载重量利用水平，也反映车辆周转的快慢。计算公式为

$$H = \frac{\sum(Pl)}{n} = \frac{\sum(Pl)}{\sum(nS)} \times \frac{\sum(nS)}{n} = P_{动}^{运} S_{车} \quad (3-58)$$

式中：H——货车昼夜生产率 [（t·km）/（车·d）]；

$\sum(nS)$——全路一昼夜的走行千米（km）；

$\sum(Pl)$——全路一昼夜完成的货物周转量（t·km）；

n——全路运用车数；

$S_{车}$——每辆车平均一昼夜的走行千米（km）。

将式 $P_{动}^{运} = \dfrac{P_{动}^{重}}{1+\alpha}$ 代入式（3-58），得

$$H = \frac{S_{车} P_{动}^{重}}{1+\alpha} \quad (3-59)$$

货车生产率与货车昼夜走行千米及重车动载重成正比，并随着空率的增大而减小。行车与货运部门必须共同配合，才能提高货车生产率。从上述指标分析中，我们不难理解提高货车载重量利用效率的意义。在货车的巧装满载上挖掘潜力，最经济、最有效地使用车辆，充分发挥现有货车载重量利用效率，少用车、多运货，是铁路挖潜、扩能、改革的一个重要方面。

3.4.2 客车运用指标

1. 旅客列车车底周转时间

每对旅客列车的编组辆数、编组结构及车辆编挂次序一般不变动。当往返于始发站与终到站之间，经过沿途各站时，除特殊情况外，通常只有旅客上下，而无车辆摘挂，这种固定连挂在一起的车列，称为列车固定车底。固定车底往返一次所经过的时间，称为列车车底周转时间。根据车底周转时间，就可以确定车底的数量。例如，某次特快旅客列车从北京站始发的时间是 18:00，到达上海站是第二天 8:00。经过 10h 休整，该次列车 18:00 从上海站始发，第三天的 8:08 回到北京站，每天就这样不间断地运行。据此，我们可以计算出该次列车至少需要 2 组车底。显然，车底周转时间越长，需要的车底就越多。当然，这只是针对长途旅客列车而言，短途的市郊、城际旅客列车的车底往往一天能周转几次。如图 3.8 所示，车底周转时间为 5 天，每天开行 1 列，该次列车共需 5 组车底。

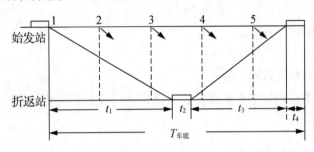

图 3.8 列车车底周转时间示意图

旅客列车车底周转时间是指为了开行运行图中的某一对旅客列车的车底，从第一次由配属站（始发站）发出之时起，到下一次由配属站发出之时起，所经过的全部时间。车底周转时间（$\theta_{车底}$）的计算公式为

$$\theta_{车底} = \frac{2L_{客}}{v_{直达}} + t_{配}^{客} + t_{折}^{客} \qquad (3\text{-}60)$$

式中：$L_{客}$——列车全程运行距离（km）；

$v_{直达}$——旅客列车直达速度（km/h）；

$t_{配}^{客}$——车底在配属站停留时间（h）；

$t_{折}^{客}$——车底在折返站停留时间（h）。

2. 旅客列车速度指标

旅客列车速度指标包括列车技术速度、列车运行速度和列车旅行速度。

（1）列车技术速度。

列车技术速度（$v_{技}$）是指列车在区段内运行，不包括中间站停站时间及加减速附加时间在内的平均速度。计算公式为

$$v_{技} = \frac{\sum(nL)}{\sum(nt_{纯运})} \qquad (3\text{-}61)$$

式中：$\sum(nL)$——列车在区段内运行距离（km）；

$\sum(nt_{纯运})$——列车运行时间（h）。

（2）列车运行速度。

列车运行速度（$v_{运}$）是指列车在区段内运行，不包括中间站停站时间，但包括加减速附加时间在内的平均速度。计算公式为

$$v_{运} = \frac{\sum(nL)}{\sum(nt_{纯运}) + \sum(nt_{加减})} \quad (3-62)$$

式中：$\sum(nt_{加减})$——加减速附加时间（h）。

（3）列车旅行速度。

列车旅行速度（$v_{旅}$）是指列车在区段内运行，包括在中间站停站时间及加减速附加时间在内的平均速度。计算公式为

$$v_{旅} = \frac{\sum(nL)}{\sum(nt_{纯运}) + \sum(nt_{加减}) + \sum(nt_{中停})} \quad (3-63)$$

式中：$\sum(nt_{中停})$——中间站停站时间（h）。

当已知旅行速度与运行速度的比值或者与技术速度的比值时，旅行速度也可以通过旅行速度系数来计算，即

$$v_{旅} = \beta_{运} v_{运}$$

$$v_{旅} = \beta_{技} v_{技}$$

旅行速度是衡量列车运行图质量的一项重要指标，也是影响列车车辆周转和货物送达的一项重要因素。因此，在编制列车运行图时，应力求把旅行速度同运行速度或技术速度的差别减少到最小程度，也就是必须尽可能减少列车在区段内的停站次数和停站时间。

3. 载客人数

旅客列车载客人数（$A_{列}$）是指在一定时期内，全路或一个铁路局平均每一旅客列车千米所完成的人千米数。计算公式为

$$A_{列} = \frac{\sum(Al')}{\sum(nL_{客})} \quad (3-64)$$

式中：$\sum(Al')$——旅客周转量（人·km）；

$\sum(nL_{客})$——旅客列车千米总数（km）。

4. 客座利用率

客座利用率（$\lambda_{客}$）等于旅客周转量和客座千米总数之比，也就是用百分率表示的平均每一客座千米所完成的人千米数。计算公式为

$$\lambda_{客} = \frac{\sum(Al')}{\sum(nS_{客})} \times 100\% \quad (3-65)$$

式中：$\sum(nS_{客})$——客座千米总数（km）。

3.4.3 机车运用指标

1. 机车全周转时间

机车全周转时间是从时间上反映机车运用效率的指标,是指机车作业完成返回基本段经过闸楼时起,至下一次作业完成返回基本段经过闸楼时止的全部时间,是指机车在一个牵引区段内往返一次平均消耗的时间。计算公式为

$$\theta_{机} = \frac{L}{v_{旅}^{机}} + t_{本} + t_{折} \tag{3-66}$$

式中:$\theta_{机}$——机车全周转时间(h);
   L——机车周转距离(km);
   $t_{折}$——机车在折返及所在站停留时间(h);
   $t_{本}$——机车在本段及所在站停留时间(h);
   $v_{旅}^{机}$——机车旅行速度(km/h)。

2. 机车日车千米

机车日车千米是指全路、铁路局或机务段平均每台货运机车在一昼夜内完成的走行千米数。计算公式为

$$S_{机} = \frac{\sum(MS_{沿}) - \sum(MS_{补})}{M_{货}} \tag{3-67}$$

或

$$S_{机} = \frac{2L \times 24}{\theta_{机}} \tag{3-68}$$

式中:$S_{机}$——机车日车千米(km/d);
   $\sum(MS_{沿})$——机车沿线走行千米总数(km);
   $\sum(MS_{补})$——机车沿线补机走行千米总数(km);
   $M_{货}$——货运机车台数。

3. 列车平均总重

列车平均总重是指全路、铁路局或机务段平均每台机车牵引列车的总质量(包括货物质量和车辆自重)。计算公式为

$$Q_{总} = \frac{\sum(QS_{总})}{\sum(nL_{本})} \tag{3-69}$$

式中:$Q_{总}$——列车平均总重(t/列);
   $\sum(QS_{总})$——总重吨千米(km·t);
   $\sum(nL_{本})$——机车千米总数(km)。

列车平均总重反映机车牵引力的利用程度,它直接影响到列车次数、机车需要台数、机车乘务组需要数以及其他有关支出的大小,是衡量机车运用效率的一个重要指标。

4. 货运机车日产量

货运机车日产量是指在一定时期内全路、铁路局或机务段平均每台货运机车一昼夜内所生产的总重吨千米数。计算公式为

$$W_{机} = \frac{\sum(QS_{总})}{M_{货}} = \frac{Q_{总}S_{机}}{1+\beta_{辅}} \quad (3\text{-}70)$$

$$\beta_{辅} = \frac{\sum(MS_{双}) + \sum(MS_{单})}{\sum(nL_{本})}$$

式中：$W_{机}$——货运机车日产量；

$\beta_{辅}$——单机和重联机车走行率；

$\sum(MS_{双})$——重联机车走行千米总数（km）；

$\sum(MS_{单})$——单机机车走行千米总数（km）。

由式（3-70）可以看出，$W_{机}$综合反映了列车平均总重、机车日车千米和单机走行三个方面的关系，是考核机车运用质量的一个综合指标。

3.5 水路运输组织评价指标

水路运输组织主要包括港口和船舶的生产组织。港口生产组织的重点是提高装卸机械的利用率和装卸作业水平，减少运输工具在港停留时间，提高港口的吞吐量；船舶运行组织工作的重点是规划航线，努力提高船舶的利用效率，协调好系统内部各环节的关系，如与港口协调。

《国内水路运输管理规定》

3.5.1 水路运输量指标

1. 货运量

货运量指报告期内船舶实际运送的货物质量，计量单位为吨。一般货物按实际质量计算。若无法直接取得实际质量的货物，按有关参数进行折算，如木材按 $1m^3$ 折算为 1t；液化石油气按 $1m^3$ 折算为 0.5t；运输汽车按出厂时的标记自重计算，如无标记的汽车，按面包车折算为 2t、大客（卡）车折算为 5t、集装箱车折算为 10t 计算。

2. 货物周转量

货物周转量是指报告期内船舶实际运送的每批货物质量与该批货物运送里程的乘积之和，计量单位为 t·km（或 t·海里）。其统计分组同货运量。计算公式为

$$货物周转量 = \sum(每批货物质量 \times 该批货物的运送距离)$$

3. 换算周转量

换算周转量指报告期内运输船舶完成的客、货周转量按照一定的换算系数得到的换算周转量。计量单位为 t·km（或 t·海里）。换算周转量包括船舶自载和拖带所完成的旅客周转量和货物周转量。船舶所完成的货物周转量和旅客周转量，按统一比例换算成同一计

量单位后加总求得。海运铺位换算周转量为 1 人·km=1t·km；内河座位换算周转量约为 3 人·km=1t·km。

4. 集装箱运量

集装箱运量指报告期内船舶实际运送集装箱的数量。按集装箱的实际箱数计算，计量单位为箱；按折合为 20ft 集装箱的数量计算，计量单位为 TEU。集装箱按 TEU 折算系数为：45ft 箱=2.25TEU；40ft 箱=2.00TEU；35ft 箱=1.75TEU；30ft 箱=1.50TEU；20ft 箱=1.00TEU；10ft 箱=0.50TEU。

5. 集装箱周转量

集装箱周转量指报告期内船舶实际运送的每个集装箱与该集装箱运送的标准里程的乘积之和。

（1）按集装箱的实际箱周转量计算，计量单位为箱·km（或箱·海里）。计算公式为

$$集装箱周转量 = \sum(每个集装箱 \times 该箱实际运送距离)$$

（2）按折合为 20ft 集装箱周转量计算，计量单位为 TEU·km（或 TEU·海里）。计算公式为

$$集装箱周转量 = \sum(每个集装箱的换算 TEU 数量 \times 该箱实际运送距离)$$

6. 集装箱货运量

集装箱货运量指报告期内船舶运送集装箱的实际质量，包括集装箱装载货物的质量和集装箱箱体的质量，计量单位为 t。

一般按船舶航行区域可分为远洋集装箱货运量、沿海集装箱货运量、内河集装箱货运量；按集装箱装载货物的贸易性质可分为内贸集装箱货运量、外贸集装箱货运量、第三国集装箱货运量。

7. 集装箱货物周转量

集装箱货物周转量指报告期内船舶运送每个集装箱货运量与该箱实际运送标准里程的乘积之和，计量单位为 t·km（或 t·海里）。计算公式为

$$集装箱货物周转量 = \sum(每个集装箱货运量 \times 该箱实际运送距离)$$

3.5.2 港口运输指标

1. 船舶平均每次在港停泊天数

船舶平均每次在港停泊天数是指船舶从进港时起到出港时止的平均每艘船在港的停泊时间。一般来说，每艘船舶平均在港停泊的时间越短越好，每艘船舶在港停泊时间的长短受货种、流向，船舶吨位的大小，装卸效率的高低，装卸作业的性质和自然环境等一系列因素的影响，故船舶平均在港停泊时间的差别会很大。计算公式为

$$\bar{T}_{次} = \frac{\sum T_{停}}{N_{次}} \tag{3-71}$$

式中：$\bar{T}_{次}$——船舶平均每次在港停泊天数（d）；

$\sum T_{停}$——船舶停泊总艘天数（d）；

$N_{次}$——船舶停泊总艘次数，即船舶在港停泊艘次的总和。

一艘船舶从进港时起到出港时止，不论是装货还是卸货，或者是又装又卸，也不论移泊次数多少，都只计算为一个停泊艘次。船舶平均每次在港停时是考核船舶在港停泊时间长短、检查港口工作的主要质量指标之一。缩短船舶平均每次在港停泊天数，可以加速船舶周转，提高码头泊位的利用程度。

2. 船舶平均每次作业在港停泊天数

船舶平均每次作业在港停泊天数是指船舶从进港时起到出港时止的平均每艘船每次作业在港的停泊时间。船舶平均每次作业在港停泊天数这一指标与船舶平均每次在港停泊天数指标不同的是，考虑到了船舶在港装卸作业性质。若船舶在港停泊期间其他因素不变，则卸后又装双重作业的船舶，在港停泊时间肯定要比单一作业性质的船舶在港停泊时间长，如果双重作业性质的船舶在报告期内占的比重越大，则船舶平均每次在港停泊天数数值必然越大。该指标补充了船舶平均每次在港停泊天数指标在这一方面的不足。计算公式为

$$\bar{T}_{作次} = \frac{\sum T_{停}}{N_{作次}} \quad (3-72)$$

式中：$\bar{T}_{作次}$——船舶平均每次作业在港停泊天数（d）；

$\sum T_{停}$——船舶停泊总艘天数（d）；

$N_{作次}$——船舶在港作业总艘次，即船舶在港装卸次数的总和。

一艘船在港单装或单卸都计算为一个作业艘次，而卸货后又装货的双重作业则计算为两个作业艘次。

3. 船舶平均每装卸千吨货在港停泊时间

船舶平均每装卸千吨货在港停泊时间通常简称为千吨停时，它是指在港停泊船舶平均每装卸千吨货（或千标准箱）所消耗的属港方责任的停泊时间。计算公式为

$$\bar{T}_{千} = \frac{T_{千}}{Q} \times 1000 \quad (3-73)$$

式中：$\bar{T}_{千}$——船舶平均每装卸千吨（或千标准箱）在港停泊时间（d）；

$T_{千}$——计算千吨货（或千标准箱）停时艘天，等于生产性停泊时间与港方原因造成的非生产性停泊时间之和（d）；

Q——装卸船舶货物吨数之和（t）。

该指标与船舶平均每次在港停泊天数、船舶平均每次作业在港停泊天数这两个指标比较：首先，它排除了船舶吨位变化对船舶在港停时的影响；其次，分子中的船舶在港停时中只考虑属港方责任的停泊时间。这样，就能比较准确而又综合地考核港口对船舶在港作业的组织工作。目前，这一指标还是较好的指标。但港口装卸的货种、难易程度相差很大，同是千吨货物的干散货和杂货，其停时相差就很大。

4. 平均每艘船舶载重量

平均每艘船舶载重量是指来港停泊装卸的船舶平均定额载重量。计算公式为

$$d_{船} = \frac{\sum D_{船}}{N_{次}} \quad (3\text{-}74)$$

式中：$d_{船}$ ——平均每艘船舶载重量（t）；

$\sum D_{船}$ ——所有来港船舶定额载重量之和（t）；

$N_{次}$ ——船舶停泊总艘次数，即船舶在港停泊艘次的总和。

一艘船舶从进港时起到出港时止，不论是装货还是卸货，或者是又装又卸，也不论移泊次数多少，都只计算为一个停泊艘次。

5. 平均每艘船舶装卸货物吨数

平均每艘船舶装卸货物吨数是指来港停泊装卸的船舶，平均每艘次装卸货物吨数。计算公式为

$$Q_{船装卸} = \frac{\sum Q_{船装卸}}{N_{次}} \quad (3\text{-}75)$$

式中：$Q_{船装卸}$ ——平均每艘船舶装卸货物吨数（t）；

$\sum Q_{船装卸}$ ——来港船舶装卸货物吨数之和（t）；

$N_{次}$ ——船舶停泊总艘次数，即船舶在港停泊艘次的总和。

6. 平均每次作业装卸货物吨数

平均每次作业装卸货物吨数是指来港停泊装卸的船舶平均每次作业装卸货物的吨数。计算公式为

$$Q_{船装卸次} = \frac{\sum Q_{船装卸次}}{N_{作次}} \quad (3\text{-}76)$$

式中：$Q_{船装卸次}$ ——平均每次作业装卸货物吨数（t）；

$\sum Q_{船装卸次}$ ——来港船舶装卸货物吨数之和（t）；

$N_{作次}$ ——船舶在港作业总艘次，即船舶在港装卸次数的总和。

7. 船舶平均每停泊艘天装卸货物吨数

船舶平均每停泊艘天装卸货物吨数又称船舶装卸总定额，是指平均每艘船每停泊一天所装卸的货物吨数（或集装箱标准箱量）。船舶装卸总定额和船舶装卸纯定额综合反映了船舶装卸效率与船舶装卸作业的组织水平，其大小与船型、货种、装卸机械化程度和装卸工艺等因素有关。计算公式为

$$M_{总} = \frac{Q}{T_{停}} \quad (3\text{-}77)$$

式中：$M_{总}$ ——船舶装卸总定额，即船舶平均每停泊艘天装卸货物吨数（或集装箱标准箱量）（t/艘天）；

Q ——装卸货物吨数（或集装箱标准箱量）；

$T_{停}$——船舶总艘天数。

8. 船舶平均每装卸艘天装卸货物吨数

船舶平均每装卸艘天装卸货物吨数又称船舶装卸纯定额，是指平均每艘船每装卸一天所装卸的货物吨数（或集装箱标准箱量）。船舶装卸总定额和船舶装卸纯定额综合反映了船舶装卸效率与船舶装卸作业的组织水平，其大小与船型、货种、装卸机械化程度和装卸工艺等因素有关。计算公式为

$$M_{纯} = \frac{Q}{T_{装卸}} \tag{3-78}$$

式中：$M_{纯}$——船舶装卸纯定额，即船舶平均每装卸艘天装卸货物吨数（或集装箱标准箱量）（t/艘天）；

Q——装卸货物吨数（或集装箱标准箱量）；

$T_{装卸}$——船舶装卸作业总艘天数。

【例 3-10】已知统计期船舶在港作业情况，如表 3-2 所示。假设船舶在港时间全部属港方责任，计算港口各运营指标。

表 3-2 统计期船舶在港作业情况

船舶	载重量/t	船舶停泊天数/d	船舶作业次数/次	非生产性停泊天数/d	装货吨数/t	卸货吨数/t
A	12000	5	2	2	10000	10000
B	5000	2	1	0	5000	—
C	10000	4	2	1	10000	5000
D	16000	4	1	1	—	15000
E	10000	3	1	0.5	10000	—

由表 3-2 可计算得出以下指标。

船舶平均每次在港停泊天数为

$$\bar{T}_{次} = (5+2+4+4+3)/5 = 18/5 = 3.6（天）$$

船舶平均每次作业在港停泊天数为

$$\bar{T}_{作次} = (5+2+4+4+3)/(2+1+2+1+1) = 18/7 \approx 2.6（天）$$

船舶平均每装卸千吨货在港停泊时间为

$$\bar{T}_{千} = (5+2+4+4+3)/[(10000+5000+10000+10000+10000+5000+15000)/1000]$$
$$= 18/65 \approx 0.277（天）$$

平均每艘船舶载重量为

$$d_{船} = (12000+5000+10000+16000+10000)/5 = 53000/5 = 10600（t）$$

平均每艘船舶装卸货物吨数为

$$Q_{船装卸} = (10000+5000+10000+10000+10000+5000+15000)/5$$
$$= 65000/5 = 13000（t）$$

平均每次作业装卸货物吨数为

$Q_{船装卸次}$=(10000+5000+10000+10000+10000+5000+15000)/7

=65000/7≈9285.7（t）

船舶平均每停泊艘天装卸货物吨数为

$M_{总}$=(10000+5000+10000+10000+10000+5000+15000)/(5+2+4+4+3)

=65000/18≈3611（t/艘天）

船舶平均每装卸艘天装卸货物吨数为

$M_{纯}$=(10000+5000+10000+10000+10000+5000+15000)/[5+2+4+4+3-(2+0+1+1+0.5)]

=65000/13.5≈4814.8（t/艘天）

3.5.3 船舶营运指标

1. 船舶营运率

船舶营运率是指报告期内船舶营运时间占船舶总时间的比重。营运率指标反映船舶在册时间的利用程度。船舶维修保养越好，维修期越短，船舶安全生产做得越好，则营运率越高。所以提高营运率的主要途径是做好平时维修保养工作和安全预防工作，延长修船间隔时间和缩短修船时间，提高营运率是挖掘运输潜力的重要途径之一，保证船舶有较高的营运率是管理工作的一个关键。就一艘船舶而言，营运率（$\varepsilon_{营}$）等于船舶的营运时间（$T_{营}$）与其在册时间（$T_{册}$）之比。计算公式为

$$\varepsilon_{营} = \frac{T_{营}}{T_{册}} \times 100\% \tag{3-79}$$

对于一组船舶，营运率是一定时间内各船营运吨天之和与其在册吨天之和的比，即

$$\varepsilon_{营} = \frac{\sum(D_{定}T_{营})}{\sum(D_{定}T_{册})} \times 100\% \tag{3-80}$$

式中：$D_{定}$——船舶定额吨位。

2. 船舶航行率

船舶航行率是指航行时间在船舶营运时间中所占的比重。航行率指标是衡量水运企业经营管理水平的参考依据，也是挖掘运输潜力的重要途径。就一艘船舶而言，航行率（$\varepsilon_{航}$）等于航行时间（$T_{航}$）与营运时间（$T_{营}$）之比。计算公式为

$$\varepsilon_{航} = \frac{T_{航}}{T_{营}} \times 100\% \tag{3-81}$$

对于一组船舶，航行率是一定时间内这些船舶的航行吨天之和与其营运吨天之和的比，即

$$\varepsilon_{航} = \frac{\sum(D_{定}T_{航})}{\sum(D_{定}T_{营})} \times 100\% \tag{3-82}$$

一般来说，航行率小于1。但只要缩短船舶的停泊时间，就能提高航行率，提高船舶经济效益。

3. 船舶平均航行速度

船舶平均航行速度是指船舶平均航行一天所行驶的里程。就一艘船舶而言，平均航行速度（$\overline{V}$）等于航行距离（L）与航行时间（$T_{航}$）的比值。计算公式为

$$\overline{V} = \frac{L}{T_{航}}$$

对于一组船舶，平均航行速度等于各船舶航行吨位海里与航行吨位天的比值。计算公式为

$$\overline{V} = \frac{\sum(D_{定}L)}{\sum(D_{定}T_{航})} \tag{3-83}$$

平均航行速度指标不仅反映船舶周转的快慢，也能反映货物运送时间的长短，特别是在国际贸易运输中，提高船舶的航行速度，对提高船舶在国际航运市场中的竞争能力具有重要意义。

【例 3-11】某航运公司有三艘船舶，全年营运数据如表 3-3 所示。试求这三艘船舶全年的平均营运率（$\varepsilon_{营}$）、平均航行率（$\varepsilon_{航}$）、平均航行速度（$\overline{V}$）。

表 3-3 某航运公司全年营运数据

船舶	定额吨位/t	在册时间/d	营运时间/d	航行时间/d	航行距离/海里	航次数/次
A	15000	365	340	250	90000	10
B	10000	365	270	185	62160	7
C	5000	365	330	220	68640	8

$$\varepsilon_{营} = \sum(D_{定}T_{营}) / \sum(D_{定}T_{册}) \times 100\%$$
$$= \frac{15000 \times 340 + 10000 \times 270 + 5000 \times 330}{15000 \times 365 + 10000 \times 365 + 5000 \times 365} \times 100\% \approx 86.3\%$$

$$\varepsilon_{航} = \sum(D_{定}T_{航}) / \sum(D_{定}T_{营}) \times 100\%$$
$$= \frac{15000 \times 250 + 10000 \times 185 + 5000 \times 220}{15000 \times 340 + 10000 \times 270 + 5000 \times 330} \times 100\% \approx 70.9\%$$

$$\overline{V} = \sum(D_{定}L) / \sum(D_{定}T_{航})$$
$$= \frac{15000 \times 90000 + 10000 \times 62160 + 5000 \times 68640}{15000 \times 250 + 10000 \times 185 + 5000 \times 220} \approx 345.5(海里/d)$$

4. 船舶载重量利用率

船舶载重量利用率是指船舶在营运中载重吨位实际利用程度的指标，以一定时期内船舶完成的货物周转量与船舶吨千米（或船舶吨海里）的百分比表示。比值越高表明船舶载重吨位利用程度越高。船舶载重量利用率分为发航载重量利用率和运距载重量利用率。

发航载重量利用率（$\alpha_{发}$）表示船舶离开港口时定额吨位的利用程度。

单船单航次的发航载重量利用率的计算公式为

$$\alpha_{发} = \frac{\sum Q}{D_{定}} \times 100\% \tag{3-84}$$

在一个时期内,多航次载重量利用率的计算公式为

$$\alpha_{发} = \left(\frac{\sum Q}{D_{定} \times n}\right) \times 100\% \tag{3-85}$$

式中:n——船舶在一定时期内完成的航次数;
Q——航运企业实际运输的货物周转量;
$D_{定}$——船舶定额吨位。

运距载重量利用率(α)反映船舶在一定的行驶距离内定额吨位的平均利用程度。计算公式为

$$\alpha = \frac{\sum (Ql)}{\sum (D_{定} L)} \times 100\% \tag{3-86}$$

式中:l——货物运输距离(km 或海里);
L——船舶行驶距离(km 或海里)。

【例 3-12】已知某船 $D_{定}$ 为 10000t,自 A 港空放到 B 港装货 9000t,至 C 港卸掉 3000t,至 D 港装货 2000t,最后驶至 E 港卸空。港间距离为:A 港→B 港 220 海里,B 港→C 港 560 海里,C 港→D 港 970 海里,D 港→E 港 320 海里。计算船舶在各港的发航载重量利用率、航次货物周转量、船舶吨海里货物周转量及运距载重量利用率。

① 船舶在各港口的发航载重量利用率的计算。

B 港:$\alpha_{发} = \frac{9000}{10000} \times 100\% = 90\%$

C 港:$\alpha_{发} = \frac{6000}{10000} \times 100\% = 60\%$

D 港:$\alpha_{发} = \frac{8000}{10000} \times 100\% = 80\%$

② 航次货物周转量和船舶吨海里货物周转量的计算。

$$\sum (Ql) = 9000 \times 560 + 6000 \times 970 + 8000 \times 320 = 13420000 \text{(t·海里)}$$

$$\sum (D_{定} L) = 10000 \times (220 + 560 + 970 + 320) = 20700000 \text{(t·海里)}$$

③ 运距载重量利用率的计算。

$$\alpha = \frac{9000 \times 560 + 6000 \times 970 + 8000 \times 320}{10000 \times (220 + 560 + 970 + 320)} \times 100\% \approx 64.83\%$$

5. 船舶生产率

(1)平均每营运吨天生产量(μ),简称吨天产量,是指船舶在营运期内平均每吨位在一昼夜内完成的周转量。计算公式为

$$\mu = \frac{\sum (Ql)}{\sum (D_{定} T_{营})} = \alpha \bar{V} \varepsilon_{航} \tag{3-87}$$

常把运距载重量利用率、平均航行速度和航行率指标称为单位指标,把生产率指标称为综合指标。吨天产量指标不仅反映出生产技术设备的利用程度,也反映出整个运输生

产的组织管理水平。

（2）平均每吨船生产量（Z），简称吨船产量，是指船舶在报告期内平均每吨位所完成的周转量。计算公式为

$$Z = \frac{\sum(Ql)}{\sum \overline{D}_\text{定}} = \mu \varepsilon_\text{营} T_\text{历} = \alpha \overline{V} \varepsilon_\text{航} \varepsilon_\text{营} T_\text{历} \tag{3-88}$$

式中：$T_\text{历}$——报告期日历天数。

吨船产量指标是一个综合指标，因为它是运距载重量利用率、平均航行速度、航行率、营运率四个单元指标与报告期天数的乘积。吨船产量比吨天产量指标多了一个营运率因素，因此它能更全面地说明整个航运企业的管理水平，具体反映投入每一吨位船所产生的货物周转量。所以它是企业管理者关心的，也是目前国家对航运企业考核的主要指标之一。

3.6 航空运输组织评价指标

3.6.1 航空运输量指标

1. 旅客运输量

旅客运输量是指运输飞行所载运的旅客人数。成人和儿童各按一人计算，婴儿因不占座位不计人数。原始数据以人为计量单位。汇总时，以万人为计量单位。一个航班的旅客运输量表现为飞机沿途各机场旅客的始发运量之和。其中，机场旅客始发运量是指客票确定的以本机场为起点而始发乘机的旅客。每一特定航班（同一航班）的每一旅客只应计算一次，不能按航段重复计算。唯一例外的是，对同一航班上的既经过国内航段，又经过国际航段的旅客，应同时为一个国内旅客和一个国际旅客。不定期航班运送的旅客则每一特定航班（同一航班）只计算一次。

【例 3-13】某航空公司成都—北京—首尔航线某月统计资料如下。

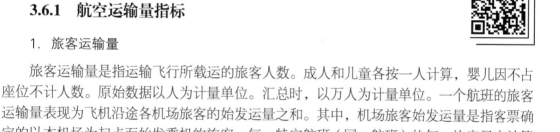

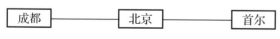

试求该航线当月旅客运输量（按去程、回程分别计算）。

去程旅客运输量=6300+1800=8100（人）

回程旅客运输量=6500+910=7410（人）

去回程合计旅客运输量=8100+7410=15510（人）

《中国民用航空货物国内运输规则》

2. 货物运输量

货物运输量是指运输飞行所载运的货物质量,货物包括外交信袋和快件。原始数据以 kg 为计量单位。汇总时以 t 为计量单位。统计方法与旅客运输量一致,即每一特定航班(同一航班)的货物只应计算一次,不能按航段重复计算,但对既经过国内航段,又经过国际航段的货物,则同时为一件国内货物和一件国际货物。不定期航班运送的货物每一特定航班(同一航班)只计算一次。

3. 旅客周转量

旅客周转量是反映旅客在空中实现位移的综合性生产指标,体现航空运输企业所完成的旅客运输工作量,计量单位为人·km(或客·km)和 t·km。计算公式为

$$旅客周转量(人·km)=\sum(航段旅客运输量\times航段距离)$$

汇总时以万人·km 为计量单位,保留两位小数。

或

$$旅客周转量(t·km)=\sum(航段旅客运输量\times旅客体重\times航段距离)$$

成人旅客体重按 0.09t 计算(含行李),儿童和婴儿分别按成人体重的 1/2 和 1/10 计算。

4. 货物周转量

货物周转量是反映货物在空中实现位移的综合性生产指标,体现航空运输企业所完成的货物运输工作量,计量单位为 t·km。计算公式为

$$货物周转量=\sum(航段货物运输量\times航段距离)$$

汇总时以万 t·km 为计量单位,保留两位小数。

5. 运输总周转量

运输总周转量是反映运输量和运输距离(旅客、货物、邮件在空中实现的位移)的综合指标,综合体现航空运输工作量,计量单位为 t·km。计算公式为

$$运输总周转量=旅客周转量+货物周转量+邮件周转量$$

或

$$运输总周转量=\sum(航段运载之和\times航段距离)$$

汇总时以万 t·km 为计量单位,保留两位小数。

6. 航段运量

航段运量是指航线中某个航段上的全部旅客、货物、邮件数量。旅客以人为计量单位,货物、邮件以 t 为计量单位。航段运量与城市对运量不同,航段运量是该航段上的全部旅客、货物和邮件数量,即包括始发运量和过站运量。

【例 3-14】沿用例 3-13 的资料。试求该航段当月航段运量(按去程、回程分别计算)。

去程国内航段旅客运输量=6300(人),国际航段旅客运输量=6650(人)

回程国内航段旅客运输量=3410(人),国际航段旅客运输量=6500(人)

合计国内航段旅客运输量=9710(人),国际航段旅客运输量=13150(人)

7. 城市对运量

城市对是指客票或客票的一部分所规定的可以在其间旅行的两个城市，或者根据货运舱单或货运舱单的一部分所规定的可以在其间进行货运的两个城市。城市对运量只是两个城市间的运量，即始发运量。例如，在北京—武汉—广州航线上，航段旅客运输量分别为北京—武汉、武汉—广州两个航段的旅客运输量，其中北京—武汉航段的旅客运输量为北京—武汉和北京—广州的旅客之和，武汉—广州航段的旅客运输量为北京—广州和武汉—广州的旅客之和。城市对旅客运输量则分别为北京—武汉、北京—广州、武汉—广州的旅客运输量。

3.6.2 航空运输效率指标

1. 客座利用率

客座利用率是指实际完成的旅客周转量与可提供客千米之比，反映运输飞行中的客座利用程度。计算公式为

$$客座利用率 = \frac{旅客周转量}{可提供客千米} \times 100\%$$

对某一具体的航段，可按以下公式直接计算。

$$客座利用率 = \frac{航班载客人数}{航班可提供座位数} \times 100\%$$

可提供座位数指可以向旅客出售客票的最大商务座位数。

可提供客千米指每一航段可提供座位数与该航段距离的乘积之和，反映运输飞行运载能力。

$$可提供客千米 = \sum (航段可提供座位数 \times 航段距离)$$

2. 载运率

载运率是指运输飞行所完成的运输总周转量与可提供吨千米之比，综合反映飞机运载能力的利用程度。计算公式为

$$载运率 = \frac{运输总周转量}{可提供吨千米} \times 100\%$$

对某一具体航段，可按以下公式直接计算。

$$载运率 = \frac{航班实际业载}{航班可提供业载} \times 100\%$$

可提供业载指飞机每次运输时，按照有关参数计算出的飞机在该航段上所允许装载的最大商务载量。

可提供吨千米指可提供业载与航段距离的乘积之和，反映运输飞行中飞机的综合运载能力。

$$可提供吨千米 = \sum (可提供业载 \times 航段距离)$$

【例 3-15】某航空公司成都—长沙—上海航线报告期资料如表 3-4 所示。飞机座位数 180，最大业载 22t，飞行班次来回共 80 次（其中始联表示始发及联运）。试求：①两个航段的客座利用率和载运率；②三个城市对的运输量。

表 3-4 某航空公司航线报告期资料

航段	去程		回程	
	旅客/人	货物/kg	旅客/人	货物/kg
成都—长沙	7200	81000	过站：2600	23400
			始联：3760	25600
长沙—上海	过站：3200	42200	6800	55400
	始联：2400	24400		

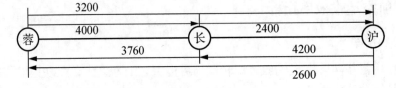

① 两个航段的客座利用率和载运率计算如下。

成都—长沙：

$$客座利用率 = \frac{7200+2600+3760}{180 \times 80} \times 100\% = \frac{13560}{14400} \times 100\% \approx 94.2\%$$

$$载运率 = \frac{13560 \times 0.09 + (81+23.4+25.6)}{22 \times 80} \times 100\% \approx 76.7\%$$

长沙—上海：

$$客座利用率 = \frac{3200+2400+6800}{180 \times 80} \times 100\% = \frac{12400}{14400} \times 100\% \approx 86.1\%$$

$$载运率 = \frac{12400 \times 0.09 + (42.2+24.4+55.4)}{22 \times 80} \times 100\% \approx 70.3\%$$

② 三个城市对的运输量计算如下。

成都—长沙：

$$旅客运输量 = 7200 - 3200 + 3760 = 7760（人）$$
$$货物运输量 = 81 - 42.2 + 25.6 = 64.4（t）$$

长沙—上海：

$$旅客运输量 = 2400 + 6800 - 2600 = 6600（人）$$
$$货物运输量 = 24.4 + 55.4 - 23.4 = 56.4（t）$$

成都—上海：

$$旅客运输量 = 3200 + 2600 = 5800（人）$$
$$货物运输量 = 42.2 + 23.4 = 65.6（t）$$

3. 平均运程

平均运程是指旅客、货物、邮件的平均运送里程，以 km 为计量单位。计算公式为

$$平均运程 =（运输总周转量/运输量）\times 10000$$

其中，运输量等于旅客换算质量加货物、邮件质量。

对旅客、货物、邮件分别计算平均运程的计算公式为

旅客平均运程=（旅客周转量/旅客运输量）×10000

货物平均运程=（货物周转量/货物运输量）×10000

邮件平均运程=（邮件周转量/邮件运输量）×10000

3.6.3 机场利用指标

1. 旅客吞吐量

旅客吞吐量是指报告期内进港（机场）和出港的旅客人数，以人为计量单位。其中，成人和儿童各按一人计算，婴儿不计人数。

【例3-16】某航空公司一架飞机成都—武汉—上海航线载运情况如表3-5所示（其中始联表示始发及联运）。试求三个机场的旅客吞吐量。

表3-5 某航空公司航线载运情况

航段	去程/人			回程/人		
	成人	儿童	婴儿	成人	儿童	婴儿
成都—武汉	320	13	6	过站：323	—	—
				始联：13	5	—
武汉—上海	过站：150	7	4	335	—	—
	始联：170	—	1			

成都机场：

旅客吞吐量=进港旅客人数+出港旅客人数
=(323+13+5)+(320+13)=674（人）

武汉机场：

旅客吞吐量=进港旅客人数+出港旅客人数
=(320+13)-(150+7)+(335-323)+170+13+5=376（人）

上海机场：

旅客吞吐量=进港旅客人数+出港旅客人数
=(150+7+170)+335=662（人）

2. 货邮吞吐量

货邮吞吐量是指报告期内货物和邮件的进出港数量，以kg和t为计量单位。其中货物包括外交信袋和快件，汇总时以t为计量单位。

进港货邮和出港货邮的统计方法、范围与进港旅客和出港旅客相同。

3. 出港平均客座利用率

出港平均客座利用率是指报告期内机场出港航班承运的旅客数与航班可提供的座位数之比，反映机场出港航班座位的利用程度。计算出港航班平均客座利用率时所使用的出港

旅客数应同时包括出港航班上的始发旅客、联运旅客和过站旅客；出港航班座位数则应是该航班可提供的全部座位数，而非只是在本机场可提供的座位数。计算公式为

$$出港平均客座利用率=\frac{\sum(出港旅客+过站旅客)}{\sum(航班可提供座位数)}\times100\%$$

4. 出港平均载运率

出港平均载运率是指报告期内机场出港航班承运的旅客、货物、邮件质量与航班可提供业载之比（计算标准与出港平均客座利用率相同），反映机场出港航班吨位的利用程度，用百分比表示。计算公式为

$$出港平均载运率=\frac{\sum(出港载量+过站载量)}{\sum(商务可提供座位数)}\times100\%$$

其中载量计算，货物和邮件按实际过磅质量计算，旅客按每个成人旅客 0.09t 计算，儿童和婴儿分别按成人体重的 1/2 和 1/10 计算。

【**例 3-17**】成都—济南—哈尔滨航线载运情况如表 3-6 所示（其中始联表示为始发及联运），航班可提供 150 座，可提供业载 30t，来回各飞 70 次。试求三个机场的出港平均客座利用率和出港平均载运率。

表 3-6 成都—济南—哈尔滨航线载运情况

航段	去程		回程	
	旅客/人	货物/t	旅客/人	货物/t
成都—济南	8800	480	过站：5100	300
			始联：4400	310
济南—哈尔滨	过站：3500	320	8600	490
	始联：4600	250		

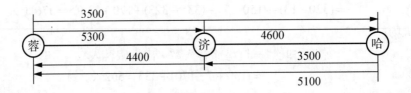

成都航空港：

$$出港平均客座利用率=\frac{8800}{150\times70}=\frac{8800}{10500}\approx83.81\%$$

$$出港平均载运率=\frac{8800\times0.09+480}{30\times70}=\frac{1272}{2100}\approx60.57\%$$

济南航空港：

$$出港平均客座利用率=\frac{3500+4600+5100+4400}{150\times70\times2}=\frac{17600}{21000}\approx83.81\%$$

$$出港平均载运率 = \frac{17600 \times 0.09 + 320 + 250 + 300 + 310}{30 \times 70 \times 2} = \frac{2764}{4200} \approx 65.81\%$$

哈尔滨航空港：

$$出港平均客座利用率 = \frac{8600}{10500} \approx 81.9\%$$

$$出港平均载运率 = \frac{8600 \times 0.09 + 490}{30 \times 70} = \frac{1264}{2100} \approx 60.19\%$$

3.6.4 飞行安全指标

飞行事故是指自任何人登上飞机准备飞行至该人下飞机为止的时间内，飞机在运行过程中发生人员伤亡、飞机损坏的事件。飞行事故分为特别重大事故、重大飞行事故、一般飞行事故。

1. 每十万架次重大以上飞行事故率

每十万架次重大以上飞行事故率是指飞机平均每十万起飞、降落架次发生的重大以上飞行事故次数。计算公式为

每十万架次重大以上飞行事故率=（报告期内重大以上飞行事故发生次数/报告期内起降架次）×100000

2. 每亿飞行千米重大以上飞行事故率

每亿飞行千米重大以上飞行事故率是指飞机平均每一亿飞行千米发生的重大以上飞行事故次数。计算公式为

每亿飞行千米重大以上飞行事故率=（报告期内重大以上飞行事故发生次数/报告期内飞行千米）×100000000

3. 每十万飞行小时重大以上飞行事故率

每十万飞行小时重大以上飞行事故率是指飞机平均每十万飞行小时发生的重大以上飞行事故次数。计算公式为

每十万飞行小时重大以上飞行事故率=（报告期内重大以上飞行事故发生次数/报告期内飞行小时）×100000

4. 每亿客千米旅客死亡率

每亿客千米旅客死亡率是指平均每亿客千米发生的旅客死亡人数。计算公式为

每亿客千米旅客死亡率=（报告期内旅客死亡人数/报告期内客千米）×100000000

本章小结

运输工作的正常开展是在一定的环境条件下进行的。同时，在一定环境条件下，不同的运输企业所完成的运输工作，以及所提供的运输服务质量不尽一致。为此，必须采用一套科学的评价指标评价运输组织工作。它为企业改善生产经营活动及加强运输行业管理提供了科学而有效的方法。

关键术语

运输组织　平均车日行程　汽车运输生产率　车吨（客）位期产量　评价指标

综合练习

一、单项选择题

1. 在航运生产活动中，舱容系数是反映船舶载货性能的重要指标，当舱容系数大于货物积载因数时，一般宜采用（　　）计收运费。
   A. 从价法　　　B. 体积法　　　C. 综合法　　　D. 质量法
2. 按运输成本从低到高排列正确的是（　　）。
   A. 水路运输、铁路运输、航空运输　　B. 水路运输、航空运输、铁路运输
   C. 铁路运输、水路运输、航空运输　　D. 航空运输、铁路运输、水路运输
3. 下面不是确定航线集装箱需备量的主要依据的是（　　）。
   A. 航线配置的集装箱船的艘数　　　　B. 集装箱船发船间隔
   C. 集装箱船往返航次的时间　　　　　D. 集装箱在内陆平均周转天数

二、多项选择题

1. 降低运输成本的途径有（　　）。
   A. 选择合理的运输工具　　　　　　　B. 降低装卸搬运成本
   C. 优化运输方式　　　　　　　　　　D. 优化运输线路
2. 船舶在港停泊时间的长短会影响（　　）。
   A. 船舶周转的快慢　　　　　　　　　B. 泊位效率的高低
   C. 船舶速度　　　　　　　　　　　　D. 船舶的容量
   E. 港口通过能力的大小
3. 送达速度一般由（　　）构成。
   A. 运行时间　　　　　　　　　　　　B. 途中的停留时间
   C. 始发的作业时间　　　　　　　　　D. 到达终点的作业时间
   E. 签订承运或托运合同时间
4. 下列关于航空运输技术经济特征的说法中，正确的是（　　）。
   A. 高速可达性　　B. 安全性低　　C. 经济价值独特
   D. 包装要求低　　E. 载运量小

三、名词解释

1. 运次
2. 车次
3. 周转

4. 平均车日行程

5. 里程利用率

6. 实载率

7. 重车动载重

8. 运用车动载重

9. 旅客列车车底周转时间

10. 船舶营运率

11. 船舶航行率

12. 船舶载重量利用率

四、简答题

1. 提高运输生产率的途径有哪些？
2. 分析说明各使用因素对运输成本的影响？
3. 从货车运用、客车运用、机车运用等方面分析铁路运输的组织工作。

五、案例分析

1. 某集装箱班轮航线上配置了 4 艘载箱量为 4000TEU 的集装箱船，船舶往返航次时间为 56 天，集装箱在端点港 A 内陆平均周转时间为 6 天，而在端点港 B 内陆周转情况是：70%的箱量在 10 天内抵港待装，20%的箱量在 10~20 天内抵港待装，10%的箱量在 20~50 天内抵港待装。船舶载重量利用率为 85%。

请根据以上资料，回答下列问题。

（1）该集装箱班轮航线发船间隔为多少天？
（2）该集装箱班轮航线上集装箱平均周转天数为多少？
（3）该集装箱班轮航线上需配备的集装箱总套数为多少？
（4）该集装箱班轮航线上需配备的集装箱总数为多少？
（5）确定航线集装箱需备量的主要依据有哪些？

2. 某货运公司 11 月统计资料如下：日历天数为 30 天，车辆完好率为 98%，车辆工作率为 80%，平均车日行程为 200km，营运车辆数为 10 辆，平均额定吨位为 8t，载重行程为 18000km，完成周转量为 144000t·km。

请根据以上资料，回答下列问题。

（1）该公司 11 月的单车月产量为多少 t·km？
（2）该公司 11 月的车辆实载率是多少？
（3）该公司 11 月的车辆里程利用率是多少？
（4）该公司 11 月的车辆吨位利用率是多少？
（5）分析该公司提高车辆生产效率的主要途径。

第 4 章
货物运价与运费

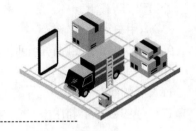

📦【本章知识架构】

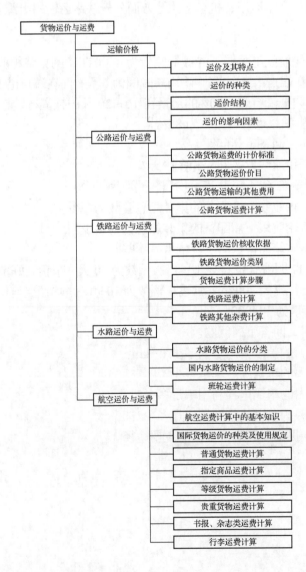

第 4 章
货物运价与运费

【教学目标】

通过本章学习，了解运价的特点、种类、结构及影响因素；明确公路货物运费的计价标准；掌握公路货物运费的计算；明确铁路货物运价核收依据；掌握铁路运费计算及铁路其他费用计算；了解水路货物运价的分类；掌握班轮运费的计算；明确国际货物运价的种类及使用规定；掌握航空运费的计算。

【导入案例】

甲公司要从位于 S 市的工厂直接装运 500 台电视机送往位于 T 市的一个批发中心。这批货物的价值为 150 万元。T 市的批发中心确定这批货物的标准运输时间为 2.5 天，如果超出标准时间，每台电视机每天的机会成本是 30 元。

甲公司的运输经理设计了下述两个运输方案。

（1）A 公司是一家长途货物运输企业，可以按照优惠费率每千米 0.05 元/台来运送这批电视机，装卸费为每台 0.10 元。已知 S 市到 T 市的公路运输里程为 1100km，估计需要 3 天的时间才可以运到（因为货物装卸也需要时间）。

（2）B 公司是一家水运企业，可以提供水陆联运服务，即先用汽车从甲公司的仓库将货物运至 S 市的码头（20km），再用船运至 T 市的码头（1200km），然后用汽车从 T 市的码头运至批发中心（17km）。由于中转的过程中需要多次装卸，因此整个运输时间大约为 5 天。询价后得知，陆运运费为每千米 0.05 元/台，装卸费为每台 0.10 元，水运运费为每千米 0.6 元/百台。

请从运输成本角度评价两个运输方案的优劣。

运输价格水平的高低，对国民经济的发展影响很大。特别是货物运费的高低，直接关系工农业产品的生产和经营费用。

4.1 运输价格

运输价格包括各种运输工具（如飞机、火车、汽车、轮船，甚至包括出租车、三轮车等）的运输服务价格。货物运输和旅客运输价格，简称运价。

4.1.1 运价及其特点

运价是指运输企业对特定货物或旅客所提供的运输服务的价格，是国民经济价格体系的组成部分。运输劳动是创造价值的劳动，虽然运输服务不同于有形的物质产品，但它也有价值，其价值用货币表现出来，就是运价。运输业是独立的物质生产部门之一，但它不生产有形产品，其生产活动只是使旅客或货物发生空间位移，其生产过程与消费过程是同一过程。这使运输价格不同于一般工农业产品的价格，其特点如下。

1. 运价只有销售价格一种形式

运输产品是货物或旅客的位移，不是实物形态，运价就是运输服务价格。运输服务产品是无形的，不能储存和调拨；运输生产过程也是其产品的消费过程；运价只是销售价格的一种表现形式；运输能力调整具有滞后性。

2. 货物运价是商品成本的组成部分

虽然运价仅有销售价格一种形式，但它是形成商品各种价格的重要因素。这是因为商品的运输费用将追加到商品的成本中去，所有商品的运输费用必须在商品销售时收回。运价直接参与了各种商品价格的形成。商品的总成本包括生产成本、运输成本、销售成本，其中运输成本就是商品作为货物的运输价格。货物运价在商品总成本中的比率根据商品本身的单位质量价值高低来决定。货物运价的高低直接影响商品的销售价格。

3. 运价根据运输距离不同而有差别

运输产品即运输对象的空间位置移动是以周转量来衡量的。每人千米或吨千米运价因不同的运输距离而有所差别，甚至差别较大。差别运价率总的趋势是单位运输成本随运输距离延长而逐渐降低，即单位运输成本的递远递减。

4. 运价根据运输线路不同而有差别

基于运输生产的地域性特点，运输工具在不同线路上行驶，因自然条件、地理位置等有显著差别，即使周转量相同，运输企业付出的劳务量及供求关系等却相差很大，有必要按不同航线或线路采用不同的运价。运价在价格构成中包括了距离、质量等因素。

5. 运价具有复杂的比价关系

运输可采用不同运输方式或工具加以实现，最终达到的效果也各不相同。具体表现为所运货物的种类、旅客舱位等级、运载数量大小、距离、方向、时间、速度等都会有所差别。这些差别会影响运输成本和供求关系，进而反映在价格上。运价由运输成本、税金与利润构成，运输成本是制定运价的重要依据。

4.1.2 运价的种类

运价可以从不同的角度，按不同的适用范围和要求划分为不同的种类。

1. 按运输对象不同划分

按运输对象不同，运价可分为客运运价（或票价）、货物运价、行李包裹运价。

2. 按运输方式不同划分

按运输方式不同，运价可分为铁路运价、公路运价、水路运价、航空运价、管道运价。其中，水路运价还可细分为沿海运价、远洋运价及内河运价等。

3. 按适用范围不同划分

按适用范围不同，运价可分为普通运价、特定运价、优待运价。

4. 按货物发送数量划分

整车（船）运价：适于为一批质量、体积或形状需要用一列火车、一辆卡车或一艘船舶装载的货物计算运价。按整车（船）托运的货物的运价，可以按吨计算，也可以按车（船）计算。

零担运价：适于为每批不够整车运输，而按零担托运的货物计算运价，它是铁路和公路普遍采用的运价形式。

集装箱运价：适于为集装箱运输的货物计算运价。

5. 按运价形成的责任划分

协议运价：指托运人和运输企业达成正式协议而确认的运价，协议双方各承担相应的责任与义务。

限制责任运价：属于协议运价中的一种，指托运人为了较低的运费，与运输企业达成协议，同意当货物丢失或损失时，仅按商定的限度赔偿部分损失的协议运价。

合同运价：指托运人和运输企业在协商的基础上签订运输合同，规定运价水平及其他有关事宜，合同一旦生效，即受法律的保护，海洋运输的运价多属于这一运价形式。

4.1.3 运价结构

运价结构是指运价内部各组成部分的构成及其相互之间的比例关系。运价结构可以分为按距离制定的里程式运价结构，以及按货种和客运类别制定的差别式运价结构，各类运输价格主要是以这两种结构形式为基础形成的。另外还有邮票式运价结构、基点式运价结构和区域共同运价结构等。

1. 里程式运价结构

里程式运价结构是指按运输距离的远近制定的运价结构，也是最简单、最基本的运价结构。里程式运价可分为均衡里程运价和递远递减运价。均衡里程运价是按距离的远近平均计算的，指对同一种货物而言，每吨千米运价不论其运输距离的长短均为一不变值，目前我国在公路和航空这两种运输方式上实行均衡里程运价。递远递减运价是根据一定距离范围内递远递减的原则确定的。

2. 货种差别式运价结构

货种差别式运价结构是指在货物运输中，不同种类的货物适用于高低不同的运价。实行这种运价结构的运价的主要依据在于，不同种类货物的运输价值或运输成本客观上存在着差异。同时根据运价政策的需要和供求状况的变化来确定运价。货种差别式运价是通过货物分类和确定级差来体现的。

3. 客运类别式运价结构

客运类别式运价结构是指同一运输方式因不同客运类别所需要的设备、设施不同，所占用的运输能力及消耗的运输成本不同，运输工具运行的速度不同，旅行的舒适程度不同而形成不同的运价。客运类别式运价当然应该根据运输成本、速度、舒适度等的不同而有所差别。

4. 邮票式运价结构

邮票式运价结构是指在一定的区域内，运费就像邮件贴邮票那样，不论距离的长短，都采用同样的运价。邮件及某些货物的运输，市内公共汽车、地铁、市郊列车甚至某些城际客运，经常采用这种运价结构。

5. 基点式运价结构

基点式运价结构是里程式运价结构的变形，往往是不同运输方式或运输线路之间竞争的结果。它是把某一到达站作为基点，并制定基点运价，运费总额是从始发站到基点站的运费再加或减从基点站到终点站的运费。

6. 区域共同运价结构

区域共同运价结构是里程式运价结构与邮票式运价结构相结合的产物。它是将一系列发运站和到达站划分为不同的地理区域，某一货物从同一发运站到某一指定的地理区域内的各到达站均使用同一运价。也就是说，在每个区域内部均采用邮票式运价结构，但对各个区域之间，则考虑运距的长短，采用里程式运价结构。

4.1.4 运价的影响因素

1. 货物的性质及数量

运价的高低根据货物种类的不同而异，通常贵重货物、危险品及牲畜等的运输费率较高，托盘等货物则可享受优惠运价；价值高货物的运输费率比价值低货物的运输费率高；货物积载因数的不同影响舱容的利用率，自然运输费率不同；小批量货物的运价通常高于大批量货物的运价；造成较大运力浪费时，其运输费率较高。

2. 货物的始发地与目的地

货物始发地与目的地的不同涉及港口水深、装卸作业条件、港口使费水平、港口间的计费距离、航次作业时间的长短，以及是否需要通过运河、航线上是否有加油港等众多影响航线成本与运营经济效益的因素。显然，港口及航线条件好者因船舶经营者能以较低的成本获得较好的经济效益，其运输费率低于条件差者。

3. 订解约日期

不同时期的市场外部条件会有较大的差异，市场供需情况也有不同，故订约日期和解约日期会影响货物运价的高低。订约日期对即期市场的货物运价的影响尤为明显，当前的货物运价明显随当时的行情而定。至于解约日期的行情如何，则要凭经营者的能力和经验进行判断和预测。可以肯定的是，解约日期的市场行情必定会影响订约日期的运价水平。

4. 合同期的长短

合同期的长短也影响着货物运价的高低。长期运输合同洽商的运价通常要低于短期合同。

5. 装货准备完成日期

装货准备完成日期反映了托运人对所需船舶的紧急程度。托运人越希望能将货物早日装船，则越难找到合适的承运人，托运人必定要付出较高的运价费，而承运人为了满足托运人的要求也会为此付出一定的代价（如加快装卸速度，或加快空航船舶的速度，以尽快赶到装货等），故双方洽商的货物运价一般偏高。

6. 竞争对手

在市场经济条件下，竞争对手的多少、实力的大小，对于货物运价的影响极大。在垄断市场条件下，运价则相对比较稳定。

7. 其他因素

其他因素包括受相关法律法规的约束和影响、受其他经营人订立协议的约束和影响、预期的汇率变动的影响等。

4.2 公路运价与运费

4.2.1 公路货物运费的计价标准

1. 计费质量（箱数）

（1）计费质量（箱数）的计量单位。整批货物运输以 t 为计量单位；零担货物运输以 kg 为计量单位；集装箱运输以箱为计量单位。

（2）计费质量（箱数）的确定。

① 一般货物。整批、零担货物的计费质量均按毛重（含货物包装、衬垫及运输需要的附属物品）计算。货物计费质量一般以起运地过磅质量为准。起运地不能或不便过磅的货物，由承、托双方协商确定计费质量。

② 轻泡货物。整批轻泡货物的计费质量按车辆标记吨位计算。零担轻泡货物以货物包装最长、最宽、最高部位尺寸计算体积，按每立方米折合 333kg 计算其计费质量。

③ 包车运输的货物，按车辆的标记吨位计算计费质量。

④ 散装货物，如砖、瓦、砂、石、土、木材等，按体积根据各省（自治区、直辖市）规定的质量换算标准计算计费质量。

⑤ 托运人自理装车的货物，按车辆额定吨位计算计费质量。

⑥ 统一规格的成包成件货物，根据某一标准件的质量计算全部货物的计费质量。

⑦ 接运其他运输方式的货物，无过磅条件的，按前程运输方式运单上记载的质量计算计费质量。

⑧ 拼装分卸的货物，按最重装载量计算计费质量。

2. 计费里程

（1）计费里程的计量单位。公路货物运输计费里程以 km 为计量单位，尾数不足 1km 的，进整为 1km。

（2）计费里程的确定。

① 货物运输的计费里程，按装货地点至卸货地点的实际载货的营运里程计算。营运里程以省（自治区、直辖市）交通行政主管部门核定的营运里程为准，未经核定的，由承、托双方协商确定。

② 同一运输区间有两条（含两条）以上营运线路可供行驶时，应按最短的线路计算计费里程或按承、托双方商定的线路计算计费里程。

③ 拼装分卸的货物，其计费里程为从第一装货地点起至最后一个卸货地点止的载重里程。

④ 出入境汽车货物运输的境内计费里程以交通行政主管部门核定的营运里程为准；境外计费里程按毗邻国（地区）交通行政主管部门或有权认定部门核定的营运里程为准。未经核定的，由承、托双方协商或按车辆实际运行里程计算。

⑤ 因自然灾害造成道路中断，车辆需绕道而驶的，其计费里程按实际行驶里程计算。

⑥ 城市市区的计费里程，按当地交通行政主管部门核定的市区平均营运里程计算，未经核定的，由承、托双方协商确定。

3. 计费时间

（1）计时包车货运计费时间以小时（h）为单位，起步计费时间为 4h，使用时间超过 4h 的，按实际使用时间计算。

（2）整日包车货运计费时间，每日按 8h 计算，使用时间超过 8h 的，按实际使用时间计算。

计费时间尾数不足 0.5h 的舍去，超过 0.5h 的进整为 1h。

4. 运价的单位

各种公路货物运输的运价单位：整批运输为元/（t·km）；零担运输为元/（kg·km）；集装箱运输为元/（箱·km）；包车运输为元/（t·h）；

4.2.2 公路货物运价价目

1. 基本运价

（1）整批货物基本运价，指一等整批普通货物在等级公路上运输的 1t·km 运价。

（2）零担货物基本运价，指零担普通货物在等级公路上运输的 1kg·km 运价。

（3）集装箱基本运价，指各类标准集装箱重箱在等级公路上运输的 1 箱·km 运价。

2. 吨（箱）次费

（1）吨次费。对于整批货物运输，在计算运价的同时按货物质量加收吨次费。

（2）箱次费。对于汽车集装箱运输，在计算运价的同时按不同箱型加收箱次费。

3. 普通货物运价

普通货物实行分等计价，以一等货物为基础，二等货物加成 15%，三等货物加成 30%。

4. 特种货物运价

（1）大型特型笨重货物运价。①一级大型特型笨重货物在整批货物基本运价的基础上加成 40%~60%；②二级大型特型笨重货物在整批货物基本运价的基础上加成 60%~80%。

（2）危险货物运价。①一级危险货物在整批（零担）货物基本运价的基础上加成 60%~80%；②二级危险货物在整批（零担）货物基本运价的基础上加成 40%~60%。

（3）贵重、鲜活货物运价，在整批（零担）货物基本运价的基础上加成 40%~60%。

5. 特种车辆运价

按车辆的不同用途，在基本运价的基础上加成计算。特种车辆运价和特种货物运价两个价目不准同时加成使用。

6. 非等级公路货物运价

非等级公路货物运价在整批（零担）货物基本运价的基础上加成 10%～20%。

7. 快速运价

快速运价按计价类别在相应运价的基础上加成计算。

8. 集装箱运价

（1）标准集装箱运价。重箱运价按照不同规格箱型的基本运价执行；空箱运价在标准集装箱重箱运价的基础上减成计算。

（2）非标准集装箱运价。重箱运价按照不同规格的箱型，在标准集装箱基本运价的基础上加成计算；空箱运价在非标准集装箱重箱运价的基础上减成计算。

（3）特种箱运价，在箱型基本运价的基础上按装载不同特种货物的加成幅度加成计算。

9. 出入境汽车货物运价

按双边或多边出入境汽车运输协定，由两国（地区）或多国（地区）政府主管机关协商确定。

4.2.3 公路货物运输的其他费用

（1）调车费。应托运人要求，车辆调出所在地而产生的车辆往返空驶，计收调车费。

（2）延滞费。车辆按约定时间到达约定的装货或卸货地点，因托运人或收货人责任造成车辆和装卸延滞，计收延滞费。

（3）装货落空损失费。因托运人要求，车辆行至约定地点而装货落空造成的车辆往返空驶，计收装货落实损失费。

（4）排障费。运输大型特型笨重货物时，需对运输线路的桥涵、道路及其他设施进行必要的加固或改造所发生的费用，由托运人负担。

（5）车辆处置费。因托运人的特殊要求，对车辆进行改装、拆卸、还原、清洗时，计收车辆处置费。

（6）检验费。在运输过程中，国家有关检验检疫部门对车辆的检验费，以及因检验造成的车辆停运损失，由托运人负担。

（7）货物装卸费。货物装卸费由托运人负担。

（8）通行费。货物运输过程中需支付的过渡、过路、过桥、过隧道等通行费由托运人负担，承运人代收代付。

（9）货物保管费。货物运达后，明确由收货人自取的，从承运人向收货人发出提货通知书的次日（以邮戳或电话记录为准）起计，第四日开始核收货物保管费；应托运人的要求或由托运人的责任造成的，需要保管的货物，计收的货物保管费由托运人负担。

4.2.4 公路货物运费计算

1. 整批货物运费的计算

整批货物运费的计算公式为

整批货物运费=吨次费×计费质量+整批货物运价×计费质量×计费里程+货物运输的其他费用

其中,整批货物运价按货物运价价目计算。

【例 4-1】某货主托运一批瓷砖,重 4538kg,承运人公布的一级普货费率为 1.8 元/(t·km),吨次费为 26 元/t,该批货物运输距离为 60km,瓷砖为普货三级,计价加成 30%,途中通行收费 35 元。试计算货主应支付的运费。

(1) 瓷砖重 4538kg,超过 3t,按整车办理(3t 以下按零担办理),计费质量为 4.5t。

(2) 瓷砖为三级普货,计价加成 30%。

$$运价=1.8×(1+30\%)=2.34 [元/(t·km)]$$

(3) 运费=26×4.5+2.34×4.5×60+35=783.8≈784(元)

运费尾数以元为单位,不足 1 元时四舍五入。

2. 零担货物运费的计算

零担货物运费的计算公式为

零担货物运费=计费质量×计费里程×零担货物运价+货物运输的其他费用

其中,零担货物运价按货物运价价目计算。

【例 4-2】某货主托运两箱毛绒玩具,每箱规格为 1m×0.8m×0.8m,毛重为 145kg,该货物的运输费率为 0.0025 元/(kg·km),运输距离为 120km。试计算货主应支付的运费。

(1) 每箱玩具的毛重为 145kg。

每箱的体积为 $1m×0.8m×0.8m=0.64m^3$,按每立方米折合 333kg 计算,其计费质量为 0.64×333kg=213kg>145kg,因此实际计费质量为 213kg。

(2) 两箱运费=2×213×0.0025×120=127.8≈128(元)

3. 集装箱运费的计算

集装箱运费的计算公式为

重(空)集装箱运费=箱次费×计费箱数+重(空)集装箱运价×计费箱数×计费里程+货物运输的其他费用

其中,重(空)集装箱运价按计价类别和货物运价价目计算。

4. 计时包车运费的计算

计时包车运费的计算公式为

计时包车运费=包车运价×包用车辆吨位×计费时间+货物运输的其他费用

其中,包车运价按包用车辆的不同类别分别制定。

【例 4-3】某人包用运输公司一辆 5t 货车 5h40min,包车运价为 32 元/t·h,应包用人要求对车辆进行了改装,发生工料费 120 元,包用期间运输玻璃 3 箱、食盐 3t,发生通行费 70 元,行驶里程总计 136km。试计算包用人应支付的运费。

计时包车运费=32×5×6+120+70=1150（元）

由以上公路货物运费的计算方法可以看出，计算公路货物运费的关键在于明确公路货物运输的运价价目、计费质量（箱数）、计费里程、计费时间及货物运输的其他费用。

4.3 铁路运价与运费

4.3.1 铁路货物运价核收依据

铁路货物运输费用根据《铁路货物运价规则》核收。

1. 《铁路货物运价规则》的适用范围

《铁路货物运价规则》是计算铁路货物运输费用的依据，承运人和托运人、收货人必须遵守《铁路货物运价规则》的规定。国铁营业线的货物运输，除军事运输、国际铁路联运过境运输及其他另有规定的货物运输费用外，都按本规则计算货物运输费用。

《铁路货物运价规则》

2. 《铁路货物运价规则》的基本内容

《铁路货物运价规则》规定了在各种不同情况下计算货物运输费用的基本条件，各种货物运费、杂费和其他费用的计算方法及国际铁路联运货物国内段的运输费用的计算方法等。

《铁路货物运价规则》包含四个附件。附件一《铁路货物运输品名分类与代码表》（简称分类与代码表）和附件三《铁路货物运输品名检查表》（简称检查表），都是用来判定货物的类别代码和确定运价号的工具。分类与代码表由代码、货物品类、运价号（整车、零担）、说明等项组成。根据货物所属的类项，便可确定货物的运价号。其中代码由4位阿拉伯数字组成，是类别码（前2位表示货物品类的大类，第3位表示中类，第4位表示小类），对应运价号。铁路运输的货物共分26类，每类都是按大类、中类、小类的顺序排列。附件二为《铁路货物运价率表》。附件四为《货物运价里程表》（分上、下两册）。使用《货物运价里程表》可以很快查到需要找的站名、有关事项、确定运输里程。

《铁路货物运输品名分类与代码表》

3. 货物计费单位的确定

铁路货物计费单位：整车是以t为单位，不是1t的四舍五入；零担是以10kg为单位，不足10kg的进为10kg；集装箱是以箱为单位。每项运费的尾数不足1角时，按四舍五入处理；每项杂费不满1个计费单位时，均按1个计费单位计算。零担货物的起码运费每批为2元。

4.3.2 铁路货物运价类别

1. 整车货物运价

整车货物运价是《铁路货物运价规则》中规定的按整车运送的货物的运价，由按货种类别的每吨的发到基价和每吨千米（t·km）或每轴千米（轴·km）的运行基价组成。

2. 零担货物运价

零担货物运价是铁路对按零担运送的货物所规定的运价，由按货种类别的每 10kg 的发到基价和每 10kg·km 的运行基价组成。

3. 集装箱货物运价

集装箱货物运价是铁路对按集装箱运送的货物所规定的运价，由每箱的发到基价和每箱千米（箱·km）的运行基价组成。

我国现行铁路货物运价是将运价设立为若干个运价号，即实行的是分号运价制。整车货物运价为 7 个号（1~7 号）；零担货物运价分为 2 个号（21~22 号）；集装箱货物按箱型不同进行确定。铁路货物运价率表如表 4-1 所示。

表 4-1 铁路货物运价率表

办理类别	运价号	基价 1（发到基价）		基价 2（运行基价）	
		单位	标准	单位	标准
整车	1	元/t	8.50	元/(t·km)	0.071
	2	元/t	9.10	元/(t·km)	0.080
	3	元/t	11.80	元/(t·km)	0.084
	4	元/t	15.50	元/(t·km)	0.089
	5	元/t	17.30	元/(t·km)	0.096
	6	元/t	24.20	元/(t·km)	0.129
	7	—	—	元/(轴·km)	0.483
	机械冷藏车	元/t	18.70	元/(t·km)	0.131
零担	21	元/10kg	0.188	元/(10kg·km)	0.0010
	22	元/10kg	0.263	元/(10kg·km)	0.0014
集装箱	20ft 箱	元/箱	449.00	元/(箱·km)	1.98
	40ft 箱	元/箱	610.00	元/(箱·km)	2.70

注：① 运费计算办法为

整车货物每吨运价=基价 1+基价 2×运价千米

零担货物每 10kg 运价=基价 1+基价 2×运价千米

集装箱货物每箱运价=基价 1+基价 2×运价千米

② 执行特殊运价，整车农用化肥基价 1 为 4.20 元/t，基价 2 为 0.0257 元/t。

4.3.3 货物运费计算步骤

（1）按《货物运价里程表》计算出发站至到达站的运价里程。

（2）根据货运单上填写的货物名称查找分类与代码表、检查表，确定适用的运价号。

（3）整车、零担货物按货物适用的运价号，集装箱货物根据箱型，冷藏车货物根据车种分别在铁路货物运价率表中查出适用的运价率（即基价 1 和基价 2）。

（4）货物适用的发到基价加上运行基价与货物的运价里程相乘后，再与按《铁路货物运价规则》确定的计费质量（集装箱为箱数）相乘，计算出运费。

（5）计算其他费用。

4.3.4 铁路运费计算

1. 铁路整车货物运费计算

铁路整车货物运费计算公式为

$$运费 = (发到基价 + 运行基价 \times 运价里程) \times 计费质量$$

除下列情况外，均按货车标记载重量作为计费质量，货物质量超过标重时，按货物质量计费。

（1）使用矿石车、平车、砂行车，装运分类与代码表中的 01（煤）、0310（焦炭）、04（金属矿石）、06（非金属矿石）、081（土、砂、石、石灰）和 14（盐）类货物按 40t 计费，超过时按货物质量计费。

（2）使用自备冷藏车装运货物时按 60t 计费；使用标重低于 50t 的自备罐车装运货物时按 50t 计费。

（3）标重不足 30t 的家畜车，计费质量按 30t 计算。

（4）铁路配发计费质量高的货车代替托运人要求计费质量低的货车，如托运人无货加装，按托运人原要求车的计费质量计费。例如，托运人在某站托运化工机械设备一套，货物质量为 15.7t，托运人要求用 40t 敞车装运，经调度命令以一辆 50t 敞车代替。托运人无货加装，则其计费质量按 40t 计算；如有货物加装（如加装 5t），则加装后按 50t 标重计费。

（5）用表 4-2 所列货车装运货物时，计费质量按表中规定计算，货物质量超过规定计费质量的，按货物质量计费。

表 4-2 整车货物规定计费质量

车种车型	计费质量/t
B_6 B_{6N} B_{6A} B_7（加冰冷藏车）	38
BSY（冷板冷藏车）	40
B_{18}（机械冷藏车）	32
B_{19}（机械冷藏车）	38
B_{20} B_{21}（机械冷藏车）	42
B_{10}（机械冷藏车）	44
B_{22} B_{23}（机械冷藏车）	48
B_{15E}（冷藏车改造车）	56
SQ_1（小汽车专用平车）	80
QD_3（凹底平车）	70
GY_{95S} GY_{95} GH_{40} GY_{40} $GH_{95/22}$ $GY_{95/22}$（石油液化气罐车）	65
GY_{100S} GY_{100} GY_{100-I} GY_{100-II}（石油液化气罐车）	70

【例 4-4】兰州西站发银川站机器一台，重 24t，从兰州西站至银川站运价里程为 479km，用 50t 货车一辆装运。试计算其运费。

通过查检查表，运价号为 6 号。再查铁路货物运价率表，运价号为 6 号的发到基价（基价 1）为 24.20 元/t，运行基价（基价 2）为 0.129 元/（t·km）。

运费=（发到基价+运行基价×运价里程）×计费质量
   =（24.20+0.129×479）×50=4299.55（元）≈4299.6（元）

故运费为 4299.6 元。

【例 4-5】某托运人从大同站发南京站原煤 35t，用 40t 平车一辆装运，运价里程为 1524km。试计算其运费。

通过查检查表，运价号为 4 号。再查铁路货物运价率表，运价号为 4 号的发到基价为 15.50 元/t，运行基价为 0.089 元/（t·km）。

运费=（发到基价+运行基价×运价里程）×计费质量
   =（15.50+0.089×1524）×40=6045.44（元）≈6045.4（元）

故运费为 6045.4 元。

2. 铁路零担货物运费计算

零担货物运费的计算公式为

$$运费=（发到基价+运行基价×运价里程）×计费质量/10$$

（1）计费质量。零担货物的计费质量以 10kg 为单位，不足 10kg 进为 10kg。具体分以下三种情况计算。

① 按规定计费质量计费，如表 4-3 所示。

表 4-3 零担货物规定计费质量

序号	货物名称	计量单位	规定计费质量/kg
1	组成的摩托车： 双轮 三轮（包括正、侧带斗的，不包括三轮汽车）	辆 辆	750 1500
2	组成的机动车辆、拖斗车（单轴的拖斗车除外）： 车身长度不满 3m 车身长度 3m 以上（含 3m），不满 5m 车身长度 5m 以上（含 5m），不满 7m 车身长度 7m 以上（含 7m）	辆 辆 辆 辆	4500 15000 20000 25000
3	组成的自行车	辆	100
4	轮椅、折叠式疗养车	辆	60
5	牛、马、骡、驴、骆驼	头	500
6	未装容器的猪、羊、狗	头	100

② 按货物质量计费。
③ 按货物质量和折合质量择大者计费。

为保持零担货物运价与整车货物运价之间合理的比价关系，避免货物运输中发生运费倒挂、化整为零的现象，除前两项特殊规定外，凡不足500kg/m³的轻浮零担货物均按其体积折合质量与货物质量择大者确定计费质量，折合质量为500×体积（计量单位为kg）。货物长、宽、高的计量单位为m，保留两位小数（以下四舍五入）。体积的计量单位为m³，保留两位小数（以下四舍五入）。例如，某站发送一批零担货物，质量为225kg，体积为0.81m³，在确定计费质量时，其折合质量=500×0.81=405（kg），因此计费质量应为410kg。

【例4-6】某托运人从北京站发包头站灯管4件，质量共46kg，货物每件长1m、宽0.35m、高0.16m，运价里程为798km。试计算其运费。

查检查表，灯管的运价号为22号。再查铁路货物运价率表，运价号为22号的发到基价为0.263元/10kg，运行基价为0.0014元/（10kg·km）。

$$体积 = 4 \times 1 \times 0.35 \times 0.16 = 0.224 \, (m^3) \approx 0.22 \, (m^3)$$
$$折合质量 = 500 \times 0.22 = 110 \, (kg)$$
$$计费质量 = 110 \, (kg)$$
$$运费 = (发到基价 + 运行基价 \times 运价里程) \times 计费质量 / 10$$
$$= (0.263 + 0.0014 \times 798) \times 110 / 10 = 15.1822 \, (元) \approx 15.2 \, (元)$$

故运费为15.2元。

（2）分项计费。在货运单内分项填记质量的零担货物，应分项计费。

① 运价率相同时零担货物，质量应合并计算。

【例4-7】某托运人从包头站发石家庄站双轮及三轮摩托车各二辆，每辆质量分别为116kg和166kg，运价里程为1091km，按一批托运，分项填记质量。试计算其运费。

按一批托运，分项填记质量，应分项计算，但该批货物中两种货物的运价率相同，应先合并质量。摩托车为按规定计费质量计费的货物（表4-3），查检查表，运价号为22号。再查铁路货物运价率表，运价号为22号的发到基价为0.263元/10kg，运行基价为0.0014元/（10kg·km）。

$$计费质量 = 2 \times (750 + 1500) = 4500 \, (kg)$$
$$运费 = (发到基价 + 运行基价 \times 运价里程) \times 计费质量 / 10$$
$$= (0.263 + 0.0014 \times 1091) \times 4500 / 10 = 805.68 \, (元) \approx 805.7 \, (元)$$

故运费为805.7元。

② 运价率不同的零担货物在一个包装内或按总质量托运时，按该批或该项货物中运价率高者计费。

【例4-8】某托运人从西安站发锦州站暖水瓶5件，搪瓷杯10件，质量共364kg，总体积1.224m³，运价里程为1698km。试计算其运费。

查检查表，暖水瓶的运价号为22号，搪瓷杯的运价号为21号，因而选择22号。再查铁路货物运价率表，运价号为22号的发到基价为0.263元/10kg，运行基价为0.0014元/（10kg·km）。

$$折合质量 = 500 \times 1.224 = 612 \, (kg)$$
$$计费质量 = 620 \, (kg)$$
$$运费 = (发到基价 + 运行基价 \times 运价里程) \times 计费质量 / 10$$
$$= (0.263 + 0.0014 \times 1698) \times 620 / 10 = 163.6924 \, (元) \approx 163.7 \, (元)$$

故运费为163.7元。

3. 铁路集装箱货物运费计算

集装箱货物运费的计算公式为

$$运费 = (发到基价 + 运行基价 \times 运价里程) \times 箱数$$

集装箱货物的运费按照使用的箱数和铁路货物运价率表中规定的集装箱运价率计算。

《铁路集装箱运输规则》

罐式集装箱、其他铁路专用集装箱按铁路货物运价率表中规定的运价率分别加成30%、20%计算；标记总质量为30.48t的通用20ft集装箱按铁路货物运价率表中规定的运价率加成20%计算，按规定对集装箱总质量限制在24t以下的除外。

装运一级毒害品（剧毒品）的集装箱按铁路货物运价率表中规定的运价率加成100%计算；装运爆炸品、压缩气体和液化气体、一级易燃液体（分类与代码表中02石油类除外）、一级易燃固体、一级自燃物品、一级遇湿易燃物品、一级氧化剂和过氧化物、二级毒害品、感染性物品、放射性物品的集装箱，按铁路货物运价率表中规定的运价率加成50%计算。

装运危险货物的集装箱按上述两款规定适用两种加成率时，则适用其中较大的一种加成率；自备集装箱空箱运价率按铁路货物运价率表规定重箱运价率的40%计算；承运人利用自备集装箱回空捎运货物，按集装箱重箱适用的运价率计费，在货运单铁路记载事项栏内注明，免收回空运费。

4.3.5 铁路其他杂费计算

1. 铁路电气化附加费

凡货物运输中途经某些电气化区段时，按《铁路电气化附加费核收办法》的规定收取铁路电气化附加费。铁路电气化附加费费率如表4-4所示。

表4-4 铁路电气化附加费费率

种类			计量单位	费率
整车货物			元/（t·km）	0.007
零担货物			元/（10kg·km）	0.00007
自轮运装货物			元/（轴·km）	0.021
集装箱	20ft 箱		元/（箱·km）	0.112
	40ft 箱		元/（箱·km）	0.238
	自备空箱	20ft 箱	元/（箱·km）	0.056
		40ft 箱	元/（箱·km）	0.119

铁路电气化附加费的计算公式为

铁路电气化附加费 = 铁路电气化附加费费率 × 计费质量（箱数或轴数）× 电气化里程

2. 新路新价均摊运费

铁路建设中新建线路不断增加，为了既体现国家实行新路新价的原则，又方便计算运费，凡经国家铁路运输的货物，按发站至到站国铁正式营业线和实行统一运价的运营临管线的运价里程，均按《新路新价均摊运费核收办法》的规定收取新路新价均摊运费。新路新价均摊运费费率如表 4-5 所示。

表 4-5 新路新价均摊运费费率

种类			计量单位	费率
整车货物			元/（t·km）	0.011
零担货物			元/（10kg·km）	0.000011
自轮运装货物			元/（轴·km）	0.0033
集装箱	20ft 箱		元/（箱·km）	0.0176
	40ft 箱		元/（箱·km）	0.0374
	自备空箱	20ft 箱	元/（箱·km）	0.088
		40ft 箱	元/（箱·km）	0.0187

注：整车货物中，化肥、磷矿石、棉花（籽棉、皮棉）的费率为 0.0021 元/（t·km）。

新路新价均摊运费的计算公式为

新路新价均摊运费=新路新价均摊运费费率×计费质量（箱数或轴数）×运价里程

3. 铁路建设基金

铁路收取建设基金的目的是专款专用，保证铁路建设的不断发展。按《铁路建设基金计算核收办法》的规定收取铁路建设基金。铁路建设基金费率如表 4-6 所示。

表 4-6 铁路建设基金费率

种类			计量单位	费率		
				农药	磷矿石、棉花	其他货物
整车货物			元/（t·km）	0.019	0.028	0.033
零担货物			元/（10kg·km）	0.00019	0.00033	
自轮运装货物			元/（轴·km）	0.099		
集装箱	20ft 箱		元/（箱·km）	0.528		
	40ft 箱		元/（箱·km）	1.122		
	自备空箱	20ft 箱	元/（箱·km）	0.264		
		40ft 箱	元/（箱·km）	0.561		

注：整车化肥、黄磷免征铁路建设基金；表中棉花仅指籽棉、皮棉。

铁路建设基金的计算公式为

铁路建设基金=铁路建设基金费率×计费质量（箱数或轴数）×运价里程

【例 4-9】 某托运人从长沙站发武汉站一批钢管，质量为 30t，以一辆 60t 敞车装运。已知：运价里程为 729km，电气化里程为 244km，运价号为 5 号，发到基价为 17.3 元/t，运行基价为 0.096 元/（t·km），铁路建设基金费率为 0.033 元/（t·km），铁路电气化附加费费率为 0.007 元/（t·km）。试计算其运杂费。

铁路建设基金=0.033×60×729=1443.42（元）

铁路电气化附加费=0.007×60×244=102.48（元）

运费=[发到基价+（运行基价×运价里程）]×计费质量

=[17.3+(0.096×729)]×60=5237.04（元）

杂费=铁路建设基金+铁路电气化附加费=1443.42+102.48=1545.9（元）

运杂费=运费+杂费=5237.04+1545.9=6782.94（元）≈6782.9（元）

故运杂费为 6782.9 元。

4.4 水路运价与运费

水路运价与运费（1）

4.4.1 水路货物运价的分类

水路货物运价可以按适用范围、运价制定方式、运输形式及运价单位划分。

1. 按适用范围划分

（1）远洋船舶货物运价。远洋船舶货物运价是适用于对外贸易进、出口的船舶货物运输的价格，大多采用美元计费。

（2）沿海船舶货物运价。沿海船舶货物运价是适用于我国沿海港口之间的船舶货物运输的价格，大多采用航线运价。

（3）内河船舶货物运价。内河船舶货物运价是适用于长江、珠江等内河的船舶货物运输的价格，大多采用里程运价。

2. 按运价制定方式划分

（1）国家定价。国家定价是由国家发展和改革委员会与交通运输部共同规定的船舶货物运价。其适用于由军费开支和财政直接支出的军事、抢险救灾货物的运输价格制定，以及旅客和行李的运输价格制定。国家定价又可分为以下两种。

① 政府定价。由国家和水运主管部门制定并统一颁布。国家一旦颁布，企业必须严格执行，往往是几年不变，过若干年后才进行一次较大的调整。

② 政府指导价。由国家规定货物的基准运价及浮动幅度，企业在允许范围内根据运输市场的供求变化确定船舶货物运价。

（2）合同运价。合同运价又称协议运价，是由承运人与托运人通过协商达成的运价，双方通过订立合同予以明确并按合同实施。这种运价的特点是随行就市，完全受市场供求关系的调节，即在短时间内其价格水平会有较大的波动。

（3）运价表运价。运价表运价又称班轮运价。水运企业根据经营成本和市场供求关系制定运价，编制运价表，向社会公开，并按运价表计收运费。这种运价受交通行政主管部门的监管较严格，采取报备制度，有运价变动的时滞限制和稳定期的规定，具有相对的稳定性。

3. 按运输形式划分

（1）直达运价。直达运价是指适用于两港间直达运输的货物运价，没有转运过程。

（2）联运运价。联运运价是指适用于水—陆联运的货物运价，包括港口和车站的转运费用。

（3）集装箱运价。集装箱运价是指适用于集装箱货物的运输价格。其又可分为按所装货物的种类及质量（体积）定价和以箱为单位（不计箱内货物的种类和质量）定价两种形式。

（4）航次租船运价。航次租船运价是指船舶采用航次租船的形式进行运输时，对单位货物或货物总量规定运价。航次租船运价一般采用合同运价。

4. 按运价单位划分

（1）单一运价。单一运价是指对同一货种不论其运输距离长短，都采用相同的每货运吨运价（以下简称运价率）。这种运价一般适用于短途航线、轮渡或某些海峡间的货物运输。我国仅在内河和市内轮渡航线使用单一运价。

（2）航区运价。航区运价是指根据同一航区内各港间按不同货种、不同运输距离而规定的差别运价。这种运价的特点是同一货种随运输距离变化，其运价水平有较大的差别，因此，有时称这种定价方式为里程运价。航区运价又可分为以下两种形式。

① 均衡里程运价。同一货种货物的运价随运输距离的增加而增加，即每吨千米运价为不变值。某些内河航区采用这种定价。

② 递远递减运价。对同一货种，每单位里程的运价随运输距离的增加而降低。例如，在100海里时运价为0.1元/吨海里，则每吨货物100海里的运费为10元；而在200海里时运价为0.09元/吨海里，则每吨货物200海里的运费为18元。

（3）航线运价。航线运价是指按照船舶运输的航线对货种进行定价，如秦皇岛—广州的煤炭运价为30元/吨。

4.4.2 国内水路货物运价的制定

国内水路货物运输实行的是市场定价，所以在确定水路货物运价时，应以运输价值为基础，并考虑运输市场的供求关系、竞争导向因素、不同运输方式之间的比价关系及货物的运费负担能力。水路货物运价的制定包括货运基本价格的制定、货类分级及级差率的确定、运价里程与计算里程的确定、运价率表的制定等。

1. 货运基本价格的制定

货运基本价格简称基价，也称基本价率，是指基准的运价率。基价确定方法有两种，即综合基价和组合基价。

（1）综合基价。综合基价是指以综合运输成本为基础进行测算的货运基本价格。其理论公式为

$$综合基价=（运输成本+利润+税金）/计划期换算货物周转量$$

式中：运输成本——计划期部门或航区预计货运成本；

利润——按规定利润率计算办法所得的利润额；

税金——计划期按国家规定的工商税率计算出来的税金；

计划期换算货物周转量——以基本货类、基本船型为基础，各货类、船型按运输生产效率的一定比例换算而得的货物周转量。

综合基价确定后，不同货种、不同运距的货物运价率可按下式确定。

$$运价率=综合基价×里程×级差系数$$

以综合基价为基础而确定的货物运价，是一种均衡里程运价。它既能反映货物运价的总体水平，也能反映不同运距、不同货种的运价差别，测算也比较方便。但是此法不能较好地体现运输成本随运距变化的情况，不能反映运距的变化对停泊成本和航行成本的不同影响。

（2）组合基价。组合基价是指由航行基价和停泊基价组合而成的货运基本价格。它是递远递减运价的基础。组合基价比综合基价（均衡里程运价）合理。其理论计算公式为

$$组合基价=航行基价×里程+停泊基价$$

$$航行基价=（航行成本+利润+税金）/计划期换算周转量$$

$$停泊基价=（停泊成本+利润+税金）/计划期换算货运量$$

式中：航行成本、停泊成本——分别指与船舶航行、停泊有关的成本；

航行基价、停泊基价中的利润和税金——船舶在航行、停泊期间应分摊的利润和税金；

计划期换算周转量、货运量——以基本货类、基本船型为基础，各货类、船型按运输生产效率进行换算而得的货物周转量、货运量。

组合基价确定后，不同货种、不同运距的货物运价率按下式计算。

$$运价率=组合基价×级差系数$$

以组合基价为基础而确定的货物运价，是一种递远递减运价。随着运距的增加，每吨千米停泊基价在逐步减少，而航行基价为不变值，从而每吨千米运价随运距的增加也逐渐减少。采用递远递减运价能较好地体现运输成本随运距变化的情况，比均衡里程运价更合理。

（3）我国沿海航区、长江航区的航行基价与停泊基价。

① 航行基价。从理论上说，由于航行成本基本上随运输距离的增加而同步增加，故每吨千米（或每吨海里）的航行成本可视为不变值。但运距的变化与单位航行成本并不绝对相等，一般是运距短的单位航行成本高，运距长的单位航行成本低。自然条件和地理位置不同的某些航区，各航行区段的单位航行成本有显著差别，所以沿海航区以运距的长短分别规定不同的航行基价，长江航区则以上游区段、中游区段、下游区段分别规定不同的航行基价。

② 停泊基价。停泊基价的制定主要依据单位停泊成本。由于行驶在各航区的船舶的结构、装备等有较大差异，分摊到每货运吨的停泊成本也不同，沿海航区的船舶停泊基价一般小于内河航区。

2. 货类分级及级差率的确定

（1）货物分级。对货物分级应主要从运输效率和运输成本上来分析确定，通常要考虑货物的积载因数、货物运输及装卸的难易程度、货物的理化性质、货物的运费承担能力及与其他运输方式的比价等。不同级别的货类在运价上是有差别的，贵重货物高于普通货物，危险货物高于一般货物，成品货物高于原材料，轻质货物高于重质货物。

（2）货物分级数的确定。货物分级数的多少要能合理体现各种货类在运价上的差别和便于计算核收。我国沿海（包括北方沿海、南方沿海）、长江、黑龙江及部分地方航区采用10级分类制。

（3）级差率的确定。级差率是指同一航线不同级别货物运价率之间的递增（或递减）率。其计算公式为

$$级差率=（后级运价率-前级运价率）/前级运价率×100\%$$
$$后级运价率=前级运价率×（1+级差率）$$

级差率的数值可以是正数，也可以是负数。若为正数，则说明后一级的运价率高于前一级；反之，后一级的运价率低于前一级。

级差系数是指各级货物的运价率对基级货物运价率（即基价）的比例关系，可根据各级级差率推算。如果已知级差系数和基价，则其他级别的运价率可按下式确定。

$$各级运价率=基价×相应的级差系数$$

3. 运价里程与计算里程的确定

运价里程是指由水运主管部门统一颁布的为测定两港间运价率而特设的里程。不同于实际里程和航行里程，运价里程比较稳定，不得任意更改，只有在航道或港区发生永久性变化时，才由水运主管部门统一修订。

在制定运价率表时，为便于运作和简化，往往把运价里程划分为若干区段。每一区段适合从某一里程起至下一里程止的特定范围。若两港间的运价里程落在某一里程区段内，则按统一规定的里程计算，这一里程称为计算里程。

我国对沿海航区和长江航区里程区段的划分及相应采用的计算里程均有不同规定。

（1）沿海航区（包括北方沿海、南方沿海）里程区段划分如表 4-7 所示。各里程区段划分为若干小区段，如 51～100 里程区段，以每 10 海里划分为 5 个小区段，即 51～60 海里、61～70 海里，直至 91～100 海里。其计算里程以各区段的中间值为准，仅保留整数。

表 4-7 沿海航区（包括北方沿海、南方沿海）里程区段划分

里程区段/海里	区段数	每段里程/海里	里程区段/海里	区段数	每段里程/海里
1～50	1	50	201～400	5	40
51～100	5	10	401～1000	10	60
101～200	5	20	1000 以上	—	100

（2）长江航区里程区段的划分，是以每 10km 为一里程区段，即 1～10km、11～20km、21～30km，以此类推。按各区段的终值为准，即将运价里程的个位逢 10 进整。例如，上海—张家港运价里程为 170km，计算里程即 170km，南京—南通运价里程为 264km，计算里程即 270km。

4. 运价率表的制定

确定了基价、级差率及运价里程之后，就可以计算出任何两港间各级货物的运价率，将所得数据汇列成表即可得到运价率表。货物运价率表有两种形式，即分航区运价率表和主要航线运价率表。前者是按北方沿海、南方沿海、长江和黑龙江四大航区分别制定货物运价。后者的制定步骤如下。

（1）列出主要航线起讫港并确定其所在航区。
（2）根据运价里程确定计算里程。
（3）确定航行基价、停泊基价和级差系数。
（4）计算各级货物的运价率。

【例 4-10】上海—青岛为北方沿海航线，运价里程为 404 海里，属 401～460 里程区段，则计算里程为 430 海里。其航行基价在 200 海里及以内为 0.0075 元/（t·海里），201～400 里程区段为 0.007 元/（t·海里），400 海里以上为 0.0065 元/（t·海里）。三级货物的级差系数为 110.25%，停泊基价为 2.6 元/t。试确定上海—青岛三级货物的运价率。

运价率=(0.0075×200+0.007×200+0.0065×30+2.6)×110.25%≈6.28（元/t）

【例 4-11】九江—宜昌为长江航线。其中，九江—武汉为下游区段，运价里程为 269km，以 270km 计算；武汉—宜昌为中游区段，运价里程为 626km，以 630km 计算。木材为四级货物，级差系数为 115.76%，停泊基价为 1.5 元/t。试确定九江—宜昌木材的运价率。

运价率=(0.007×270+0.0136×630+1.5)×115.76%≈13.84（元/t）

水路运价与运费（2）

4.4.3 班轮运费计算

1. 班轮运费的构成

班轮公司运输货物所收取的运输费用，是按照班轮运价表的规定计收的。班轮运价表一般包括说明及有关规定、货物分级表、航线费率表、附加费表、冷藏货及活牲畜费率表等。目前，我国海洋班轮运输公司使用等级运价表，即将承运的货物分成若干等级，每个等级的货物有一个基本费率，称为等级费率表。

班轮运费包括基本运费和附加费两部分。前者是指货物从装运港到卸货港所应收取的基本运费，它是构成全程运费的主要部分；后者是指对一些需要特殊处理的货物，或者突然事件的发生或客观情况变化等原因而需另外加收的费用。

2. 基本运费

在班轮运价表中，根据不同的商品，班轮运费的计算标准通常有下列几种。

（1）按货物的毛重（weight ton，重量吨）计收，运价表中用"W"表示。按此标准计算的基本运费等于计重货物的运费吨乘以运价率。

（2）按货物的体积（measurement ton，尺码吨）计收，运价表中用"M"表示。按此标准计算的基本运费等于容积货物的运费吨乘以运价率。

上述计费的重量吨和尺码吨统称运费吨，又称计费吨。按照国际惯例，容积货物是指每吨的体积大于 $40ft^3$（约 $1.1328m^3$）的货物；而我国的远洋运输运价表中则将每吨的体积大于 $1m^3$ 的货物定为容积货物。

（3）按毛重或体积计收，由船公司选择其中收费较高的作为计费吨，运价表中用"W/M"表示。

（4）按货物价格计收，又称从价运费（ad valorem freight），运价表中用"A.V."表示。从价运费一般按货物的 FOB 价格的一定百分比收取。按此标准计算的基本运费等于物资的离岸价格（free on board，FOB）乘以从价费率，从价费率一般为 1%～5%。

（5）在货物毛重、体积或价格三者中选择最高的一种计收，运价表中用"W/M or A.V."表示。

（6）按货物毛重或体积中较高者，再加上从价运费计收，运价表中用"W/M plus A.V."表示。

（7）将每件货物作为一个计量单位收费，如活牲畜按"每头"（per head），车辆按"每辆"（per unit）收费。

（8）临时议定价格，即由货主和船公司临时协商议定。此类货物通常是低价的货物或特大型的机器等，运价表中用"Open"表示。

3. 附加费

在班轮运输中，基本港是指港口设备较好，货运量大，班轮公司按期挂靠的港口。运往基本港的货物，均按基本费率收取运费。非基本港指班轮公司不常挂靠的港口。运往非基本港的货物要加收附加费，在基本运费的基础上，加收一定百分比，或者按每运费吨加收一个绝对值计算。在班轮运输中，常见的附加费有下列几种。

（1）超重附加费（heavy lift additional）。单件货物质量超过一定限度而加收的费用。

（2）超长附加费（long lenth additional）。单件货物长度超过规定长度而加收的费用。

各班轮对超重或超长货物的规定不一。我国中远公司规定每件货物达到 5t 或 9m 以上时，加收超重或超长附加费。超重货物一般按吨计收，超长货物按运费吨计收。无论是超重、超长或超大件，托运时都要注明。如果船舶需转船，每转船一次，加收一次附加费。

（3）选卸附加费（optional surcharge）。装货时尚不能确定卸货港，要求在预先提出的两个或两个以上港口中选择一个港卸货，船方因此而加收的附加费。所选港限定为该航次规定的挂港，并按所选港中收费最高者计算各种附加费。货主必须在船舶抵达第一选卸港前（一般规定为 24h 或 48h）向船方宣布最后确定的卸货港。

（4）转船附加费（transshipment surcharge）。凡运往非基本港的货物，需转船运往目的港，船舶所收取的附加费，包括转船费（如换装费、仓储费）和二程运费。有的船公司分别收取转船费和二程运费，这样收取的一、二程运费再加转船费，即所谓的"三道价"。

（5）直航附加费（direct additional）。当运往非基本港的货物达到一定的数量时，船公司可安排直航该港而不转船时所加收的附加费。一般直航附加费比转船附加费低。

（6）港口附加费（port additional or port surcharge）。船舶需要进入港口条件较差、装卸效率较低或港口船舶费用较高的港口及其他原因而向货方加收的附加费。

（7）港口拥挤附加费（port congestion surcharge）。有些港口由于拥挤，致使船舶停泊时间增加而加收的附加费。该项附加费随港口条件改善或恶化而变化。

（8）燃油附加费（bunker surcharge or bunker adjustment factor，B.A.F）。因燃油价格上涨而加收一个绝对数或按基本运价的一定百分数加收的附加费。

（9）货币贬值附加费（devaluation surcharge or currency adjustment factor，C.A.F）。在货币贬值时，船方为保持其实际收入不致减少，按基本运价的一定百分数加收的附加费。

（10）绕航附加费（deviation surcharge）。因战争、运河关闭、航道阻塞等原因造成正常航道受阻，必须临时绕航才能将货物送达目的港而加收的附加费。

除以上各种附加费外，还有一些附加费需船货双方议定，如洗舱费、熏舱费、破冰费、加温费等，各种附加费是对基本运价的调节和补充，可灵活地对各种外界不测因素的变化做出反应，是班轮运价的重要组成部分。

附加费的计算一般有两种方式：一是以基本运费率的百分比表示；二是用绝对数字表示，取每运费吨加收若干元。根据一般费率表规定，不同的货物如混装在一个包装内（集装箱除外），则全部货物按其中收费高者计收运费；同一种货物因包装不同而计费标准不同，但托运时未申明具体包装形式时，全部货物均按运价高的包装计收运费；同一提单内有两种以上不同计价标准的货物，托运时未分列货名和数量时，计价标准和运价均按高者计算。以上事项是在包装和托运时应该注意的。

4. 班轮运费的计算公式

班轮运费的具体计算方法：先根据货物的英文名称，从货物分级表中查出货物的计算等级及其计算标准；然后从航线费率表中查出货物的基本费率，再加上各项需支付的附加费率，所得的总和就是货物的单位运费（每重量吨或每尺码吨的运费）；最后乘以计费吨（重量吨或尺码吨），即得该批货物的运费总额。如果是从价运费，则按规定的百分数乘以FOB货值即可。

班轮运费的计算公式为

$$F = F_b + \sum S$$

式中：F——运费总额；

F_b——基本运费；

S——某一项附加费。

其中，基本运费是所运货物的数量（质量或体积）与规定的基本费率的乘积。即

$$F_b = f \times Q$$

式中：f——基本费率；

Q——货运量（运费吨）。

附加费是各项附加费的总和。在多数情况下，附加费按基本运费的一定百分比计算，其公式为

$$\sum S = (S_1 + S_2 + \cdots + S_n) \times F_b = (S_1 + S_2 + \cdots + S_n) \times f \times Q$$

式中：S_1，S_2，$\cdots$，S_n——各项附加费，用F_b的百分数表示。

【例4-12】从中国上海运往肯尼亚蒙巴萨港门锁（属于小五金）一批计100箱。每箱体积为20cm×30cm×40cm，每箱质量为30kg，燃油附加费为40%，蒙巴萨港的港口拥挤附加费为10%。中国—东非航线等级费率如表4-8所示。试计算其运费。

表4-8 中国—东非航线等级费率

货名	计算标准	等级	费率/港元
农业机械	W/M	9	404
棉布及棉织品	M	10	443
小五金及工具	W/M	10	443
玩具	M	20	1120

注：基本港口包括路易港（毛里求斯）、达累斯萨拉姆（坦桑尼亚）、蒙巴萨（肯尼亚）等。

（1）查阅货物分级表。门锁属于小五金类，其计算标准为W/M，等级为10级。

（2）计算货物的体积和质量。

100箱的体积为

$$(20cm \times 30cm \times 40cm) \times 100 \text{箱} = 2400000 \text{（cm}^3\text{）} = 2.4 \text{（m}^3\text{）}$$

100 箱的质量为

$$30kg×100 箱=3000（kg）=3（t）$$

由于 2.4m³ 的计费吨小于 3t，因此计收标准为质量。

（3）查阅表 4-8，10 级货物费率为 443 港元，则基本运费为

$$443×3=1329（港元）$$

（4）附加费为

$$1329×(40\%+10\%)=664.5（港元）$$

（5）从中国上海运往肯尼亚蒙巴萨港 100 箱门锁，其应付运费为

$$1329+664.5=1993.5（港元）$$

4.5 航空运价与运费

航空运价与运费（1）

货物的航空运费是指将一票货物自始发地机场运输到目的地机场所应收取的航空运输费用。一般来说，货物的航空运费主要由两个因素组成，即货物适用的运价与货物的计费质量。由于航空运输货物的种类繁多，根据货物运输的起讫地点所在航空区域的不同，每种货物所适用的运价不同。

4.5.1 航空运费计算中的基本知识

1. 基本概念

（1）航空运价所使用的货币。货物的航空运价一般以运输始发地的本国货币公布，即运输始发地货币。有的国家以美元代替本国货币公布运价，此时，美元即为运输始发地货币。

（2）货物运价的有效期。销售航空货运单所使用的运价应为填制货运单之日的有效运价，即在航空运价有效期内适用的运价。

（3）航空运费。航空运费是指承运人将一票货物自始发地机场运至目的地机场所收取的航空运输费用。该费用根据每票货物所适用的运价和货物的计费质量计算而得。每票货物是指使用同一份航空货运单的货物。货物的运价是指货物运输起讫地点间的航空运价；航空运费是指运输始发地机场至目的地机场间的运输货物的航空费用，不包括其他费用。

（4）其他费用。其他费用是指由承运人、代理人或其他部门收取的与航空货物运输有关的费用。在组织一票货物自始发地至目的地运输的全过程中，除了航空运输，还包括地面运输、仓储、制单、国际货物的清关等环节，提供这些服务的部门所收取的费用即为其他费用。

2. 计费质量

计费质量是指用以计算货物航空运费的质量。货物的计费质量或者是货物的实际毛重，或者是货物的体积质量，或者是较高质量分界点的质量。

（1）实际毛重（actual gross weight）。包括货物包装在内的货物质量，称为货物的实际毛重。

（2）体积质量（volume weight）。按照国际航协规则，将货物的体积按一定的比例折合成的质量，称为体积质量。换算标准为每 $6000cm^3$ 折合 1kg。

一般地，计费质量采用货物的实际毛重与货物的体积质量两者中较高者；但当货物按较高质量分界点的较低运价计算的航空运费较低时，则此较高质量分界点的货物起始质量作为货物的计费质量。

国际航协规定，国际货物的计费质量以 0.5kg 为最小单位，质量尾数不足 0.5kg 的，按 0.5kg 计算；0.5kg 以上不足 1kg 的，按 1kg 计算。

当使用同一份运单，收运两件或两件以上可以采用同样种类运价计算运费的货物时，其计费质量规定为：计费质量为货物总的实际毛重与总的体积质量两者中较高者。综上所述，较高质量分界点质量也可能成为货物的计费质量。

3. 最低运费

最低运费是指一票货物自始发地机场至目的地机场航空运费的最低限额。货物按其适用的航空运价与计费质量计算所得的航空运费，应与货物最低运费相比，取较高者。

4. 货物航空运价及运费的货币进整

货物航空运价及运费的货币进整，因货币的币种不同而不同。运费进整时，需将航空运价或运费计算到进整单位的下一位，然后按半数进位法进位，即计算所得的航空运价或运费，达到进位单位一半则入，否则舍去。采用进整单位的规定，主要用于填制航空货运单（air way bill，AWB）。销售 AWB 时，按所使用的运输始发地货币，按照进整单位的规定计算航空运价及运费。

4.5.2 国际货物运价的种类及使用规定

1. 国际货物运价的种类

按运价的组成形式划分，国际货物运价可分为协议运价、公布直达运价和非公布直达运价；按货物的性质划分，国际货物运价可分为普通货物运价、指定商品运价、等级运价和集装货物运价。

2. 国际货物运价的使用规定

（1）使用顺序。优先使用协议运价；如果没有协议运价，使用公布直达运价；如果没有协议运价和公布直达运价，使用比例运价；最后采用分段相加运价（最低组合）。

（2）货物运价应为填开货运单当日承运人公布的有效货物运价。

（3）货物运价的使用必须严格遵守货物运输线路的方向性，不可反方向使用运价。

（4）使用货物运价时，必须符合货物运价注释中的要求和规定条件。

3. 公布直达运价的使用

公布直达运价是指承运人直接在运价资料中公布的从运输始发地至运输目的地的航空运价。运价的公布形式有 N、Q45 等运价结构，也有 B、K 运价结构（欧洲特有的运价结构）。N 运价，即 normal general cargo rate，是指标准的普通货物运价；Q 运价，即 quantity rate，是指质量等级运价。

指定商品运价与普通货物运价同时公布在航空货物运输运价手册（TACT rates book）中。等级货物运价计算规则在航空货物运输规则（TACT rules）中公布，需结合航空货物运输运价手册一起使用。公布直达运价的运价结构如表 4-9 所示。

表 4-9 公布直达运价的运价结构

Date/Type	Note	Item	Min.wight	Local curr.
BEIJING	CN			BJS
Y.RENMINBI	CNY			KGS
TOKYO	JP		M	230.00
			N	37.51
			45	28.13
		0008	300	18.80
		0300	500	20.61
		1093	100	18.43
		2195	500	18.80

注：Date/Type——公布运价的生效或失效日期及集装器运价种类代号，本栏中若无特殊标记，说明所公布的运价适用于在本手册有效期内销售的 AWB；

Note——相对应运价的注释，填制货运单时，应严格按照注释所限定的内容执行；

Item——指定商品运价的品名编号；

Min.wight——使用相对应运价的最低质量限额；

Local curr.——用运输始发地货币表示的运价或最低运费。

4.5.3 普通货物运费计算

1. 普通货物运价

普通货物运价（general cargo rate，GCR）是指除等级货物运价和指定商品运价以外的适合于普通货物运输的运价。一般地，普通货物运价根据货物质量不同，分为若干个质量等级分界点运价。例如，"N"表示标准普通货物运价，是指 45kg 以下的普通货物运价（如无 45kg 以下运价时，N 表示 100kg 以下普通货物运价）。普通货物运价还有"Q45""Q100""Q300"等不同质量等级分界点的运价。其中"Q45"表示 45kg 以上（包括 45kg）普通货物的运价，以此类推。对于 45kg 以上的不同质量等级分界点的普通货物运价均用"Q"表示。用货物的计费质量和其适用的普通货物运价计算而得的航空运费不得低于运价资料上公布的航空运费的最低收费标准（M）。这里，代号"N""Q""M"在 AWB 的销售工作中，主要用于填制航空货运单中的"RATE CLASS"（运价类别）一栏。

2. 运费计算

【例 4-13】从北京运往东京一箱服装，毛重 31.4kg，体积尺寸为 80cm×70cm×60cm。试计算其航空运费。公布直达运价如下。

BEIJING	CN		BJS
Y.RENMINBI	CNY		KGS
TOKYO	JP	M	230.00
		N	37.51
		45	28.13

体积： 80cm×70cm×60cm=336000cm³
体积质量： 336000cm³÷6000cm³/kg=56kg
毛重： 31.4kg
计费质量： 56kg
适用运价： GCR Q 28.13CNY/kg
航空运费： 56×28.13=1575.28CNY

此票货物的航空运费为 1575.28 元。

【例 4-14】从北京运往新加坡一箱水龙头接管，毛重 35.6kg。试计算其航空运费。公布直达运价如下。

BEIJING	CN		BJS
Y.RENMINBI	CNY		KGS
SINGAPORE	SG	M	230.00
		N	36.66
		45	27.50
		300	23.46

（1）按实际质量计算。
毛重： 35.6kg
计费质量： 36kg
适用运价： GCR N 36.66CNY/kg
航空运费： 36×36.66=1319.76CNY

（2）采用较高质量分界点的较低运价计算。
计费质量： 45kg
适用运价： GCR Q 27.5CNY/kg
航空运费： 27.5×45=1237.5CNY

（1）与（2）相比，取运费较低者，即航空运费为 1237.5 元。

【例 4-15】从上海运往大阪一件洗发香波样品 5.3kg。试计算其航空运费。公布直达运价如下。

SHANGHAI	CN		SHA
Y.RENMINBI	CNY		KGS
OSAKA	JP	M	230.00
		N	30.22
		45	22.71

毛重： 5.3kg
计费质量： 5.5kg
适用运价： GCR N 30.22CNY/kg
航空运费： 5.5×30.22=166.21CNY
最低运费： 230CNY

此票货物的航空运费应为 230 元。

4.5.4 指定商品运费计算

1. 指定商品运价

指定商品运价是指适用于自规定的始发地至规定的目的地运输特定品名货物的运价。通常情况下，指定商品运价低于相应的普通货物运价。就其性质而言，该运价是一种优惠性质的运价。鉴于此，指定商品运价在使用时，对于货物的起讫地点、运价使用期限、货物运价的最低质量起点等均有特定的条件。使用指定商品运价计算航空运费的货物，在航空货运单的"RATE CLASS"一栏中用字母"C"表示。

航空运价与运费（2）

只要所运输的货物满足以下三个条件，则运输始发地和运输目的地就可以直接使用指定商品运价：①运输始发地至目的地有公布的指定商品运价；②托运人所交运的货物品名与有关指定商品运价的货物品名相吻合；③货物的计费质量满足指定商品运价使用时的最低质量要求。

2. 运费计算

先查询运价表，如果有指定商品代号，则考虑使用指定商品运价；查找航空货物运输运价手册的品名表，找出与运输货物品名相对应的指定商品代号；如果货物的计费质量超过指定商品运价的最低质量，则优先使用指定商品运价；如果货物的计费质量没有达到指定商品运价的最低质量，则需要比较计算。

【例 4-16】从北京运往大阪 20 箱鲜蘑菇共 360kg，每箱长、宽、高分别为 60cm、45cm、25cm。试计算其航空运费。公布直达运价如下。

BEIJING	CN		BJS
Y.RENMINBI	CNY		KGS
OSAKA	JP	M	230.00
		N	37.51
		45	28.13
	0008	300	18.80
	0300	500	20.61
	1093	100	18.43
	2195	500	18.80

查找航空货物运输运价手册的品名表，蘑菇可以使用 0008（新鲜蔬菜和水果）的指定商品运价。由于货主交运的货物质量符合"0850"指定商品运价使用时的最低质量要求，因此运费计算如下。

体积： 60cm×45cm×25cm×20=1350000cm³
体积质量： 1350000cm³÷6000cm³/kg=225kg

计费质量：　　　　360kg
适用运价：　　　　SCR0008/Q300 18.8 CNY/kg
航空运费：　　　　360×18.8=6768CNY

需要注意的是，在使用指定商品运价计算运费时，如果指定商品运价直接使用的条件不能完全满足，如货物的计费质量没有达到指定商品运价使用的最低质量要求，使得按指定商品运价计算得出的运费高于按普通货物运价计算得出的运费时，则按运费较低者收取航空运费（见例 4-14）。

【例 4-17】例 4-16 中，如果货主交运 10 箱蘑菇，毛重为 180kg，计算其航空运费。

（1）按指定商品运价使用规则计算。

毛重：　　　　　　180kg
计费质量：　　　　300kg
适用运价：　　　　SCR0008/Q300 18.8CNY/kg
航空运费：　　　　300×18.8=6768CNY

（2）按普通运价使用规则计算。

毛重：　　　　　　180kg
计费质量：　　　　180kg
适用运价：　　　　GCR/Q45 28.13CNY/kg
航空运费：　　　　180×28.13=5063.4CNY

（1）与（2）相比，取运费较低者，即航空运费为 5063.4 元。

【例 4-18】例 4-16 中，如果货主交运 2 箱蘑菇，毛重为 36kg，计算其航空运费。

分析：由于货物计费质量仅 36kg，而指定商品运价最低质量要求为 300kg，因此采用普通货物运价计算，求得较低运费。

（1）按 N 运价类别计算运费。

毛重：　　　　　　36kg
计费质量：　　　　36kg
适用运价：　　　　GCR/N 37.51CNY/kg
航空运费：　　　　36×37.51=1350.36CNY

（2）按 Q45 运价类别计算运费。

毛重：　　　　　　36kg
计费质量：　　　　45kg
适用运价：　　　　GCR/Q45 28.13CNY/kg
航空运费：　　　　45×28.13=1265.85CNY

（1）与（2）相比，取运费较低者，即航空运费为 1265.85 元。

4.5.5　等级货物运费计算

1. 等级货物运价

等级货物运价是指在规定的业务区内或业务区之间运输特别指定的等级货物的运价。等级货物运价是在普通货物运价基础上附加或附减一定百分比的形式构成，附加或附减规则公布在航空货物运输规则中,需结合航空货物运输运价手册一同使用。通常附加或不附加也不附减的等级货物用代号"S"表示(S—surcharged class rate)。附减的等级货物用代号"R"表示(R—reduced class rate)。以下所述的各种等级货物运价均为运输始发地至目的地有公布的直达运价:"Normal GCR",使用45kg以下的普通货物运价,如无45kg以下的普通货物运价,可使用100kg以下的普通货物运价,不考虑较高质量等级分界点的较低运价;"Normal GCR or Over 45kg",使用45kg以下的普通货物运价,或者45kg以上的普通货物运价,不考虑较高质量等级分界点的较低运价;"Appl.GCR",使用相应的普通货物运价;"as a percentage of Appl.GCR",使用相应的普通货物运价附加某个百分比。

2. 活动物运输的最低收费标准

(1) IATA (International Air Transport Association,国际航空运输协会)三区内:相应最低运费的200%。

(2) IATA 二区与三区之间:相应最低运费的200%。

(3) IATA 一区与三区之间(除到/从美国、加拿大外):相应最低运费的200%。

(4) 从 IATA 三区到美国:相应最低运费的110%。

(5) 从美国到 IATA 三区:相应最低运费的150%。

(6) IATA 三区与加拿大之间:相应最低运费的150%。

需要注意的是,对于运输冷血动物,有些区域间有特殊规定,应按规定严格执行。

【例 4-19】从北京运往温哥华一只大熊猫,重 470kg,体积尺寸为 150cm×130cm×120cm。试计算其航空运费。公布直达运价如下。

BEIJING		CN		BJS
Y.RENMINBI		CNY		KGS
VANCOUVER	BC	CA	M	420.00
			N	59.61
			45	45.68
			100	41.81
			300	38.79
			500	35.77

查找活动物运价表,从北京运往温哥华,属于自三区运往一区的加拿大,运价的构成形式是"150% of Appl.GCR"。

(1) 按查找的运价构成形式来计算。

体积: 150cm×130cm×120cm=2340000cm^3

体积质量: 2340000cm^3÷6000cm^3/kg=390kg

计费质量: 470kg

适用运价: S 150% of Appl. GCR
150%×38.79CNY/kg=58.185CNY/kg≈58.19CNY/kg

航空运费: 470×58.19=27349.3CNY

（2）由于计费质量已经接近下一个较高质量等级分界点 500kg，因此用较高质量等级分界点的较低运价计算。

计费质量：　　　　500kg
适用运价：　　　　S 150% of Appl. GCR
　　　　　　　　　150%×35.77CNY/kg=53.655CNY/kg≈53.66CNY/kg
航空运费：　　　　500×53.66=26830CNY

（1）与（2）相比，取运费较低者，即航空运费为 26830 元。

【例 4-20】从上海运往巴黎两箱幼禽，每箱重 25kg，体积尺寸为 70cm×50cm×50cm。试计算其航空运费。公布直达运价如下。

SHANGHAI	CN		SHA
Y.RENMINBI	CNY		KGS
PARIS	FR	M	320.00
		N	68.34
		45	51.29
		500	44.21

查找活动物运价表，从上海运往巴黎，属于三区运往二区，运价的构成形式是"Normal GCR or Over 45kg"。

按查找的运价构成形式来计算。

毛重：　　　　　　25×2=50kg
体积：　　　　　　70cm×50cm×50cm×2=350000cm^3
体积质量：　　　　350000cm^3÷6000cm^3/kg≈58.33kg≈58.5kg
计费质量：　　　　58.5kg
适用运价：　　　　S Normal GCR or Over 45kg
　　　　　　　　　100%×51.29CNY/kg=51.29CNY/kg
航空运费：　　　　58.5×51.29≈3000.47CNY

故航空运费为 3000.47 元。

4.5.6　贵重货物运费计算

1. 贵重货物运价

1000kg 或 1000kg 以上贵重货物（valuable cargo）的运价，按普通货物 45kg 以下运价的 150%收取（150%of the Normal GCR）。贵重货物的最低运费按公布最低运费的 200%收取，同时不低于 50 美元或其等值货币。

2. 运费计算

【例 4-21】从北京运往伦敦一箱金表，重 32kg，体积尺寸为 60cm×50cm×40cm。试计算其航空运费。公布直达运价如下。

BEIJING	CN		BJS
Y.RENMINBI	CNY		KGS
LONDON	GB	M	320.00
		N	63.19
		45	45.22
		300	41.22
		500	33.42

运费计算如下。

体积： $60cm \times 50cm \times 40cm = 120000cm^3$

体积质量： $120000cm^3 \div 6000cm^3/kg = 20kg$

计费质量： 32kg

适用运价： S 200% of the Normal GCR

$200\% \times 63.19CNY/kg = 126.38CNY/kg$

航空运费： $32 \times 126.38 = 4044.16CNY$

故航空运费为 4044.16 元。

4.5.7 书报、杂志类运费计算

1. 书报、杂志类货物运价

（1）IATA 一区，一区和二区之间：按普通货物运价的 67% 收取。

（2）其他区域：按普通货物运价的 50% 收取。

书报、杂志类货物的最低运费按公布的最低运费的 M 收取；可以使用普通货物的较高质量等级分界点的较低运价。

2. 运费计算

【例 4-22】从北京运往罗马 20 箱书，重 980kg，每箱的体积尺寸为 $70cm \times 50cm \times 40cm$。试计算其航空运费。公布直达运价如下。

BEIJING	CN		BJS
Y.RENMINBI	CNY		KGS
ROME	IT	M	320.00
		N	45.72
		45	37.98
		100	36.00
		500	31.26
		1000	28.71

运费计算如下。

体积： $70cm \times 50cm \times 40cm \times 20 = 2800000cm^3$

体积质量： $2800000cm^3 \div 6000cm^3/kg \approx 466.67kgs \approx 467kg$

计费质量： 980kg
适用运价： R 50% of the Normal GCR
50%×45.72CNY/kg=22.86CNY/kg
航空运费： 980×22.86=22402.8CNY

故航空运费为 22402.8 元。

4.5.8 行李运费计算

行李运价：IATA 所有区按普通货物运价的 50%收取。

行李的最低运费按公布的最低运费的 M 收取；可以使用普通货物较高质量等级分界点的较低运价。

【例 4-23】从北京运往东京一件行李，重 25kg，体积尺寸为 70cm×47cm×35cm。试计算其航空运费。公布直达运价如下。

BEIJING	CN		BJS
Y.RENMINBI	CNY		KGS
TOKYO	JP	M	230.00
		N	37.51
		45	28.13

运费计算如下。

体积： 70cm×47cm×35cm=115150cm^3
体积质量： 115150cm^3÷6000cm^3/kg≈19.19kgs≈19.5kg
计费质量： 25kg
适用运价： R 50% of the Normal GCR
50%×37.51CNY/kg=18.755CNY/kg≈18.76CNY/kg
航空运费： 25×18.76=469CNY

故航空运费为 469 元。

本章小结

在英国、美国等西方国家，运输价格是运输业内部和运输企业间竞争的手段。在公路运输尚未充分发展的时期，铁路运价在一定条件下是以垄断价格出现的。铁路企业为了谋求最大利润，提出按货物负担能力定价，即依据所运货物价格的高低或所运货物发送与到达地区的物价差价来确定运价。随着公路运输的发展，铁路为了同公路竞争，在短距离运输上降低运价，并按货物种类和运输距离等不同运输条件制定差别运价。随着通货膨胀及运输市场竞争的加剧，一些西方国家的运价制定由原来受国家控制逐渐改为随物价、市场条件变化的浮动运价。

关键术语

运价　　计费质量　　计费里程　　运费　　附加费　　班轮运费

综合练习

一、单项选择题

1. 以部门正常营运时的平均单位成本为基础,再加上一定比例的利润和税金而形成的运价,就是(　　)。
   A. 利润定价　　B. 税金定价　　C. 平均成本定价　　D. 盈利定价

2. 用班轮运输货物,在规定运费计收标准时,如果采用"A.V."的规定办法,则表示(　　)。
   A. 按货物的毛重计收　　　　B. 按货物的体积计收
   C. 按货物的件数计收　　　　D. 按货物的价格计收

3. 航线参数、航速和单位成本有着密切关系(　　)。
   A. 在保持单位成本不变,航线参数增大时,配备高速船有利
   B. 在保持单位成本不变,航线参数减小时,配备高速船有利
   C. 在单位成本增加,航线参数增大时,配备高速船有利
   D. 在单位成本降低,航线参数增大时,配备高速船有利

4. 飞机利用率是指一定时间内每架飞机所提供的生产飞行小时,通常以报告期内(　　)的平均日飞行小时表示。
   A. 在册飞机　　B. 所有飞机　　C. 完好飞机　　D. 可用飞机

5. (　　)是指某型飞机每一飞行小时所完成的周转量。
   A. 运输量　　B. 最大业载　　C. 航线运输能力　　D. 飞机生产率

6. 国际航空货物体积质量的折算标准为每(　　) cm^3 折合 1kg。
   A. 3000　　B. 4000　　C. 5000　　D. 6000

7. 航空货运中,"N"表示标准普通货物运价,是指(　　)kg 以下的普通货物运价。
   A. 45　　B. 50　　C. 55　　D. 60

8. 在中国,CC Fee 最低收费标准为(　　)。
   A. CNY100　　B. CNY150　　C. CNY200　　D. CNY250

9. 《世界油船(基本)费率表》中规定的参考油船停港时间是(　　)小时。
   A. 48　　B. 72　　C. 96　　D. 120

10. 《中华人民共和国国际海运条例》规定,经营国际班轮运输业务的国际船舶运输经营者的运价和无船承运业务经营者的运价,应当按照规定格式向国务院交通主管部门备案。(　　)运价自国务院交通主管部门受理备案之时起满 24 小时生效。
    A. 货方　　B. 船方　　C. 公布　　D. 协议

二、多项选择题

1. 海运国际公约有（　　　）。
   A. 海牙议定书　　　　　　　　B. 维斯比规则
   C. 海牙规则　　　　　　　　　D. 汉堡规则
   E. 华沙公约

2. 航空货物的计费质量可以是（　　　）。
   A. 货物的实际净重　　　　　　B. 货物的实际毛重
   C. 货物的体积质量　　　　　　D. 较高质量等级分界点的质量

3. 目前国际航空货物运价按制定的途径划分，主要分为（　　　）。
   A. 法定运价　　　　　　　　　B. 协议运价
   C. 国际航协运价　　　　　　　D. 各国航空运价

4. 按照 IATA 货物运价公布的形式划分，国际航空货物运价可分为（　　　）。
   A. 公布直达运价　　　　　　　B. 协议运价
   C. 国际航协运价　　　　　　　D. 非公布直达运价

5. 国际货运中，如果某种活动物采用"Normal GCR"计费时，其计费结果应为（　　　）。
   A. 普通货物的最低运费
   B. 活动物的最低运费
   C. 45kg 以下普通货物运价（N）计费结果
   D. 45kg 以上普通货物运价（Q）计费结果
   E. N 与 Q 计费结果相比取高者

三、名词解释

1. 运价结构
2. 铁路电气化附加费
3. 新路新价均摊运费
4. 班轮运费
5. 转船附加费
6. 直航附加费

四、简答题

1. 简述运价及其特点。
2. 运价结构有哪些类型？
3. 运价的影响因素有哪些？
4. 公路货物运价的基本运价有哪几种类型？
5. 《铁路货物运价规则》的基本内容有哪些？

五、计算题

从北京运往阿姆斯特丹一箱玩具，毛重 27.9kg，体积尺寸为 80cm×51cm×32cm。计算该票货物的航空运费并填制航空货运单的"运费计算"栏。公布直达运价如下。

BEIJING	CN		BJS
Y. RENMINBI	CNY		KGS
AMSTERDAM	NL	M	320.00
		N	50.22
		45	41.53
		300	37.52

六、案例分析

1. 我国货主 A 公司委托 B 货运代理公司办理一批服装货物海运出口，从我国青岛港运至日本神户港。B 公司接受委托后，出具自己的 House B/L 给 A 公司。A 公司凭此到银行结汇，提单转让给日本 D 贸易公司。B 公司又以自己的名义向 C 海运公司订舱。货物装船后，C 公司签发海运提单给 B 公司，B/L 上注明运费预付，收发货人均为 B 公司。实际上 C 公司并没有收到运费。货物在运输途中由于船员积载不当，造成服装污损。C 公司向 B 公司索取运费，遭拒绝，理由是运费应当由 A 公司支付，B 公司仅是 A 公司的代理人，且 A 公司并没有支付运费给 B 公司。A 公司向 B 公司索赔货物损失，遭拒绝，理由是其没有诉权。D 公司向 B 公司索赔货物损失，同样遭到拒绝，理由是货物的损失是由 C 公司过失造成的，理应由 C 公司承担责任。

请根据以上资料，回答下列问题。

（1）本案中 B 公司相对于 A 公司而言是何种身份？
（2）B 公司是否应负支付 C 公司运费的义务，理由何在？
（3）A 公司是否有权向 B 公司索赔货物损失，理由何在？
（4）D 公司是否有权向 B 公司索赔货物损失，理由何在？
（5）D 公司是否有权向 C 公司索赔货物损失，理由何在？

2. 某制造商分别从两个供应商（A 和 B）处购买了 3000 个配件，每个配件单价 100 元。目前这些配件是由两个供应商平均提供的，如供应商缩短运达时间，则将得到更多的交易份额，每缩短一天，可从总交易量中多得 5%的份额，即 150 个配件。供应商在每个配件上可赚得占配件价格 20%的利润。各种运输方式的运费率和运达时间如表 4-10 所示。

表 4-10 各种运输方式的运费率和运达时间

运输方式	运输费率/（元/件）	运达时间/天
铁路运输	2.5	7
公路运输	6.0	4
航空运输	10.35	2

根据以上资料填写表 4-11，并选择使供应商 A 获得最高利润的运输方式。

表 4-11　各种运输方式的成本及利润

运输方式	配件销售量/元	毛利/元	运输成本核算/元	净利润/元
铁路运输				
公路运输				
航空运输				

第 5 章
货运车辆运行组织

【本章知识架构】

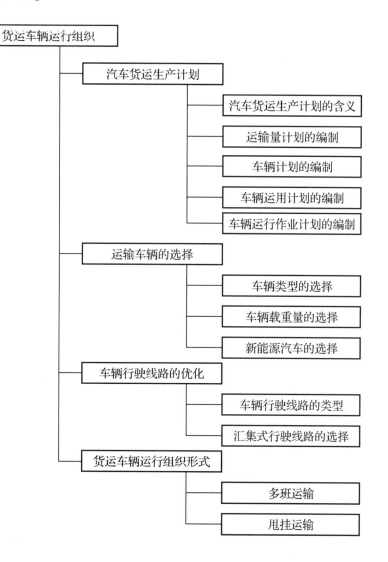

【教学目标】

通过本章学习，了解汽车货运生产计划的含义；掌握运输量计划的编制、车辆运用计划的编制；明确车辆类型的选择；了解车辆载重量的选择；了解新能源汽车的选择；明确车辆行驶线路的类型；掌握汇集式行驶线路的选择；了解货运车辆运行组织形式。

【导入案例】

某汽车运输公司承运一批纸张，双方签订的合同中写明运输期限 3 天，运费 6000 元。货物运输途中遇雨受阻，司机得到运输公司及托运人的同意，改道行驶。货物到达时已延误一天，增加运费 1500 元。交货时有三包货物受雨湿损，价值 2000 元；且有一包货中夹有名贵字画 10 幅，均已受损，价值 5 万元。而因货物延误造成托运人间接损失 20 万元。在此情况下，承托双方分别提出了增加运费及索赔的要求。

请根据以上资料，思考下列问题。

（1）按有关规定，由于自然因素改道运输增加的运费 1500 元，应由哪一方承担？

（2）因淋雨湿损的三包货物，价值 2000 元，其损失应由哪一方承担？

（3）由于运输期限的延误造成托运人间接经济损失 20 万元，承运人是否承担赔偿 20 万元损失的责任？

（4）货物中夹装的名贵字画损失 5 万元，其责任应由哪一方承担？

（5）通过此货运事故，运输公司应在今后的管理中做好哪些工作？

货运车辆的运行组织是公路运输企业经营工作的主要内容之一，它直接关系到企业的经营效益、影响道路交通的状态。

5.1 汽车货运生产计划

5.1.1 汽车货运生产计划的含义

1. 汽车货运生产计划的作用

汽车货运生产计划是从货物运输的需要出发，在充分利用运输企业现有运输能力的基础上编制的，是编制和实现其他计划的依据和基础，其目的是把运输生产的五个环节（货源的组织落实、准备技术状况完好的车辆、在运输起点装货、车辆承载在线路上行驶、在到达地点卸货）做出合理的安排，使各个环节紧紧相扣、协调一致。

汽车货运生产计划是组织运输生产的重要依据，在货物运输经营管理工作中具有十分重要的作用。首先，合理制订货运生产计划，能充分满足市场对运输服务的需求，保证工农业生产的迅速发展；其次，可不断提高汽车运输企业的经济效益、降低运输费用；再次，能促进各种运输方式的综合利用和合理分工；最后，合理制订货运生产计划也是确定企业经营目标的依据。

2. 汽车货运生产计划的分类

汽车货运生产计划根据货运计划下达的规律和车队的类型，可以分为两种。

（1）稳定型的货运计划。

稳定型的货运计划是指在某一个时期内，车队的运输任务相对稳定、明确。其多见于国家重点建设项目（如高速公路、水电站）和大型企业集团（如采矿企业、石油集团），而且这类车队一般都是以短途运输为主。

（2）临时型的货运计划。

临时型的货运计划的特点是，运输任务留给车队的时间很短，一般在两天以内，有时几个小时。车队往往一接到业务部门或客户的货运订单，就要安排车辆前往装货。在这种情况下，车辆很难提前做好车辆计划、车辆运用计划和车辆运行作业计划。车队只能够"以客户为中心"，尽最大可能满足客户的需求。因此，这要求车队调度人员必须具备很强的工作能力。

3. 汽车货运生产计划的内容

汽车货运生产计划是企业经营计划的重要组成部分，是实施运输生产的纲领。汽车货运生产计划由运输量计划、车辆计划、车辆运用计划和车辆运行作业计划组成。其中，运输量计划和车辆计划是货运生产计划的基础部分，车辆运用计划是车辆计划的补充。运输量计划表明社会对货运服务的需求，车辆计划和车辆运用计划则表明运输企业能够提供的运输生产能力。

各货运计划之间的关系如下。

运输量计划 ⟹ 车辆计划 ⟹ 车辆运用计划 ⟹ 车辆运行作业计划

编制货运生产计划的目的是在需要与可能之间建立一种动态的平衡，即根据货物运输市场的运输需求变化及企业的运输能力，来制订企业年度、季度或月度的运输量计划；根据企业运输工作量计划的具体要求，计算出计划期应配备的运输车辆（包括挂车）的数量、车型及其装载能力等，确定车辆计划；借助车辆运用指标计算车辆运用水平和车辆生产率，确定车辆运用计划。

（1）运输量计划。

运输量计划以货运量和货物周转量为基本内容，主要包括货运量与货物周转量的上年度实际值，本年度及各季度的计划值，以及本年度计划值与上年度实际值的比率等内容，如表5-1所示。

（2）车辆计划。

车辆计划是企业计划期内的运输能力计划，主要反映企业在计划期内营运车辆的类型，以及各类车辆数量的增减变化情况及其平均运力。它是衡量企业运输生产能力的重要指标。车辆计划的主要内容包括车辆类型，年初、年末及全年平均车辆数，各季度车辆增减数量，额定吨位等，如表5-2所示。

表 5-1　运输量计划

指标		单位	上年度实际值	本年度计划值					本年度计划值与上年度实际值的比率
				全年	一季度	二季度	三季度	四季度	
货运量									
货物分类货运量	矿砂	t							
	水泥								
	建材								
	木材								
	其他								
周转量									
货物分类周转量	矿砂	t·km							
	水泥								
	建材								
	木材								
	其他								

表 5-2　车辆计划

车辆类型	额定吨位	年初		增（+）或减（−）			年末		全年平均	
		车辆数	吨位	季度	车辆数	吨位	车辆数	吨位	车辆数	总吨位
1. 货车										
大型货车										
中型货车										
零担货车										
集装箱车										
2. 拖车										
3. 挂车										
全挂车										
半挂车										

（3）车辆运用计划。

运输量计划中的运输任务能否如期完成，不但与车辆计划中的车辆类型和数量有关，还与车辆运用效率有直接关系。同等数量、同样类型的车辆，如果运用效率有高有低，则完成的运输工作量不会相等。因此，车辆计划必须与车辆运用计划紧密结合。

车辆运用计划是运输企业在计划期内全部营运车辆生产能力利用程度的计划，是计划期内车辆的各项运用效率指标应达到的具体水平。车辆运用计划是根据运输量计划、车辆计划来制订的，是平衡运力与运量的主要依据之一，同时也是企业生产经营计划、技术计划、财务计划和核算的重要组成部分。

车辆运用计划由一套完整的车辆运用效率指标体系组成。通过这些指标的计算，可以求出车辆的计划运输生产效率。车辆运用计划如表 5-3 所示。

表 5-3 车辆运用计划

	指标	上年度实际值	本年度计划值					本年度计划值与上年度实际值的比率
			全年	一季度	二季度	三季度	四季度	
主车	营运车日/车日							
	平均营运车辆数/辆							
	平均总吨位/吨位							
	平均吨位/吨位							
	车辆完好率/(%)							
	车辆工作率/(%)							
	工作车日/车日							
	平均车日行程/km							
	总行程/km							
	里程利用率/(%)							
	重车行程/km							
	重车行程周转量/(t·km)							
	吨位利用率/(%)							
	货物周转量/(t·km)							
挂车	拖运率/(%)							
	货物周转量/(t·km)							
主挂车综合	货物周转量/(t·km)							
	平均运距/km							
	货运量/t							
	车吨位期产量/(t·km)							
	单车期产量/(t·km)							
	车千米产量/(t·km)							

（4）车辆运行作业计划。

车辆运行作业计划是为了完成企业运输生产计划和实现具体运输过程而编制的运输生产作业性质的计划。它具体规定了每辆汽车在一定时间内的运输任务、作业时间和应完成的各项指标。车辆运行作业计划如表 5-4 所示。

表 5-4　车辆运行作业计划

年　月　日至　日								队别		车号	
								吨位		驾驶员	
日期	作业计划内容							货运量/t	周转量/(t·km)	执行情况检查	
	6:30　　　　　　　　　　　　　9:30 饲料厂→养猪场→火车北站→饲料厂 饲料 50 吨　生猪 100 头										
指标	计划	工作率/(%)	车日行程/km	里程利用率/(%)	实载率/(%)	拖运率/(%)	货运量/t	周转量/(t·km)		说　明	
	实际										

车辆运行作业计划按计划期的长短，可分为以下几种。

① 长期运行作业计划。该计划适用于经常性的大批量货物运输任务，如煤炭运输，也适用于零担货运班车。通常其行驶线路、起讫地点、停靠站点、运输量及货物种类等都比较固定。计划期有一旬、半月、一月及数月（季度）。

② 短期运行作业计划。该计划适用于装卸点较多、流向复杂、货物种类较多及当天不能折返的运输任务。计划期一般为三日、五日等。其计划工作量大，要求有较高的车辆调度水平。

③ 日运行作业计划。该计划适用于货源多变、货源情况难以早期确定和临时性任务较多的运输任务，并且仅安排次日的运行作业计划。例如，城市地区货运计划可采用这种计划形式。日运行作业计划编制频繁，工作量较大。

④ 运次运行作业计划。该计划适用于临时性或季节性、起讫地点固定的往复式的运输线路。短途大批量运输任务，如粮食入库、工地运输、港站短途集散运输等常采用这种计划形式。

5.1.2　运输量计划的编制

运输量计划通常可根据下列资料来制订：国家有关产业结构及运输业结构等方面的方针政策；运输合同等资料；各种运输方式的发展情况及可能发生的运输量转移情况；公路网的发展情况；企业长期计划中的有关指标和要求；运输市场调查及预测的结果；企业的运输生产能力。运输量的确定通常有以下两种方法。

1. 当运力小于社会需求时，应以车定产

公路货物运输产业活动中经常存在着运力与运量的矛盾。当运力不能满足社会需求时，只能通过对运输市场的调查（即掌握公路货物运输的流量、流向、运距），确定实载率和车日行程后，按照"确保重点，照顾一般"的原则，采取以车定产的方法确定公路货物运输量的计划值。汽车运输企业计划期能够完成的货物周转量为

$$P = \frac{AD\alpha_d \overline{L}_d \beta \overline{q}_0 \gamma}{1-\theta} \tag{5-1}$$

式中：P——计划货物周转量（t·km）；
A——平均营运车辆数（辆）；
D——计划期天数（d）；
α_d——车辆工作率（%）；
$\overline{L}_d$——平均车日行程（km）；
β——里程利用率（%）；
$\overline{q}_0$——营运车辆平均额定载重量（t），也称平均吨位；
γ——吨位利用率（%）；
θ——拖运率（%）。

计划期能够完成的货运量为

$$Q = \frac{P}{\overline{L}_1} \tag{5-2}$$

式中：Q——计划货运量（t）；
$\overline{L}_1$——计划期货物平均运距（km）。

2. 当运力大于社会需求时，应以需定产

即根据运输需求量，决定汽车货运服务供给投入运力的多少。一般情况下，此种汽车货运服务供给应在保持合理车辆运用效率指标水平的基础上，预测投入的车辆数，并将剩余运力另作安排。其测算方法为

$$A' = \frac{P}{D\alpha_d \overline{L}_d \beta \overline{q}_0 \gamma}(1-\theta) \tag{5-3}$$

式中：A'——运输量计划需投入（占用）的车辆数（辆）。其他参数同式（5-1）。

此时的剩余运力为

$$\Delta A = A - A' \tag{5-4}$$

式中：ΔA——剩余运力（辆）。

需要注意的是，运距的长短、装卸停歇时间的长短等都影响车日行程，并连锁影响周转量。因此，实载率和平均车日行程必须根据不同情况分别测算后综合确定。运输量的计划值，还必须通过与车辆运用计划平衡后确定。

5.1.3 车辆计划的编制

1. 确定车辆数

表 5-2 中的车辆数是指平均车辆数，按统计期总车日数与统计期日历天数的比值计算。

平均总吨位是指汽车运输企业在计划期内平均每天实际在用的营运车辆的总吨位数。其计算公式为

$$平均总吨位 = \frac{计划期总车吨位日}{计划期日历天数} \tag{5-5}$$

或

$$平均总吨位 = \frac{\sum(计划期营运车日 \times 额定吨位)}{计划期日历天数} \tag{5-6}$$

平均车辆数和平均总吨位反映的是汽车运输企业在计划期内可以投入营运的运力规模的大小，不能等同于企业拥有的车辆数和吨位，其区别在于是否投入营运。平均车辆数和平均总吨位是车辆计划中的主要数据。

平均吨位与平均总吨位不同，它是指营运车辆的平均每辆车的吨位。其计算公式为

$$平均吨位 = \frac{总车吨位日}{总车日} \tag{5-7}$$

总车吨位日是营运车日与额定吨位的乘积，表明车辆总的载重能力。其计算公式为

$$总车吨位日 = 营运车日 \times 额定吨位 \tag{5-8}$$

编制车辆计划时，年初车辆数及载重量根据前一统计期末的实有数据列入。对于这些车辆，首先应对其技术状况进行鉴定，对于性能降低、燃油耗费高、维修频繁的车辆，应考虑是否淘汰；然后根据编制的运输量计划和预测的运输需求，研究原有车辆在类型上的适用程度，如哪些类型的车辆多余，哪些类型的车辆不足；最后确定车辆增减数量。

增加车辆包括由其他单位调入和新增加的车辆。对于欲增加的车辆，还应考虑车型是否合适、是否具备相应的技术人员及配套设施等情况。减少车辆包括报废车辆、调给其他单位的车辆、经批准封存的车辆和由营运改为非营运的车辆。对于欲减少的车辆，应确定一个合理可行的处置方法。

车辆的额定吨位应以记载于行车执照上的数据（核定吨位）为准，不得随意更改。若车辆进行过改装，则应以改装后的数据为准。年末车辆数及吨位，按计划期车辆增减变化后的实际数据统计。

2. 确定车辆增减时间

增减车辆的时间通常采用"季中值"法确定，即不论车辆是季初还是季末投入或退出营运，车日增减计算均以每季中间的那天算起。这是因为在编制计划时很难确定车辆增减的具体的月份和日期。为简化计算工作，可采用表 5-5 所列近似值作为计算各季度车辆增加后或减少前在企业内部的保有日数。

表 5-5 增减车辆季中计算日数

	第一季度	第二季度	第三季度	第四季度
增加后计算日数	320	230	140	45
减少前计算日数	45	140	230	320

【例 5-1】 某汽车运输企业计划第三季度增加营运车辆 10 辆，则增加的营运车日为多少？

增加的营运车日 = 10×140 = 1400（车日）

【例 5-2】 某汽车运输企业年初有额定载重量为 5t 的货车 30 辆，4t 的货车 50 辆。第二季度增加 5t 的货车 40 辆，第四季度减少 4t 的货车 30 辆。试计算该企业年初车辆数、年末车辆数、总车日、平均车辆数、全年总车吨位日、全年平均总吨位、全年平均吨位。

年初车辆数=30+50=80（辆）

年末车辆数=30+50+40-30=90（辆）

总车日=30×365+（50-30）×365+40×230+30×320=37050（车日）

$$平均车辆数 = \frac{37050}{365} \approx 101.51（辆）$$

全年总车吨位日=30×365×5 + 20×365×4+40×230×5+30×320×4

=168350（车吨位日）

$$全年平均总吨位 = \frac{168350}{365} \approx 461.23（t）$$

$$全年平均吨位 = \frac{168350}{37050} \approx 4.54（t）$$

5.1.4 车辆运用计划的编制

车辆运用计划编制的关键问题是计算各项车辆运用效率指标的值。评价和计算车辆运用效率是通过有关指标来反映，车辆利用指标体系及其相互关系如图 5.1 所示。各指标的确定应以科学、合理、可行、先进而又留有余地为原则，应能使车辆在时间、速度、行程、载重量和动力等方面得到充分合理的利用。科学合理的指标为组织汽车货运生产提供了可靠的保证；反之，不切实际的指标必然直接影响运输计划能否顺利贯彻执行。编制车辆运用计划的方法有两种，即顺编法和逆编法。

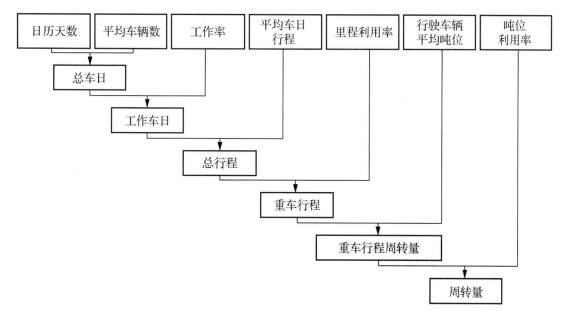

图 5.1 车辆利用指标体系及其相互关系

1. 顺编法

顺编法是以"可能"为出发点,即先计算各项车辆运用效率指标的计划值,在此水平上预计可完成的运输工作量。其具体计算过程是：首先根据计算汽车运输生产率的顺序,逐项计算各项效率指标的计划值,如工作车日、总行程、重车行程周转量等；然后计算保持相同水平时,可能完成的运输工作量；最后与运输量计划相比较。如果计算的结果与运输量计划相差不大,表明可以完成任务,就可根据报告期的统计资料和计划期的货源落实情况,编制车辆运用计划；如果计算的结果与运输量计划有较大差异,特别是低于运输量计划时,则应调整各项车辆运用效率指标,直到二者基本相等,才能据以编制车辆运用计划。

【例 5-3】某汽车运输企业第一季度平均营运车辆数为 100 辆,其额定载重量为 5t。经分析测算,全年平均车辆完好率可达 93%,车辆工作率为 90%,技术速度为 50km/h,工作车时利用率为 80%,平均每日出车时间为 10h,里程利用率为 70%,吨位利用率为 100%；运输量计划中列示的平均运距为 80km,货物周转量为 10200000t·km。根据这些资料,计算各项车辆运用效率指标的计划值,并据此编制车辆运用计划。

编制车辆运用计划底稿如表 5-6 所示。

表 5-6 车辆运用计划底稿

序号	指标	计算过程	计划值
1	营运车日/车日	100×90	9000
2	平均营运车辆数/辆		100
3	平均总吨位/t	9000×5÷90	500
4	平均吨位/t		5
5	车辆完好率/(%)		93
6	车辆工作率/(%)		90
7	工作车日/车日	9000×90%	8100
8	工作车时利用率/(%)		80
9	平均车日行程/km	50×80%×10	400
10	总行程/km	400×8100	3240000
11	里程利用率/(%)		70
12	重车行程/km	3240000×70%	2268000
13	重车行程周转量/(t·km)	2268000×5	11340000
14	吨位利用率/(%)		100
15	可完成货物周转量/(t·km)	11340000×100%	11340000

续表

序号	指标	计算过程	计划值
16	平均运距/km		80
17	可完成货运量/t	11340000÷80	141750
18	车吨位季产量/(t·km)	11340000÷500	22680
19	单车季产量/(t·km)	11340000÷100	113400
20	车千米产量/(t·km)	11340000÷3240000	3.5

根据各项车辆运用效率指标计划值的计算，该汽车运输企业可完成的货物周转量为 11340000t·km，与运输量计划中的货物周转量 10200000t·km 相比较，略有超额，符合要求，可据此编制车辆运用计划。

2．逆编法

逆编法是以"需要"为出发点，通过既定的运输工作量来推定各项车辆运用效率指标必须要达到的水平。各指标值必须经过反复测算，保证其有完成运输任务的可能；同时也要注意不应完全受运输量计划的约束，若把各项车辆运用效率指标的计划值压得过低，则会抑制运输生产能力的合理发挥。

【例 5-4】某汽车运输企业第一季度运输量计划中的货物周转量为 7290000t·km，货运量为 91125t，车辆计划中的营运车辆数为 100 辆，额定载重量为 5t，车辆完好率为 95%，车辆工作率为 85%～95%，平均车日行程为 178～200km，里程利用率为 65%～75%，吨位利用率为 90%～100%，拖运率为 30%。试用逆编法编制车辆运用计划。

主车货物周转量 = 7290000×(1−0.3) = 5103000（t·km）

总车吨位日 = 100×90×5 = 45000（车吨位日）

$$车吨位日产量 = \frac{计划期主车货物周转量}{同期总车吨位日} = \frac{5103000}{45000} = 113.4（t·km）$$

即第一季度每个车吨位日必须完成 113.4t·km 的货物周转量才能完成运输量计划。

下面确定车辆工作率、平均车日行程、里程利用率和吨位利用率的值。

车吨位日产量的计算公式为

$$车吨位日产量 = \alpha_d \overline{L}_d \beta \gamma \tag{5-9}$$

现在需要确定主车工作率、平均车日行程、里程利用率和吨位利用率这四项指标分别达到什么水平才能使车吨位日产量达到 113.4t·km。

假设拟订的四个组合方案如表 5-7 所示。

表 5-7　四个组合方案

组合方案	α_d	$\overline{L}_d$/km	β	γ	车吨位日产量/(t·km)
I	90%	185	70%	97.4%	113.5
II	87%	190	75%	98%	121.5
III	85%	190	70%	107%	113.7
IV	88%	185	68%	102.4%	113.4

这四个方案是综合考虑前期统计资料、本期预测资料及其他相关因素后制订的。经详细分析比较，第一个方案的可行性、可靠性最好。按此方案中四项指标的值测算出可完成的货物周转量为

$$可完成货物周转量 = 90 \times 100 \times 5 \times 0.9 \times 185 \times 0.7 \times 0.974 \times \frac{1}{1-0.3}$$
$$= 7297695（t \cdot km）$$

测算出的可完成货物周转量 7297695t·km 大于运输量计划中的货物周转量 7290000t·km，可以确保完成第一季度的运输任务。据此编制的该季度的车辆运用计划底稿如表 5-8 所示。

表 5-8 车辆运用计划底稿

	指标	计算过程	计划值
主车	营动车日/车日	100×90	9000
	平均营运车辆数/辆		100
	平均总吨位/t	100×5	500
	平均吨位/t		5
	车辆完好率/(%)		95
	车辆工作率/(%)		90
	工作车日/车日	9000×0.9	8100
	平均车日行程/km		185
	总行程/km	8100×185	1498500
	里程利用率/(%)		70
	重车行程/km	1498500×0.7	1048950
	重车行程周转量/(t·km)	1048950×5	5244750
	吨位利用率/(%)		97.4
	货物周转量/(t·km)	5244750×0.974	5108387
挂车	拖运率/(%)		30
	货物周转量/(t·km)	5108387÷(1-0.3)×0.3	2189309
主挂车综合	货物周转量/(t·km)	5108387+2189309	7297696
	平均运距/km	7290000÷91125	80
	货运量/t	7297696÷80	91221.2
	车吨位季产量/(t·km)	7297696÷100÷5	14595.4
	单车季产量/(t·km)	7297696÷100	72977
	车千米产量/(t·km)	7297696÷1498500	4.87

5.1.5 车辆运行作业计划的编制

1. 编制车辆运行作业计划的依据

在市场经济条件下，编制车辆运行作业计划必须以运输市场调查和预测资料为基础，并结合企业内部生产能力及车辆技术状况。其主要依据如下。

（1）月度运输任务、已经接受的托运任务和运输合同。

（2）运输市场及货物流量、流向、流时等的调查预测资料和长期运输合同。

（3）计划期的出车能力和装卸货地点的装卸能力。

（4）车辆运行作业计划的各项技术参数，如站距、车辆的平均技术速度、技术作业时间（是指按技术管理规定的要求，在运输途中停车进行技术检查的时间，加油、加水的时间）和商务作业时间（货物装卸作业等所需的时间）。

（5）车辆运用计划中车辆运用效率指标的要求。

（6）运输服务区域计划期内的道路交通情况和天气情况。

2. 车辆运行作业计划的编制程序

编制车辆运行作业计划是一项复杂细致的工作。在货源比较充足时，要编制好车辆运行作业计划，以保持良好的运输生产秩序，不失时机地完成尽可能多的运输任务；在货源比较紧张时，也要通过合理编制车辆运行作业计划，尽可能提高车辆运用效率。车辆运行作业计划的编制程序如下。

（1）根据运输任务资料确定货源汇总和分日运送计划，如表5-9所示。

表5-9 货源汇总和分日运送计划

年　　月　　日至　　日

线路	托运单号	发货单位	起运点	收货单位	品名	包装	运距/km	托运质量/t	分 日 运 送 计 划										剩余物资	
									日		日		日		日		日		运量/t	处理意见
									运量/t	车号	运量/t	车号	运量/t	车号	运量/t	车号	运量/t	车号		
合　计																				

（2）认真核实全部营运车辆的出车能力及出车顺序，逐车妥善安排车辆保修计划，如表5-10所示。

表5-10 车辆保修计划

年　　月　　日至　　日

班组	车号	载重量/t	保修日期		上次保修至　　日已行驶里程/km	完好车日/车日	备注
			保修类别	起止日期			

（3）根据有关信息，分析前期车辆运行作业计划存在的问题。

（4）逐车编制车辆运行作业计划，根据有关资料，合理选择车辆行驶线路，妥善安排运行周期，根据货物类型和性质选配适宜车辆，如表 5-11 所示。

表 5-11 货车五日运行作业计划

年　　月　　日至　　日

日期	作业计划内容	货运量/t	周转量/(t·km)	执行情况检查
1				
2				
3				
4				
5				

指标	计划	工作率/(%)	车日行程/km	里程利用率/(%)	实载率/(%)	拖运率/(%)	货运量/t	周转量/(t·km)	说明
	实际								

（5）核准车辆运行作业计划，交付调度组织执行。

5.2 运输车辆的选择

车辆是汽车运输企业进行运输生产的物质基础。合理选择运输车辆，不仅可以保证货物的完好无损，而且可以提高车辆的吨位利用率和装卸效率，提高运送速度并可减少运输费用，进而给车辆管理和整顿运输市场创造有利条件。通常，车辆选择应保证运输费用最少这一基本原则。其影响因素主要包括货物种类、货物特性与批量、装卸方法、运送速度、材料消耗、道路交通情况、天气情况等。

5.2.1 车辆类型的选择

合理的车型配置对于提高运输效率，避免运力过剩，提高运输质量和降低运输成本等方面均有重要作用。汽车运输企业应根据所承担运输任务的性质、运量、运距、道路、天气、燃料供应等情况来优化车辆类型的构成，如通用车辆与专用车辆的比例，汽油车与柴油车的比例，轻、中、重型车辆的比例等。其中，车辆类型的选择主要指对通用车辆和专用车辆的选择。

专用车辆主要用于运输特殊货物，或在有利于提高运输工作效率的情况下自动随车装卸机械而用于运输一般货物。在合适的条件下，使用专用车辆可以获得显著的经济效益。例如，使用气动式卸货机械的水泥专用车与使用通用车相比，前者可减少约 30%的水泥损失和运输费用。

需要注意的是，只有在一定条件下使用自动装卸机械才是合理的。这是因为车辆装上自动装卸机械后，一方面可以缩短装卸停歇时间，提高车辆的运输生产率，但另一方面也降低了车辆的有效载重量，这又会降低车辆的运输生产率。为了确定通用车辆与专用车辆的合理使用范围，可以比较二者的运输生产率或运输成本，计算等值运距。

等值运距是指专用车辆与通用车辆的运输生产率或运输成本相等时的运距。当运输任务和运输车辆相同时，生产率等值运距与运输成本等值运距相同，但生产率等值运距的计算要简便一些。

以自动装卸汽车的选择为例，当运输任务既定时，里程利用率、运输速度的值对于自动装卸汽车和通用汽车来说相同，则车辆的生产率等值运距的计算公式为

$$L_\mathrm{w} = (q_0 \frac{\Delta t}{\Delta q} - t_\mathrm{lu})\beta v_\mathrm{t} \quad\quad (5\text{-}10)$$

式中：L_w——生产率等值运距（km）；
q_0——通用车辆的额定载重量（t）；
Δt——利用专用车辆减少的装卸停歇时间（h）；
Δq——自动装卸机械的质量（t）；
t_lu——利用通用车辆的装卸停歇时间（h）；
β——里程利用率（%）；
v_t——运输速度（km/h）。

当运输任务的运距大于等值运距时，可选择通用车辆运输；当运输任务的运距小于等值运距时，则应选择专用车辆运输。

【例 5-5】若采用某种通用汽车完成一项运输任务，已知该车的额定载重量为 4t，装卸停歇时间为 30min，里程利用率为 50%，运输速度为 35km/h。若将该通用汽车改装为自动装卸汽车后，自动装卸机械的质量为 0.5t，装卸停歇时间可缩短到 10min。试确定该自动卸汽车的生产率等值运距。

根据式（5-10），可得

$$L_\mathrm{w} = \left(q_0 \frac{\Delta t}{\Delta q} - t_\mathrm{lu}\right)\beta v_\mathrm{t} = \left[4 \times \frac{(30-10)/60}{0.5} - \frac{30}{60}\right] \times 0.5 \times 35 = 37.9 \text{（km）}$$

在实际运输工作中，常有车辆的载重量不能充分利用的情况，虽然安装自动装卸机械使车辆额定载重量有所减少，但不会降低其有效载重量或降低不多。因此，实际的等值运距可以比理论值大一些。

5.2.2 车辆载重量的选择

确定车辆最佳载重量的首要因素是所运货物的批量。当进行大批量货物运输时，在道路法规允许的范围内采用最高载重量车辆是合理的。而当货物批量有限时，车辆的载重量必须与货物批量相适应，否则车辆载重量过大，势必会增加材料与动力消耗，增加运输成本。

1. 汽车列车的最佳载重量选择

众所周知，提高车辆的实际载重量是提高车辆生产率、降低运输成本的有效途径之一。而采用拖挂运输又是提高车辆实际载重量的最直接的办法。提高汽车列车的运输生产率的主要途径有两个：一是增加拖挂质量，二是提高行驶速度。当汽车列车的发动机功率及道路条件一定时，随着汽车列车载重量的增加，以吨千米计的运输生产率会随之增加；但当汽车列车的载重量增加到一定程度后，由于汽车列车的技术速度显著下降，反而会使汽车列车的运输生产率下降。所以存在一个保证汽车列车最高运输生产率的最佳的拖挂质量。经实验证明，汽车列车总质量的最佳值大约为牵引汽车总质量的一倍。

2. 汽车总数的最佳载重量构成选择

汽车总数的载重量构成，应尽可能符合各种货物批量的分布规律。

假设有 m 种车辆可供选择，它们的额定载重量序列为 $q_j(j=1,2,\cdots,m)$，载重量序列可按由小到大的顺序排列。货物批量分布较为常见的是指数分布与正态分布，其概率密度函数 $f(x)$ 分别为

指数分布
$$f(x)=\frac{1}{g}e^{-\frac{x}{g}} \tag{5-11}$$

式中：g——平均货物批量（t）；
x——某一货物批量（t）。

正态分布
$$f(x)=\frac{1}{\sigma\sqrt{2\pi}}e^{-\frac{(x-g)^2}{2\sigma^2}} \tag{5-12}$$

式中：σ——货物批量分布的标准差。

则适用于额定载重量为 q_j 的汽车运输的相应货物批量的概率为

$$P_j=\begin{cases}\int_0^{(q\gamma)_j}f(x)\mathrm{d}x & j=1 \\ \int_{(q\gamma)_{j-1}}^{(q\gamma)_j}f(x)\mathrm{d}x & 1<j<m\end{cases} \tag{5-13}$$

式中：P_j——货物批量的概率；
q——额定载重量（t）；
γ——吨位利用率（%）。

所以，当货物批量服从指数分布时，其概率为

$$P_j=\frac{1}{g}\int_{(q\gamma)_{j-1}}^{(q\gamma)_j}e^{-\frac{x}{g}}\mathrm{d}x=e^{-\frac{(q\gamma)_{j-1}}{g}}-e^{-\frac{(q\gamma)_j}{g}} \tag{5-14}$$

当货物批量服从正态分布时，其概率为

$$P_j=\phi\left[\frac{(q\gamma)_j-g}{\sigma}\right]-\phi\left[\frac{(q\gamma)_{j-1}-g}{\sigma}\right] \tag{5-15}$$

需要最大载重量的汽车运 i 次时的货物批量概率为

$$P_{m,i}=\begin{cases}\int_{(q\gamma)_{m-1}}^{(q\gamma)_m}f(x)\mathrm{d}x & i=1 \\ \int_{(i-1)(q\gamma)_m}^{i(q\gamma)_m}f(x)\mathrm{d}x & i>1\end{cases} \tag{5-16}$$

货物批量的均值为

$$\overline{g} = \sum_{j=1}^{m-1}(q\gamma)_j P_j + (q\gamma)_m \sum_{i=1}^{\infty} i P_{m,i} \qquad (5\text{-}17)$$

每运次货物运输量均值为

$$\overline{g}_c = \sum_{j=1}^{m-1}(q\gamma)_j P_j + (q\gamma)_m \sum_{i=1}^{\infty} P_{m,i} \qquad (5\text{-}18)$$

每运次汽车额定载重量均值为

$$\overline{q}_0 = \sum_{j=1}^{m-1} P_j q_j + q_m \sum_{i=1}^{\infty} P_{m,i} \qquad (5\text{-}19)$$

则汽车总数的吨位利用率均值为

$$\overline{\gamma} = \frac{\overline{g}_c}{\overline{q}_0} \qquad (5\text{-}20)$$

计划期内汽车应完成的总运次为

$$\sum n = \frac{\sum Q}{\overline{g}_c} = \frac{\sum Q}{\overline{q}_0 \overline{\gamma}} \qquad (5\text{-}21)$$

式中：$\sum Q$——计划期内总货运量（t）。

计划期内各种车辆应完成的运次为

$$n_j = P_j \sum n \qquad (j=1,2,\cdots,m) \qquad (5\text{-}22)$$

计划期内各种车辆应完成的货运量为

$$Q_j = n_j (q\gamma)_j \qquad (j=1,2,\cdots,m) \qquad (5\text{-}23)$$

各种车辆每车日产量为

$$Q_{dj} = \frac{q_j \gamma_j}{\dfrac{L_{lj}}{\beta_j v_{tj}} + t_{luj}} T_{dj} \qquad (j=1,2,\cdots,m) \qquad (5\text{-}24)$$

式中：q_j——车辆的额定吨位（t）；

γ_j——吨位利用率（%）；

T_{dj}——车辆一天在路上的行驶时间（h）；

L_{lj}——车辆的行驶里程（km）；

v_{tj}——车辆的基础速度（km/h）；

t_{luj}——车辆的装卸停歇时间（h）；

β_j——里程利用率（%）。

需要的各种车辆的在册车辆数为

$$A_j = \frac{Q_j}{D_P \alpha_{dj} Q_{dj}} \qquad (j=1,2,\cdots,m) \qquad (5\text{-}25)$$

式中：D_P——计划期内各种车辆的平均营运天数（d）；

α_{dj}——计划期第 j 种车的工作率（%）。

通过以上计算，可确定计划期内所需的各种车辆的在册车辆数。

5.2.3 新能源汽车的选择

新能源汽车是指采用新型动力系统，完全或者主要依靠新型能源驱动的汽车，包括插电式混合动力汽车（plug-hybrid electric vehicle，PHEV）、纯电动汽车（battery electric vehicle，BEV）和燃料电池电动汽车（fuel cell electric vehicle，FCEV）等。

1. 新能源汽车保有量

近年来，我国汽车领域成就瞩目，2020 年汽车产销分别达到 2522.5 万辆和 2531.1 万辆，是世界上最大的汽车市场之一。随着汽车使用量的增加，石油等能源的消耗也越来越大，2020 年，我国原油进口量为 5.4 亿吨，同比增长 7.3%，石油对外依存度达 73%，已经超过国际公认的 50%预警线。能源紧缺与全球变暖等环境污染问题也随之而来。在世界经济高速发展之下，低碳环保已经成为一种国际趋势，节能减排与新能源已成为各个国家的战略选择。

截至 2020 年年底，我国汽车保有量达 2.81 亿辆，新能源汽车保有量为 492 万辆，占汽车总量的 1.75%，较 2019 年年底增加 111 万辆，增长 29.13%。其中，纯电动汽车保有量 400 万辆，占新能源汽车总量的 81.3%。我国新能源汽车增量连续三年超过 100 万辆，产销量连续六年位居全球第一。2020 年 10 月，国务院常务会议通过的《新能源汽车产业发展规划（2021—2035 年）》提出，到 2025 年，我国新能源汽车新车销量占比将达到 25%。新能源汽车在国家产业结构与能源结构调整过程中的重要地位再次得到凸显。

2. 影响新能源汽车销量的因素

在我国，影响新能源汽车销量的因素有许多。第一，在区域分布方面，我国东部与南部省市经济发达，购买力强，消费者对新能源汽车更有兴趣。第二，在限购限牌方面，当前新能源汽车主要集中在我国一、二线及限牌城市。第三，在消费者考虑购买新能源汽车的因素方面，消费者考虑最多的因素是"汽车的安全性"和"汽车的质量"，其次是"油耗与能耗"因素。第四，在消费者倾向于购买新能源汽车的原因方面，"节能环保""使用成本低"是促使其购买新能源汽车的两大因素，如图 5.2 所示。此外，新能源汽车还可以降低日常的维修保养次数。而在制约消费者购买新能源汽车的因素中，"续航里程短""充电不方便""电池更换成本高"是阻碍其购买新能源汽车的三大因素。

3. 新能源汽车的核心部件

新能源汽车的三大核心部件为电池、电机、电控系统。按材料分类，常见的动力电池有三元材料、磷酸铁锂和锰酸锂等，其中三元材料电池和磷酸铁锂电池是目前主流应用的电池类型。新能源汽车的电机比传统工业电机有更高的技术要求，要求调速范围宽、调速精度高、功率密度高、安全可靠性强、质量轻、过载能力强。新能源汽车的电机类型主要有四种，即直流电机、交流异步电机、永磁同步电机与开关磁阻电机。从功率效率、转矩和体积等综合性能角度来看，永磁同步电机具有最大的优势，更能代表新能源汽车电机的发展趋势。电机控制器作为控制汽车驱动电机的设备，在收到控制信息的信号后，对驱动电机转速、转矩与转向进行控制，具有改变电机驱动电流、调整电机速度、实现防飞车保护、巡行限速等功能。

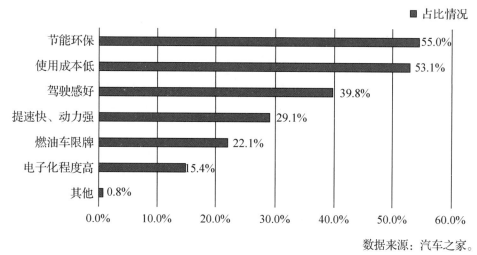

数据来源：汽车之家。

图 5.2　消费者倾向于购买新能源汽车的原因

4. 新能源汽车技术的发展趋势

能源紧缺和环境污染问题已引起国际社会的广泛关注，进一步加强节能减排，也是应对全球气候变化的措施之一。在国家实施可持续发展的重大战略举措下，新能源汽车的发展对新时代意义重大，相较于使用石油燃料的传统汽车，新能源汽车则使用电力与生物质能等能源或采用混合动力，消耗的石油燃料相对较少，新能源汽车的推广使用不仅有助于降低非再生能源的消耗，还有助于推动我国能源消费结构的逐步转型。我国新能源汽车产业技术的研发与产业化发展的推进正在加速，通过坚持绿色发展、清洁发展与低碳发展，我国的能源结构才会得到改善，产业结构也会得到调整，从而助力我国经济腾飞发展。这正符合党的二十大报告中提到的相关内容：发展绿色低碳产业，健全资源环境要素市场化配置体系，加快节能降碳先进技术研发和推广应用，倡导绿色消费，推动形成绿色低碳的生产方式和生活方式。

一方面，未来我国新能源汽车产业发展的核心和关键共性技术趋势主要包括五个板块，即整车集成技术、电驱动系统技术、能量存储系统技术、燃料电池系统技术及高压电气系统技术。另一方面，当前美国与日本在清洁燃料汽车及燃料电池汽车的研发方面在世界上处于相对领先的地位，而我国新能源汽车仍然集中在纯电动汽车与插电式混合动力汽车上面，燃料电池汽车领域的研发与制造还处于起步阶段。燃料电池汽车作为新能源汽车产业的一个主要技术方向，对稳定能源供应、优化能源结构、保持汽车产业稳定健康发展有着深刻影响。从燃料电池系统的关键技术角度来看，我国与国外的技术差距主要体现在燃料电池的系统输出功率、系统寿命、系统冷启动能力及系统成本四个层面。未来，我国燃料电池的发展重点将主要从以下四个角度加以考虑：燃料电池系统性能的进一步改进；燃料电池系统成本的降低；加大对加氢基础设施的建设力度，同时配套与完善制氢、储运与应用的产业链；建立并持续完善燃料电池汽车的商业化普及与推广模式。

5. 新能源汽车车型

目前的新能源汽车市场上，有美国车企特斯拉，我国的车企有资历较老的比亚迪，后起之秀蔚来、理想等。市场上主要新能源汽车的分类、特点、代表车型及优点如表 5-12 所示。特斯拉作为新能源汽车领域的佼佼者，旗下的新能源汽车车型分为 Model S、Model X、

Model Y 和 Model 3 等。比亚迪是我国新能源汽车行业的领军者之一，拥有领先的新能源汽车"三电"系统与整车核心技术、世界首创的双模技术与双向逆变技术，在动力性能、能源消耗及安全保障等方面具有强大的竞争优势。

表 5-12 市场上主要新能源汽车的分类、特点、代表车型及优点

分类	特点	代表车型	优点
纯电动汽车	完全由可充电电池提供动力源，驱动发动机运转	特斯拉的 Model 系列	使用成本低；技术成熟；起动和加速性能好；起动较安静
插电式混合动力汽车	具备两种动力来源，即热动力源（传统的汽油机或柴油机）和电动力源（电池与电动机）；可在纯电模式下驱动，在电池的电量用尽后进入混合动力行驶模式，并适时对电池进行充电	比亚迪的秦、唐	电池容量大；在纯电状态下，续航里程更长；行驶里程不受充电条件的限制
燃料电池电动汽车	以氢、甲醇等为燃料，以化学反应产生的电能作为主要动力源	丰田的 Mirai	污染少，排放近似为零；能量转化效率高；燃料来源广泛；运行平稳，噪声低

5.3 车辆行驶线路的优化

5.3.1 车辆行驶线路的类型

行驶线路就是车辆在完成运输工作时的实际运行线路。由于在组织车辆完成运输任务时，常常存在多种可供选择的行驶线路，而车辆按不同的行驶线路完成同一个运输任务时，其运输生产率和单位运输成本往往不同，因此在完成运输任务的前提下，如何选择最佳的行驶线路，是运输组织工作中一项非常重要的内容。

在一定货流条件下，运输车辆的行驶线路可分为三种类型：往复式行驶线路、环形式行驶线路和汇集式行驶线路。根据行驶线路类型的不同，可以采用不同的数学模型来确定最佳车辆行驶线路。

1. 往复式行驶线路

往复式行驶线路是指运输过程中，车辆在某一运输线路的两个端点之间进行一次或多次往复行驶的线路类型。它又可以分成三种形式：单程有载往复式、回程部分有载往复式和双程有载往复式。

（1）单程有载往复式。单程有载往复式即回程不载货的往复式行驶线路，如图 5.3（a）所示。这种行驶线路在汽车集装箱运输中较为常见。其主要日运行指标如下：

① 货运量（Q）。

$$Q = Z_0 q_0 \gamma \qquad (5-26)$$

式中：Z_0——车辆日完成的周转数（次）；

q_0——车辆的额定载重量（t）；

γ——吨位利用率（%）。

② 周转量（P）。

$$P = QL_1 = Z_0 q_0 \gamma L_1 \tag{5-27}$$

式中：L_1——车辆一次周转的重车行程（km）。其他参数含义同式（5-26）。

③ 里程利用率（β）。

$$\beta = \frac{\sum_{i=1}^{Z_0} L_{1_i}}{\sum_{i=1}^{Z_0} (L_{1_i} + L_{f_i}) + L_H} \tag{5-28}$$

式中：Z_0——车辆日完成的周转数（次）；

L_{1_i}——车辆第 i 次周转的重车行程（km）；

L_{f_i}——车辆第 i 次周转的空车行程（km）；

L_H——日收、发车调空行程（km）。

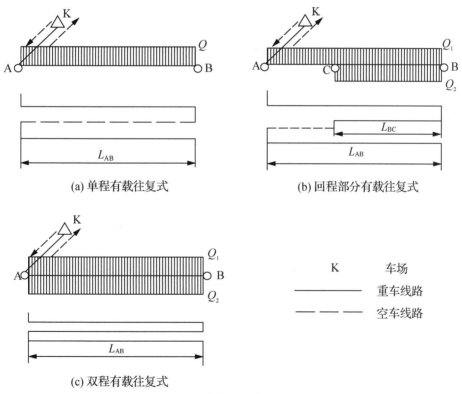

图 5.3 往复式行驶线路示意图

单程有载往复式行驶线路在一次周转中只完成一个运次，回程空载，里程利用率较低，一般 $\beta \leq 0.5$，应尽量避免采用。

（2）回程部分有载往复式。回程部分有载往复式是指车辆在完成去程的运输任务后，回程运输也是重载，但回程货物不是运到线路始发点，只是运到线路中途某个货运点而未达全程，如图 5.3（b）所示。这种行驶线路中，一次周转完成两个运次，但空车行程不为零。其主要日运行指标如下。

① 货运量（Q）。

$$Q = Z_0 q_0 (\gamma_1 + \gamma_2) \tag{5-29}$$

式中：Z_0——车辆日完成的周转数（次）；

q_0——车辆的额定载重量（t）；

γ_1，γ_2——分别为一次周转中，车辆在第 1 运次和第 2 运次的吨位利用率（%）。

② 周转量（P）。

$$P = Z_0 q_0 (\gamma_1 L_{l_1} + \gamma_2 L_{l_2}) \tag{5-30}$$

式中：L_{l_1}，L_{l_2}——分别为一次周转中，车辆在第 1 运次和第 2 运次的重车行程（km）。其他参数含义同式（5-29）。

③ 里程利用率（β）。

$$\beta = \frac{Z_0 (L_{l_1} + L_{l_2})}{Z_0 (L_{l_1} + L_{f_1} + L_{l_2} + L_{f_2}) + L_H} \tag{5-31}$$

式中：L_{f_1}，L_{f_2}——分别为一次周转中，车辆在第 1 运次和第 2 运次的空车行程（km）；

L_H——日收、发车调空行程。其他参数含义同式（5-30）。

这种行驶线路的车辆里程利用率有所提高，其范围为 $0.5 < \beta < 1.0$。

（3）双程有载往复式。若车辆在回程运输中，货物运到线路始发点，即双程运输均为全程运输，这就是双程有载往复式行驶线路，如图 5.3（c）所示。在这种行驶线路中，一次周转完成两个运次，且空车行程为零，是生产率最高的往复式行驶线路。其主要日运行指标如下。

① 货运量（Q）。

$$Q = Z_0 q_0 (\gamma_1 + \gamma_2) \tag{5-32}$$

② 周转量（P）。

$$P = Z_0 q_0 L_1 (\gamma_1 + \gamma_2) \tag{5-33}$$

③ 里程利用率（β）。

$$\beta = \frac{2 Z_0 L_1}{2 Z_0 L_1 + L_H} \tag{5-34}$$

以上公式中的参数含义同回程部分有载往复式。

这种行驶线路的车辆里程利用率可接近于 1.0。

比较上述三种往复式行驶线路：单程有载往复式的里程利用率最低，其运输工作效果较差，因此应尽量避免采用；双程有载往复式的里程利用率最高，是工作生产率最高、经济效果最好的行驶线路；回程部分有载往复式的里程利用率则处于前两者之间。

2. 环形式行驶线路

环形式行驶线路是指车辆在由若干个装卸作业点组成的一条封闭回路上，进行连续单向运行的行驶线路。在这种行驶线路中，一次周转中车辆至少完成两个运次的运输工作。由于车辆在线路上各货运点的运输方向不同，这种形式的线路可分为四种形式，即简单环式、交叉环式、三角环式、复合环式，如图 5.4 所示。

环形式行驶线路的主要日运行指标如下。

① 货运量（Q）。

$$Q = \sum_{i=1}^{n} q_0 \gamma_i \tag{5-35}$$

式中：q_0——车辆的额定载重量（t）。

n——日完成的总运次数（个）；

γ_i——第 i 运次车辆吨位利用率（%）。

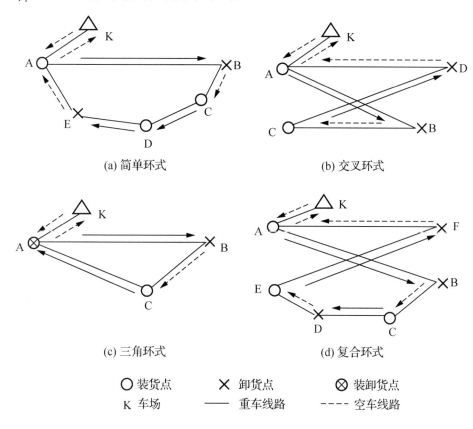

图 5.4 环形式行驶线路示意图

② 周转量（P）。

$$P = \sum_{i=1}^{n} q_0 \gamma_i L_{1_i} \qquad (5\text{-}36)$$

式中：L_{1_i}——第 i 运次的重车行程（km）。其他参数含义同式（5-35）。

③ 里程利用率（β）。

$$\beta = \frac{\sum_{i=1}^{n} L_{1i}}{\sum_{i=1}^{n}(L_{1_i} + L_{f_i}) + L_H} \qquad (5\text{-}37)$$

式中：L_{f_i}——第 i 运次的空车行程（km）；

L_H——日收、发车调空行程。其他参数含义同式（5-36）。

当无法组织双程有载往复式行驶线路时，为了提高里程利用率和经济效果，可组织环形式行驶线路。但要注意应使空车里程之和不大于重车里程之和，即 $\beta \geq 0.5$。否则，环形式行驶线路的经济效果还不如单程有载往复式行驶线路。

3. 汇集式行驶线路

汇集式行驶线路是指车辆沿着分布于运行线路上的各装卸作业点，依次完成相应的装卸作业，且每运次的货物装卸量均小于该车额定载重量，直到整个车辆装满或卸空后返回出发点的行驶线路。这种线路可分为三种形式，即分送式、收集式和分送—收集式，如图5.5所示。

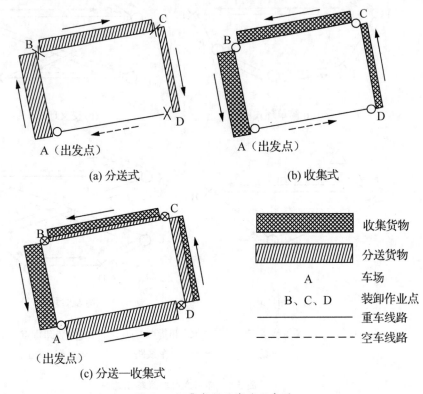

图 5.5 汇集式行驶线路示意图

（1）分送式[图5.5（a）]是指车辆沿运行线路上各货物装卸点依次进行卸货的行驶线路。

（2）收集式[图5.5（b）]是指车辆沿运行线路上各货物装卸点依次进行装货的行驶线路。

（3）分送—收集式[图5.5（c）]是指车辆沿运行线路上各货物装卸点分别或同时进行装、卸货的行驶线路。

车辆在汇集式行驶线路上工作时，其组织工作较为复杂，通常以单程或周转为基本运输过程进行组织。其主要日运行指标如下（以分送式为例）。

① 货运量（Q）。

$$Q = \sum_{i=1}^{Z_0} Q_i \quad (5\text{-}38)$$

式中：Q_i——第i次周转车辆完成的货运量（t）。

② 周转量（P）。

$$P = \sum_{i=1}^{Z_0} P_i \quad (5\text{-}39)$$

式中：P_i——第i次周转车辆完成的货物周转量（t·km）。

汇集式行驶线路一般每次周转完成一个运输任务，但重车行程却有几段，最后回到原出发点，因此，一般情况下，汇集式行驶线路为封闭线路。车辆可能沿一条环形式线路运行，也可能在一条直线线路上往返运行。

当车辆采用汇集式行驶线路完成运输任务时，每次周转的货物周转量的大小与车辆沿线路上各货运点的绕行次序有关。若绕行次序不同，即使完成同样运输任务其周转量也不一样。在这种情况下，按总行程最短线路组织车辆进行运输最为经济。

【例 5-6】某仓库 A 有 5t 货物，需利用一辆额定载重量为 5t 的载货汽车将其运出，分送①、②、③三个货运点，各货运点的卸货量（以"—"表示卸货）及各货运点间距离如图 5.6 所示。

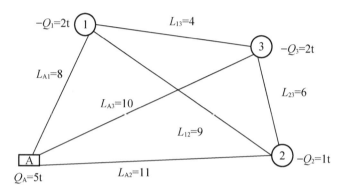

图 5.6　分送式线路货运点分布

在有三个货运点的情况下，可能的绕行线路有六种，如表 5-13 所示。

表 5-13　不同绕行线路方案效果比较

序号	绕行线路方案	$\sum L$	P	β
1	A—①—②—③—A	33	79	70
2	A—③—②—①—A		86	76
3	A—①—③—②—A	29	58	62
4	A—②—③—①—A		87	73
5	A—②—①—③—A	34	95	71
6	A—③—①—②—A		71	68

在其他条件相同的情况下，选择汇集式行驶线路，以每周转的总行程最短即 $\min\left(\sum L\right)$ 为最优；若总行程相等，则周转量小者效果较好。所以应选择方案 3。

上述三大类运输线路中，大宗货物的运输往往采用往复式行驶线路和环形式行驶线路，而零担货物的运输往往采用汇集式行驶线路。

5.3.2　汇集式行驶线路的选择

汇集式行驶线路的优选原则是以每次周转的总行程最短为最优。可将此问题归为运筹学中的货郎担问题，应用启发式算法来进行近似求解。其基本思路是：当货运点多、总运量较大、需用运输车辆超过一辆时，选择汇集式行驶线路。首先根据运输车辆每车次最高装载量定额，按就近调车的原则对货运点进行分组；然后按总行程最短的原则，采用启发式算法分别确定每辆车沿其本组货运点的绕行次序，以选定单车运行线路。现以分送式线路选择为例，阐述其选择方法。

首先确定计算所需数据，包括：货运点的分布图或各货运点间里程（$L_{i,j}$）（表 5-14）；各货运点收货量（q_j）（表 5-15）；单车最高装载量（q_H）。其中，i、j 为货运点序号，q_j、q_H 的计量单位视货物情况而定，可以是吨、件、桶、箱、瓶等。

表 5-14　各货运点间里程（$L_{i,j}$）统计表

		\multicolumn{5}{c}{j}				
		0	1	2	…	n
	0	0	$L_{0,1}$	$L_{0,2}$	…	$L_{0,n}$
	1	$L_{1,0}$	0	$L_{1,2}$	…	$L_{1,n}$
i	2	$L_{2,0}$	$L_{2,1}$	0	…	$L_{2,n}$
	⋮	⋮	⋮	⋮	⋮	⋮
	n	$L_{n,0}$	$L_{n,1}$	$L_{n,2}$	…	0

表 5-15　各货运点收货量（q_j）统计表

货运点（j）	1	2	3	…	n
收货量（q_j）	q_1	q_2	q_3	…	q_n

在此基础上，可采用启发式算法按下面的流程进行计算（图 5.7）。

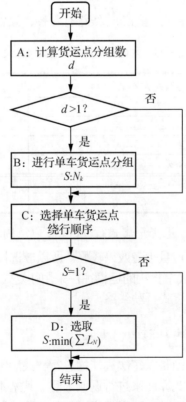

图 5.7　分送式线路选择总流程图

A：计算货运点分组数 d。

$$d = \left[\frac{\sum q_j}{q_H} + 0.5\right] \quad (5\text{-}40)$$

式中：$\sum q_j$ ——各货运点收货量之和（t）；

q_H ——单车最高装卸量（t）；

[ ] ——取整函数符号。

B：进行单车货运点分组。其计算流程图如图 5.8 所示。

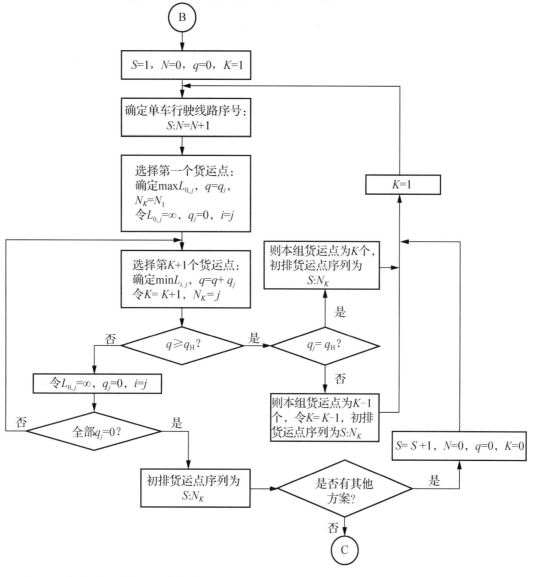

注：K 为货运点序号；N 为单车货运点分组组别序号（$N=1,2,\cdots,d$）；S 为货运点分组方案序号（$S=1,2,\cdots,d$）；$L_{i,j}=\infty$ 表示划掉第 j 列。

图 5.8 单车货运点分组计算流程图

① 确定单车行驶线路序号 $N(N=1,2,\cdots,d)$，即单车货运点分组组别序列，以依次确定单车行驶线路。

② 选择第一个货运点。以 K 表示货运点的序号，即选择 $K=1$ 的货运点。

首先确定距发货点（$j=0$）最远的收货点（$j=r$）为第一个货运点，即确定 $\max L_{0,j}$ 及车辆实际载重量 $q=q_j$，并将该点记为 $N_K=N_1$，即第 N 组单车行驶线路上的第一个货运点。此时第 j 个货运点已收到所需数量（q_j）的货物，不再参加后续单车行驶线路上货运点的分组选择，再令 $i=j$，继续选择下一个货运点。

③ 选择其余货运点。即按照就近选点的原则，选择距上一个收货点（$i=j=r$）最近的第 j（$j\neq r$）个收货点为第 $K+1$ 个货运点，此时车辆实际载重量增加至 $q=q+q_j$，将该点记为 N_K（$K=K+1$）。

如果 $q<q_H$，则表明车辆载重量没有充分利用，若尚有 $q_j\neq 0$，则继续选择本组下一个货运点；如果 $q=q_H$，表明本组单车行驶线路上的全部货运点已选择完毕，转本流程步骤（1），进行第 $N+1$ 组单车货运点的选择；如果 $q>q_H$，表示车辆实际装载量已超过车辆的每车次的最高装载定额，不能再负担第 $K+1$ 个货运点的送货任务。所以本组单车行驶线路的全部货运点为 K 个，并按选点的先后顺序初排货运点序列 N_K，然后转本流程步骤（1）进行下一组货运点的选择。若全部货运点的 $q_j=0$，则表明本方案的全部货运点选择完毕，据此，初排本组货运点序列。若还有其他货运点分组方案，则转本流程步骤（1）继续选择下一组别 $N+1$ 的货运点，直至 $S=e$（单车货运点数量）方案分组完毕，则转下一流程 C。

C：选择单车货运点绕行顺序。其计算流程图如图 5.9 所示。

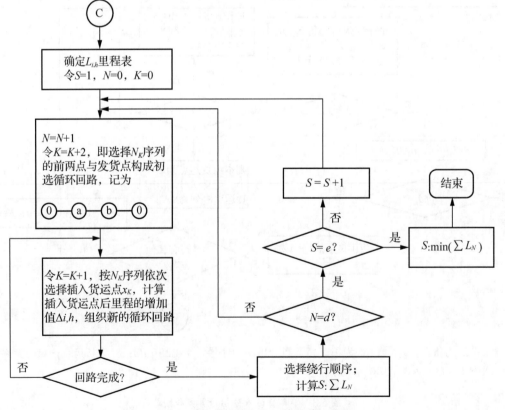

图 5.9 单车货运点绕行顺序计算流程图

① 列出本组各货运点间里程（$L_{i,h}$）统计表，如表 5-16 所示。表中各点按初排货运点顺序排列，包括收、发货点。

表5-16 本组各货运点间里程（$L_{i,h}$）统计表

		h				
		0	1	2	…	m
i	0	0	$L_{0,1}$	$L_{0,2}$	…	$L_{0,m}$
	1	$L_{1,0}$	0	$L_{1,2}$	…	$L_{1,m}$
	2	$L_{2,0}$	$L_{2,1}$	0	…	$L_{2,m}$
	⋮	⋮	⋮	⋮	⋮	⋮
	m	$L_{m,0}$	$L_{m,1}$	$L_{m,2}$	…	0

② 按 N_K 序列，选择前两个货运点（假设其序号分别为 a、b）与发货点（j=0）组成初选循环回路，记为⓪—ⓐ—ⓑ—⓪。

③ 按 N_K 序列，依次选择货运点 x_K 插入初选循环回路。

其插入原则为：回路中因包含了货运点 x（x_K）而使行驶线路里程的增加值（$\Delta_{i,h}$）最小为最优。即

$$\min(\Delta_{i,h}) = \min(L_{i,x} + L_{x,h} - L_{i,h}) \tag{5-41}$$

式中：i，h——分别为初选循环回路任一路段的两个端点；

$L_{i,x}$——i 点与插入点 x 的距离（km）；

$L_{x,h}$——插入点 x 与 h 点的距离（km）；

$L_{i,h}$——i 点与 h 点的距离（km）。

当插入点 x 的插入位置确定之后，即由原来的三个货运点组成的初选循环回路变为由四个货运点组成的新的循环回路。假如插入点 x 的插入位置为 a、b 之间，则新循环回路可记为⓪—ⓐ—ⓧ—ⓑ—⓪。然后，继续按 N_K 序列的顺序依次选择插入点插入循环回路，直到本组货运点全部插入循环回路中。若最终的循环回路不是以发货点开始，则将此变换为以发货点开始的循环回路。

④ 计算本组货运点绕行里程 L_N。

$$L_N = \sum_{y=1}^{w} L_{y,y+1} \tag{5-42}$$

式中：y——第 N 组货运点绕行序列，$y = 1,2,\cdots,w$。

⑤ 依次确定下一组（第 N+1 组）单车货运点的绕行顺序，直到各组货运点绕行顺序全部确定完毕（N=d）。然后求本方案各组绕行里程合计 $\sum L_N$。

$$\sum L_N = \sum_{N=1}^{d} L_N \tag{5-43}$$

⑥ 如果还有其他货运点分组方案（即 S>1），则重复上述各步，选定该方案单车货运点绕行顺序，直到全部方案（S=e）的单车货运点的绕行次序都确定为止。

D：从所有方案中选择总绕行里程最短（即 $S:\min\left(\sum L_N\right)$）的方案。

【例 5-7】 某配送中心（$j=0$）拟采用载货汽车（$q_H=20$ 桶）向 7 个超市 j（$j=1,2,\cdots,7$）配送桶装货物，配送中心及超市之间里程（$L_{i,j}$）统计表如表 5-17 所示，各超市的收货量（q_j）统计表如表 5-18 所示。因各超市需求量均小于一整车，试选择分送式行驶线路。

表 5-17 配送中心及超市之间里程（$L_{i,j}$）统计表　　　　单位：km

					j			
		0	1	2	3	4	5	6	7
	0	0	6	7	10	5	12	7	12
	1	6	0	6	4	3	6	10	7
	2	7	6	0	13	10	9	8	11
i	3	10	4	13	0	9	8	10	2
	4	5	3	10	9	0	8	10	11
	5	12	6	9	8	8	0	7	9
	6	7	10	8	10	10	7	0	5
	7	12	7	11	2	11	9	5	0

表 5-18　各超市的收货量（q_j）统计表　　　　单位：桶

货运点（j）	1	2	3	4	5	6	7
收货量（q_j）	4	2	6	7	3	5	8

采用启发式算法，按图 5.7 所示的流程进行计算。
（1）流程 A：计算货运点（超市）分组数 d。

$$d = \left[\frac{\sum q_j}{q_H} + 0.5\right] = \frac{4+2+6+7+3+5+8}{20} + 0.5 = 2 \text{（组）}$$

（2）流程 B：进行单车货运点分组。
按图 5.8 所示的流程计算（过程略），得出货运点分组方案，如表 5-19 所示。

表 5-19　货运点分组方案

方案（S）	组别（N）	初排货运点序列
Ⅰ	1	5, 1, 4, 3
	2	7, 6, 2
Ⅱ	1	7, 3, 1
	2	5, 6, 2, 4

（3）流程 C：选择单车货运点绕行顺序。
按图 5.9 所示的流程计算（过程略），得到各方案单车货运点绕行顺序及绕行里程，如表 5-20 所示。

表 5-20　各方案单车货运点绕行顺序及绕行里程

方案（S）	组别（N）	单车货运点绕行顺序	单车货运点绕行里程（L_N）/km	绕行里程合计（ΣL_N）/km
Ⅰ	1	0—4—5—3—1—0	31	61
Ⅰ	2	0—2—7—6—0	30	61
Ⅱ	1	0—3—7—1—0	24	62
Ⅱ	2	0—4—2—5—6—0	38	62

（4）确定方案。由表 5-20 可知，方案Ⅰ（S=1）的单车货运点绕行里程合计 $\sum L_N$ =61km 为最小，因此，该方案是本例的最佳单车货运点绕行线路方案。

【例 5-8】某仓库位于 B_0 拟采用一辆中型载货汽车（q_0=4t）将瓶装氨气分送给各收货点 B_j（j=1,2,3,4）。已知仓库及各收货点之间的距离如表 5-21 所示。试选择最佳分送式行驶线路。

表 5-21　仓库及各收货点之间的距离　　　　单位：km

	B_0	B_1	B_2	B_3	B_4
B_0	0	8	11	10	7.5
B_1	8	0	9	4	6
B_2	11	9	0	6	4
B_3	10	4	6	0	4.5
B_4	7.5	6	4	4.5	0

（1）确定里程统计表，求货运点里程系数，如表 5-22 所示。

表 5-22　货运点里程系数　　　　单位：km

	B_0	B_1	B_2	B_3	B_4
B_0	0	8	11	10	7.5
B_1	8	0	9	4	6
B_2	11	9	0	6	4
B_3	10	4	6	0	4.5
B_4	7.5	6	4	4.5	0
L_j	36.5	27	30	24.5	22

（2）确定初选循环回路，按 L_j 值由大到小，依次选择三个货运点（B_0，B_2，B_1）组成初选循环回路，其货运点数 R=3。

$$B_0—B_2—B_1—B_0$$

（3）确定插入货运点，在剩余的货运点中选择 L_j 较大者 B_3（L_3=24.5）为待插入货运点，即 $x=3$。

（4）计算各路段插入货运点 x 后的里程增加值 $\Delta i,j$。

$$\Delta 0,2 = L_{0,3} + L_{3,2} - L_{0,2} = 10+6-11=5 \text{（km）}$$
$$\Delta 2,1 = L_{2,3} + L_{3,1} - L_{2,1} = 6+4-9=1 \text{（km）}$$
$$\Delta 1,0 = L_{3,1} + L_{3,0} - L_{1,0} = 4+10-8=6 \text{（km）}$$

（5）确定插入位置，组织新循环回路。

选择 $\Delta i,j$ 最小的路段作为插入货运点的路段。因为 $\Delta 2,1=1$ 是三个路段中的最小值，故选取 B_2—B_1 路段为插入货运点 x 的插入位置，组成新的循环回路。

$$B_0—B_2—B_3—B_1—B_0$$

因为现有循环回路中的货运点数为 4，小于总货运点数，所以需返回步骤（2）继续选择下一个货运点，直至所有货运点全都进入循环回路。

计算各路段插入货运点 x 后的里程增加值 $\Delta i,j$。

$$\Delta 0,2 = L_{0,4} + L_{4,2} - L_{0,2} = 7.5+4-11=0.5 \text{（km）}$$
$$\Delta 2,3 = L_{2,4} + L_{4,3} - L_{2,3} = 4+4.5-6=2.5 \text{（km）}$$
$$\Delta 3,1 = L_{3,4} + L_{4,1} - L_{3,1} = 4.4+6-4=6.5 \text{（km）}$$
$$\Delta 1,0 = L_{1,4} + L_{4,0} - L_{1,0} = 6+7.5-8=5.5 \text{（km）}$$

因为 $\Delta 0,2$ 最小，故选择 B_0—B_2 路段为插入货运点 x 的插入位置，组成新的循环回路。

$$B_0—B_4—B_2—B_3—B_1—B_0$$

按照该循环回路的绕行顺序，计算车辆的总行程为

$$\sum L = 7.5+4+6+4+8=29.5 \text{（km）}$$

5.4 货运车辆运行组织形式

车辆运行组织形式是指汽车运输生产者为提高车辆利用率和运输生产率，依据货流情况、顾客要求及其他运输条件，组织货物运输的方法。结合实际情况，采用合理、科学的车辆运行组织形式可明显提高运输企业的经济效益。无论是理论研究，还是国内外的运输实践，均证明了组织多班运输、甩挂运输、定点与定时运输、联合运输、公路快运、集装箱运输、零担运输等都是行之有效的车辆运行组织形式。

5.4.1 多班运输

1. 多班运输的概念

车辆出车时间的长短，取决于车辆运行组织和驾驶员劳动组织的方式。采用多班运输组织形式，是延长车辆出车时间、增产挖潜的措施之一。

多班运输是指一辆车在昼夜时间内的出车工作超过一个工作班次（一般以工作 8 小时为一个班次）以上的货运形式。多班运输可以停人不停车或少停车，增加了货运车辆在线路上的工作时间，提高了工作效率；在一定条件下（如夜间）还可以提高车辆的技术速度，

因而可以充分发挥车辆利用率,提高运输生产率。实践证明,采用双班运输,车辆的总生产率比单班运输提高60%~70%。

多班运输主要适用于货源固定、大宗货物运输或紧急突发性运输任务。

2. 多班运输的组织形式

多班运输的选择涉及运距长短、站点配置、货源分布、运输条件、道路状况、驾驶员配备、保修和装卸能力等具体因素,因此,只有结合实际选择和安排各种适宜的组织形式,才能充分发挥现有设备的潜力,才能充分体现多班运输的优越性。根据驾驶员劳动组织方式不同,多班运输主要有以下几种形式。

(1) 一车两人,日夜双班,起点交接(图5.10)。每辆车配备两名驾驶员,分为日夜两班,每隔一定时间(每周或每旬)日夜班驾驶员互换一次。同时,为保证轮休期间的运输任务不受影响,还配备一名替班驾驶员,替班轮休。这种组织形式适用于短途运输。其优点是能做到定人、定车,能保证车辆有充裕的维修时间,行车时间安排也比较简单,伸缩性较大;其缺点是车辆时间利用还不够充分,驾驶员不能完全做到当面交接。

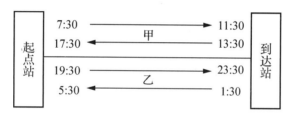

图5.10 一车两人,日夜双班,起点交接

(2) 一车两人,日夜双班,分段交接。每辆车配备两名驾驶员,分段驾驶,定点(中间站)交接。驾驶员每隔一定时间轮换驾驶路段,保证劳逸平衡。这种组织形式适用于在两个车班时间(16小时左右)可以直达或往返的运输任务。其优点与第一种形式相同,且能保证驾驶员当面交接。

(3) 一车三人,日夜双班,两工一休(图5.11)。每辆车配备三名驾驶员,日夜双班,每名驾驶员工作两天,休息一天。轮流担任日夜班,并按规定地点定时进行交接班。这种组织形式适用于一个车班内能完成一个或几个运次的往返的运输任务。其优点是能做到定人、定车,车辆出车时间较长,运输效率较高;其缺点是不易安排车辆的维修时间,每车班驾驶员一次工作时间较长易疲劳,需配备的驾驶员数量也较多。

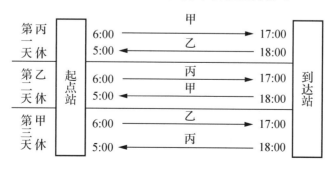

图5.11 一车三人,日夜双班,两工一休

（4）一车三人，日夜三班，分段交接。每辆车配备三名驾驶员，分日夜三班行驶，驾驶员在中途定站、定时交接。途中交接站需设在离终点站较近（约为全程的三分之一）且能保证在一个车班时间内往返一次的地点。在起点站配备两名驾驶员，途中交接站配备驾驶员一名，三名驾驶员应每隔一定时间轮流调换行驶线路和行驶时间。这种组织形式的优点是车辆时间利用充分，运输效率高，可做到定人、定车运行；其缺点是驾驶员工作时间不均衡，所需的驾驶员数量也较多，且要求具有较高的对车辆进行快速维修的技术能力，以保证车辆的运行安全。这种组织形式适用于当天能往返一次的运输任务。

（5）两车三人，日夜双班，分段交接（图 5.12）。每两辆车配备三名驾驶员，分段行驶，在交接站定点、定时交接。其中两人各负责一辆车，固定在起点站与交接站之间行驶，而另一人每天则轮流驾驶两辆车，在交接站与终点站之间行驶。交接站应设在离终点站或到达站较近（约为全程的三分之一）、在一个班次内能完成一次往返的地点。这种组织形式的优点是能做到定人、定车运行，并可减少驾驶员的配备数量，车辆时间利用较好，车辆保养时间充分；其缺点是车辆的运行组织要求严格，行车时间要求正点，驾驶员工作时间较长。这种组织形式适用于两天可以往返一次的运输任务。

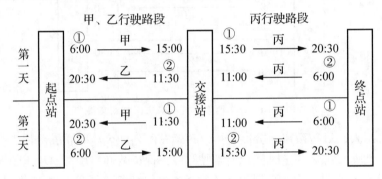

图 5.12　两车三人，日夜三班，分段交接

（6）一车两人，轮流驾驶，日夜双班。每辆车同时配备两名驾驶员，在车辆全部运行周转时间内，由两人轮流驾驶，交替休息。这种运行组织形式适用于运距很长，货流不固定的运输线路。其优点是可以做到定人、定车，可最大限度地提高车辆的时间利用；其缺点是驾驶员在车上不能正常休息。随着道路条件的不断改善和车辆性能的不断提高（如驾驶室可配有供驾驶员休息的卧铺），这种组织形式已越来越多地被采用。

开展多班运输可以提高车辆的时间利用程度，提高运输生产率，但企业所支付的各项费用和驾驶员的数量也随着周转量的增加而增加。所以，要提高多班运输的经济性，只有车辆生产率、劳动生产率有了提高，单位运输成本有所下降，才会有更好的效果。

5.4.2　甩挂运输

1. 甩挂运输概述

甩挂运输也称甩挂装卸，是指汽车列车按照制订的计划，在各装卸点甩下并挂上指定的挂车后继续运行的一种组织方式。在相同的运输组织条件下，增加汽车的实际装载量和降低装卸停歇时间均可提高汽车运输生产率。

甩挂运输是利用汽车列车的线路行驶时间来完成甩下挂车的装卸作业,使整个汽车列车的装卸停歇时间,缩短为主车的装卸时间和甩挂作业时间。其实质是应用了平行作业原则。因此,甩挂运输可加速车辆周转,提高运输效率。

甩挂运输适用于运距较短、装卸能力不足且装卸停歇时间占汽车列车运行时间的比重较大的情况。若运距太长时采用甩挂运输,装卸停歇时间占汽车列车运行时间的比重很小,则非但甩挂的效果不明显,而且还增加了组织的复杂性;当运距大到一定程度,由于汽车列车的技术速度低于同等载重量的汽车,反而使得汽车列车的生产率不一定高于同等载重量汽车的生产率,如图 5.13 所示。

2. 甩挂运输的组织形式

根据汽车和挂车的配备数量、线路网的特点、装卸点的装卸能力等,甩挂运输可有不同的组织形式。一般来说,有以下几种组织形式。

(1) 一线两点甩挂。这种组织形式适宜在往复式运输线路上采用,即在线路两端的装卸作业点均配备一定数量的挂车,汽车列车往返于两个装卸作业点之间进行甩挂作业,如图 5.14 所示。根据线路两端不同货流情况或装卸能力,可组织"一线两点,一端甩挂"(装甩卸不甩或卸甩装不甩)和"一线两点,两端甩挂"两种形式。

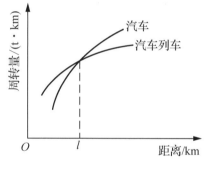

图 5.13 汽车列车与汽车生产率比较

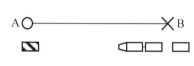

图 5.14 一线两点甩挂示意图

一线两点甩挂适用于装卸作业点固定、运量较大的线路。但其对车辆运行组织工作有较高要求,必须根据汽车列车的运行时间、主挂车的装卸作业时间等数据,预先编制汽车列车运行图,以保证均衡生产。

(2) 循环甩挂。这种组织形式是在车辆沿环形式线路行驶的基础上,进一步组织甩挂的组织方式。它要求在闭合循环的回路的各个装卸点配备一定数量的挂车,汽车列车每到达一个装卸点后甩下所挂的挂车,装卸工人集中力量完成主车的装卸作业,然后挂上预先准备好的挂车继续行驶,如图 5.15 所示。

这种组织形式的实质是用循环调度的方法来组织封闭回路上的甩挂作业。它提高了车辆的载运能力,压缩了装卸作业停歇时间,提高了里程利用率,是甩挂运输中较为经济、运输效率较高的组织形式之一。循环甩挂涉及面广,组织工作较为复杂。所以,在组织循环甩挂时,一要满足循环调度的基本要求,二要选择运量较大且稳定的货流进行组织,同时还要有适宜组织甩挂运输的货场条件。

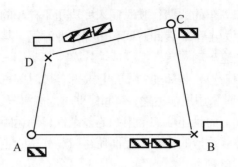

图 5.15 循环甩挂示意图

（3）一线多点，沿途甩挂。它要求汽车列车在起点站按照卸货作业地点的先后顺序，本着"远装前挂，近装后挂"的原则编挂汽车列车。采用这一组织形式时，在沿途有货物装卸作业的站点，甩下汽车列车的挂车或挂上预先准备好的挂车继续运行，直到终点站；汽车列车在终点站整列卸载后，原路返回，经过先前的甩挂作业点时，挂上预先准备好的挂车或甩下汽车列车上的挂车，继续运行直到返回起点站，如图 5.16 所示。

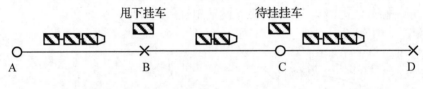

图 5.16 "一线多点，沿途甩挂"示意图

"一线多点，沿途甩挂"的组织形式适用于装货地点集中而卸货地点分散，或卸货地点集中而装货地点分散，且货源比较稳定的同一运输线路。当货源条件、装卸条件合适时，也可以在起点站或终点站另配一定数量的挂车进行甩挂作业。定期零担班车也可采用这一组织形式。

（4）多点一线，轮流甩挂。它是指在装卸点集中的地点，配备一定数量的周转挂车，在汽车列车未到达的时间内，预先装卸好周转挂车的货物，当汽车列车到达后，先甩下挂车，集中力量装卸主车，然后挂上预先装卸好的挂车返回原装卸点，进行整列装卸的甩挂运输组织形式，如图 5.17 所示。

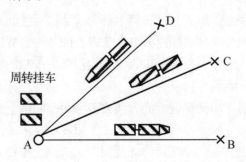

图 5.17 "多点一线，轮流甩挂"示意图

"多点一线，轮流甩挂"组织形式实际上是"一线两点，一端甩挂"组织形式的复合，不同之处在于"多点一线，轮流甩挂"组织形式的挂车多线共用，提高了挂车的运用效率。它适用于装货地点集中而卸货地点分散，或卸货地点集中而装货地点分散的线路。

本章小结

汽车货运生产计划是组织运输生产的重要依据，在货物运输经营管理工作中具有十分重要的作用。运输车辆的选择是否合理，不仅可以保证货物的完好无损，而且可以提高车辆的吨位利用率和装卸效率，车辆选择应保证运输费用最小这一基本原则。货运车辆行驶线路的优化是在完成运输任务的前提下，选择最佳的行驶线路，这是货运组织工作中的一项非常重要的内容。

汽车货运生产计划　　运输量计划　　新能源汽车　　汇集式行驶线路　　甩挂运输

综合练习

一、单项选择题

1. 按专业分工不同，汽车运输企业可分为（　　　　）。
   A. 综合性汽车运输企业和专业化汽车运输企业
   B. 大、中、小型汽车运输企业
   C. 客运企业和货运企业
   D. 个体运输企业和集体运输企业
2. 总行程由载重行程和（　　　）构成。
   A. 重车千米　　　B. 有效行程　　　C. 平均车日行程　　　D. 空驶行程
3. 反映车辆载重能力利用程度的最重要指标是（　　　　）。
   A. 吨位利用率　　B. 里程利用率　　C. 工作率　　　　　D. 拖运率
4. 车辆运用计划编制方法中的顺编法是以（　　　）为出发点编制的，即根据各项效率指标可能达到的水平为依据来确定可能完成的运输工作量。
   A. 可能性　　　　B. 实际　　　　　C. 理论　　　　　　D. 需要
5. 车辆运用计划编制方法中的逆编法是以（　　　）为出发点编制的。
   A. 可能性　　　　B. 实际　　　　　C. 理论　　　　　　D. 需要

二、多项选择题

1. 按货物运输过程的不同阶段，可将货运工作划分为（　　　）。
   A. 接收工作　　B. 发送工作　　C. 到达工作　　D. 途中工作
2. 单车期产量指标可用（　　　）计算。
   A. 拖运率　　　　　　　　　　　B. 里程利用率
   C. 周转量和平均车辆数　　　　　D. 车辆运用效率指标
3. 货物在始发站的各项货运作业统称为发送作业，发送作业主要由（　　　）等工作组成。
   A. 受理托运　　　　　　　　　　B. 货物票据交接
   C. 组织装车　　　　　　　　　　D. 货物保管和交付
   E. 核算制票
4. 车辆生产率是指（　　　）单位车辆所完成的运输工作量。
   A. 单位时间内　　B. 吨千米　　C. 每年　　　　D. 每月
5. 提高车辆运输系统效率的途径有（　　　）。
   A. 提高车辆实载率　　　　　　　B. 增加车辆吨位
   C. 采用双班运输　　　　　　　　D. 提高装卸效率

三、名词解释

1. 等值运距
2. 新能源汽车
3. 往复式行驶线路
4. 汇集式行驶线路
5. 多班运输

四、简答题

1. 货运生产计划的作用是什么？简述货运生产计划体系的构成。
2. 编制运输量计划的依据是什么？简述其编制方法。
3. 如何编制车辆运用计划？
4. 货运车辆运行作业计划有哪些类型？
5. 多班运输的组织形式有哪些？
6. 甩挂运输的实质是什么？主要有哪些组织形式？

五、计算题

1. 若采用某种通用汽车完成一项运输任务，已知有关数据为 q_0=5t，t_{lu}=30min，β=0.5，v_t=30km/h，若将该型号汽车改装为自动装卸汽车后，自动装卸机构的质量为 0.5t，装卸停歇时间可缩短 10min。试确定该自动装卸汽车的生产率等值运距。

2. 某公司（j=0）拟采用载货汽车向 4 个货运点 j（j=1，2，3，4）配送瓶装氧气，各货运点间里程（$L_{i,j}$）统计表如表 5-23 所示。试选择分送式行驶线路。

表 5-23　各货运点间里程（$L_{i,j}$）统计表　　　　单位：km

		j				
		0	1	2	3	4
i	0	0	7	9	4	6
	1	7	0	6	8	4
	2	9	6	0	13	10
	3	4	8	13	0	4
	4	6	4	10	4	0

六、案例分析

1. 某汽车运输企业是当地一家具有合法经营资格并持有经营公路货物运输营业执照的现代运输企业，去年统计资料如下：平均车辆数 80 辆，平均吨位 5t，工作车日 23360 车日，平均车日行程 200km，载运行程 280.32 万 km，完成货物周转量 1261.44 万 t·km。该企业为了占领竞争激烈的货物运输市场，决定实行合同运输战略，今年与某生产企业签订了包括提供运输劳务的数量、质量及运价等内容的煤炭货物运输合同，全年合同运输任务为 25 万 t，平均运距为 60km。

请根据上述资料，回答以下问题。

（1）该企业去年车辆工作率为多少？

（2）该企业去年车辆实载率为多少？

（3）该企业与生产企业签订的运输合同的标的是什么？

（4）该企业与生产企业签订的运输合同属于何种合同？

（5）该企业今年履行运输合同时，若车辆运用效率水平与去年相同，则需增加多少万 t·km 运输能力才能完成合同运输任务？

2. 某汽车运输企业某年平均营运车辆数为 100 辆，其额定吨位为 5t，经分析测算全年平均车辆完好率达 90%，其中由于各种原因导致停驶的车辆数占营运车辆数的 10%，技术速度为 50km/h，出车时间利用系数为 0.60，平均每日出车时间为 10h，总行程中空驶行程占 40%，吨位可以得到充分利用，计划平均运距为 60km，货物周转量为 26250000t·km。

根据上述资料，计算下列各项车辆运用效率指标的计划值。

（1）营运车日数为多少？

（2）总吨位为多少？

（3）车辆工作率为多少？

（4）工作车日数为多少？

（5）总行程为多少？

第 6 章 公路货物运输组织

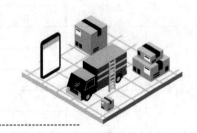

【本章知识架构】

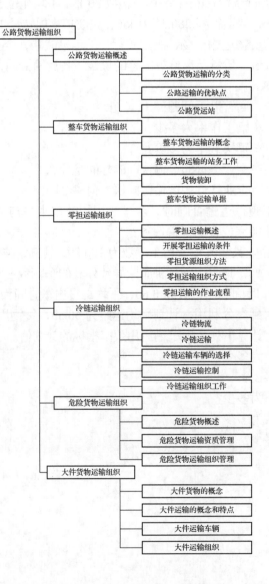

第 6 章
公路货物运输组织

📦【教学目标】

通过本章学习，了解公路货物运输的分类、公路运输的优缺点；掌握整车货物运输组织工作；了解零担运输特点和零担货源组织方法；明确开展零担运输的条件；掌握零担运输组织方式；了解冷链运输组织工作；了解危险货物运输组织工作；了解大件货物运输组织工作。

📦【导入案例】

某新成立的第三方物流企业拥有 3t 普通卡车 50 辆，10t 普通卡车 30 辆，仓库 20000m^2，层高 14m，企业地处上海市闵行区，闵行区是上海最早的经济技术开发区，外商投资企业较多，邻近有沪闵路和莘松路，交通便利。请比较以下四种市场定位，其中哪一种最适合该企业？为什么？
（1）上海西部地区的国际货运代理。
（2）企业的第三方物流企业。
（3）车辆外包，仓库出租。
（4）省际运输仓储企业。

公路货物运输是最普及的一种运输方式。公路货物运输既可以成为其他运输方式的接运方式，也可以自成体系，在我国综合运输体系中起着十分重要的作用。公路货物运输具有方便、快捷、货损率低等优点，而且能够实现"门到门"运输服务，公路运输的货运量早已远远超过其他运输方式，平均运距也在逐渐增加。

6.1 公路货物运输概述

6.1.1 公路货物运输的分类

1. 按货运营运方式分类

按货运营运方式，可分为整车运输、零担运输、集装箱运输、联合运输和包车运输。
（1）整车运输是指一批托运的货物在 3t 及以上，或者虽不足 3t，但其性质、体积、形状需要一辆 3t 及以上汽车运输的货物运输，如需要大型汽车或挂车（核定载货吨位 4t 及以上的），以及罐车、冷藏车、保温车等车辆运输的货物运输。
（2）零担运输是指托运人托运的一批货物不足整车的货物运输。
（3）集装箱运输是将适箱货物集中装入标准化集装箱，采用现代化手段进行的货物运输。在我国又把集装箱运输分为国内集装箱运输和国际集装箱运输。
（4）联合运输是指一批托运的货物需要两种或两种以上运输工具的运输。目前我国联合运输有公铁联运、公水联运、公公联运、公铁水联运等。联合运输实行一次托运、一次收费、一票到底、全程负责。
（5）包车运输是指根据托运人的要求，经双方协议，把车辆包给托运人安排使用，按时间或里程计算运费的运输。

2. 按货物种类分类

按货物种类，可分为普通货物运输和特种货物运输。

（1）普通货物运输是指对普通货物的运输。普通货物可分为一等、二等、三等几个等级。

（2）特种货物运输是指对特种货物的运输。特种货物包括超限货物、危险货物、贵重货物和鲜活货物。

3. 按运送速度分类

按运送速度，可分为一般货物运输、快件货物运输和特快专运。

（1）一般货物运输，即普通速度运输或称慢运。

（2）快件货物运输要求货物位移的各个环节都体现一个"快"字，运输部门要在最短的时间内将货物安全、及时、完好无损地送到目的地。

（3）特快专运是指从货物受理的当天 15:00 时起算，300km 运距内，24h 内运达；1000km 运距内，48h 内运达；2000km 运距内，72h 内运达。

4. 按托运的货物是否办理保险分类

按托运的货物是否办理保险，可分为保险运输和不保险运输。

（1）保险运输。保险运输是以运输过程中的各种货物为保险标的，以运行过程中可能发生的有关风险为保险责任的一种财产保险。由于保险运输保障的是运输过程中的货物的安全，因此该种仅适用于收货人和发货人。在国际上，货物保险运输是由收货人还是由发货人投保，通常由贸易合同规定，并往往包含在货物价格中。在我国，发货人和收货人均可投保。保险运输需由托运人向保险公司投保或委托承运人代办。

（2）不保险运输。运输的货物是否办理保险均采取托运人自愿的办法，托运人不办理保险的是不保险运输。

6.1.2 公路运输的优缺点

1. 公路运输的优点

（1）机动灵活，货物损耗少，运送速度快，可以实现"门到门"运输。

（2）投资少，修建公路的材料和技术比较容易解决，易在全社会普及，这可以说是公路运输的最大优点。

2. 公路运输的缺点

（1）运输能力小，平均每辆普通载重汽车每次只能运送 5t 货物，长途客车可运送 50 位旅客，仅相当于一列普通客车的 1/36～1/30。

（2）运输能耗很高，分别是铁路运输能耗的 10.6～15.1 倍，沿海运输能耗的 11.2～15.9 倍，内河运输能耗的 13.5～19.1 倍，管道运输能耗的 4.8～6.9 倍，但比民航运输能耗低，只有民航运输能耗的 60%～87%。

（3）运输成本高，分别是铁路运输成本的 11.1～17.5 倍，沿海运输成本的 27.7～43.6 倍，管道运输成本的 13.7～21.5 倍，但比民航运输成本低，只有民航运输成本的 6.1%～9.6%。

（4）劳动生产率低，只有铁路运输的 10.6%，沿海运输的 1.5%，内河运输的 7.5%，但比民航运输的劳动生产率高，是民航运输的 3 倍。此外，由于汽车体积小，无法运送大件物资，不适宜运输大宗和长距离货物，公路建设占地多，随着人口的增长，占地多的矛盾将表现得更为突出。

因此，公路运输比较适宜在内陆地区运输短途旅客、货物，因而可以与铁路、水路联运，为铁路、港口集疏运旅客和物资，可以深入山区及偏僻的农村进行旅客和货物运输；在远离铁路的区域从事干线运输。

6.1.3 公路货运站

公路货运站是专门办理货物运输业务的车站，一般设在公路货物集散点。

《道路货物运输及站场管理规定》

1. 公路货运站的任务与职能

公路货运站的主要任务是组织货源、受理托运、理货、编制货车运行作业计划，以及车辆的调度、检查、加油、维修等。

公路货运站的职能包括以下几个方面。

（1）调查并组织货源，签订有关运输合同。

（2）组织日常的货运业务工作。

（3）做好运行管理工作。运行管理的核心是做好货运车辆的管理，保证各线路车辆正常运行。

2. 公路货运站的分类

（1）整车货运站。整车货运站主要经办大批货物运输，也有的兼营小批货物运输。

（2）零担货运站。零担货运站专门办理零担运输业务，是进行零担货物作业、中转换装、仓储保管的营业场所。

（3）集装箱货运站。集装箱货运站主要承担集装箱的中转运输任务，所以又称集装箱中转站。

3. 公路货运站的分级

（1）零担货运站的站级划分。根据零担货运站年货物吞吐量，将零担货运站划分为一、二、三级。年货物吞吐量在 6 万吨及以上者为一级站；2 万吨及以上，但不足 6 万吨者为二级站；2 万吨以下者为三级站。

（2）集装箱货运站的站级划分。根据年运输量、地理位置和交通条件不同，集装箱货运站可分为四级。年运输量是指计划年度内通过货运站运输的集装箱总量。一级站年运输量为 3 万标准箱及以上；二级站年运输量为 1.6 万~3 万标准箱；三级站年运输量为 0.8 万~1.6 万标准箱；四级站年运输量为 0.4 万~0.8 万标准箱。

6.2 整车货物运输组织

整车货物运输组织

6.2.1 整车货物运输的概念

我国国家标准《物流术语》（GB/T 18354—2021）中对整车运输的定义为，整车运输（full-truck-load transport）是一批属于同一发（收）货人的货物且其质量、体积、形状或性质需要以一辆（或多辆）货车单独装运，并据此办理承托手续、组织运送和计费的运输活动。为明确运输责任，整车货物运输通常是一车一张货票、一个发（收）货人。以下货物必须按整车运输。

（1）鲜活货物，如冻肉、冻鱼、鲜鱼，活的牛、羊、猪、兔、蜜蜂等。
（2）需用专车运输的货物，如石油、烧碱等危险货物，粮食、粉剂等散装货物。
（3）不能与其他货物拼装运输的危险品。
（4）易于污染其他货物的不洁货物，如炭黑、皮毛、垃圾等。
（5）不易于计数的散装货物，如煤、焦炭、矿石、矿砂等。

6.2.2 整车货物运输的站务工作

整车货物运输的站务工作可分为发送、途中和到达三个阶段，内容包括：货物的托运与承运；货物装卸、起票、发车；货物运送与到达交付、运杂费结算；商务事故处理等。货物在始发站的各项货运作业统称发送站务工作。

1. 整车货物运输的发送站务工作

（1）受理托运。受理货物托运必须做好货物包装、确定质量和办理单据等作业。
（2）组织装车。装车前对车辆进行检查；装车时注意码放货物，充分利用车辆的载重和容积；装车后检查货物的装载情况是否符合规定的技术条件。
（3）核算制票。发货人办理货物托运时，应按规定向车站缴纳运杂费，并领取承运凭证——货票。始发站在货物托运单和货票上加盖承运日期时起即算承运，承运标志着运输企业对发货人托运的货物开始承担运送义务和责任。

2. 整车货物运输的途中站务工作

货物在途中发生的各项货运作业统称途中站务工作。途中站务工作主要包括途中货物交接、货物整理或换装等内容。

3. 整车货物运输的到达站务工作

货物在到达站发生的各项货运作业统称到达站务工作。到达站务工作主要包括货运票据的交接，货物卸车、保管和交付等内容。

6.2.3 货物装卸

装卸作业是指在同一地域范围进行的、以改变物品的存放状态和空间位置为主要内容和目的的活动。装卸作业是连接各种货物运输方式、进行多式联运的作业环节，也是各种运输方式运作中各类货物发生在运输的起点、中转和终点的作业活动。装卸（loading and unloading）是在指定地点以人力或机械对物品实施垂直位移的作业。搬运（handling carrying）是在同一场所内，对物品进行水平移动为主的作业。没有装卸作业，整个物流过程就无法实现；没有高效率、高质量的装卸，整个物流过程的效率和质量也会受到严重影响。

1. 货物装卸的一般条件

(1) 零担货物装卸,较多地使用人力和手推车、台车和输送机等作业工具,也可使用笼式托盘、箱式托盘,以提高货物装卸、分拣及配货等作业的效率。

(2) 整车货物装卸,较多采用托盘系列及叉车进行装卸作业。

(3) 专用货车货物装卸,往往需要适合不同货物的固定设施、装卸设备,以满足装卸时需要的特殊技术要求。

2. 装卸作业的基本方法

(1) 单件作业法。

单件作业法是指将货物单件、逐件地进行装卸搬运的方法,这是人工装卸搬运阶段的主导方法。在当前装卸机械已普遍应用于各种装卸搬运领域的情况下,单件、逐件装卸搬运的方法也依然存在。单件作业法主要适用于:单件货物具有特有的安全属性的情况;装卸搬运场合没有或不适宜采用机械装卸的情况;货物形状特殊、体积过大,不便于采用集装化作业的情况等。

(2) 集装作业法。

集装作业法是指先将货物集零为整(集装化)后,再对集装件(箱、网、袋等)进行装卸搬运的方法。这种方法又可按集装化方式的不同,进一步细分为集装箱作业法、托盘作业法、货捆作业法、滑板作业法等。

① 集装箱作业法。集装箱的装卸搬运作业,在港口以跨车、轮胎龙门起重机、轨道龙门起重机为主进行垂直装卸,以拖挂车、叉车为主进行水平装卸;在铁路车站则以轨道龙门起重机为主进行垂直装卸,以叉车、平移装卸机为主进行水平装卸。

② 托盘作业法。托盘作业法是用叉车作为托盘装卸搬运的主要机械,即叉车托盘化。水平装卸搬运托盘主要采用搬运车辆和滚筒输送机;垂直装卸搬运托盘主要采用升降机、载货电梯等。在自动化仓库中,则采用桥式堆垛机和巷道堆垛机完成在仓库货架内的取、存装卸。

③ 货捆作业法。货捆作业法是先将货物货捆单元化(集装袋、网等),再利用带有与各种框架集装化货物相配套的专用吊具的门式起重机、桥式起重机和叉车等进行装卸搬运作业,是颇受欢迎的集装作业方式。

④ 滑板作业法。滑板作业法是用与托盘尺寸一致的带翼板的滑板承放货物,组成搬运作业系统,再用带推拉器的叉车进行装卸搬运作业。

(3) 散装作业法。

散装作业法是指对煤炭、建材、矿石等大宗货物,以及化肥、粮食、原盐等货物采用的散装、散卸的方法。其目的是提高装卸效率,降低装卸成本。散装作业法可进一步细分为重力作业法、倾翻作业法、机械作业法、气力输送法等。

① 重力作业法。重力作业法是利用货物的势能来完成装卸作业的方法。例如,重力法卸车是指底开门车或漏斗车在高架线或卸车坑道上自动开启车门,使煤炭或矿石等散装货物依靠重力自行流出的卸车方法。

② 倾翻作业法。倾翻作业法是将运载工具的载货部分倾翻,从而将货物卸出的方法。例如,自卸汽车靠液压油缸顶起货箱实现货物卸载。

③ 机械作业法。机械作业法是采用各种装卸搬运机械（如带式输送机、链斗装车机、单斗装载机、抓斗机、挖掘机等），通过舀、抓、铲等作业方式，达到装卸搬运的目的。

④ 气力输送法。气力输送法是利用风机在气力输送机的管内形成单向气流，依靠气体的流动或气压差来输送货物的方法。

3. 装卸作业组织工作

尽量通过运用现代装卸技术，提高实际作业质量和效率。组织工作水平的高低直接关系装卸工作的质量和效率，对提高车辆生产率、加速车辆周转、确保物流效率都有十分重要的作用。

（1）车辆装卸作业的时间构成。

车辆因完成货物装卸作业所占用的时间，是车辆停歇时间的组成部分，称为车辆装卸作业停歇时间。它主要由以下几部分时间组成：①车辆到达作业地点后，等待货物装卸作业的时间；②车辆在装卸货物前后，完成调车、摘挂作业的时间；③直接装卸货物的作业时间；④与运输有关的商务活动等的作业时间。

（2）装卸作业的基本要求。

①减少不必要的装卸环节；②提高装卸作业的连续性；③相对集中装卸地点；④力求装卸设备、设施、工艺等标准化；⑤提高货物集装化或散装化作业水平；⑥做好装卸现场组织工作。

（3）装卸组织工作。

①制订科学合理的装卸工艺方案；②加强装卸作业调度指挥工作；③加强改善装卸劳动管理；④加强现代通信系统的应用；⑤提高装卸机械化水平；⑥应用数学方法提高装卸劳动力的组织水平。

6.2.4 整车货物运输单据

1. 货物托运单

货物托运单是发货人托运货物的原始依据，也是车站承运货物的原始凭证。它明确规定了承托双方在货物运输过程中的权利、义务和责任。货物托运单注明了托运货物的名称、规格、件数、包装、质量、体积、货物保险和保价，收发货人姓名和地址，货物装卸地点，以及与承托双方有关的货运事项。

2. 货票

货票是一种财务性质的票据，是根据货物托运单填写的。公路货物运输货票内注明了货物装卸地点，收发货人姓名和地址，货物名称、包装、件数和质量，计费里程与计费质量，运费与杂费等。根据货物托运单和运输线路，确定计费里程；确定货物的货运种类，查得规定的运价（或费率）；按有关规定确定货物的计费质量，进行运杂费结算。

3. 行车路单

行车路单就是行车命令，它是运输企业组织和指挥汽车运行作业的重要凭证，也是企业各部门检查考核运输生产和行车消耗的重要依据。行车路单是运输企业调度中心签发给汽车驾驶员进行运输生产的指令,是整车货运中最重要的原始记录。行车路单的管理必须坚持做到以下几点。

（1）行车路单必须严格按顺序号使用,要采取有效措施防止空白路单的丢失。

（2）每一运次（或每一工作日）回队后必须将完成运输任务的行车路单交回,不允许积压、拒交。

（3）行车路单内各项记录必须按要求填准、填全。车队调度员对交回的行车路单各项记录负初审责任。

（4）必须严格执行运输企业规定的行车路单使用程序、管理办法。

6.3 零担运输组织

6.3.1 零担运输概述

1. 零担运输的定义

我国国家标准《物流术语》（GB/T 18354—2021）中对零担运输的定义为,零担运输（less-than-truck-load transport）是一批货物的质量、体积、形状和性质不需要单独使用一辆货车装运,并据此办理承托手续、组织运送和计费的运输活动。

随着国民经济的发展和人民生活水平的提高,运输货物中高附加值、轻浮类货物的比重越来越大,社会对运输的需求逐渐呈现出多品种、小批量的特点,零星用户、零星货物急剧增加,零担运输已经成为货物运输的主要形式之一。汽车运输的零担货物具有运量小、批次和品种多、包装各异、流向分散等特点,加之零担货物性质比较复杂,以件包装货物居多,许多货物价值较高,多数品种怕潮、怕重压,需要几批甚至十几批货物才能配装成一辆零担车,所以零担运输的组织工作比整车货物运输要细致和复杂得多。

2. 零担运输的特点

零担运输是汽车货运中相对独立的一个组成部分。相对于整车货物运输而言,零担运输具有以下特点。

（1）货源的不确定性和来源的广泛性。零担货物来源广泛,而且货物的流量、流向、流时等多为随机发生,均具有不确定性,难以通过合同方式将其纳入计划管理范围。

（2）组织工作复杂。零担货物种类繁杂,运输需求多样化,所以必须采取相应的组织形式,才能满足人们的货运需求。这就使得零担货运环节多,作业工艺细致,设备种类多,对货物的配载和装卸要求较高。货运站作为零担运输的主要执行者,必须完成货源组织、零担货物的确认和零担货物配载等大量的工作。

（3）单位运输成本高。为了适应零担运输的需求,货运站要配备一定的仓库、货棚、站台,配备相应的装卸、搬运和堆垛机械及专用厢式车辆,投资较高。再者,相对整车货物运输而言,零担货运中转环节多,易出现货损、货差,赔偿费用较高。所以零担运输的单位运输成本较高。

（4）机动灵活。零担货运车辆大多定线、定期、定车运行,业务人员和托运单位对零担运输安排都比较清楚，便于沿线各站点组织货源，所以回程的实载率较高，经济效益显著。零担运输可做到上门取货、就地托运、送货到家、手续简单，能有效缩短货物运送时间，这对于具有竞争性、时令性和急需的零星货物运输具有十分重要的意义。另外，零担运输还可承担一定的行李、包裹的运输，成为客运工作的有力支持者。

6.3.2 开展零担运输的条件

从事汽车零担运输必须具备一定的前提条件，既有宏观的社会经济条件，也有微观的物质条件。其中，应具备的物质条件如下。

（1）零担货运站。零担货运站是零担货运企业的固定营业场所，承担着集结、受理、保管、运输、交付零担货物，以及车辆调度等方面的任务，是载运工具与零担货物之间联系的纽带。

按照《汽车零担货运站站级与建设要求》（JT/T 3134—1988）的规定，汽车零担货运站设施包括站房、仓库、货棚、装卸车场、停车场及生产辅助设施等。站房由托运处、提货处组成；仓库、货棚由货位、操作通道、进出仓门、装卸站台组成；生产辅助设施由行管及后勤人员工作间、行车人员宿舍、食堂、装卸人员休息室、资料室等组成。零担货运站应设置零担车运行线路图、营运班期表、运价里程表、托运须知，并配备检定合格的计量器具。

（2）零担班线和零担货运网络。零担班线和零担货运网络是进行零担运输的基础。零担班线是指零担班车的运行线路；零担货运网络是指由若干货运站和运行线路组成的运输系统。零担班线的开辟应尽量满足沿途货流的需要，尽量减少中转环节，并在货源调查的基础上确定车辆运行方案。

（3）零担货车。零担货车是汽车零担运输的工具，是开展零担货运的保证。零担运输要求使用封闭式专用货车或封闭式专用设备，车身喷涂"零担货运"标志，车辆技术状况达到二级以上。

6.3.3 零担货源组织方法

货源组织是零担运输组织的一项基础性工作。货源信息不仅是零担货运经营决策的重要依据，也是提高零担货运应变能力的基础。货源组织工作始于货源调查，止于货物的受理托运。

常用的零担货源组织方法有以下几种方式。

（1）实行合同运输。实践证明，实行合同运输是汽车运输部门行之有效的货源组织方法之一。实行合同运输有利于加强市场管理，稳定货源；有利于编制运输生产计划，合理安排运输生产；有利于加强运输企业责任感，提高服务质量；有利于简化运输手续，减少费用支出。

（2）建立零担货运代办站（点）。零担货运企业可以自行建立货运站（点），也可以利用其他社会部门、企业或个人的闲置资源建立零担货运代办站（点）。设立代办站（点），既可以充分利用社会资源，弥补零担货运企业在发展业务中资金和人力的不足，又可以加大零担货运站的密度，扩大组货能力。零担货运代办站（点）一般只负责零担货物的受理、中转和到达业务,不负责营运。另外,设立零担货运代办站(点)的前提是广泛的市场调查,只有通过市场调查分析,才能了解货源情况,才能建立合理的零担货运网络。

(3)委托社会相关企业代理零担货运业务。货物联运公司、商业企业、邮局等单位均拥有广泛的营销关系网络,有较为稳定的货源。零担货运企业可以委托它们代理零担货运受理业务。这样做,一方面可以扩大本企业的零担货源,另一方面又可以扩大联运公司、商业企业和邮局的营业额,是一种双赢的合作关系。代理人一般向托运人收取一定的手续费,有时也同时向零担货运站收取一定的劳务费。

(4)建立货源情报制度。零担货运企业可以在零担货源比较稳定的物资单位聘请货运信息联络员,充当本企业的业余组货员。这样,可以随时得到准确的货源信息,以零带整,组织整车货源。

(5)开展电话受理业务。设立电话受理业务,可以使货主就近办理托运手续,特别是能向外地货主提供方便。

(6)开展网上接单业务。当前社会,互联网已经普及,电子商务高速发展,零担货运企业应积极利用这种先进的信息手段,开展网上接单业务,扩大货源。

6.3.4 零担运输组织方式

零担运输由于其业务烦琐、点多面广、线路复杂,且有一个"化零为整"和"化整为零"的过程,这就决定了开展零担运输必须采取合理的组织形式,才能取得良好的效果。零担运输的组织形式包括非固定式零担车和固定式零担车。

非固定式零担车是指按零担货流的具体情况,临时组织而成的一种零担车。这种零担车计划性差,适宜在新辟零担运输线路上或季节性零担运输线路上临时运行。

固定式零担车通常称为汽车零担货运班车,一般是以货运企业服务区域内的零担货物的流量、流向,以及货主的实际需求为基础组织运行的。运输车辆以厢式专用车为主,实行定运输线路、定班次和发车班期、定停靠站点、定车型运行。

1. 直达式零担班车

直达式零担班车是在起运站将不同发货人的货物托运至同一到达站,且性质适合配装的零担货物装于一车,一直运送至目的站的运输组织形式,如图 6.1 所示。

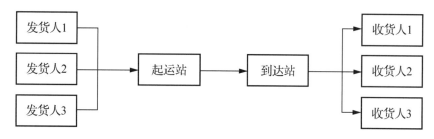

图 6.1 直达式零担班车

直达式零担班车的运输组织方式与整车货运基本相同,是所有零担运输组织形式中最为经济的一种,也是零担货运的基本形式。其优点如下。

(1)无中转环节,节省了中转费用,减轻了中转站的作业负担。

（2）减少了在途时间，提高了零担货物的运送速度，加速车辆周转和物资调拨。

（3）减少了货物在中转站的作业，因而减少了货损、货差的发生，提高了货运质量。

（4）货物在仓库内的集结待运时间短，有利于充分发挥仓库货位的利用程度。

直达式零担班车适用于货源充足，流向集中的线路。需要注意的是，货物在仓库中集结待运的时间不能过长，否则会降低仓库货位利用率，降低货物运送速度。

2. 中转式零担班车

中转式零担班车是在起运站将不同发货人的货物发往同一去向、不同到达站，但性质适合配装的零担货物同车装运至规定的中转站，再与中转站的其他零担货物组成新的零担班车继续运往各自到达站的运输组织形式，如图 6.2 所示。

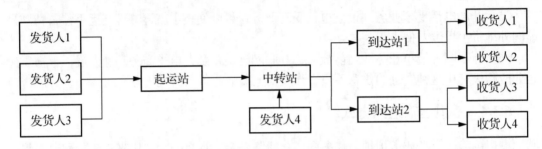

图 6.2 中转式零担班车

图 6.2 所示的运输只进行了一次中转，如果线路很长，可能会发生多次中转。

中转式零担班车的中转作业环节较多，组织工作复杂，需耗费大量的人力与物力。它与直达式零担班车互为补充，在货源不足，组织直达零担班车条件不成熟的情况下，是一种必要的运输组织形式。

3. 沿途式零担班车

沿途式零担班车是在起运站将不同发货人的货物发往同一去向、不同到达站，但性质适合配装的零担货物组成零担班车，沿运输线路运送，在各计划作业点卸下或装上零担货物后继续行驶，直至最终到达站的运输组织形式，如图 6.3 所示。

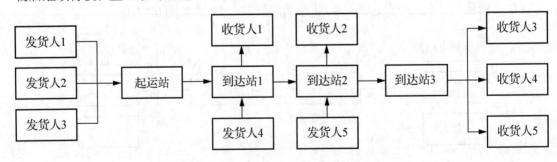

图 6.3 沿途式零担班车

沿途式零担班车的运输组织工作非常复杂，车辆在途运行时间较长，但能满足沿途客户的多品种、小批量的运输需求，可以充分利用车辆的载重与容积。

6.3.5 零担运输的作业流程

零担运输的经营活动包括零担货物的受理、仓储、运输、中转、装卸、交付等。其具体的作业流程是受理托运、检验过磅、仓库保管、开票收费、配载装车、线路运行、到站卸货、仓库保管及货物交付，是按照流水作业构成的一种流程，如图 6.4 所示。

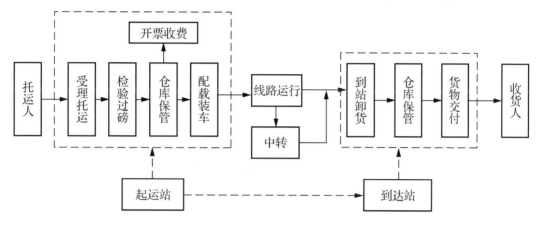

图 6.4　零担运输的作业流程

1. 受理托运

受理托运是零担运输的第一个环节，是指零担货物的承运人依据营业范围内的线路、距离、中转站点、各车站的装卸能力、货物的性质及限运规定等业务规则和有关规定接受托运人的零担货物，办理托运手续。

零担运输线路多、站点多、货物种类繁杂、包装各异、性质不一，因此，承运人必须掌握本企业营业范围内的线路、站点、运距、中转范围、各车站装卸能力、货物的理化性质等业务知识及有关规定。货运站应事先对外公布办理零担运输的线路、站点（包括联运、中转站）、班期及里程运价，还需张贴托运须知、包装要求及限运规定等内容，方便货主按实际需求进行托运。

（1）受理托运的方法。

① 随时受理制。这种受理制度对托运日期无具体的规定，在营业时间内，托运人可随时将零担货物送到托运站办理托运。这种受理制度的优点是极大地方便了托运人，缺点是不能事先组织货源，使运输组织缺乏计划性，货物在库集结时间较长，货位利用率低。随时受理制适用于作业量小的货运站、急运货物货运站和始发量小而中转量大的中转货运站。

② 预先审批制。这种受理制度要求托运人事先向货运站提出托运申请，货运站根据各个发货方向及站点的货运量，结合站内设备和作业能力加以综合衡量，分别指定日期进行货物集结，组成零担班车。这种受理制度的优点是计划性强，可提高零担运输组织水平，缺点是对托运人造成一定不便。

③ 日历承运制。这种受理制度是指货运站根据零担货物的流量、流向、流时的分布规律，编制承运日期表，事先公布，托运人需按规定日期来站办理托运手续。对于货运站来说，日历承运制保证了货运工作的计划性，便于将流向分散的零担货物合理集中，可均衡

安排货运站每日承运货物的数量，合理使用运输设备；对于托运人来说，日历承运制便于物资部门安排生产和物资调拨计划，提前做好货物托运准备工作。

（2）托运单的填写与审核。

托运单是托运人托运货物和货运站承运货物的原始凭证。受理托运时，必须由托运人认真填写托运单（表6-1）中的各项内容，承运人审核无误后才能承运。托运单原则上由托运人自己填写，承运人不予代填。托运单一式二份，一份由起运站仓库保存留档，另一份开票后随货同行。

表6-1 公路汽车零担货物托运单

托运日期＿＿＿年＿＿＿月＿＿＿日
起运站＿＿＿＿＿＿＿＿ 到达站＿＿＿＿＿＿＿＿
托运单位＿＿＿＿＿＿＿ 详细地址＿＿＿＿＿＿＿ 电话＿＿＿＿＿＿＿
收货单位（人）＿＿＿＿ 详细地址＿＿＿＿＿＿＿ 电话＿＿＿＿＿＿＿

货物名称	包装	件数	实际质量	计费质量	托运人注意事项
					① 托运单填写一式两份。
					② 搬运货物必须包装完好，捆扎牢固。
					③ 不得谎报货物名称，否则在运输过程发生的一切损失，均由托运人负责赔偿。
					④ 搬运货物不得夹带易燃危险等物品。
合计					⑤ 黑粗线以左各栏，由托运人详细填写。
发货人记载事项			起运站记载事项		

进货仓位＿＿＿＿＿＿ 仓库理货验收员＿＿＿＿＿＿ 发运日期＿＿＿＿＿＿
到站交付日＿＿＿＿＿ 托运人（签章）＿＿＿＿＿＿

承运人对托运人填写的托运单应认真审核，具体要求如下。

① 认真核对托运单的各栏有无涂改，涂改不清者应重新填写。

② 审核到达站与收货人的地址是否相符，以免误运。

③ 对货物的品名和属性进行鉴别，注意区别普通货物和笨重零担货物、普通货物与危险货物，如属危险货物应按《道路危险货物运输管理规定》处理。

④ 对托运人在"发货人记载事项"栏内填写的内容应特别注意，审核托运人的要求是否符合有关规定，货运站能否承担。

2. 检验过磅

检验过磅是业务人员在收到托运单后，审核单、货是否相符，检查货物包装，过磅量方，贴标签、标志与开货票等工作。

（1）审核单、货是否相符。

核对货物品名、件数等是否与托运单相符，必须逐件清点，防止差错。注意检查是否夹带限运货物或危险货物。

（2）检查货物包装。

包装是托运人的职责。货物包装是否完好、适宜，是便于装卸、保证运输质量和货物自身安全的必备条件，所以必须按货物的特性和要求进行包装，必须达到零担货运关于货物包装的规定。

货运站应认真检查包装质量。检查时，应首先观察货物包装是否符合有关规定，有无破损、异样，再听一听包装内有无异声，闻一闻是否有不正常的气味，最后应轻摇一下，以检验包装内的衬垫是否充实，货物在包装内是否晃动。若发现应包装的货物没有包装或应有内包装的货物没有内包装，应请货主重新包装后再托运；对包装不良的货物，请货主改善包装后再托运；对无包装但不影响装卸及行车安全的，经车站同意后可予以受理托运，但必须在托运单中注明情况及损坏免责事项。

检查货物包装是一项琐碎却十分重要的工作。若检查不细致，会使破损、短少、变质的货物进入运送过程，轻则加剧货物的损坏程度，重则不能保证承运期间的安全，转化为运输部门的责任事故，从而造成损失，影响企业的声誉。

（3）过磅量方。

检验完包装后，业务人员应对受理的零担货物过磅量方。货物质量是正确装载、核算运费和发生事故后正确计算赔偿费用的依据。货物质量分为实际质量、计费质量和标定质量三种。

① 实际质量是指货物（包括包装在内）过磅后的毛重。

② 计费质量可分为不折算质量和折算质量。不折算质量就是货物的实际质量。关于折算质量的计算可参考相关的规定。

③ 标定质量是对特定的货物所规定的统一计费标准。若同一托运人一次托运轻浮和实重两种货物至同一到达站，只要货物的理化性质允许配装，则可以合并称重或合并量方折重计费。

业务人员将货物过磅或量方后，应将质量或体积填入托运单，指定货位将货物移入仓库，然后在托运单上签字证明并标注货位号，加盖承运日期戳，将托运单一份留存备查，另一份交还货主持其向财务核算部门付款开票。

（4）贴标签、标志与开货票。

零担货物过磅量方后，连同托运单交仓库保管员按托运单编号填写标签与有关标志（表6-2），并根据托运单和磅码单填写零担运输货票（表6-3），照票收取运杂费。

零担标签、标志是建立货物本身与其票据间联系的凭证。它标明货物本身性质，凭以理货、装卸、中转和交付货物。标签各栏内容均需详细填写，在每件货物的两端或正面明显处各贴一张。

货票是一种财务性质的票据。在起运站，它是向发货人核算运费的依据；在到达站，它是与收货人办理货物交付的凭证之一。此外，货票也是企业统计完成货运量，核算运输收入及计算有关货运工作指标的原始凭证。

表 6-2　公路汽车行李、包裹、零担标签

车次	
起运站	
到达站	
票号	
总件数	

年　月　日　时　　　　　　　　　　　　　　　　　站发

公路汽车行李、包裹、零担标签

票　号	总件数
站至　　　　　　站	

站　　　　　年　月　日

表 6-3　公路汽车零担运输货票

编号：
年　月　日

起运站		中转站		到达站					备注
托运人			详细地址						
收货人			详细地址						
货名	包装	件数	外形尺寸			实际质量	计费质量	单位运价	合计
			长	宽	高				
合计									托运人签章

车站：　　　　填票人：　　　　复核人：　　　　经办人：

3. 仓库保管

零担货物验收入库是货运站对货物履行运输及保管责任的开始。做好货物验收及保管工作可减少货损、货差，保证运输质量。货物保管、验收时，必须逐件清点交接，按指定货位堆放且码放整齐，经复点无误后在托运单上注明货位。验收货物时应注意以下几点。

（1）凡未办理托运手续的货物，一律不准进入仓库。

（2）坚持照单验收入库，做到以票对货，票票不漏，货票相符。

（3）货物必须按流向堆存在指定的货位上。

（4）一批货物不要堆放在两处。库内要做到层次分明，留有通道，标签向外。

（5）露天堆放的货物要注意下加铺垫、上盖雨布。

零担货物仓库应严格划分货位，一般分为待运货位、急运货位和到达待交货位。

零担货物仓库应具备良好的通风、防潮、安全保卫能力及防火和灯光设备。仓库和货位应尽可能置于站台上，以提高装卸效率和避免货物受到雨淋。货物装卸站台一般有直线型和阶梯型两种。根据车辆进行装卸作业时与站台的位置，又可将直线型站台分为平行式和垂直式两种。货物装卸站台类型如图 6.5 所示。车辆应根据场地的大小、作业的需要等情况进行合理选择。

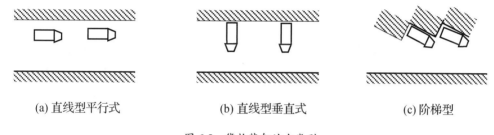

(a) 直线型平行式　　　(b) 直线型垂直式　　　(c) 阶梯型

图 6.5　货物装卸站台类型

4. 开票收费

在司磅人员和仓库保管员在托运单上签字后，就可进行开票收费作业。此作业环节包括运费和杂费的计算，可套用既定公式进行计算。

零担运输的杂费项目包括：渡费（零担运输车辆如需要通过渡口，由起运站代收渡费）、标签费、标志费、联运服务费［使用两种以上运输工具的联合运输及跨省（自治区、直辖市）的公路联运，应核收联运服务费］、中转包干费（联运中转环节的装卸、搬运、仓储、整理、包装等劳务费用，实行全程包干，由起运站一次核收）、退票费、保管费、快件费、保险费等。

5. 配载装车

这是零担货物起运的开始。零担货物的配装计划必须根据承运零担货物的流量、流向，结合当日存余待运货物的情况，综合平衡后确定。

（1）零担货物的配载原则。

零担货物在进行配载装车时，应遵循以下配载原则。

① 坚持"中转先运、急件先运、先托先运、合同先运"的原则。

② 充分体现"多装直达，减少中转"的原则。必须中转的货物，应按合理流向配载，不得任意增加中转环节。

③ 进行轻重配装，巧装满载，充分利用车辆的载重与容积。

④ 严格执行有关货物混装限制的规定，确保运行安全。

⑤ 加强中途各站待运量的预报工作，根据需要为中途站留有一定的载重和容积。

（2）装车工作组织。

① 装车前的准备。

A. 备货。货运仓库接到货物装车交接单后，应逐批核对货物品名、货位、数量、到达站，检查包装标志、标签。

B. 根据车辆的载重量或容积、货物的性质和形状进行合理配载，填制配装单和货物交接单（表6-4）。填单时，必须按照货物的先远后近、先重后轻、先大后小、先方后圆的顺序填写，以便按单顺次装车。对不同到达站和中转站的货物要分单填制。

表6-4 公路汽车零担货物交接单

车属单位：_____ 　　　　　　　　　　编号：　　　字第　　　号
车　号：_____
吨　位：_____ 　　　　　　　　　　　　　　　　年　　月　　日

原票记录			中转记录		票号	收货单位（或收货人）	品名	包装	承运路段				备注
原票起站	到达站	里程/km	中转站	到达站					件数/件	里程/km	计费质量/kg	运费/元	
合　计													

附件	零担货票	发票	证明	上列货物已于　　月　　日经点件验收所随带附件，收讫无误。中转站：　　　　　到达站：　　　（签章）　　月　　日

始发站：　　　　　　　填单人：　　　　　　　　　驾驶员签章

C. 整理各种随货同行单据，包括提货联、随货联、托运单、零担货票及其他附送单据，按中转、直达理开，附于交接单的后面。

D. 按单核对货物的堆装位置，做好装车标记。

② 货物装车。

完成上述准备工作后，即可按交接单的顺序和要求点件装车。装车作业时应注意以下几点。

A. 检查零担车车体、车门、车窗是否良好，车内是否干净。

B. 均衡分布货物，防止偏重。

C. 贵重货物应堆装在防压、防撞的位置，以保证货物安全。

D. 紧密堆装货物，并注意货物固定，以防止运输途中货物倒塌、破损。

E. 同一批货物应堆装在一起，货签朝外，以便识别。

F. 货物装车完毕后复查，防止错装、漏装、误装。确定无误后，驾驶员（或随车理货员）清点随货单据，在交接单上签章。交接单应一站一单，以便于点交和运杂费的结算。

G. 检查车辆上锁及遮盖、捆扎等情况。

6. 车辆运行

零担班车必须严格按期发车，不得误班。班车必须按规定线路行驶，按规定站点停靠，并由中途站值班人员在行车路单上签章。

行车途中，驾驶员或随车理货员应经常检查所载货物的情况，发现异常，应做好记录，及时处理，或请就近货运站协助处理。

7. 货物中转

对于需要中转的货物应以中转式零担班车或沿途式零担班车的形式运送到规定中转站进行中转。中转作业主要是将来自各个方向的零担货物卸车后重新集结，组成新的零担班车继续运送至各自的终点站。

零担货物中转一般有以下三种方法。

（1）落地法。落地法是"卸下入库，另行配装"，即将到达中转站的零担班车上的货物卸下入库，按不同流向和到达站在货位上重新集结待运，再配装成新的零担班车。这种方法的优点是简单易行，车辆的载重和容积利用较好；缺点是装卸作业量大，作业速度慢，仓库和场地的占用面积也比较大，中转时间较长。

（2）坐车法。坐车法是"核心货物不动，其余卸下，另行配装"，即将到达中转站的零担班车上的核心货物（运往前面某一到达站且数量较大或卸下困难的货物）不动，其余的货物卸下入库，再加装同一到达站的其他货物，组成新的零担班车。这种方法的优点是核心货物不卸车，减少了货物装卸量，加快中转速度，节约了货位与劳动力；缺点是留在车上的核心货物的装载情况和数量不易检查和清点，在加装货物较多时也难免发生卸车和倒载等附加作业。

（3）过车法。过车法是将到达中转站的零担班车上的货物直接换装到另外的零担班车上。这种方法比较适用于几辆零担班车同时到站进行中转作业的情况。组织过车作业时的目标车辆既可以是空车，也可以是留有核心货物的重车。这种方法的优点是在完成卸车作业的同时也完成了装车作业，减少了装卸作业量，加快了中转速度；缺点是对到发车辆的时间衔接要求较高，容易受到意外干扰而中断。

零担货物中转站主要承担货物的保管工作，以及与中转环节有关的理货、堆码、整理、倒载等工作。零担货物中转站应积极组织发送工作，尽量减少货物在中转站的滞留时间。对破损、受潮、包装污染的货物应先进行加固整理再换装，严禁破来破去，同时需在卸车交接时记录在案。如果遇到票货不齐或串件的情况，需先在交接单中签注，然后立即通知起运站查错和纠正，待票货完全相同时再转运，严禁错来错去。

8. 到站卸货

零担班车到站后，仓库人员应向驾驶员或随车理货员索要货物交接单及随附的有关凭证，按单验货，件点件清。如果无异常情况，在交接单上签字并加盖业务章；如果有异常情况，需视不同情况采取相应处理措施。

（1）有单无货。双方签注情况后，在交接单上注明，原单退回。

（2）有货无单。查验货物标签，确认系货物到达站，应予以收货，由仓库人员签发收货清单，双方盖章，寄起运站查补票据。

（3）货物到站错误。将货物原车运回起运站。

（4）货物短缺、破损、受潮、污染、腐坏。双方共同签字确认，填写事故清单，按商务事故程序办理。

货物卸下应堆放在指定地点,堆放要保证货物完好无损,定期巡视,防止仓储事故的发生,把好保证货运质量的最后一关。

9. 货物交付

这是零担运输的最后一项业务。货物到站卸下入库后,应及时通过电话或书面形式通知收货人凭提货单提货,并将通知的方式和日期记录在案备查。对预约送货上门的货物,应立即组织送货上门;对逾期提取的货物按有关规定办理。

货物交付要按单交付,件检件交,做到票货相符。交货完毕后,应在提货单上加盖"货物交讫"戳记,然后收回货票提货联,汽车零担货物的责任运输才告完毕。

冷链运输组织

6.4 冷链运输组织

6.4.1 冷链物流

1. 冷链物流的概念

我国国家标准《物流术语》(GB/T 18354—2021)将冷链(cold-chain)定义为:根据物品特性,从生产到消费的过程中使物品始终处于保持其品质所需温度环境的物流技术与组织系统。然而冷链是供应链,并非物流网络,冷链物流只是冷链的一个组成部分,二者应区分清楚。冷链是为了保证冷冻冷藏物品的品质而使其在从生产到消费的过程中,始终处于物品所必需的温度条件下,以保证物品的质量安全,较少损耗,防止污染的供应链。由此,冷链物流是依托始终处于低温状态的配有专门设施设备的物流网络,将需要冷冻冷藏的物品从生产地运往消费地的过程。中国物流与采购联合会对冷链物流的定义为:冷链物流泛指温度敏感性产品在生产、储藏、运输、销售,到消费前的各个环节中,始终处于规定的低温环境下,以保证物品质量,减少物流损耗的一项系统工程。冷链物流流程如图 6.6 所示。

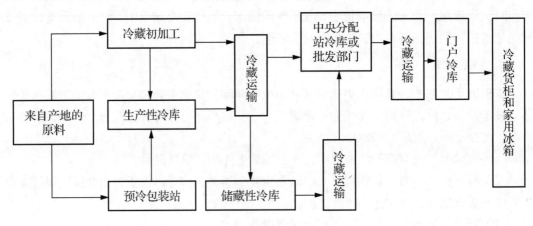

图 6.6 冷链物流流程

2. 冷链的构成

冷链物流也称低温物流，是一种特殊物流形式，由冷藏加工、控温储藏、冷藏运输及配送、冷藏销售四个方面构成。

（1）冷藏加工，包括肉禽类、鱼类和蛋类的冷却与冻结，以及在低温状态下的加工作业过程；也包括果蔬的预冷；各种速冻食品和奶制品的低温加工等。在这个环节主要涉及的冷链装备是冷却、冻结装置和速冻装置。

（2）控温储藏，包括食品的冷却储藏和冻结储藏，以及水果蔬菜等食品的气调储藏，它是保证食品在储存和加工过程中的低温保鲜环境。在此环节主要涉及各类冷藏库/加工间、冷藏柜、冻结柜及家用冰箱等。

（3）冷藏运输及配送，包括食品的中、长途运输及短途配送等物流环节的低温状态。它主要涉及铁路冷藏车、冷藏汽车、冷藏船、冷藏集装箱等低温运输工具。在冷藏运输过程中，温度波动是引起食品品质下降的主要原因之一，所以运输工具应具有良好的性能，在保持规定低温的同时，更要保持稳定的温度，这对于远途运输尤其重要。

（4）冷藏销售，包括各种冷链食品进入批发、零售环节的冷冻储藏和销售，它由生产厂家、批发商和零售商共同完成。随着大中城市各类连锁超市的快速发展，连锁超市正在成为冷链食品的主要销售渠道，在这些零售终端中，大量使用了冷藏冷冻陈列柜和储藏库，它们成为冷链中不可或缺的重要环节。冷链的价值链构成如图 6.7 所示。

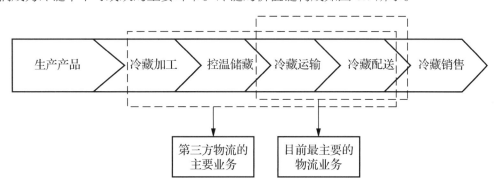

图 6.7 冷链的价值链构成

6.4.2 冷链运输

1. 冷链运输的概念

冷链运输是指在运输全过程中，无论是装卸搬运、运输方式变更及包装的更换等环节，所运输货物始终保持在一定的温度区间的运输。冷链运输方式可以是公路运输、水路运输、铁路运输、航空运输，也可以是多种运输方式组成的综合运输方式。冷链运输是冷链物流的一个重要环节，冷链运输成本高，而且包含了较复杂的移动制冷技术和保温箱制造技术。

《道路冷链运输服务规则》

冷链运输过程必须依靠冷冻或冷藏专用车辆，冷冻或冷藏专用车辆除了需要有一般卡车相同的车体与机械，还必须额外在车上设置移动制冷设备、温度检测控制设备和保温设备。在运输过程中要特别注意必须是连续的冷藏，因为微生物活动和呼吸作用会随着温度的升高而加强，如果运输中各环节不能保证连续冷藏的条件，那么货物就有可能在这个环节中开始变质腐烂。在冷链运输过程中，应该根据货物的种类、运送季节、运送距离和运送地点确定运输方法，尽量组织"门到门"的直达运输，提高运输速度。冷链运输要求在中、长途运输及短途配送等运输环节的低温状态，温度变化范围要符合规定。

2. 公路冷链运输的优势

冷链物流是一个巨大而复杂的体系，涉及的领域多种多样，包括冷链运输、冷链仓储、冷链包装等。其中，冷链运输包括公路冷链运输、铁路冷链运输、航空冷链运输、水路冷链运输等。这些冷链运输方式的运营特点不同、市场规模不同、发展前景不同，彼此之间形成了既互补又竞争的关系。它们之间的互补关系体现在联运的方式上，如公铁冷链联运、公航冷链联运、公水冷链联运等。然而，它们之间的竞争关系也显而易见。例如，公路冷链运输和其他冷链运输方式之间就存在着巨大的竞争，并且大有愈演愈烈的趋势。公路冷链运输在竞争中的迅速发展，市场占有率的逐步提升，这与公路冷链运输相对于其他冷链运输方式所特有的优势密不可分。公路冷链运输的特有优势主要体现在以下方面。

（1）一体化全程服务。公路冷链运输实行"门到门"的一站式服务，中间环节少。一方面可以减少冷链货物暴露在非温控环境下的概率，降低了货物因转运而造成的损失，提高了货物的安全性。另一方面中间环节的减少，可以提高运输效率，缩短运输时间，保障了冷链货物送达的准时性。

（2）网络覆盖广泛。相对于铁路和航空来说，公路网络覆盖面更大，理论上可以深入每个角落。这为公路冷链运输"门到门"的服务提供了客观条件。

（3）安全性和时效性高。公路冷链运输相对于铁路冷链运输和航空冷链运输中间环节少，可控性强，且受天气、行政等不可控因素影响较小，这使得公路冷链运输安全性和时效性更高。

（4）服务质量稳定。公路冷链运输相对于铁路冷链运输和航空冷链运输运力充足，受淡旺季影响较小，有比较可靠的运力保障，保证了稳定的服务质量。

（5）价格较低。公路冷链运输相对于航空冷链运输价格明显较低，即使与铁路冷链运输相比，在总价格上也有一定的竞争优势。

公路冷链运输所特有的优势决定了其在整个冷链运输市场中的重要地位。公路冷链运输的快速发展会带动整个冷链运输市场的快速发展，进而为中国冷链物流的整体发展和壮大做出巨大的贡献。

3. 冷链运输的对象

冷链运输的对象主要根据所运输货物对温度的要求来进行分类。

（1）保鲜类物品，如蔬菜、鲜花、水果、保鲜疫苗、鲜活水产品等，一般温度要求在 $2 \sim 8℃$。

（2）冷鲜类物品，如排酸肉品、江海鲜产品、豆制品、冷冻疫苗、巧克力等，一般温度要求在 $-5 \sim 0℃$。

（3）冷冻类物品，如速冻食品、速冻江海鲜产品、冻肉制品等，一般温度要求在 $-18 \sim -10℃$。

（4）深冷冻物品，如高级冰激凌、高级面包活菌酵母面团，一般温度要求在 $-45 \sim -20℃$。

（5）高危品。这需要用一种极端高危品运输冷藏车，目前国内的技术还不能达到其制造工艺要求。

4. 冷链运输的技术

冷链运输的技术主要包括四大类。

（1）移动制冷技术，包括制冷剂、制冷系统、温控系统，以及干冰、冰块等辅助保冷措施。

（2）保温技术，包括冷藏集装箱、保温箱、保温袋、冷藏箱，以及各类保温包装手段、密封措施等。

（3）监控系统，主要用于对冷链运输过程进行监控与管理，包括温度传感器、RFID、GPS及软件管理系统。

（4）运输装备，主要包括铁路冷藏车、航空冷藏箱、冷藏汽车、冷藏船等低温运输工具。在冷藏运输过程中，温度波动是引起货物品质下降的主要原因之一，所以运输工具应具有良好的保温性能，在保持规定低温的同时，更要保持稳定的温度，这对于远途运输尤其重要。

在冷链运输中，温度在$-15 \sim -5$℃的冷藏运输主要用于低温冷冻食品的运输；温度在$0 \sim 10$℃的冷藏运输主要用于生物制品的运输；温度在$0 \sim 20$℃的冷藏运输主要用于恒温保温食品的运输等。

5. 公路冷链运输的安全性和时效性

公路冷链运输的安全性和时效性，两者既相互影响又内在统一。所谓安全性，是指被运输的温控商品应从运输的开始至运输的结束，其品质始终得到保证，在运输过程中货物的各项理化指标均符合相应标准的要求。所谓时效性，是指被运输的温控商品应在指定的时间段内被准确运输到指定的目的地。安全性和时效性的相互影响和内在统一可以通过一个简单的例子来说明。

一辆运载着冷鲜猪肉的车辆要求某年某月某日某时从 A 城冷库出发，并于 20 小时后于某年某月某日某时到达 B 城冷库。

假设 1：车辆在途中发生了交通事故，造成冷藏半挂车侧翻，冷藏货柜破损，冷鲜猪肉遗撒在公路上。

分析 1：冷鲜猪肉没有在运输途中保持品质，安全性没有达到。同时，由于事故造成了冷鲜猪肉不能在指定时间内送达指定地点，时效性也没有达到。

假设 2：车辆在运输途中由于故障停驶，车辆停靠在途中维修，比原定时间耽搁了 20 个小时到达目的地。

分析 2：由于车辆没有在指定期限内到达目的地，时效性没有达到。同时，由于时间的耽搁，造成了冷鲜猪肉品质下降，甚至腐败变质，安全性也没有达到。

假设 3：车辆在途中一切运行正常，在指定时间将完好的冷鲜猪肉送达指定的目的地。

分析 3：安全性和时效性均达到。

这个例子充分说明了安全性和时效性的相互影响和内在统一。一旦安全性出现了问题就会影响时效性的达成；反之，时效性出现了问题安全性也会出现问题。只有安全性和时效性同时达到，二者统一起来，才能完成一次完美的公路冷链运输任务。

6.4.3 冷链运输车辆的选择

冷链物流的运作基本由两大部分组成，一是运输，二是仓储。冷链运输是冷链管理的重要部分，冷链运输成本高，而且包含了较复杂的移动制冷技术和保温箱制造技术，冷链运输管理包含更多的风险和不确定性。冷链运输分为航空运输、水路运输、铁路运输和公路运输。公路冷链运输是冷链运输的主要组成部分。

1. 冷藏车辆形式的选择

冷藏车辆形式的选择是冷链运输首先遇到的问题。市场上冷藏车辆种类繁多，选择什么形式的车辆最适合企业的运作模式，是购置车辆首先应该考虑的问题。公路冷链运输车辆，按车辆形式可以分为冷藏集装箱式车、冷藏箱式车、冷藏连杆箱式车等；按制冷机的安装及形式可以分为单机制冷式车、双温控箱式车等。我国目前公路车辆开始标准化，非标准车辆将受到限制，所以运营单位选择车辆时首先要考虑交通运输部门批准的冷藏车辆系列。选择车辆的形式要根据行业特点、产品特性等因素综合考虑。例如，服务于海关的运输企业选择拖挂式冷藏集装箱车，运输单一温度的长途车辆选择冷藏箱式车，而服务于超市多温度商品的运输企业可以考虑选择双温控箱式车等。

2. 冷藏车辆大小的选择

冷藏车辆吨位大小会影响运营成本并限制车辆的使用安排。车辆的运输成本由车辆折旧、燃油费、修理费、人工费、路桥费、保险费和燃油税等费用组成。在国外，司机的成本占了车辆运输成本的 1/3，是非常大的一块。我国目前人工成本相对较低，但此种现象不会长期延续下去。车辆的运输成本很大一部分和车辆的行驶距离相关，所以加大单位距离的载量是多数情况下优先考虑的因素。一般来讲，车辆运载量越大单位货物的运输成本越低。这也是为什么国外道路上跑的很多是大吨位的车辆。而国内受多方面条件的限制，选择车辆时要考虑的因素更多一些。选择车辆大小应考虑以下几方面因素。

（1）运输业务模式。要考虑是批量长途运输还是小批量配送，长途运输应尽量选择大吨位的车辆。

（2）运输道路限制。一般市内配送受车辆限行的影响，在规定的期间内大吨位车辆不许进入城区，所以城市配送要考虑此因素。

（3）订单批量。订单的小批量是目前运输企业特别是配送企业面临的主要问题。单位时间内一辆车能送几单货将制约车辆的装载能力。

3. 冷藏车辆制冷能力的选择

冷藏车辆的功能主要是保持货品的温度，而不是降低货品的温度。车辆配备的制冷机的功率大小取决于冷藏箱尺寸、货品温度要求、箱体保温材料及环境温度等。一般而言，在特定的区域内冷藏车辆的制冷机有标准配置。一般选择与货品温度要求相匹配的制冷机。但在货品质量及对冷链控制要求较高的情况下，可以选择高一级的制冷机配置。

4. 冷藏车辆制冷形式的选择

冷藏车辆的制冷形式主要分为独立车载发动机制冷、冷板制冷、外接电源制冷和压缩气体制冷等。外接电源制冷主要用于船运制冷集装箱，压缩气体制冷形式主要在日本产冷藏车辆上使用。我国公路冷藏车辆主要采用独立车载发动机制冷和冷板制冷两种形式。独立车载发动机制冷形式应用较普遍，它的优点是不受时间和运输距离的限制，温度调节范围较宽。冷板制冷的优点是车厢内温度较稳定，可多次卸货并且没有途中发动机损坏的风险，但缺点是温度调节范围较窄，有制冷等待时间和不能接力运输等。

6.4.4 冷链运输控制

1. 温湿度控制

冷链运输过程中最重要的是温湿度控制，温湿度的监控由温控器来控制，长途运输一般会装上 GPS 温湿度监控系统，在办公室就能实时看到温湿度变化。但是运输过程中，司机往往为了省油，经常关闭冷藏设备，导致货物变质，尤其是在药品冷藏运输中，这是最危险的。一般通过温湿度记录仪来跟踪货物全程的温湿度。在冷链运输过程中，使用温湿度记录仪能够对物流全程进行温湿度监控，保证温湿度，还可以提供数据记录、超标报警和报表服务，确保运输的货物能够顺利被客户验收，展现了物流企业的对温湿度的控制能力，提高企业的竞争力。温湿度记录仪广泛应用于冷链物流中监测记录食品、医药品、化学用品等产品在运输过程中的温湿度数据，以及仓储监控，如冷藏集装箱、冷库及实验室等。

2. 运输设备的门（锁）控制

由于运输距离遥远且路况复杂，因此，对于食品等安全性敏感的货品，其冷藏箱应进行门或锁的状态控制监测。实际上，我国大部分的冷藏车都没有对门或锁进行控制。因此，在运输过程中，可能会出现货物丢失或被调包，带来严重的安全性后果。因此，将电子技术应用于运输设备的冷藏箱门或锁控制，结合地理信息系统，可以很好地保证货物的安全运输。

3. 运输的线路和时间控制

在冷链运输中，有些是简单的端到端或点到点运输。这种情况下，车辆的线路、每个时间点的位置，甚至单程或往返的油耗都可以有准确的信息。但冷链运输往往不是这样单一的线路，对于果蔬饮品等进出口冷链运输，则货品的具体位置、线路的实时掌控就变得十分重要。当货品在运输过程中遇到交通堵塞，或在港口、机场延迟耽搁，或经过危险化学品区域等情况，就需要冷链运输公司采取行动：要么通知分销或零售商缩短产品的保质期限，要么通知运输司机绕道避开危险区域，要么迅速采取措施，终止腐烂变质货品的运输。

6.4.5 冷链运输组织工作

良好的运输组织工作对保证冷链货物的质量十分重要。对于冷链运输应坚持"四优先"的原则，即优先安排运输计划、优先进货装车、优先取送、优先挂运。

发货人在托运之前，应根据货物的不同性质，做好货物的包装工作。托运时，应向承运人提出货物最长的运达期限、某种货物的具体运输温度及特殊要求，提交卫生检疫等有关证明，并在托运单上注明。检疫证明应退回发货人，或者随同托运单代递到终点站交收货人。

承运冷链货物时，承运人应对货物的质量、包装、温度等进行仔细检查。质量要新鲜，包装要符合要求，温度要符合规定。承运人应根据货物的种类、性质、运送季节、运距和目的地来确定具体的运输方法，及时地组织适合的车辆予以装运。

冷链货物装车前，应认真检查车辆及设备的完好状态，做好车厢的清洁、消毒工作，适当风干后再装车。装车时，应根据不同货物的特点，确定其装载方法。若为冷冻货物，应紧密堆码以保持其温度；若为水果、蔬菜等需要通风散热的货物，必须在货件之间保持一定的空隙；若为怕挤压的货物，则应在车内加搁板，分层装载。

对于冷链货物的运送，应充分发挥公路运输快速、直达的特点，协调好仓储、配载、运送各环节。运输途中，应由托运方派人沿途照料。天气炎热时，应尽量利用早晚时间行驶。

6.5 危险货物运输组织

《道路危险货物运输管理规定》

6.5.1 危险货物概述

我国是危险化学品生产和使用的大国，由于产销分离，产区分布不均，95%以上的危险化学品需要经历运输环节。通常将处于运输过程中的危险化学品称为危险货物，由于其特殊性，80%以上的危险货物选择公路运输方式。我国是危险货物公路运输大国，每天有近 300 万 t 危险货物在运输途中。因此，对进出危险化学品工厂的车辆要严格检查资质、车身，并严格按规程装卸货，这是保证车辆不出事故的前提条件。

1. 危险货物的定义

危险货物是指具有易爆、易燃、毒害、感染、腐蚀、放射性等危险特性，在运输、储存、生产、经营、使用和处置中容易造成人身伤亡、财产损毁或环境污染，而需要特别防护的物质和物品。其中，公路运输危险货物具体以列入《危险货物品名表》（GB 12268—2012）的为准，铁路运输危险货物具体以列入《铁路危险货物品名表》（铁运〔2009〕130 号）的为准，水路运输危险货物具体以列入《水路危险货物运输规则》中附件一《各类危险货物引言和明细表》的为准。

2. 危险货物的分类

危险货物化学性质活泼，极易受外界条件的影响而发生爆炸、燃烧、中毒、腐蚀、辐射等事故。为了保证运输、装卸、保管等环节的安全，有必要根据各种危险货物的物理、化学性质进行分类。我国对危险货物的分类采用联合国发布的《关于危险货物运输的建议书规章范本》的分类方法，使危险货物无论在分类、包装、标志，还是在运输条件等各方面均与国际接轨，适应了国际贸易运输的需要。根据《危险货物分类和品名编号》

（GB 6944—2012），危险货物分为九大类：爆炸品；气体；易燃液体；易燃固体、易于自燃的物质、遇水放出易燃气体的物质；氧化性物质和有机过氧化物；毒性物质和感染性物质；放射性物质；腐蚀性物质；杂项危险物质和物品，包括危害环境物质。

3. 危险货物装卸及对运输车辆的要求

国家六部委发布的《危险货物道路运输安全管理办法》于 2020 年 1 月 1 日生效，该办法单独增加了"第五章 危险货物装卸"，对装货人（指受托运人委托将危险货物装进危险货物车辆、罐式车辆罐体、可移动罐柜、集装箱、散装容器，或者将装有危险货物的包装容器装载到车辆上的企业或单位）提出了新的要求。装货人要严格执行"五必查"制度。

（1）查车辆资质：检查车辆是否具有有效行驶证和营运证。

（2）查人员资质：检查驾驶人驾驶证是否有效，驾驶证上准驾车型是否与车辆一致，是否具有道路危险货物运输驾驶员证且在有效期内，押运员是否具有道路危险货物运输押运员证且在有效期内。

（3）查车辆罐检报告：检查运输车辆、罐式车辆罐体、可移动罐柜、罐箱是否在检验合格有效期内。

（4）查货物运单：检查所充装或装载的危险货物是否与危险货物运单载明的事项一致。

（5）查货物：检查所充装的危险货物是否在罐式车辆罐体的适装介质列表范围内，或者满足可移动罐柜导则、罐箱适用代码的要求。

装货人在检查完车辆及人员的资质后，还要对所充装或装载的危险货物进行记录，记录要包括类别、品名、数量、运单编号，以及托运人、承运人、运输车辆及驾驶人等相关信息，记录要妥善保存，保存期限不少于 12 个月。这里的装货人不仅指装卸作业环节的人员，还包括对危险货物进行分类和确定其正式运输名称的人员、危险货物运输应急处置人员等。

4. 我国有关危险货物道路运输的法律法规

目前，我国涉及危险货物道路运输的法律法规有《中华人民共和国安全生产法》《中华人民共和国特种设备安全法》《危险化学品安全管理条例》《危险货物道路运输规则》《中华人民共和国固体废物污染环境防治法》《道路运输危险货物管理规定》《危险货物道路运输安全管理办法》等。

6.5.2 危险货物运输资质管理

1. 从事汽车危险货物运输的基本条件

只有具备以下条件的运输企业或单位，并经道路运输行政管理机关批准，才能从事危险货物运输。

（1）凡从事汽车危险货物运输的单位，必须拥有与所从事危险货物运输范围相适应的停车场站、仓储设施，并符合《中华人民共和国消防条例》的规定，以满足安全运输的需要。

（2）运输危险货物的车辆、容器、装卸机械和工具等，必须符合《汽车运输危险货物规则》中的相关规定，经道路运输行政管理机关审验合格。

（3）从事汽车危险货物运输的单位，必须有健全的安全生产规程、岗位责任制、车辆设备保养维修和安全质量教育等规章制度，以及监督保障体系。

（4）直接从事汽车危险货物运输作业和业务管理的人员，必须掌握危险货物运输的有关知识，经过培训、考核合格后，取得道路运输行政管理机关颁发的道路危险货物运输操作证，方可上岗作业。

2. 汽车危险货物运输的资质凭证

汽车危险货物运输的资质凭证是证明危险货物运输者、作业者的基本条件符合相关法律法规的要求，并已办理申报批准手续，有资格从事汽车危险货物运输的凭证。其包括以下凭证。

（1）由道路运输行政管理机关审批、发放的加盖"危险货物运输"字样的道路运输经营许可证。从业者凭道路运输经营许可证向当地工商行政管理部门办理工商营业执照。

（2）道路营业运输证是在办理了道路运输经营许可证和工商营业执照后，按营运车辆数从道路运输行政管理机关领取的凭证，它是一车一证，随车同行。

（3）道路非营业运输证是在办理了非营业性公路危险货物运输手续后，从道路运输行政管理机关领取的非营业性公路危险货物运输车辆运行的凭证，它也是一车一证，随车同行。

（4）危险货物运输车辆标志。按国家规定车辆左前方必须悬挂黄底黑字带有"危险品"字样的信号旗，有的地方法规规定的是印有"危险品"字样的黄色三角灯。其功能是在危险品装卸、运输、保管期间向人们示警，使人们及时避让，以保证安全。

（5）危险货物作业证是指从事危险货物装卸、保管、理货等作业的人员和业务人员上岗作业的凭证。凡从事危险货物运输业务的人员，必须经过规定内容的培训，经考核合格后，才能上岗作业。

（6）汽车危险货物运输业的安全工作合格文件，是指经公安、消防部门按国家消防法规的相关规定，对汽车危险货物运输车辆的安全技术状况、运输设施的安全措施、生产安全制度、作业人员素质、消防设施和措施等进行审验合格后，发给的凭证文件。

做好汽车危险货物运输资质管理、监督工作，是保障汽车危险货物运输安全的基本条件。

6.5.3 危险货物运输组织管理

1. 托运

托运人必须向具有从事危险货物道路运输经营许可证的运输单位办理托运。托运单上要正确填写危险货物的品名、规格、件重、件数、包装方法、起运日期、收货人和发货人的详细地址、运输过程中的注意事项等。凡未列入《危险货物品名表》的危险货物，托运时应提交危险货物鉴定表，经省（自治区、直辖市）交通运输主管部门批准后办理运输。对有特殊要求或凭证运输的危险货物，必须附有相关单证，并在托运单备注栏内注明。对于货物性质或灭火方法相互抵触的危险货物，必须分开托运。凡未按以上规定办理而引发运输事故的，由托运人承担全部责任。

2. 承运

承运人在受理托运时，应认真审核托运单上所填写货物的品名、规格、件重、件数、包装方法、收发货地点、时间，以及所提供的相关资料是否符合规定，必要时应组织承托双方到货物现场和运输线路进行实地勘察，其费用由托运人负担；问清包装、规格和标志是否符合国家规定的要求,对不符合运输安全要求的,应请托运人改善后再受理;承运爆炸品、剧毒品、放射性物品及需控温的有机过氧化物,使用受压容器罐(槽)运输烈性危险品,以及危险货物月运量超过 100t 时,均应于起运前十天,向当地道路运输行政管理机关报送危险货物运输计划,包括货物品名、数量、运输线路、运输日期等。对于危险货物的新品种,应检查其随附的危险货物鉴定表是否有效。

3. 包装与标志

危险货物在包装时,应根据不同的货种选用特定的材料来制造容器,并要以一定的包装方法进行包装。容器的封口、衬垫、捆扎及每件最大质量都必须符合规定要求。每件包装上应有常规的包装标志及危险货物包装标志两种。

4. 运输与装卸

运输与装卸的基本要求主要有以下几方面。

(1)车辆。凡运输危险货物的车辆,必须按要求悬挂带有"危险品"字样的黄色标志旗或标志灯;车厢、底板必须平坦完好,周围栏板必须牢固;铁质底板装运易燃、易爆货物时应采取衬垫防护措施,如铺垫胶合板、橡胶板等,但不得使用谷草、草片等松软易燃材料;机动车辆排气管必须装有有效的隔热和熄灭火星的装置,结构或装置应具有良好避震性能,电路系统应有切断总电源和隔离火花的装置;根据所装危险货物的性质,配备相应的消防器材和捆扎、防水、防散失等用具;装运危险货物的罐(槽)应适合所装货物的性能,具有足够的强度,并应根据不同货物的需要配备泄压阀、遮阳物、压力表、液位计、导除静电等相应的安全装置;应定期对装运放射性物品的专用运输车辆、设备、搬运工具、防护用品进行放射性污染程度的检查,当污染量超过规定允许的水平时,不得继续使用。

(2)装卸。危险货物装车前应认真检查包装(包括封口)的完好情况,如发现破损,应由发货人调换包装或修理加固;装运前应检查车厢是否清洁干燥;装卸危险货物时,应根据货物性质采取相应的遮阳、控温、防爆、防火、防震、防水、防冻、防粉尘飞扬、防撒漏、防辐射等措施;各种装卸机械、工属具要有足够的安全系数,并不得损伤货物,不得粘有与所装货物性质相抵触的污染物;装卸易燃、易爆危险货物的机械和工属具,必须有消除产生火花的措施;危险货物装卸作业必须严格遵守操作规程,轻装、轻卸,严禁碰撞、震动、重压、倒置、拖拽;货物必须堆放整齐、捆扎牢固,防止失落;操作过程中,有关人员不得擅离岗位;危险货物装卸现场和道路、灯光、标志、消防设施等必须符合安全装卸的要求;罐(槽)车装卸地点的储槽口应标有明显的货名牌;储槽注入、排放口的高度、口径和路面坡度应能适合运输车辆装卸的要求。

(3)运送。必须按照货物性质和托运人的要求安排车次,如无法按要求安排作业时,应及时与托运人联系进行协商。要注意天气预报,掌握雨雪和气温的变化。

运输危险货物时必须严格遵守交通、消防、治安等法规。车辆运行应控制车速,保持与前车的距离,不得紧急制动,严禁违章超车,确保行车安全。对在夏季高温期间限运的危险货物,应按当地公安部门规定进行运输。

装载危险货物的车辆不得在居民聚居点、行人稠密地段、政府机关、名胜古迹、风景游览区停车,如必须在上述地区进行装卸作业或临时停车,应采取安全措施并征得当地公安部门同意。运输爆炸品、放射性物品,以及有毒压缩气体、液化气体,禁止通过大中城市的市区和风景游览区,如必须进入上述地区,应事先报经当地县、市公安部门批准,按照指定的线路、时间行驶。

运输危险货物必须配备随车人员，车上人员严禁吸烟，严禁搭乘无关人员；行车人员不准擅自变更作业计划；运输爆炸品和需要特殊防护的烈性危险货物，托运人必须派熟悉货物性质的人员指导操作、交接和随车押运；危险货物运输途中应经常检查，发现问题及时采取措施；车辆中途临时停靠、过夜，应安排人员看管。

危险货物如有丢失、被盗，应立即报告当地交通运输主管部门，并由交通运输主管部门会同公安部门查处。

5. 交接

货物运达目的地后，要及时通知收货人提货。交接时，必须点收点交，做到交付无误。在双方交接过程中如发现货损货差，收货人不得拒收，应协助承运人采取有效的安全措施，及时处理，降低损失，同时在运输单证上批注清楚。驾驶员、装卸工返回单位后，应向调度人员报告，及时处理。装过危险货物的货车，卸货后必须彻底清扫干净。

6. 漏散处理

爆炸品漏散时，应及时用水湿润，撒上锯末或棉絮等松软物后轻轻收集起来，同时报公安和消防部门处理。有引发火灾危险时，应尽可能将其转移或隔离。

压缩气体和液化气体泄漏时，应立刻拧紧阀门。若为有毒气体泄漏应迅速移至安全场所，做好相应的人身防护，站在上风处进行抢修；若为易燃易爆、助燃气体泄漏，应严禁火种接近。当气瓶卷入火场时，应向气瓶浇水，冷却后移出危险区域。

易燃液体发生渗漏时，应将渗漏部位朝上并移至安全通风处，进行修补或更换包装。当易燃液体漏散时，应用砂土覆盖或用松软材料吸附，然后将其集中至安全场所处理。

易燃固体、自燃物品和遇湿易燃物品漏散时，应根据不同的特性妥善收集，然后转移到安全处更换或整理包装。收集的残留物不得随意遗弃，应做深埋处理。

氧化物和有机过氧化物漏散时，应先用砂土覆盖，打扫干净后，再用水冲洗。收集的漏散物不得倒入原货件。

毒害品和感染性物品漏散时，应先用砂土覆盖，再清扫干净。收集的漏散物不得随意丢弃，被污染的车辆、库场、用品应及时进行清洗消毒。

放射性物品漏散时，应由熟悉物品性质的专职人员进行处理，做好人身防护。当剂量小的放射性物品的外层辅助包装损坏时，应及时修复或调换包装。放射性矿石、矿粉漏散时，应将漏散物收集，并更换包装。

腐蚀品漏散时，应先用干砂、干土覆盖吸收，清扫干净后，再用水冲洗，也可视货物的酸碱性分别用稀酸或稀碱溶液对其进行中和。

7. 消防措施

运输、装卸危险货物的单位必须认真贯彻安全第一、预防为主的方针。建立健全安全和消防管理制度，对管理、行车人员应进行安全消防知识的教育和业务技术培训。危险货物的库、场或装卸现场，应配备必要的消防设施。库场必须通风良好，清洁干燥，周围应划定禁区，设置明显的警告标志；库场应配备专职人员看管，负责检查、保养、维修工作，并采取严格的安全措施。

当发生火灾时，应根据危险货物类别的不同而采取不同的灭火措施。例如，爆炸品发生火灾时，严禁用砂土覆盖，应用密集的水流或喷雾水灭火；遇湿易燃物品、无机氧化剂发生火灾时，严禁用水扑救，应用砂土、干粉灭火；腐蚀品发生火灾时，不得用柱状水灭火，以防腐蚀品飞溅伤人，而应用雾状水、砂土等灭火；钠、钾、锂等金属及其化合物的性质十分活跃，能夺取二氧化碳中的氧起化学反应而燃烧，所以，当其发生火灾时，既不可用二氧化碳灭火，也不可用卤代烷灭火剂灭火，只能用砂土扑救。

对化学危险品火灾的灭火措施一定要正确，否则会造成更大的损失。行车人员必须掌握所装危险货物的消防方法，在运输过程中如发生火警应立即扑救，及时报警。

6.6 大件货物运输组织

随着我国的建设与发展，国内各种大型工程项目日益增多，大件设备运输需求增加，大型设备的运输安全将直接影响国家重大工程项目的建设。我国公路网规划与建设主要以常规车辆及货物运输标准为依据，然而大件货物运输车辆的尺寸、载重量与公路几何条件、结构荷载相互制约，给大件货物运输的通行安全带来了挑战。另外，由于技术与方法的缺失，大件货物运输的通过性大多凭借工作人员的经验判断，使大件货物运输的通行风险性增大。因此，保障大件货物运输的安全意义重大。

6.6.1 大件货物的概念

大件货物也称超限货物，包括长大货物和笨重货物。长大货物是指长度在 14m 以上或宽度在 3.5m 以上或高度在 3m 以上的单件货物，或者不可解体的成组（成捆）货物。笨重货物是指质量在 20t 以上的单件货物，或者不可解体的成组（成捆）货物。超限货物的质量是指毛重，即货物的净重加上包装和支撑材料后的总重，一般以厂家提供的货物技术资料所标明的质量为参考数据。

笨重货物又可分为均重货物和集重货物。其质量能均匀地或近似均匀地分布于车辆底板上的货物称为均重货物；而其质量集中于车辆底板的某一部分的货物称为集重货物。对于集重货物，装载时需在其下铺一些垫木，使其质量比较均匀地分散于底板上。

根据交通运输部发布的《道路大型物件运输企业等级》(JT/T 1296—2019) 的规定，道路大型物件运输企业等级分为五级，如表 6-5 所示。

表 6-5 道路大型物件运输企业的等级

大件运输企业的等级	质量	长度	宽度	高度
特级	车货总质量超过 400t	车货总长度超过 50m	车货总宽度超过 6m	车货总高度从地面算起超过 4.5m
一级	车货总质量超过 300t	车货总长度超过 28m	车货总宽度超过 3.75m	车货总高度从地面算起超过 4.5m
二级	车货总质量超过 200t	车货总长度超过 28m	车货总宽度超过 3.75m	车货总高度从地面算起超过 4.5m

续表

大件运输企业的等级	质量	长度	宽度	高度
三级	车货总质量超过100t	车货总长度超过28m	车货总宽度超过3.75以上	车货总高度从地面算起超过4.5m
四级	车货总质量超过49t但未超过100t	车货总长度超过20m但未超过28m	车货总宽度超过3m但未超过3.75m	车货总高度从地面算起超过4.2m但未超过4.5m

6.6.2 大件运输的概念和特点

《超限运输车辆行驶公路管理规定》

所谓大件运输，是指载运不可解体货物，且货物的总长度、总宽度、总高度、总质量至少有一项超过规定的运输。大件运输的对象主要是火力、风力、水力发电设备，输变电压器设备，核电设备，化工设备等事关国家和地方发展的大型工程设备。这些设备能否从生产地安全、快速地运到目的地，将影响大型工程项目的建设进度，建设进度的延缓会对整个国民经济的发展产生影响。自党的十九大以来，大型工程项目的投资日益增加，工业设备大型化、重型化成为发展趋势，大件运输业务量呈增长趋势。因此，为保障国家重点工程领域建设，保护生产周期长、价格昂贵设备的完好性，要求安全可靠地运输这些大型设备。

公路大件运输是大件运输中主要的一种，大件货物是指货物至少具有超长、超宽、超高、超重等特征之一的物品。依据大件货物的不同，大件车辆的选择也不相同，通常情况下普通的运输车辆无法满足运输要求，需用大件牵引车和大件运输挂车进行运输，还需要大型起重机械协助装卸大件货物。

大件运输车组是货物装载后对车辆和货物的总称。根据交通运输部发布的《道路大型物件运输企业等级》（JT/T 1296—2019）的规定，大件运输车组判断标准是，货物在车辆装载后符合下列情况之一的不可解体物体：

（1）车货总质量超过49000kg；
（2）车货总长度超过18.1m；
（3）车货总宽度超过2.55m；
（4）车货总高度从地面算起超过4m。

当大件运输车组满足上述情况之一，应依法办理公路大件运输许可，按照指定时间、线路在公路行驶，同时需要县级以上人民政府的相关主管部门分工负责、配合公路大件运输的完成。

大件货物具有超长、超宽、超高、超重和不可分解的特点，同时这些货物的产地和使用地往往不是同一地点，这就需要大件运输来完成其空间转移。大件运输在性质上属于特种货物运输，除了具有普通运输的特点，还有一些其他特点，主要概括为以下几个方面。

1. 运输周期长

（1）前期准备工作时间长。国家和地方为了规范大件运输管理，辅助出台了管理规定和审批流程。首先，运输企业在大件货物运输前需要制定相应的运输方案、实地踏勘运输线路；然后，需要办理行政审批，审批单位将运输资料交由第三方机构进行验算并出具报告，对于超级大件运输，还需要专家论证审核；最后，审批单位发放通行证。运输企业需要完成这一系列工作后，才可按规定进行大件运输，每个工作环节都需要花费大量时间。

（2）实际运输过程时间长。为了保证大件运输车辆的通过性和安全性，运输企业通常选择在高速公路交通量少的时段通行，车速一般为20km/h左右，桥梁路段车速会进一步降低至 5km/h，并进行临时交通管制，且要求大件运输车辆匀速通过。这样就使大件运输车辆平均运行速度低，相应的运输时间长。

2. 运输成本高

大件货物由于自身的质量和外廓尺寸都比较大，需要专用的运输车辆完成，使大件运输投入更多的运输资金，增加了采购成本；同时大件运输大多属于超重超限运输，在运输前，经过验算桥梁不能满足其承载力要求，收费站不能满足其通过性要求，需要对其进行加固或拆除处理，增加了处理成本；在运输过程中可能会对道路和设备造成破坏，增加了维护成本。

3. 运输风险高

由于大件货物的特殊性，大件运输操作难度大，同时对车辆和通行道路的要求比较高，因此大件运输属于高风险运输。大件货物具有精度高、价值高的特点，若大件运输过程的安全性得不到保证，可能会造成严重的直接损失和间接损失，增加了企业运输损失风险；大件货物在形状和质量上千差万别，使其具体的运输方案和运输过程也复杂多样，增加了操作风险；在实际通行过程中，大件运输车辆更容易发生剐蹭、侧翻、压塌桥梁等事故，增加了事故发生风险。

4. 运输要求高

大件运输对车辆的性能要求高，如有的化工设备内多装有不耐振动的复杂管线，有的发电机要求其所受的加减速度不能超过 $0.3g$（$1g\approx9.8m/s^2$），有的薄壳结构货物要求在 20 多米的长度上其变形不能超过数厘米，这就要专用的和性能好的运输车辆来满足货物运输的各种要求。大件运输对人员的技能要求和专业水平要求高，工作人员都必须经过专业化的培训才能上岗任职。对道路条件要求高，在运输前需要进行实地踏勘并收集线路中的不安全因素，尽量选择道路等级高、桥梁技术状况好的道路。

6.6.3 大件运输车辆

大件运输车辆是指载运不可分割物品，且超过规定尺寸限制或质量限制的车辆或组合车辆，也称大件车辆，这些车辆具有承载平台大、承受能力强、分散荷载作用强等特点。大件车辆主要由牵引车和挂车组成，牵引车主要提供行驶动力和带动挂车转向，挂车主要用于承载大件货物与行驶。大件运输车辆可按挂车结构类型和转向方式的不同分类，本节将大件车辆分为牵引车+长轴距挂车（三线六轴）、牵引车+多轴多轮液压挂车（两纵列九轴线)、牵引车+特殊组合挂车三类,此分类为公路空间可通行性研究奠定了基础,其简化图如图6.8所示。

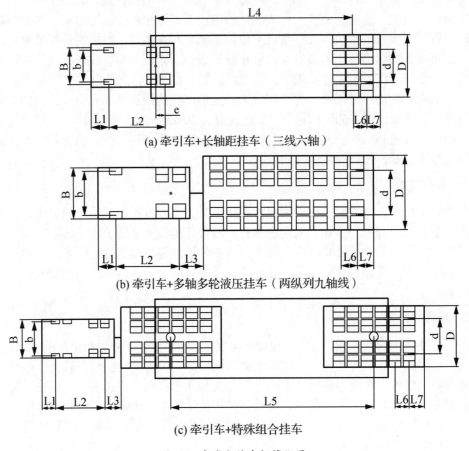

图6.8 各类大件车辆简化图

注:L1——牵引车前悬;L2——牵引车轴距;L3——牵引车后轴至挂车前端的距离;L4——牵引销至挂车轴中心的距离;L5——框架与前后挂车连接点的距离;L6——挂车轴距;L7——挂车后悬;e——偏置距;b——牵引车轮距;B——牵引车车宽;d——挂车轮距;D——挂车车板宽度。图(a)采用的是半挂牵引式,图(b)和图(c)采用的是全挂牵引式。

6.6.4 大件运输组织

根据大件运输的特殊性,其组织工作一定要认真细致,确保万无一失。其组织工作环节主要包括办理托运、理货、制订运输方案、签订运输合同、运输工作组织、统计与结算等。

1. 办理托运

托运人必须向已取得大件运输经营资格的运输企业或其代理人办理托运。托运人必须在托运单上如实填写大件货物的名称、规格、件数、件重、起运日期、收货人与发货人详细地址,以及运输过程的注意事项等。托运人还必须向运输企业提供货物说明书,需要时应提供大件货物的三视图(视图上应标明货物的外形尺寸及重心位置),以及装卸、加固等具体意见、建议和要求。凡未按上述要求办理托运或托运单未填写明确,造成运输事故的,由托运人承担全部责任。

2. 理货

大件运输企业在受理托运时,必须做到承运大件货物的级别与批准经营的类别相符,不准超范围受理。受理托运时,必须根据托运人填写的托运单和提供的货物说明书进行检查与核对,掌握货物的特性、尺寸、实际质量、几何形状、重心位置、货物承载位置及装卸方式等实际数据,这便是理货工作。理货完毕,应完成理货报告。通过理货分析,可为合理选择车型、计算允许装载货物的最大质量、查验道路及制订运输方案提供依据。

3. 制订运输方案

选择运输线路、制订运输方案应充分考虑大件运输的可行性,首先要检验道路,简称验道。验道工作包括:观察运输沿线全部道路和交通情况;勘察路面宽度、坡度、净空高度、转弯半径;查验运行线路上的桥、涵、隧道、渡口、装卸货现场、倒载运现场的负荷能力;了解运行线路附近有无电缆、煤气管道或其他地下建筑等情况。验道完毕,根据勘查的结果预测作业时间,编制运行线路图,完成验道报告。

在对理货、验道报告进行充分分析与研究的基础上,制订周密、安全、可靠的运输方案。运输方案的主要内容包括:选择运输线路;配备超重型车组及附件、动力机组及压载块;确定车辆运行的最高限速;确定货物装卸、捆扎、加固方式;配备辅助车辆等。最后形成运输方案的书面文件。

4. 签订运输合同

完成上述工作后,承托双方便可签订运输合同。合同的主要内容有:明确托运与承运甲乙方;大件货物的基本数据;运输车辆数据;运输的始终点;运输时间和运距;合同的生效时间;承托双方的责任与义务;有关法律手续的办理方式;运费的结算方式和付款方式等。

5. 运输工作组织

为确保大件运输的安全,应成立临时性的运输领导小组,负责运输方案的实施与对外联络工作。

大件货物的装卸工作,应根据托运人的要求、货物的特点和相应的装卸操作规程进行。大件货物的装卸工作,应选择适宜的装卸机械,应使货物的全部支承面均匀地、平稳地放置在车辆底板上,以免损坏车辆底板或大梁;货物若为集重货物,应在其下加纵横垫木或起垫木作用的衬垫物,以分散压力;货物的重力线应尽可能通过车辆底板的纵、横中心线的交点,如无可能的话,则应严格控制其横向位移、纵向位移在任何情况下,不得超过轴荷分配的技术参数;货物的重心高度也应符合相关要求,必要时可加配重以降低重心,但需注意货物与配重的总重不得超过车辆的额定载重量。货物装车完毕,应视货物的形状、大小、重心高度、运行线路、运行速度等情况,采取不同的措施进行加固,以确保运输安全。

大件运输过程中,各种车辆应按一定的顺序编队行驶。通常,其排列顺序为:交通先导车、标杆车、起重吊机、排障指挥车、超重型汽车列车、故障拯救车、备用拖车、材料供应车、其他护送车辆等。车辆应按运输方案规定的线路和时间行驶,并在大件货物的最高、最宽、最长处悬挂明显的安全标志，以引起路上过往车辆的注意。白天可以悬挂标志旗，夜间行车和停车休息时装设标志灯。

大件运输过程中，会遇到许多不可预见的问题，领导小组及带队领导应沉着冷静，多与内部人员协商，加强与沿线公路管理部门和公安交管部门的沟通，以解决问题，确保运输安全。

6. 统计与结算

运输统计是指对完成大件运输的各项技术经济指标的统计。运输结算是指完成大件运输工作后按运输合同的有关条款结算运费及其相关费用。

本章小结

我国的机动车辆正在迅速增加，交通运输的流量不断扩大，危险货物的运输频率也在持续增长。但是，由于危险货物自身的特征，在运输期间，会增加安全事故的发生概率，造成难以预计的严重后果，同时，可能会危害四周群众的日常生活及生态环境，因此，强化危险货物运输管理工作至关重要，必须完善且积极贯彻相应的管理体制，以保障危险货物在稳定、安全的环境下顺利运输。

随着重点建设项目的增多，大件运输的比重越来越大，在建设过程中起着重要的作用。在这类工程项目中，对昂贵的大型设备运输的需求日益增多，这使得大件运输在运输领域的地位日益突出。

关键术语

整车运输　　零担运输　　托运单　　行车路单　　冷链物流　　大件运输

综合练习

一、单项选择题

1. 应选择整车运输而采取零担托运，应选择直达运输而采取中转运输，应选择中转运输而采取直达运输等，都属于（　　）。

　　A. 迂回运输　　　　　　　　B. 过远运输
　　C. 托运方式选择不当　　　　D. 对流运输

2. 下列物品不能采用公路零担运输的是（　　）。

　　A. 活鱼　　　B. 计算机　　　C. 书籍　　　D. 棉被

3. 公路零担运输的特点是（　　）。

　　A. 货源确定　　　　　　　　B. 组织工作简单
　　C. 单位运输成本较高　　　　D. 利润高

第6章
公路货物运输组织

4. 在起运站将不同发货人托运同一线路、不同到站、但性质适宜配载的各种零担货物，同车装运至沿途各计划作业点，卸下或装上零担货物后继续行驶，直至最后终点站，这种运输组织形式是（　　）。

  A. 中转零担运输　　　　　　　　B. 直达零担运输

  C. 沿途零担运输　　　　　　　　D. 非固定式零担运输

5. 当几辆零担车辆同时到站进行中转作业时，将车内部分中转零担货物由一辆车向另外一辆车直接换装，而不卸到车站仓库货位上。这种零担货物的中转作业方法是（　　）。

  A. 过车法　　　B. 坐地法　　　C. 落地法　　　D. 坐车法

二、多项选择题

1. 根据《中华人民共和国道路运输条例》及《道路货物运输及站场管理规定》的规定，申请从事货运经营应具备的条件包括（　　）。

  A. 有与其经营业务相适应并经检测合格的车辆

  B. 有具体的运输计划

  C. 有符合规定条件的驾驶人员

  D. 有健全的安全生产管理制度

  E. 有明确的线路和站点方案

2. 在双班运输中，下列有关"一车两人，轮流驾驶，日夜双班"的说法正确的有（　　）。

  A. 这种组织形式适用于运距很长，货流不固定的运输线路

  B. 其优点是能定人、定车，最大可能地提高车辆时间利用

  C. 其缺点是驾驶员在车上得不到正常的休息

  D. 驾驶员工作时间较长，不利于正常的休息

3. 大件货物承运人在受理托运时，必须做到（　　）。

  A. 根据托运人填写的托运单和提供的有关资料，予以查对核实

  B. 承运大件货物的级别必须与批准经营的类别相符，不准受理经营类别范围以外的大件货物

  C. 承运人应根据大件货物的外形尺寸和车货质量，在起运前会同托运人勘察作业现场和运行线路，了解沿途道路线形和桥涵通过能力，并制订运输组织方案，涉及其他部门的应事先向有关部门申报并征得同意，方可起运

  D. 运输大件货物，应按有关部门核定的线路行车。白天行车时悬挂标志旗，夜间行车和停车休息时装设标志灯

4. 冷藏货物装载时应注意的事项有（　　）。

  A. 冷冻集装箱在装货过程中，冷冻机要停止运转

  B. 在装货前，冷冻集装箱内使用的垫木和其他衬垫材料要预冷，要选用清洁卫生的衬垫材料，不使其污染货物

  C. 不要使用纸、板等材料作为衬垫，以免堵塞通风管和通风口

  D. 装货后箱顶与货物顶部一定要留出空隙，使冷气能有效地流通

5. 承运方违反运输合同的责任有（　　　）。
   A. 由于承运方过错，造成货物逾期到达，应按合同规定向对方支付违约金
   B. 承运方应对货物的灭失、短少、变质、污染、损坏负责，并按货物实际损失赔偿
   C. 货物错运到达地或收货人，由承运方无偿运到规定地点，交给指定的收货人
   D. 货物的自然损耗或性质变化造成的损失由承运方承担

三、名词解释

1. 整车运输
2. 零担运输
3. 托运单
4. 行车路单
5. 冷链运输

四、简答题

1. 零担运输有何特点？其组织形式有哪些？
2. 什么是大件货物？其运输组织工作包括哪些环节？
3. 什么是危险货物？危险货物是如何进行分类的？
4. 危险货物的运输与装卸有哪些要求？

五、案例分析

1. 停放在广州市某物流公司货场装满货物的货车突然起火。货场工作人员遂拨打报警电话，后消防队赶到。在救火过程中，巨大的火焰又将相邻的一辆装载货物的货车引燃，且在货物的燃烧过程中伴随着爆炸。两辆货车装载的货物最终被全部烧毁、两辆货车报废，造成直接经济损失 200 余万元。经调查，起火货车所装货物为二氧化氯消毒粉剂，属于 5 类氧化剂危险品，运输中应禁止与易燃和可燃物质混运。货物的外包装上无法区分是否为危险化学品，托运人托运时声称是普通货物，并未说明是危险化学品。后物流公司依法向当地人民法院提起民事赔偿诉讼，请求该产品的托运人承担民事赔偿责任。

   根据以上资料，请问损失应由谁来承担？为什么？

2. 飞鹰货运公司是一家集整车运输、零担运输、货物包装、货物仓储等业务为一体的专业运输企业。飞鹰货运公司统计发现，近年来零担货物运量虽然只占公司总运量的 15%，装车数占总装车数的 30%，但办理零担货运的人员却占总货运人员的 50% 左右，零担货运事故也占总货运事故的 70% 左右，客户投诉率居高不下。根据统计，零担运输成本至少是整车运输成本的两倍。

   请根据以上资料，回答下列问题。

   （1）阐述零担运输的概念和零担货物的特点。
   （2）结合零担运输的特点，分析飞鹰货运公司零担运输存在的问题。
   （3）零担运输的组织形式有哪些？并分别解释。

第 7 章 集装箱运输组织

【本章知识架构】

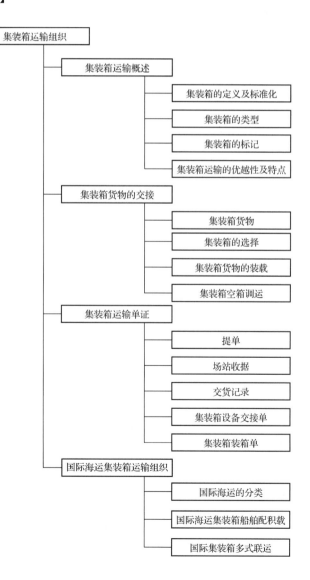

【教学目标】

通过本章学习，了解集装箱的定义及标准化、集装箱的类型；掌握集装箱的识别标记；了解集装箱货物及集装箱选择；掌握集装箱运输单证；掌握国际海运集装箱运输组织。

【导入案例】

中国梧州 A 公司通过中国香港 B 公司从德国进口一套设备，合同价格条件为 CFR 广西梧州，装运港是德国汉堡，装运期为开出信用证后 90 天内，提单通知人是卸货港的外运公司。合同签订后，A 公司于 7 月 25 日开出信用证，10 月 18 日 B 公司发来装船通知，11 月上旬 B 公司将全套议付单据寄交开证行，A 公司业务员经审核未发现不符并议付了货款。

船运从汉堡到广西梧州包括在香港转船正常时间应在 45~50 天。12 月上旬，A 公司屡次查询梧州外运公司都无货物消息，A 公司怀疑 B 公司倒签提单，随即电询 B 公司，B 公司却答复已如期装船。12 月下旬，A 公司仍未见货物，再次电告 B 公司要求其联系德国发货方协助查询货物下落。B 公司回电说德国正处圣诞节假期，德方无人上班，没法联络。A 公司无奈只好等待。次年 1 月上旬，圣诞假期结束，B 公司来电，称货物早已在去年 12 月初运抵广州黄埔港，请速派人前往黄埔港办理报关提货手续。此时货物在海关滞报已 40 多天，待 A 公司办好报关提货手续已是次年 1 月底，发生的滞箱费、仓储费、海关滞报金、差旅费及其他相关费用共达十几万元。

请根据以上资料，思考下列问题。

（1）分析造成上述结果的原因。

（2）如何解决这些问题？

集装箱运输是 20 世纪 70 年代初开始进入我国的，随后在我国的一些主要对外口岸迅速发展，20 世纪 80 年代后期我国开始发展多式联运。目前，集装箱运输是国际上主流的运输方式。

7.1 集装箱运输概述

7.1.1 集装箱的定义及标准化

1. 集装箱的概念

集装箱（container）是用于装载货物，便于机械化装卸和运送的一种集装化工具。关于集装箱的定义，不同国家、地区和组织的表述有所不同。我国基本上采用国际标准化组织（International Organization for Standardization，ISO）对集装箱的定义，即集装箱是一种运输设备，它应具备以下条件。

（1）具有足够的强度，可长期反复使用。

（2）适于一种或多种运输方式运送货物，无须中途换装。

（3）装有便于装卸和搬运的装置，特别是便于从一种运输方式转移到另一种运输方式。

（4）便于箱内货物的装满和卸空。

（5）内部容积为 $1m^3$ 或 $1m^3$ 以上。

简单来说，集装箱是具有一定强度、刚度和规格，专供周转使用的大型装货容器。使用集装箱转运货物，可直接在发货人的仓库装货，运到收货人的仓库卸货，中途更换车、船时，无须将货物从箱内取出换装。

集装箱运输是运输方法上的一次革命，是使件杂货运输合理化、科学化和现代化的标志。

2．国际标准集装箱

目前通用的国际标准集装箱共有 13 种规格。根据集装箱外部尺寸不同可分为以下几种类型。

（1）A 类集装箱。这类集装箱长度均为 40ft（ft 为英尺，1ft≈30.48cm），宽度均为 8ft，根据高度不同可以分为四种：1AAA，高度为 9ft6in（in 为英寸，1in≈2.54cm）；1AA，高度为 8ft6in；1A，高度为 8ft；1AX，高度小于 8ft。

（2）B 类集装箱。这类集装箱长度均为 30ft（实际小于 30ft），宽度均为 8ft，根据高度不同可以分为四种：1BBB，高度为 9ft6in；1BB，高度为 8ft6in；1B，高度为 8ft；1BX，高度小于 8ft。

（3）C 类集装箱。这类集装箱长度均为 20ft（实际小于 20ft），宽度均为 8ft，根据高度不同可以分为三种：1CC，高度为 8ft6in；1C，高度为 8ft；1CX，高度小于 8ft。

（4）D 类集装箱。这类集装箱长度均为 10ft（实际小于 10ft），宽度均为 8ft，根据高度不同可以分为两种：1D，高度为 8ft；1DX，高度小于 8ft。

国际标准集装箱外部长、宽、高均有相关"公差"的规定。基本尺寸加公差只能小于标准外部尺寸。国际标准集装箱规格如表 7-1 所示。

表 7-1 国际标准集装箱规格

规格	箱型	长度/mm		宽度/mm		高度/mm		额定总质量/kg
		基本尺寸	公差	基本尺寸	公差	基本尺寸	公差	
40ft	1AAA 1AA 1A	12192	−10～0	2438	−5～0	2896 2591 2438	−5～0	30480
	1AX					<2438	—	
30ft	1BBB 1BB 1B	9125	−10～0	2438	−5～0	2896 2591 2438	−5～0	25400
	1BX					<2438	—	
20ft	1CC 1C	6058	−6～0	2438	−5～0	2591 2438	−5～0	24000
	1CX					<2438	—	
10ft	1D	2991	−5～0	2438	−5～0	2438	−5～0	10160
	1DX					<2438	—	

关于国际标准集装箱的长度尺寸标准，需特别说明的是，由于在火车、卡车的同一车皮、堆场的同一箱位，可装载（堆存）一个40ft集装箱的位置，必须可同时装载（堆存）两个20ft集装箱，或者一个30ft和一个10ft集装箱，因此，实际上除了长度为40ft的集装箱允许正好为40ft、30ft、20ft、10ft的集装箱，其长度均必须小于其公差长度。ISO制定的国际标准集装箱，各箱型的长度分布关系如图7.1所示。

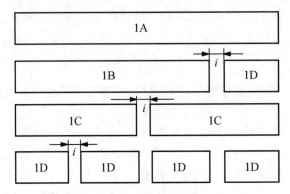

图 7.1　各种集装箱箱型的长度分布关系

各种集装箱箱型的尺寸关系如下。
1A=1B+i+1D=9125+76+2991=12192（mm）
1B=1D+i+1D+i+1D=3×2991+2×76=9125（mm）
1C=1D+i+1D=2×2991+76=6058（mm）

图7.1中，i为间距，其值为3in（大约76mm）。

在海上运输中，经常使用的是1AA和1CC型集装箱。上述A、B、C、D四类集装箱中，以A类与C类（长度分别为40ft和20ft）集装箱最为通用。从统计的角度，将一个C类集装箱（长度为20ft）计为1个标准箱（twenty-feet equivalent unit，TEU）；一个A类集装箱（长度为40ft）计为2个标准箱；一个B类集装箱（长度为30ft）计为1.5个标准箱；一个D类集装箱（长度为10ft）计为0.5个标准箱。

目前世界上通用的是国际标准集装箱。除国际标准集装箱外，现在世界上还有不少非标准的特种集装箱。

3. 我国国家标准集装箱

国家标准集装箱一般是各国政府按国际标准的参数，考虑本国的具体技术条件而制定的。我国国家标准集装箱规格如表7-2所示。

表 7-2　我国国家标准集装箱规格

箱型	高度/mm		宽度/mm		长度/mm		额定总质量/kg
	基本尺寸	公差	基本尺寸	公差	基本尺寸	公差	
1AA	2591	−5~0	2438	−5~0	12192	−10~0	30480
1A	2438	−5~0	2438	−5~0	12192	−10~0	30480
1AX	<2438	—	2438	−5~0	12192	−10~0	30480
1CC	2591	−5~0	2438	−5~0	6058	−6~0	20320
1C	2438	−5~0	2438	−5~0	6058	−6~0	20320

续表

箱型	高度/mm 基本尺寸	高度/mm 公差	宽度/mm 基本尺寸	宽度/mm 公差	长度/mm 基本尺寸	长度/mm 公差	额定总质量/kg
1CX	<2438	—	2438	−5~0	6058	−6~0	20320
10D	2438	−5~0	2438	−5~0	4012	−5~0	10000
5D	2438	−5~0	2438	−5~0	1968	−5~0	5000

注：① 5D 和 10D 两种箱型主要用于国内运输，其他 6 种箱型主要用于国际运输；
② C 型集装箱额定总质量仍为 20320kg，但在实际使用中采用 24000kg。

7.1.2 集装箱的类型

集装箱可以分别按用途和制造材料进行分类。

1. 按集装箱的用途分类

（1）杂货集装箱。这种集装箱也称干货集装箱，用来运输无须控制温度的件杂货，使用范围很广，常用的有 20ft 和 40ft 两种。其结构特点常为全封闭式，一般在一端或侧面设有箱门，箱内设有一定的固货装置。对装入这种集装箱的货物要求有适当的包装，以便充分利用集装箱的箱容。

（2）开顶集装箱。这种集装箱的箱顶可以打开，货物能从上部吊装吊卸，适于装载大型货物和重货，如钢铁、木材、玻璃集装架等。

（3）通风集装箱。通风集装箱一般在侧壁或顶壁上设有若干供通风用的窗口，适于装运有一定通风和防潮要求的杂货，如原皮、水果、蔬菜等。如果将通风窗口关闭，可作为杂货集装箱使用。

（4）台架式集装箱。这种集装箱没有箱顶和侧壁，甚至连端壁也去掉而只有底板和四个脚柱。这种集装箱可以从前、后、左、右及上方进行装卸作业，适于装运长大件和重货，如重型机械、钢材、钢管、钢锭、木材等。

（5）平台式集装箱。这种集装箱是在台架式集装箱上再简化而只保留底板的一种特殊结构集装箱，主要用于装卸长大笨重货物，如重型机械、钢材、整件设备等。平台的长度和宽度与国际标准集装箱的箱底尺寸相同，可使用与其他集装箱相同的紧固件和起吊装置。平台式集装箱的形状类似铁路平板车，仅有底板而无上部结构。平台式集装箱装卸作业方便，可装运长度达 6m 以上，宽度 4m 以上，高度 4.5m 左右，装载量达 40t，且两个平台式集装箱可以连起来，装 80t 的货，用这种集装箱装运汽车极为方便。

（6）冷藏集装箱。冷藏集装箱是以运输冷冻食品为主，能保持所定温度的保温集装箱。它是为运输如鱼、肉、新鲜水果、蔬菜等食品而专门设计的。

（7）罐式集装箱。这种集装箱专门用来装运液体货物，如酒类、油类、化学品等。它由罐体和框架两部分组成，罐体用于装液体货物，框架用于支撑和固定罐体。罐体的外壁采用保温材料以使罐体隔热，内壁一般要研磨抛光以避免液体残留于壁面。为了降低液体的黏度，罐体下部还设有加热器。罐体内的温度可以通过安装在其上部的温度计进行观察。罐顶设有装货口，罐底设有排出阀。装货时货物由顶部装货口装入，卸货时则由底部排出阀流出或从顶部装货口吸出。

（8）汽车集装箱。这种集装箱专门用来装运小型汽车。其结构特点是无侧壁，仅设有框架和箱底。为了防止汽车在箱内滑动，箱底设有绑扎设备和防滑钢板。大部分汽车集装箱被设计成上下两层。

（9）动物集装箱。这是一种专门用来装运鸡、鸭、猪、羊等活禽、活畜的集装箱。这种集装箱一般配有食槽，并能遮蔽阳光，具有良好的通风条件。

（10）服装集装箱。这种集装箱的结构特点是在箱内侧梁上装有多根横杆，每根横杆上挂有许多吊扣或绳索，供挂运服装。这种无包装运输方法不仅节约了包装材料和包装费用，而且减少了人工，提高了服装的运输质量。

（11）散货集装箱。这种集装箱用于装运粉状或粒状货物，如大豆、大米及各种饲料等。在箱顶设有2～3个装货口，在箱门的下部设有卸货口。使用这种集装箱装运散货，一方面提高了装卸效率，另一方面提高了运输质量，减轻了粉尘对人体的损害和对环境的污染。

2. 按集装箱的制造材料分类

集装箱的制造材料应尽量采用质量轻、强度高、耐用且维修保养费用低的材料。现代的大型集装箱都不是用一种材料制成的，而是用钢、木材、铝合金和玻璃钢等多种材料制成的。按制造集装箱的主体材料划分，可将集装箱分为以下几种。

（1）钢制集装箱。其优点是强度大，结构牢固，水密性好，能反复使用，价格低廉；缺点是防腐能力差，箱体笨重，相应地降低了装货能力。

（2）铝合金集装箱。其优点是自重轻，提高了集装箱的装载能力，而且具有防腐性和弹性；缺点是造价高，焊接性不如钢制集装箱，受碰撞时易损坏。

（3）不锈钢集装箱。一般多用不锈钢制作罐式集装箱。其优点是不生锈，耐蚀性好，强度高；缺点是造价高，投资大。

（4）玻璃钢集装箱。其优点是强度大，刚性好，具有较高的隔热、防腐和耐化学侵蚀能力，易于洗涤，修理简便，维修费用较低；缺点是自重大，造价高。

7.1.3 集装箱的标记

为了方便集装箱的运输管理，ISO规定的集装箱标记有必备标记和自选标记两类。每类标记又可分为识别标记和作业标记两种。每类标记都必须按规定大小标识在集装箱规定的位置上，如图7.2所示。

1. 识别标记

下面以识别标记 ABCU001234 $\boxed{1}$ 为例进行讲解。

（1）箱主代号，即集装箱所有人代号，用三个大写英文字母表示，如本例中ABC表示箱主代号。为防止箱主代号出现重复，所有箱主在使用代号之前应向国际集装箱局（International Container Bureau，BIC）登记注册。国际集装箱局在多个国家和地区设有注册机构，在我国北京也有注册机构。国际集装箱局每隔半年公布一次在册的箱主代号一览表。

（2）设备识别代号，为"U""J"和"Z"三个字母之一。"U"表示集装箱，"J"表示集装箱所配置的挂接设备，"Z"表示集装箱专用车和底盘车。

箱主代号和设备识别代号一般为四个字母连续排列，如ABCU，表示箱主代号为ABC，设备识别代号为U。

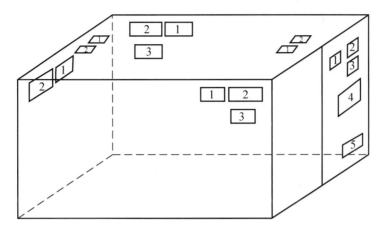

1—箱主代号和设备识别代号；2—箱号和核对数字；3—集装箱尺寸及类型代号；
4—集装箱总量、自重和容积；5—集装箱制造厂名及出厂日期

图 7.2　集装箱标记的位置

（3）顺序号又称箱号，用六位阿拉伯数字表示。若有效数字不足六位，则在前面加"0"补足六位，如本例中有效数字为 1234，则箱号写为 001234。

（4）核对数字，由一位阿拉伯数字表示，列于六位箱号之后，置于方框之中。

设置核对数字的目的是防止箱号在记录时发生差错。运营中的集装箱频繁地在各种运输方式之间转换（如从火车转到卡车再转到船舶等），不断地从某个国家到另一个国家，进出各个车站、码头、堆场等。每进行一次转换和交接，就要记录一次箱号。在多次记录中，如果发生一次差错，记错一个字符，就会使该集装箱从此"下落不明"。为避免出现此类事故，在箱号记录中设置了一个自检测系统，即设置一位核对数字。该自检测系统的原理如下。

① 将箱主代号和设备识别代号的四个英文字母与箱号的六位阿拉伯数字视作一组，共 10 个字符。

前四位英文字母与等效数值一一对应，如表 7-3 所示。

表 7-3　等效数值

字母	等效数值	字母	等效数值	字母	等效数值	字母	等效数值
A	10	H	18	O	26	V	34
B	12	I	19	P	27	W	35
C	13	J	20	Q	28	X	36
D	14	K	21	R	29	Y	37
E	15	L	23	S	30	Z	38
F	16	M	24	T	31		
G	17	N	25	U	32		

② 四个等效数值与六位箱号，共 10 个数字，分别乘以 $2^0 \sim 2^9$ 的加权系数。

③ 将所有乘积累加，然后除以 11，取余数，查余数与核对数字对照表（表 7-4），就可求得核对数字。

表 7-4　余数与核对数字对照表

余数	核对数字	余数	核对数字	余数	核对数字
10	0	6	6	2	2
9	9	5	5	1	1
8	8	4	4	0	0
7	7	3	3		

在集装箱运行中，每次交接记录箱号时，在将箱主代号、设备识别代号与箱号输入计算机后，计算机就会自动按上述原理计算核对数字；当记录人员输入的核对数字与计算机计算出的核对数字不符时，计算机就会提醒箱号记录出错。这样，就能有效避免箱号记录出错的事故。

【例 7-1】集装箱的箱主代号、设备识别代号和箱号为 ABZU123456，求其核对数字。

等效数值、加权系数和乘积之和可列表求得，如表 7-5 所示。

表 7-5　求核对数字的计算表

名称	代号	等效数值	加权系数	乘积
箱主代号和设备识别代号	A	10	2^0	10
	B	12	2^1	24
	Z	38	2^2	152
	U	32	2^3	256
箱号	1	1	2^4	16
	2	2	2^5	64
	3	3	2^6	192
	4	4	2^7	512
	5	5	2^8	1280
	6	6	2^9	3072
合计				5578

将乘积之和 5578 除以 11，即 5578/11，得余数 1。查表 7-4，当余数为 1 时，核对数字为 1。

2. 作业标记

（1）额定质量和自重标记。集装箱的额定质量（空箱质量）和箱内装载货物的最大容许质量之和，即最大工作总质量（max gross mass），简称最大总重。集装箱的自重（tare weight），又称空箱质量（tare mass）。自重包括集装箱在正常工作状态下应备有的附件和各种设备，如冷藏集装箱的制冷装置及其所需的燃油、台架式集装箱上两侧的立柱、开顶集装箱上的帆布顶篷等。

【例 7-2】COSU 001234 ②
　　　　RCX2030
　　　　MAX GROSS：2234（KG）
　　　　TARE　382（KG）

依照相关标记规定反映了如下集装箱的情况。

COSU——箱主代号和设备识别代号，表示中国远洋运输公司的集装箱。

001234——箱号。

②——核对数字。

RCX——国籍代码。

20——尺寸代号，表示 20ft 长，8ft 高。

30——类型代号，表示冷冻集装箱。

MAX GROSS：2234（KG）——最大总重为 2234kg。

TARE 382（KG）——空箱质量为 382kg。

（2）超高标记。凡箱高超过 2.6m（8ft6in）的集装箱均应打上下列标记。

① 在集装箱两侧打上集装箱高度标记，该标记为黄色底上标出黑色数字和边框。

② 在箱体每端和每侧角件间的顶梁及上侧梁上打上长度至少为 300mm（12in）的黄黑斜条的条形标记。

（3）通行标记。集装箱在运输过程中要能顺利地通过或进入他国国境，箱上必须贴有按规定要求的各种通行标记，主要有安全合格牌照、集装箱批准牌照、检验合格徽、防虫处理板和国际铁路联盟标记。

另外，装有危险货物的集装箱，应有规格不小于 250mm×250mm 的至少 4 幅《国际海运危险货物规则》类别标志，并贴于外部明显的地方。

集装箱标记示意图如图 7.3 所示。

7.1.4　集装箱运输的优越性及特点

1. 集装箱运输的优越性

（1）扩大成组单元，提高装卸效率，降低劳动强度。在装卸作业中，装卸成组单元越大，装卸效率越高。托盘成组化与单件货物相比，装卸单元扩大了 20～40 倍；而集装箱与托盘成组化相比，装卸单元又扩大了 15～30 倍。所以集装箱化对装卸效率的提高是个不争的事实。

（2）减少货损、货差，提高货物运输的安全与质量水平。货物装入集装箱后，在整个运输过程中不再倒载。由于减少了装卸搬运的次数，因此大大减少了货损、货差，提高了货物的安全和质量。据统计，用火车装运玻璃器皿，一般破损率在 30%左右，而改用集装箱运输后，破损率下降到 5%以下。

（3）缩短货物在途时间，降低物流成本。集装箱化给港口和场站的货物装卸、堆码的全机械化和自动化创造了条件。标准化的货物单元加大，提高了装卸效率，缩短了车船在港口和场站停留的时间。据航运部门统计，一般普通货船在港停留时间约占整个营运时间的 56%；而采用集装箱运输，则在港停留时间可缩短到占整个营运时间的 22%。这一时间的缩短，对货主而言意味着资金占用的大幅下降，可以很大程度地降低物流成本。

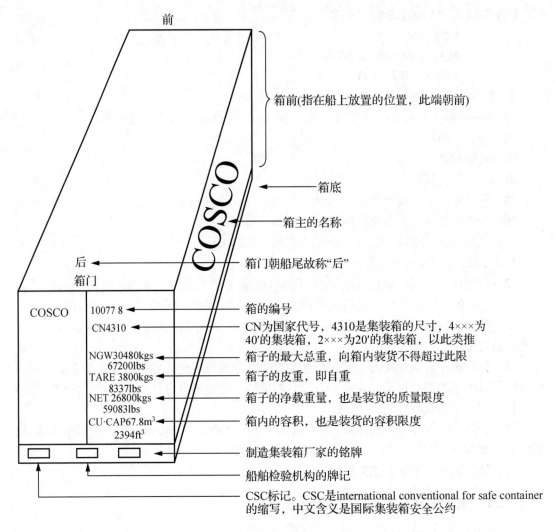

图 7.3 集装箱标记示意图

（4）节省货物运输包装费用，简化理货工作。集装箱是坚固的箱子，集装箱化后，货物自身的包装强度可减弱，包装费用下降。据统计，用集装箱方式运输电视机，本身的包装费用可节约 50%。同时，由于集装箱装箱通关后，一次性铅封，在到达目的地前不再开启也简化了理货工作，降低了相关费用。

（5）减少货物运输费用。集装箱可节省船舶运费；节省运输环节的货物装卸费用；由于货物安全性提高，运输中的保险费用也相应下降。

2. 集装箱运输的特点

（1）集装箱运输是一种"门到门"运输（door to door）。这里的"门到门"，一端是指制造企业的"门"，另一端是指市场的"门"。所谓"门到门"，就是从制造企业将最终消费品生产完毕，装入集装箱后，不管进行多长距离、多么复杂的运输，中间不再有任何装卸与倒载；一直到市场"门"，才卸下直接进入商场。这既是这种运输方式的特点，又是采用这种运输方式所要达到的目标。凡使用集装箱运输的货物，都应尽量不在运输途中进行拆箱与倒载。

（2）集装箱运输是一种多式联运。由于集装箱"门到门"运输的特点，决定了其多式联运的特点。由于集装箱是一种封闭式的装载工具，在海关的监督下装货铅封以后，可以一票到底直达收货人，所以集装箱运输是最适合国际多式联运的运输方式。

（3）集装箱运输是一种高效率的运输组织方式。这种高效率包含两方面的含义。一是时间上的高效率。由于集装箱在结构上是高度标准化的，与之配合的装卸机具、运输工具（船舶、卡车、火车等）也是高度标准化的，因此在各种运输工具之间换装非常便捷，大大节省了运输时间。二是经济上的高效率。集装箱运输可以在多方面节省装卸费用、搬运费用、包装费用、理货费用、保险费用等，并大幅降低货物破损损失。这些都决定了集装箱运输是一种高效率的运输组织方式。

（4）集装箱运输是一种消除了所运货物外形差异的运输方式。在件杂货运输方式中，所运货物不管采用什么样的外包装，其物理、化学特性上的差异均比较明显，可以通过视觉、触觉和嗅觉加以区别，在货物的信息管理方面，即使有所缺陷，也可以用其他手段予以弥补。而集装箱则不然，货物装入集装箱之后，其物理、化学特性全部被掩盖，变成了千篇一律的标准尺寸、标准外形的箱子，从其外形无法得知其所装内容的特性。

7.2 集装箱货物的交接

集装箱货物的交接方式

7.2.1 集装箱货物

1. 集装箱货物的分类

适合集装箱运输的货物，是既便于装箱，又能经济运输的货物。这些货物按是否适合装箱可分为以下几类。

（1）最适合装箱货，指价值大、运价高、易损坏、易被盗窃的货物。这些货物按其属性（尺寸、体积和质量等）可有效地进行集装箱装箱。属于这一类货物的有针织品、酒、医药品、各种小型电器、光学仪器等。

（2）适合装箱货，指价值较大、运价较高、不易损坏、不易被盗窃的货物，如纸浆、板材、电缆、面粉、皮革等。

（3）边际装箱货，又称临界装箱货或边缘装箱货。这种货物可用集装箱来装载，但其货价和运价都很低，用集装箱来运输，经济性差，而且该类货物的大小、质量、包装也难以集装箱化。属于这一类的货物有钢锭、生铁、原木、砖瓦等。

（4）不适合装箱货，指那些从技术上看装箱有困难的货物。例如，原油和矿砂等不宜装箱运输，而采用专用运输工具运输可提高装卸效率，降低运输成本；又如，桥梁构件、铁路构件、大型发电机等，由于其尺寸大大超过国际标准集装箱中最大尺寸的集装箱，故装箱困难，但可以装在组合式的平台车上运载。

2. 集装箱货物的装箱方式

根据集装箱货物的装箱方式可分为整箱和拼箱两种方式。

（1）整箱（full container load，FCL），指货主自行将货物装满整箱以后，以箱为单位托运。这种情况在货主有足够货源装载一个或数个整箱时通常采用，除有些大的货主自己置备集装箱外，一般都是向承运人或集装箱租赁公司租用集装箱。空箱运到工厂或仓库后，在海关人员的监管下，货主把货物装入集装箱内、加锁、铅封后交承运人并取得站场收据，最后凭收据换取提单或运单。

整箱货是指一批货物，达到一个或一个以上集装箱内容积的75%或集装箱负荷质量的95%。整箱货的流转过程为：①发货人在自己工厂或仓库装箱地点配置集装箱；②发货人在自己工厂或仓库装箱地点装箱；③通过内陆或内河运输将集装箱货物运至集装箱码头；④在集装箱码头堆场办理交接，根据堆场计划在堆场内暂存集装箱货物，等待装船；⑤根据装船计划将集装箱货物装上船舶；⑥通过水上运输将集装箱货物运到卸船港；⑦根据卸船计划从船上卸下集装箱货物；⑧根据堆场计划在堆场内暂存集装箱货物；⑨通过内陆运输将集装箱货物运至收货人工厂或仓库；⑩收货人在自己工厂或仓库掏箱地点掏箱；⑪集装箱空箱回运。

（2）拼箱（less than container load，LCL），指承运人或代理人接受货主托运的数量不足整箱的小票托运货物后，根据货物性质和目的地进行分类整理，把去往同一目的地的货物集中起来拼装入箱。由于一个箱内有不同货主的货物拼装在一起，因此称为拼箱。这种情况在货主托运数量不足装满整箱时采用。拼箱货的分类、整理、集中、装箱、拆箱、交货等工作均在承运人码头集装箱货运站或内陆集装箱中转站进行。

拼箱货是指不足整箱货的容积和质量的货载，即需要两批或两批以上同装一箱的货载。拼箱货的流转过程为：①发货人负责将货物运至集装箱货运站；②集装箱货运站负责配箱、装箱；③集装箱货运站负责将装载货物的集装箱运至集装箱码头；④根据堆场计划将集装箱暂存堆场，等待装船；⑤根据装船计划将集装箱货物装上船舶；⑥通过水上运输将集装箱货物运抵卸货港；⑦根据卸货计划从船上卸下集装箱货物；⑧根据堆场计划在堆场内暂存集装箱货物；⑨将集装箱货物运至货运站；⑩集装箱货运站掏箱交货；⑪集装箱空箱回运。

3. 集装箱货物的交接方式

（1）整箱交、整箱接（FCL/FCL）。货主在工厂或仓库把装满货物的整箱交给承运人，收货人在目的地整箱接货。承运人以整箱为单位负责交接，而货物的装箱和拆箱均由货主负责。

（2）拼箱交、拆箱接（LCL/LCL）。货主将不足整箱的小票托运货物在集装箱货运站或内陆中转站交给承运人，由承运人负责拼箱和装箱，运到目的地货运站或内陆中转站后，由承运人负责拆箱，各收货人凭单取货。货物的装箱和拆箱均由承运人负责。

（3）整箱交、拆箱接（FCL/LCL）。货主在工厂或仓库把装满货物的整箱交给承运人，在目的地货运站或内陆中转站由承运人负责拆箱，各收货人凭单接货。

（4）拼箱交、整箱接（LCL/FCL）。货主将不足整箱的小票托运货物在集装箱货运站或内陆中转站交给承运人，由承运人分类调整，把同一收货人的货物集中拼装成整箱，运到目的地后，承运人以整箱交，收货人以整箱接。

上述交接方式中，以整箱交、整箱接效果最好，也最能发挥集装箱的优越性。

4. 集装箱货物的交接地点

具体来说，集装箱货物的交接地点主要有三处，即集装箱码头堆场（container yard，CY）、集装箱货运站（container freight station，CFS）、发货人或收货人的工厂或仓库（door）。根据整箱货、拼箱货及集装箱交接地点的不同，集装箱货物又有以下九种具体交接方式。

（1）门到门（door to door），指发货人负责装箱、办理通关和加封手续，承运人在发货人处接收货物后，对货物的全程运输负责，直到运至收货人处交付货物时止。货物交接形态均为整箱货。

（2）门到场（door to CY），指发货人负责装箱、办理通关和加封手续，承运人在发货人处接收货物后，对货物全程运输负责，直到运至运输合同中指定的码头或内陆堆场向收货人交付货物时止。运往目的地的内陆运输则由收货人自己负责安排。货物交接形态均为整箱货。

（3）门到站（door to CFS），指发货人负责装箱、办理通关和加封手续，承运人在发货人处接收货物后，对货物全程运输负责，直到运至运输合同中指定的码头或码头附近内陆地区的集装箱货运站，并负责拆箱，向收货人（一个或多个）交付货物时止。这种交接方式，承运人接收的是整箱货，交付时需拆箱。

（4）场到门（CY to door），指发货人负责装箱、办理通关及加封手续，并自行负责将集装箱由装箱地运至运输合同中指定的码头或内陆堆场，承运人在该堆场接收货物后，负责运至收货人处的全程运输，并在收货人处交付货物。货物交接形态均为整箱货。

（5）场到场（CY to CY），指发货人负责装箱，办理通关及加封手续，并自行负责将集装箱由装箱地运至运输合同中指定的码头或内陆堆场，承运人在该堆场接收货物后，负责将货物运至运输合同中指定的目的地堆场的全程运输，并在目的地堆场向收货人交付货物。收货人负责至拆箱地的运输，以及拆箱和还箱工作。货物交接形态均为整箱货。

（6）场到站（CY to CFS），指发货人负责装箱、办理通关及加封手续，并自行负责将集装箱由装箱地运至运输合同中指定的码头或内陆堆场交给承运人，承运人则负责将货物运至指定的目的地货运站，拆箱后向收货人（一个或多个）交付货物。承运人以整箱形态接收货物，以拆箱形态交付货物。

（7）站到门（CFS to door），指发货人以原来的形态把货物运至运输合同指定的集装箱货运站，承运人在集装箱货运站接收货物，进行整理、分类、装箱、加封后，将货物运至收货人处交付货物。这种交接方式下，承运人以拼箱形态接收货物，以整箱形态交付货物，一般适用于有多个发货人、一个收货人的情况。

（8）站到场（CFS to CY），与站到门方式类似，差别仅是承运人在集装箱货运站接收货物后，负责将货物运至运输合同指定的目的地堆场，并向收货人交付货物。

（9）站到站（CFS to CFS），承运人接收货物的方式与站到门、站到场相似，但在集装箱货运站接收货物后，要负责将货物运至运输合同指定的目的地集装箱货运站，并负责拆箱后向收货人交付货物。这种方式交接下，承运人以拼箱形态接收货物，以拆箱形态交付货物，一般适用于多个发货人、多个收货人的情况。

以上九种交接方式可进一步归纳为以下四种交接方式。

（1）门到门。这种交接方式的特征是，在整个运输过程中完全是集装箱运输，故适宜于整箱交、整箱接。

（2）门到场站。这种交接方式的特征是，由门到场站是集装箱运输，由场站到门是货物运输，故适宜于整箱交、拆箱接。

（3）场站到门。这种交接方式的特征是，由门到场站是货物运输，由场站到门是集装箱运输，故适宜于拼箱交、整箱接。

（4）场站到场站。这种交接方式的特征是，除中间一段是集装箱运输外，两端的内陆运输均是货物运输，故适宜于拼箱交、拆箱接。

7.2.2　集装箱的选择

集装箱的选择主要包括集装箱类型的选择和集装箱数量的计算两方面内容。

1. 集装箱类型的选择

正确选择集装箱的类型，是集装箱运输组织管理的重要工作。选择箱型前应了解以下内容。

（1）货物特性。货物特性决定了运输要求，如危险品、易碎品、鲜活易腐品等货物特性不一，对箱型选择也就不同。

（2）货物种类与货名。为了保证货物运输安全无损，仅了解货物的一般特性是不够的。例如，对危险品来说，就不能只知道它是危险品就够了，还要进一步了解它是属于哪一类危险品，是爆炸品、易燃品还是腐蚀性物品；还要了解它的具体货名，是鞭炮、电影胶卷还是硫酸；此外，还要知道它有无包装，是什么包装，是清洁的还是脏的，有没有气味等。

（3）货物包装尺寸。由于我国货物运输包装规格繁多，要选择相适应的集装箱型号，必须了解货物包装尺寸，以便选择合适的配置方法（如横放、竖放等），充分利用箱容。

（4）货物质量。任何集装箱可装货物的质量都不得超过集装箱的载货质量。有时货物质量虽小于载货质量，但由于该货物是集中载荷而可能造成箱底强度不足，这时就必须采取措施，利用货垫使集中载荷分布均匀。

（5）集装箱运输过程。应考虑在整个运输过程中有哪几种运输工具运送，是否转运和换装作业，采用何种作业方式，运输过程中的外界条件如何，是否高温、多湿，拆箱地点的设备和条件如何等。运输过程不同，箱型也应不同。

（6）箱型选择应遵循的原则。货物外部尺寸应与集装箱内部尺寸相适应，以成公倍数为最佳；按货物比容选择最有利比容的集装箱；优先选择自重系数较小的集装箱；集装箱外部尺寸应与运输工具尺寸相适应，以成公倍数为最佳。

2. 集装箱数量的计算

箱型选定后，还应计算所需的集装箱数量。为此，首先应了解集装箱的单位容重的概念。

集装箱的单位容重是指集装箱的最大载货质量除以集装箱的容积所得的商。要使集装箱都能满载，就要求货物的密度等于集装箱的单位容重。实际上集装箱装货后，箱内或多或少会产生空隙,因此,集装箱内实际可利用的有效容积为集装箱的容积乘以箱容利用率。表7-6给出了20ft和40ft杂货集装箱,以及20ft开顶集装箱和台架式集装箱的单位容重。

表7-6 各种集装箱的单位容重

集装箱种类	载货质量		集装箱容积		箱容利用率为100%时的单位容重		箱容利用率为80%时的单位容重	
	kg	lb	m³	ft³	kg/m³	lb/ft³	kg/m³	lb/ft³
20ft 杂货集装箱	21790	48047	33.2	1172	656.3	41.0	820.4	51.3
40ft 杂货集装箱	27630	60924	67.8	2426	407.5	25.1	509.4	31.4
20ft 开顶集装箱	21480	47363	28.4	1005	756.3	47.1	945.4	58.9
20ft 台架式集装箱	21230	46812	28.5	1007	744.9	46.5	931.1	58.1

(1)整箱货物的集装箱需用量计算。

在计算集装箱所需数量之前,先要判断这批货物是重货还是轻货,再求出每个集装箱的最大装载量和有效容积,就可以算出该批货物所需要的集装箱数量。其计算方法如下。

对于重货,即货物单位体积质量大于集装箱有效容积的单位容重,则用货物质量除以集装箱的载货质量,即得所需要的集装箱数量。

当货物单位体积质量等于集装箱有效容积的单位容重时,则既可按质量计算也可按体积计算,都可以求得所需要的集装箱数量。

对于暂不能判断是重货还是轻货的,可先按容积计算,求出每个集装箱可能装运的货物件数,再用货物件数乘以每件货物的质量,并与集装箱的载货质量进行比较。如果货物质量小于集装箱载货质量,那么就按货物总体积除以集装箱容积,计算所需要的集装箱数量;反之,则按货物总质量除以每个集装箱的载货质量,计算所需要的集装箱数量。下面举例说明。

【例7-3】现有需要装箱的电气制品货物(纸箱包装)共750箱,体积为117.3m³(约4142ft³),质量为20.33t(约44820lb)。问需要多少个20ft杂货集装箱?

先求货物密度。

$$货物密度 = 20330 \div 117.3 \approx 173.3 \text{ (kg/m}^3\text{)}$$

从表7-6中查得,如果箱容利用率为80%,20ft杂货集装箱的单位容重为820.4kg/m³。因货物密度小于集装箱的单位容重,故所装的电气制品为轻货。

从表7-6中查得,20ft杂货集装箱的容积为33.2m³,故

$$集装箱的有效容积 = 33.2 \times 0.8 = 26.56 \text{ (m}^3\text{)}$$

所需集装箱数量为货物体积除以集装箱有效容积,即

$$117.3 \div 26.56 \approx 4.4 \text{ (个)}$$

所以,需要5个20ft杂货集装箱才能把该批纸箱包装的电气制品装完。

(2)拼箱货物的集装箱需用量计算。

对于拼箱货物,应轻、重货物搭配装载。为使配装效果较好,配装货物的品种宜少,以一种重货与另一种轻货配装最为有利。拼装货物应是发至同一目的站的货物,同时,必须使所装货物的加权平均单位体积质量等于或接近集装箱的单位容重,从而有效利用集装箱的容积,载货质量也得以充分利用。

正确的轻、重货物配装比例可按以下公式计算。

$$P_b = P_w + P_l \tag{7-1}$$

$$V_y = V_w + V_l = \frac{P_w}{Y_w} + \frac{P_l}{Y_l} \tag{7-2}$$

式中：P_b——集装箱的载货质量（t）；

P_w——应装重质货物的质量（t）；

P_l——应装轻质货物的质量（t）；

V_y——集装箱的有效容积（m³）；

V_w——应装重质货物的体积（m³）；

V_l——应装轻质货物的体积（m³）；

Y_w——重质货物单位体积质量（t/m³）；

Y_l——轻质货物单位体积质量（t/m³）。

由此可以推出

$$P_w = \frac{P_b - V_y Y_l}{1 - \frac{Y_l}{Y_w}} \tag{7-3}$$

$$P_l = P_b - P_w \tag{7-4}$$

为了减少集装箱的回程空载，有时要把普通杂货装在各种特殊集装箱内。这些特殊集装箱的容积一般比杂货集装箱小，因此，在计算集装箱需用量时应特别注意。

利用各种特殊集装箱装载杂货时，其装载量经验值如表 7-7 所示。

表 7-7 特殊集装箱装载杂货的装载量经验值

集装箱类型	装载量/容积吨	集装箱类型	装载量/容积吨
20ft 动物集装箱	13	20ft 冷藏集装箱	17.5
20ft 通风集装箱	21	20ft 台架式集装箱	14
20ft 散货集装箱	21	20ft 开顶集装箱	21

7.2.3 集装箱货物的装载

选用集装箱装载的货物千差万别，装载的要求也各不相同，但一般应满足以下基本要求。

1. 质量应合理分配

根据货物的体积、质量、外包装的强度及货物的性质进行分类，把外包装坚固、质量较重的货物装在下面，外包装脆弱、质量较轻的货物装在上面。装载时要使货物的质量在箱底均匀分布，否则，有可能造成箱底脱落或底梁弯曲。如果整个集装箱的重心发生偏移，当用扩伸抓具起吊时，有可能使集装箱产生倾翻。此外，还将造成运输车辆前后轮质量分布不均。

2. 对货物进行必要的衬垫

装载货物时，要根据包装的强度来决定对其进行必要的衬垫。对于外包装脆弱的货物、易碎货物应夹衬缓冲材料，防止货物相互碰撞挤压。为填补货物之间和货物与集装箱侧壁之间的空隙，有必要在货物之间插入垫板、覆盖物之类的隔货材料。要注意对货物下端进行必要的衬垫，使质量分布均匀。对于出口集装箱货物，若其衬垫材料属于植物检疫对象的，箱底最好改用非植物检疫对象材料。

3. 货物应合理固定

货物在装箱后，一般都会产生空隙。由于空隙的存在，必须对箱内货物进行固定处理，以防止在运输途中，尤其是海上运输途中由于船体摇摆而造成货物坍塌与破损。货物的固定方法有以下几种。

（1）支撑。用方木等支柱使货物固定。

（2）塞紧。货物与集装箱侧壁之间用方木等支柱在水平方向加以固定，货物之间插入填塞物、缓冲垫、楔子等防止货物移动。

（3）系紧。用绳索、带子等索具或用网具等捆绑货物。

由于集装箱的侧壁、端壁、门板处的强度较弱，因此，在集装箱内对货物进行固定作业时要注意支撑和塞紧的方法，不要直接撑在这些地方，应设法使支柱撑在集装箱的主要构件上。此外，也可将衬垫材料、扁平木材等制成栅栏来固定货物。系紧对于缓冲运输中产生的冲击和振动具有明显效果。

4. 货物应合理混装

货物混装时，要避免相互污染或引起事故。

（1）尽可能避免干、湿货物的混装。液体货物或有水分的货物与干燥货物混装时，如果液体货物出现渗出液汁或因结露产生水滴，就有可能引起干燥货物的湿损、污染、腐败等事故，因此，要尽可能避免混装。当然，如果液体货物装在坚固的容器内，或装在下层，也可以考虑混装。

（2）尽可能不与强臭或气味强烈的货物混装。例如，肥料、鱼粉、兽皮等强臭货物，以及胡椒、樟脑等气味强烈的货物，不得与茶叶、咖啡、烟草等具有香味或具有吸臭性的食品混装。对于与这些强臭或气味强烈的货物混装的其他货物，应采取必要措施，有效阻隔气味。

（3）尽可能不与粉末类货物混装。水泥、肥料、石墨等粉末类的货物与清洁货物不得混装。

（4）危险货物之间不得混装。危险货物之间混装容易引起火灾和爆炸等重大事故，因此不得混装。

5. 装卸集装箱内货物时，应尽量用机械操作

集装箱内货物的装卸作业方式，随箱型和货物品种而异。例如，杂货集装箱可用抓斗或皮带机装箱，用倾斜方式卸箱；开顶集装箱可用吊车装箱、卸箱；侧开门式集装箱可用叉车装箱、卸箱；端开门式大型通用集装箱可用小型机械出入箱内装箱、卸箱等。

集装箱货物装箱后，装拆箱作业人员应缮制货物装箱单，按有关规定施加封志，并按要求在箱体外粘贴运输及有关标志。

6. 货物装箱的其他注意事项

货物装箱时还应注意以下几个方面。
（1）包装不同的货物应分别装载，以防止互相碰撞造成包装破损。
（2）有尖角或突出部分的货物之间，应用木板等材料分隔，以免损伤其他货物。
（3）严格遵守货物包装上的规定，如严禁倒置的货物必须正放。
（4）包装不完整、不牢固和破损的货物不装。
（5）采取有力措施，防止因运输时间长、外界条件差而损害货物。
（6）装箱时应考虑卸箱的难易及所需条件，为卸货创造方便条件。

7.2.4 集装箱空箱调运

1. 产生集装箱空箱调运的原因

集装箱空箱调运及其管理关系到集装箱的利用程度、空箱调运费的开支、货物的及时装箱和发送及企业的经济效益。在集装箱运输航线货源不平衡的情况下，必须进行空箱调运。

通过合理的空箱调运，可以降低船公司航线集装箱需备量和租箱量，从而降低运输成本，提高船公司的竞争能力和经济效益。产生集装箱空箱调运的原因主要有以下几个。

（1）由于管理方面的原因产生空箱调运。例如，单证交接不全，流转不畅，影响空箱的调配和周转；又如，货主超期提箱，造成港口重箱积压，影响集装箱在内陆的周转，为保证船期，需要从附近港口调运空箱。
（2）进出口货源不平衡，造成进口和出口集装箱比例失调，产生空箱调运。
（3）贸易逆差导致集装箱航线货流不平衡，产生空箱调运。
（4）进出口货物种类和性质不同，需使用不同规格的集装箱，产生不同规格集装箱短缺现象，需要按箱种规格调运空箱，以满足不同货物的需要。
（5）其他原因。例如，出于对修箱费用和修箱要求的考虑，船公司将空箱调运至修理费用低、修箱质量高的地区去修理。

由此可见，产生一定数量的空箱调运是必然的。但是，通过加强箱务管理，实现箱务管理现代化，减少空箱调运量是完全可以实现的。

空箱调运应考虑航线集装箱配备量因素，并比较空箱调运费用和租箱费用来确定。

2. 减少集装箱空箱调运的途径

减少集装箱空箱调运的有效途径主要有以下几个。
（1）组建联营体，实现船公司之间集装箱的共享。联营体通过互相调用空箱，可减少空箱调运量和航线集装箱需备量，节省空箱调运费用和租箱费用。
（2）强化集装箱集疏运系统，缩短集装箱周转时间。通过做好集装箱内陆运输各环节的工作，保证集装箱运输各环节紧密配合，缩短集装箱内陆周转时间和在港时间，以提供足够箱源，不致因缺少空箱而从邻港调运。
（3）强化集装箱跟踪管理系统，实现箱务管理现代化。通过优化集装箱跟踪管理，采用 EDI 系统，以最快、最准确的方式掌握集装箱信息，科学而合理地进行空箱调运，可以最大限度地减少空箱调运量，缩短空箱调运距离。

7.3 集装箱运输单证

7.3.1 提单

1. 提单的含义和作用

提单（bill of lading，B/L）是货物的承运人或其代理人收到货物后，签发给托运人的一种证件。该证件说明了货物运输有关当事人（如承运人、托运人和收货人）之间的权利与义务。提单的作用主要表现在以下几个方面。

（1）提单是承运人或其代理人签发的货物收据（receipt for the goods），证明已按提单所列内容收到货物。

（2）提单是一种货物所有权的凭证（documents of title）。提单的合法持有人凭提单可在目的港向船公司提取货物，也可以在载货船舶到达目的港之前，通过转让提单而转移货物所有权，或凭以向银行办理押汇。

（3）提单是托运人与承运人之间所订立的运输契约的证明（evidence of contract of carrier）。在班轮运输的条件下，它是处理承运人与托运人在运输中产生争议的依据；在包租船运输的条件下，承运人或其代理人签发的提单也是运输契约的证明。

2. 提单的内容

世界上每个船公司都有自己的提单格式和提单条款，但其基本内容都是按照《海牙规则》制定的。提单的正面内容除了包括托运人、收货人、被通知人、船名、船籍、航次、装运港、运费、提单签发份数、签单日期及签单人，还有如下内容。

（1）托运人所提供的详细情况有货名、标志、件数、毛重、尺码等。如填写不准、错误或谎报，一切后果和所造成的损失应由托运人承担。

（2）声明货物外表状况良好已装船，并应在卸货港或该船所能安全到达并保持浮泊的附近地点卸货。

（3）用正本提单其中一份完成提货手续后，其余各份失效。

（4）托运人、收货人和本提单的持有人明白表示接受并同意提单和其背面所载的一切印刷、书写或打印的规定、免责事项和条件。

提单的背面内容如下。

（1）承运人的责任与义务条款。

（2）承运人免责条款。

（3）索赔与诉讼的责任与义务条款。

（4）有关特殊货物运输条款。

（5）其他条款。

海运提单样本如表 7-8 所示。

表 7-8　海运提单样本

SHIPPER（托运人）			B/L NO.（提单号码）
CONSIGNEE（收货人）			COSCO 中国远洋运输（集团）总公司 CHINA OCEAN SHIPPING（GROUP）CO. ORIGINAL COMBINED TRANSPORT BILL OF LADING
NOTIFY PARTY（被通知人）			
PLACE OF RECEIPT （收货地）	OCEAN VESSEL（船名）		
VOYAGE NO.（航次）	PORT OF LOADING （装运港）		
PORT OF DISCHARGE （卸货港）	PLACE OF DELIVERY （交货地）		
MARKS （唛头）	NOS.&KINDS OF PKGS （包装与件数）	DESCRIPTION OF GOODS （商品名称）	G.W.（kg） （毛重）	MEAS（m³） （尺码）
TOTAL NUMBER OF CONTAINERS OR PACKAGES（IN WORDS）集装箱数或件数合计（大写）				
FREIGHT & CHARGES （运费与附加费）	REVENUE TONS （运费吨）	RATE （运费率）	PER （计量单位）	PREPAID （预付）	COLLECT （到付）
PREPAID AT （预付地点）	PAYABLE AT （到付地点）		PLACE AND DATE OF ISSUE （签发地点与日期）
TOTAL PREPAID （预付总额）	NUMBER OF ORIGINAL B/L （正本提单份数）		
LOADING ON BOARD THE VESSEL（装船船名） DATE（装船时间）			BY（签名）

7.3.2　场站收据

场站收据（dock's receipt，D/R）是国际集装箱运输专用出口货运单证，它是由承运人签发的证明已收到托运货物并对货物开始负有责任的凭证。场站收据一般是在托运人口头或书面订舱时，与船公司或船代达成货物运输的协议，船公司或船代确认订舱后由其交托运人或代理人填制，在承运人委托的码头堆场或内陆货运站收到整箱货或拼箱货后签发生效，托运人或其代理人可凭场站收据向船公司或船代换取已装船或待装船提单。

1. 场站收据的作用

与传统件杂货运输使用的托运单证比较，场站收据是一份综合性单证。它把货物托运单（订舱单）、装货单（关单）、大副收据、理货单、配舱回单、运费通知等单证汇成一份，这对于提高集装箱货物托运效率和流转速度有很大意义。一般认为场站收据的作用有以下几个。

（1）船公司或船代确认订舱并在场站收据上加盖有报关资格的单证章后，将场站收据交给托运人或其代理人，意味着运输合同开始执行。

（2）出口货物报关的凭证之一。

（3）承运人已收到托运货物并对货物开始负有责任的证明。

（4）换取海运提单或联运提单的凭证。

（5）船公司、港口组织装卸、理货、配载的资料。

（6）运费结算的依据。

（7）如果信用证中有规定，可作为向银行结汇的单证。

2. 场站收据的组成

场站收据是集装箱运输重要出口单证，其组成格式在许多资料上说法不一。不同的港、站使用的场站收据也有所不同，这里以十联单的格式来说明场站收据的组成情况，如表 7-9 所示。

表 7-9　场站收据十联单

序号	名称	颜色	用途
1	集装箱货物托运单——货方留底	白色	托运人留存备查
2	集装箱货物托运单——船方留底	白色	编制装船清单、积载图、预制提单
3	运费通知（1）	白色	计算运费
4	运费通知（2）	白色	运费收取通知
5	装货单——场站收据副本（1）	白色	报关并作为装货指示，港方计算港杂费
6	大副联——场站收据副本（2）	粉红色	报关，船上留存备查
7	场站收据	淡黄色	报关，船方凭以签发提单
8	货代留底	白色	缮制货物流向单
9	配舱回单（1）	白色	货方缮制提单等
10	配舱回单（2）	白色	根据回单批注修改提单

场站收据内容如表 7-10 所示。

7.3.3　交货记录

交货记录（delivery record，D/R'）是集装箱运输承运人把货物交付给收货人或其代理人时，双方共同签署的证明货物已经交付及货物交付时情况的单证；同时，它也证明承运人对货物的责任已告终止。

1. 交货记录的作用

交货记录是国际集装箱进口货运业务中的主要单证，在实际进口业务中又称小提单或提货单，但实际应用中交货记录或提货单所起的作用及其对不同当事人的责任划分不尽相同。对承运人来说，交货记录一经签发即已表明同意交货，尽管事实上并没有交付货物。对收货人来说，只要拿到交货记录即已表明具备提货条件，尽管实际上并没有提货。从另一层意义上去理解，交货记录则是承运人、收货人的责任转移，即交货记录签发等于承运人责任终止、收货人责任开始。

表 7-10 场站收据内容

Shipper（托运人）				委托号：	
Consignee（收货人）				Forwarding Agents	
Notify Party（通知人）				B/L No.（编号）	
Pre-carriage by（前程运输） Place of Receipt（收货地点）			第一联 集装箱货物托运单 货主留底		
Ocean Vessel（船名） Voy. No.（航次） Port of Loading（装货港）					
Port of Discharge（卸货港） Place of Delivery（交货地） Final Destination（目的地）					
Container No.（集装箱号）	Seal No.（铅封号） Marks & No.（标记和号码）	No.of Containers or Packages（箱数或件数）	Kind of Packages & Description of Goods（包装种类与货名）	Cross Weight（kg）（毛重）	Measurement（m³）（尺码）
Total No. of Containers or Packages（IN WORDS）集装箱数或件数合计（大写）					
Freight & Charges（运费与附加费）	Revenue Tons（运费吨）	Rate（运费率）	Per（计量单位）	Prepaid（预付）	Collect（到付）
Ex. Rate（兑换率）	Prepaid at（预付地点）		Payable at（到付地点）	Place of Issue（签发地点）	
	Total Prepaid（预付总额）		No. of Original B/L（正本提单份数）	Booking Approved by（订舱确认）	
Service Type on Receiving □CY □CFS □DOOR		Service Type on Delivery □CY □CFS □DOOR		Reefer Temperature Required（冷藏温度）	℉ ℃
Type of Goods（种类）	□Ordinary（普通） □Reefer（冷藏） □Dangerous（危险品） □Auto.（裸装车辆） □Liquid（液体） □Live Animal（活动物） □Bulk（散货） □___			危险品	Class: Property: IMDG Code Page: UN No.
发货人或代理人名称和地址：				联系人：	电话：
可否转船： 可否分批： 装期：			备注	装箱场站名称	
效期： 制单日期：					
海运费由_____支付 如预付运费托收承付，请核准银行账号					

2. 交货记录的组成

标准交货记录一套共5联，分别为：第1联到货通知书（白色）；第2联提货单（白色）；第3联费用账单（1）（蓝色）；第4联费用账单（2）（红色）；第5联交货记录（白色）。

3. 交货记录的流转程序

（1）船舶抵卸货港前，船公司或其代理人根据装货港船代传送的舱单或提单副本制作交货记录1式5联，并向收货人或其代理人发出到货通知书（交货记录第1联）。

（2）收货人或其代理人在收到第1联（到货通知书）后，凭正本提单和到货通知书到船代处换第2联（提货单）、第4联[费用账单（2）]和第5联（交货记录）。

（3）船公司或其代理人在第2联（提货单）上盖章签发，并把第2联（提货单）、第4联[费用账单（2）]、第5联（交货记录）退交收货人或其代理人，自留第1联（到货通知）和第3联[费用账单（1）]。

（4）收货人或其代理人凭第2联（提货单）、第4联[费用账单（2）]、第5联（交货记录）共3联，随同进口货物报关单一起到海关报关。

（5）海关核准后在第2联（提货单）上盖放行章，并将第2联（提货单）、第4联[费用账单（2）]、第5联（交货记录）共3联退交收货人或其代理人。

（6）收货人或其代理人凭承运人、船代、海关盖章的第2联（提货单）和第5联（交货记录）去堆场或货运站提货，凭第4联[费用账单（2）]结清场站费用。

（7）堆场或货运站验单放货，在提货完毕后，会同收货人或其代理人共同签收第5联（交货记录），以示确认提取的货物无误，并把经双方签署的第5联（交货记录）送至船代处，留存第2联（提货单）、第4联[费用账单（2）]归档备查。

7.3.4 集装箱设备交接单

1. 集装箱设备交接单的作用

集装箱设备交接单（equipment interchange receipt）是集装箱进出港区场站时，集装箱管箱人（一般码头作为其代理人）与用箱人（一般集卡司机作为其代理人）之间交接集装箱及其他设备的凭证，并兼有管箱人发放集装箱凭证的功能。集装箱设备交接单既是一种交接凭证，又是一种发放凭证。由此可见，集装箱设备交接单对集装箱箱务管理起着很大的作用。

在进出口运输业务中，凡是涉及集装箱等设备的交接作业时，必须缮制相应的集装箱设备交接单。在使用中，要求必须做到"一箱一单、箱单相符、箱单同行"的原则。用箱人、运箱人要凭集装箱设备交接单进出港区场站，到集装箱设备交接单指定的提箱地点提箱，并在规定的地点还箱。集装箱设备交接单分进场（IN）三联和出场（OUT）三联两种（表7-11和表7-12）：箱管单位联（底联）；码头堆场联；用箱人和运箱人联。两种集装箱设备交接单的填制内容基本相同，均由箱管单位填制后，交拖箱人（一般是集卡司机）。设备交接手续均在集装箱码头堆场门口办理。

表 7-11　集装箱设备交接单（进场）

EQUIPMENT INTERCHANGE RECEIPT　　　　　　　　　　No.
集 装 箱 公 司　　　　　　　　　　　　　　　　　　　　IN
CONTAINER COMPANY　　　　　　　　　　　　　　　进场

用箱人/运箱人（CONTAINER USER/HAULIER）	提箱地点（PLACE OF DELIVERY）		
来自地点（WHERE FROM）	返回/收箱地点（PLACE OF RETURN）		
船名/航次 （VESSEL/VOYAGE No.）	集装箱号 （CONTAINER No.）	尺寸/类型 （SIZE/TYPE）	营运人 （CNTR.OPTR.）
提单号 （B/L No.）	铅封号 （SEAL. No.）	免费期限 （FREE TIME PERIOD）	运载工具牌号 （TRUCK,WAGON,BARGE No.）
出场目的/状态 （PPS OF GATE-OUT/STATUS）	进场目的/状态 （PPS OF GATE-IN/STATUS）		进场日期 （TIME-IN）
进场检查记录（INSPECTION AT THE TIME OF INTERCHANGE）			
普通集装箱 （GP. CONTAINER）	冷藏集装箱 （RF. CONTAINER）	特种集装箱 （SPL. CONTAINER）	发电机 （GEN. SET）
□ 正常（SOUND） □ 异常（DEFECTIVE）	□ 正常（SOUND） □ 异常（DEFECTIVE）	□ 正常（SOUND） □ 异常（DEFECTIVE）	□ 正常（SOUND） □ 异常（DEFECTIVE）
损坏记录及代号（DAMAGE & CODE） 　　BR　　　　　D　　　　　M　　　　　DR　　　　　DL 　　破损　　　凹损　　　丢失　　　污箱　　　危标 （BROKEN）（DENT）（MISSING）（DIRTY）（DG LABEL） 左侧（LEFT SIDE）　右侧（RIGHT SIDE）　前部（FRONT）　内部（INSIDE） 顶部（TOP）　底部（FLOOR BASE）　箱门（REAR）　　如有异状，请注明程度及尺寸 （REMARK）			

除列明者外，集装箱设备交换时完好无损，铅封完整无误。
CONTAINER EQUIPMENT INTERCHANGE IN SOUND CONDITION AND SEAL INTACT UNLESS OTHERWISE STATED

用箱人/运箱人签署　　　　　　　　　码头/堆场值班员签署
（CONTAINER USER/HAULIER'S SIGNATURE）　　（TERMINAL/DEPOT CLERK'S SIGNATURE）

表 7-12 集装箱设备交接单（出场）

EQUIPMENT INTERCHANGE RECEIPT　　　　　　　　　No.
　　　　集　装　箱　公　司
　　　　　ONTAINER COMPANY　　　　　　　　　　　OUT 出场

用箱人/运箱人（CONTAINER USER/HAULIER）	提箱地点（PLACE OF DELIVERY）

发往地点（DELIVERED TO）	返回/收箱地点（PLACE OF RETURN）

船名/航次 （VESSEL/VOYAGE No.）	集装箱号 （CONTAINER No.）	尺寸/类型 （SIZE/TYPE）	营运人 （CNTR.OPTR.）

提单号 （B/L No.）	铅封号 （SEAL. No.）	免费期限 （FREE TIME PERIOD）	运载工具牌号 （TRUCK,WAGON,BARGE No.）

出场目的/状态 （PPS OF GATE-OUT/STATUS）	进场目的/状态 （PPS OF GATE-IN/STATUS）	出场日期 （TIME-OUT）

出场检查记录（INSPECTION AT THE TIME OF INTERCHANGE）

普通集装箱 （GP. CONTAINER）	冷藏集装箱 （RF. CONTAINER）	特种集装箱 （SPL. CONTAINER）	发电机 （GEN. SET）
□ 正常（SOUND） □ 异常（DEFECTIVE）	□ 正常（SOUND） □ 异常（DEFECTIVE）	□ 正常（SOUND） □ 异常（DEFECTIVE）	□ 正常（SOUND） □ 异常（DEFECTIVE）

损坏记录及代号（DAMAGE & CODE）

BR	D	M	DR	DL
破损 （BROKEN）	凹损 （DENT）	丢失 （MISSING）	污箱 （DIRTY）	危标 （DGLABEL）

左侧（LEFT SIDE）　　右侧（RIGHT SIDE）　　前部（FRONT）　　内部（INSIDE）

顶部（TOP）　　底部（FLOOR BASE）　　箱门（REAR）　　如有异状，请注明程度及尺寸
　　　　　　　　　　　　　　　　　　　　　　　　　　　（REMARK）

除列明者外，集装箱设备交换时完好无损，铅封完整无误。
CONTAINER EQUIPMENT INTERCHANGE IN SOUND CONDITION AND SEAL INTACT UNLESS OTHERWISE STATED

用箱人/运箱人签署　　　　　　　　　　　码头/堆场值班员签署
（CONTAINER USER/HAULIER'S SIGNATURE）　　（TERMINAL/DEPOT CLERK'S SIGNATURE）

2. 集装箱设备交接单的流转

（1）托运人或其代理人订妥舱位取得装货单（码头收据），即可向箱管单位申请领取集装箱设备交接单。

（2）由箱管单位填制集装箱设备交接单，交托运人或用箱人、运箱人。

（3）由托运人或用箱人、运箱人到码头堆场提箱送收箱地（或到发箱地提箱送码头堆场），经办人员核单并查验箱体后，双方签字，留下箱管单位联和码头堆场联，将用箱人和运箱人联退还用箱人或运箱人。

（4）码头堆场经办人员将箱管单位联退交箱管单位。

7.3.5 集装箱装箱单

1. 集装箱装箱单的作用

集装箱装箱单（container load plan，CLP）是详细记载每个集装箱内所装货物的名称、数量及箱内货物积载情况的单证。每个载货集装箱都要制作这样的单证，它是根据已装进箱内的货物情况制作的，是集装箱运输的辅助货物舱单。集装箱装箱单是详细记载箱内所载货物情况的唯一单证，因此在国际集装箱运输中，集装箱装箱单是一份极为重要的单证。其作用主要体现在以下几个方面。

（1）向承运人、收货人提供箱内货物明细的清单。

（2）集装箱货物向海关申报的主要单证之一。

（3）货方、港方、船方之间货、箱交接的凭证。

（4）船方编制船舶积载计划的依据，集装箱装箱单上所记载的货箱质量是计算船舶积载性能数据的基本数据。

（5）办理集装箱货物保税运输、安排拆箱作业的资料。

（6）集装箱运输货物商务索赔的依据。

2. 集装箱装箱单的内容

集装箱装箱单的主要内容包括船名、航次、装卸港、发货地、交货地、集装箱箱号、集装箱规格、铅封号、场站收据或提单号、发货人、收货人、通知人，以及货物名称、件数、包装、标志、毛重、尺码等。对特殊货物还需说明闪点（对危险品）、箱内温度要求（对保温或冷藏货）、是否检疫等内容。

集装箱装箱单以箱为单位制作，由装箱人填制并由装箱人签署后生效。装箱单一般一式数份，分别由货主、货运站、装箱人留存和交船代、海关、港方、理货公司使用，另外还需准备足够份数交船方随船带往卸货港以便交接货物、报关、拆箱等用。集装箱装箱单如表7-13所示。

制作装箱单时，装箱人负有装箱单内容与箱内货物一致的责任。如果需要理货公司对整箱货物理货，装箱人应会同理货人员共同制作装箱单。

表 7-13 集装箱装箱单

装 箱 单
CONTAINER LOAD PLAN

船名 Ocean Vessel	航次 Voy. No.	收货地点 Place of Receipt □ 场 CY □ 站 CFS			装货港 Port of Loading		卸货港 Port of Discharge	集装箱号 Container No.	集装箱规格 Type of Container: 20 40
								铅封号 Seal No.	冷藏温度 °F °C Reefer. Temp. Required
箱主 Owner	提单号码 B/L No.	1. 发货人 Shipper	2. 收货人 Consignee	3. 通知人 Notify	标志和号码 Marks & Numbers	件数及包装种类 No. & Kind of Package.	货名 Description of Goods	交货地点 Place of Delivery □ 场 CY □ 站 CFS	□ 门 Door
								重量/kg Weight kgs.	尺码/m³ Measurement Cu. M.
			◇ 底 Front				总件数 Total Number of Packages 重量及尺码总计 Total Weight & Measurement		
				◇ 门 Door					
		重新铅封号 New Seal No.	开封原因 Reason for Breaking Seat			装箱日期 Date of Vanning 装箱地点 at: （地点及国名 Place & Country）			
危险品要注明危险品标志分类及闪点 In case of dangerous goods, please enter the lable classification and flash point of the goods		出口 Export	驾驶员签收 Received by Drayman	堆场签收 Received by CY		装箱人 Packed by: 发货人 货运站 （Shipper/CFS）		皮重 Tare Weight	
		进口 Import	驾驶员签收 Received by Drayman	货运站签收 Received by CFS				总毛重 Gross Weight	
						（签署）Signed		发货人或货运站留存 Shipper/CFS 一式十份 此栏每份不同	

7.4 国际海运集装箱运输组织

《中华人民共和国国际海运条例》

国际海运集装箱运输是集装箱运输最主要的方式。随着集装箱运输的迅猛发展,集装箱数量日益增多,如何合理组织集装箱船舶、优化航线配船、解决集装箱空箱调运问题,从而提高整个集装箱运输系统的运营效益和综合社会效益成为集装箱承运人关注的焦点。

7.4.1 国际海运的分类

《中华人民共和国国际海运条例实施细则》

1. 按海洋运输的经营方式分类

一般件杂货海洋运输按其经营方式不同,可分为班轮运输和租船运输两类。

(1)班轮运输(liner shipping)。班轮运输又称定期船运输,包括件杂货班轮运输和集装箱班轮运输。班轮运输是指班轮公司将船舶按事先制定的船期表,在特定航线的各挂靠港口之间,为非特定的众多货主提供规则的、反复的货物运输服务,并按事先公布的费率或协议费率收取运费的一种营运方式。

班轮运输的特点是:①具有"四固定"的特点,即固定航线、固定港口、固定船期和相对固定的费率,这是班轮运输的基本特征;②班轮运价内包括装卸费用,即货物由承运人负责配载装卸,承托双方不计滞期费和速遣费;③承运人对货物负责的时段是从货物装上船起,到货物卸下船止,即"船舷至船舷"或"钩至钩";④承托双方的权利/义务和责任豁免以签发的提单为依据,并受统一的国际公约制约。

(2)租船运输(shipping by chartering)。租船运输又称不定期船运输,是指租船人向船东租赁船舶用于货物运输,是一种既没有事先制定的船期表,又没有固定的航线和挂靠港,而是追随货源,按照货主对运输的要求安排船舶航行的航线,组织货物运输,并根据租船市场行情确定运价或租金水平的一种经营方式。

租船运输的特点是:①租船运输费用较班轮运输费用低廉,且可选择直达航线,故大宗货物一般采用租船运输。②租船运输是根据租船合同组织运输的,租船合同条款由船东和租船人双方共同商定;③一般由船东与租船人通过各自或共同的租船经纪人洽谈成交租船业务;④不定航线、不定船期,船东对于船舶的航线、航行时间和货载种类等按照租船人的要求来确定,提供相应的船舶,经租船人同意进行调度安排;⑤租金率或运费率根据租船市场行情来决定;⑥船舶营运中有关费用的支出,取决于不同的租船方式,由船东和租船人分担,并在合同条款中注明;⑦各种租船合同均有相应的标准格式。

2. 按集装箱航线的地位分类

按集装箱航线的地位不同,可分为干线运输和支线运输。

(1)干线运输。干线运输就是船舶在相对固定的世界主要集装箱干线航线上的运输。干线运输一般货源稳定,运量大,班轮公司的实力强,挂靠港数量少,挂靠港装卸能力强,对货物的消化能力或中转能力强。负责干线运输的船舶载重量较大、吃水较深、航行速度较快。鉴于以上的种种条件要求船舶挂靠的港口多为深水港,这类港口一般是各区域的沿海经济贸易中心,多为枢纽港。目前世界上主要的集装箱干线航线有:①远东—北美航线,它又可分为两条航线,即远东—北美西海岸航线和远东—北美东海岸、海湾航线;②远东—欧洲、地中海航线,也称欧洲航线,它又可分为两条航线,即远东—欧洲航线和远东—地中海航线;③北美—欧洲、地中海航线,它由三条航线组成,分别为北美东海岸、海湾—欧洲航线,北美东海岸、海湾—地中海航线,北美西海岸—欧洲、地中海航线;④远东—澳大利亚航线;⑤澳大利亚、新西兰—北美航线;⑥欧洲、地中海—西非、南非航线等。

(2)支线运输。支线运输是指在某些区域内的集装箱运输。支线也称补给线,是指干线以外的航线。大型港口与小型港口之间的货物一般依靠支线运输完成。与负责干线运输的船舶不同,负责支线运输的船舶对挂靠港的深度限制较小。这类船舶通常在枢纽港和喂给港之间往返,完成它们之间的货物运输。

7.4.2 国际海运集装箱船舶配积载

1. 集装箱船舶配积载概述

集装箱船舶配积载工作涉及船舶性能、货物种类、航线、气候、风浪等复杂的条件,必须满足集装箱船舶的稳定性、强度(包括集装箱的强度)、吃水差和充分发挥集装箱船舶装载能力等要求;同时,还要保证集装箱货物的运输质量,减少集装箱内货物的数量和质量损失,保证甲板集装箱的安全和为中途港装卸货提供方便。

配积载指船舶在装卸集装箱前,在遵循配积载基本原则的基础上,根据集装箱的不同性质,确定集装箱在船上的具体位置,帮助形成集装箱装卸顺序。配积载计划以配积载图的形式表示。装船计划并非具体考虑每个集装箱的情况,而是将集装箱按照其大小、类型、质量和其在堆场中的位置来进行归类,因为集装箱运上船后会根据这些特征放在不同的舱位。对于船舶来说,集装箱的装船计划非常重要,它直接影响船舶的离岸时间和船舶的利用率。

2. 集装箱船舶箱位的表示方法

为了准确地表示每个集装箱在船上的装箱位置,以便于计算机管理和有关人员正确辨认,集装箱船舶上的每个装箱位置应按国际统一的编号方法表示。目前集装箱船舶箱位编号采用的是 ISO/TC104 委员会制定的方法。以集装箱在船舶上呈纵向布置为前提,集装箱在船舶上的位置称为船舶箱位。船舶箱位通常用 6 位阿拉伯数字表示,每两位数字代表一个含义,分别为行(bay)、列(row)和层(tier)。

(1)行位。

船舶箱位的前两位数字表示行位,即集装箱在船上的前后位置。根据集装箱的规格不同,行位又有两种表示方法。从船首向船尾,20ft 箱位为奇数,依次用 01、03、05、07、09、11……表示;40ft 箱位为偶数,依次用 02、06、10、14……表示。图 7.4 所示为集装箱船舶的行排列图。

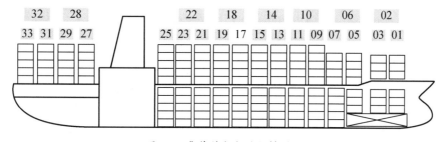

图 7.4　集装箱船舶的行排列图

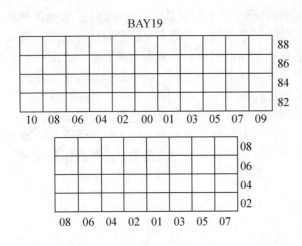

图 7.5 集装箱船舶的列和层排列图

（2）列位。

船舶箱位的中间两位数字表示列位，即集装箱在船上的左右位置。列位以船舶纵轴为基准，分别向两舷编号。从中间向右舷的列号为奇数，依次用 01、03、05、07、09、11……表示；从中间向左舷的列号为偶数，依次用 02、04、06、08……表示；如果列位总数为奇数，则中间列号用 00 表示，如图 7.5 所示。

（3）层位。

船舶箱位的最后两位数字表示层位，即集装箱在船上的上下位置。层位分甲板层位和舱内层位两种。甲板层位从下往上依次用 82、84、86、88……表示；舱内层位从下往上依次用 02、04、06、08……表示，如图 7.5 所示。甲板层位和舱内层位非全船最底层的层号，大致上以距船舶基线高度相同，其层号也用相同的原则来确定。

显然，全船每个集装箱箱位，都对应唯一的以 6 位数字表示的箱位坐标；反之，一定范围内的某一箱位坐标，必定对应船上唯一而特定的装箱位置。

3．集装箱船舶的配积载过程

集装箱船舶的配积载过程，一般情况下，首先由集装箱船公司配积载中心根据船舶航次和订舱情况，编制船舶某航次在某挂靠港的集装箱预配图，然后将此图直接发送给码头集装箱装卸公司，或者发送给船舶代理，再由船舶代理转交给集装箱装卸公司。码头集装箱装卸公司根据船公司或其代理人提供的出口集装箱装货清单及预配清单、集装箱预配图，结合码头实际进箱堆存实际情况，编制出口集装箱实配图，再将实配图经船方审核确认后复印若干份，于装船开工前交有关职能部门实施，最后按实配图对船舶进行装卸作业。集装箱装船完毕后，再由理货公司的理货员按船舶实际装箱情况，编制最终配载图。

（1）集装箱船舶的预配。

集装箱船舶的预配是集装箱船舶配积载的重要环节，关系船舶航行安全和货运质量、船舶装载能力的充分利用，以及运输效率和经济效益。为了保证集装箱船舶预配的科学合理，应按配积载原则编制集装箱预配图。

预配图是由船公司或其代理人编制的，依据船舶积载能力和航行条件等，按不同卸货港顺序及集装箱装货清单上拟配的集装箱数量，编制而成的全船行箱位总图，即将集装箱船舶上每个 20ft 集装箱的行箱位横剖面图自船首到船尾按顺序排列而成的总剖面图。集装箱预配图分为预配字母图和预配质量图两种。

① 预配字母图（图 7.6）。不同卸货港采用不同的颜色标绘。卸货港的标色在图上给予说明，若有困难，可在行号下面或箱位旁边用符号标注。图 7.6 中每个箱位内用一个英文字母（如 K、L、N、H）表示该箱的卸货港，如第 5 行舱内去长滩港的有 30 个箱。

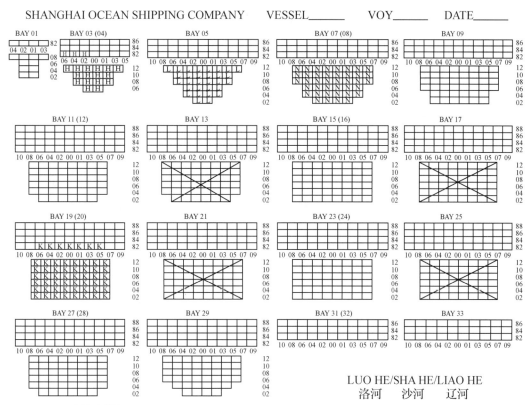

K：KOBE（神户港）
L：LONGBEACH（长滩港）
N：NEWYORK（纽约港）
H：HOUSTON（休斯顿港）

图 7.6　集装箱预配图（字母图）

② 预配质量图（图 7.7）。图中每个小方格代表一个 20ft 集装箱，小方格中所标的数字是以 t 表示的集装箱总重。图 7.7 中第 5 行舱内共有 30 个箱，其中 10 个箱每箱重 20t，6 个箱每箱重 19t，6 个箱每箱重 17t，5 个箱每箱重 16t，3 个箱每箱重 15t。

有时为了区分，20ft 集装箱通常只在小方格中涂上一半颜色"◨"。

40ft 集装箱是用在同一舱相邻的前后两个小方格表示，集装箱的总重和卸货港的着色均标绘在前一个小方格上，将小方格全部着色"■"，后一个小方格用"⊠"表示此箱位已被 40ft 集装箱占用。

③ 冷藏箱及危险货物箱预配图（图 7.8）。危险货物箱用"O"圈在所配箱位的小方格上，旁边用"D"加上数字表示国际危规的类别等级，如"D6.1"表示该箱装的是国际危规 6.1 类危险品。有些不用"O"，而用深颜色标绘。也有的用"H"或用"IMO"或"IMCO"表示危险货物箱。但在其后仍需注上危险货物的国际危规的类别等级。例如，第 7 行舱内装 1.4 级危险货物箱 6 个，其卸货港、质量见图 7.6、图 7.7 第 7 行。

冷藏箱在小方格上标注"R"，空箱在小方格上标注"E"。例如，第 19 行甲板上底层装有 7 个冷藏箱，其卸货港、质量见图 7.6、图 7.7 第 19 行。

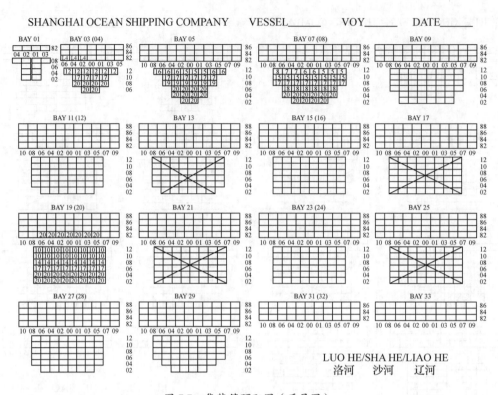

图 7.7 集装箱预配图（质量图）

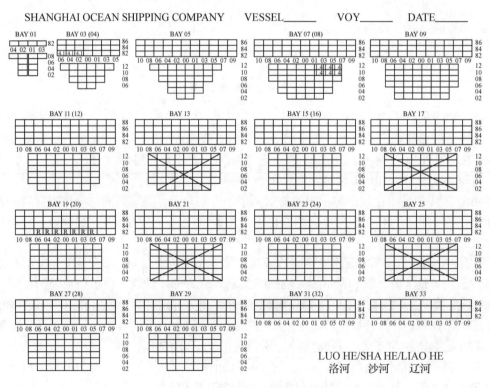

图 7.8 冷藏箱及危险货物箱预配图

预配图绘制后，应认真审核每个卸货港的箱量与订舱单是否相符、每个卸货港的箱区分布是否合理、特殊箱的配位是否符合要求等内容。经审核无误后，可将预配图送交码头集装箱装卸公司，或发送给船舶代理，再由船代交码头集装箱装卸公司。

（2）集装箱船舶的实配。

集装箱装卸公司收到预配图后，按照预配图的要求，根据码头上集装箱的实际进箱量及在码头上的堆放情况，着手编制集装箱实配图。

集装箱实配图是由全船行箱位总图和每行一张的行箱位图组成。

① 封面图。封面图又称总图（master plan），表明集装箱纵向积载情况；行箱位图（bay plan）是船舶某一装 20ft 集装箱的行箱位横剖面图，表明集装箱横向积载情况。它是对集装箱船行箱位总图上某一行箱位横剖面图的放大。在该图上可以标注和查取某一特定行所装每个集装箱的详细数据。

总图与预配图不同，在集装箱实配图的封面图上，通常只标注集装箱的卸货港和特殊箱。卸货港的标注方法有两种：一种是用一个大写的英文字母表示卸货港，如上海港以 S 表示；另一种是用不同颜色表示不同卸货港。特殊箱的标注方法同预配图一样。集装箱封面图如图 7.9 所示。

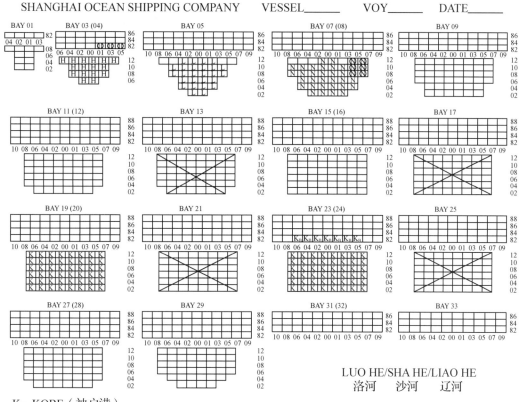

(a)

图 7.9 集装箱封面图

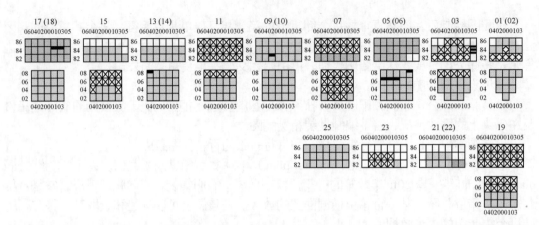

港序	卸货港	20'F	20'F GT	40'F	40'F GT	45'F	45'F GT	20'E	20'E GT	40'E	40'E GT	45'E	45'E GT	小计(TEU)	小计(TON)
1	NAC	94	817	67	675									228	1492
2	YOK	55	682	22	212									99	894
3	TOK	19	116	32	377									83	493
	合计	168	1615	121	1264									410	2879

图例：冷冻箱　危险品　超高　超宽　框架箱　三超箱　空箱　开顶箱　箱组　罐装箱　高箱　平板箱　半开门　全开门　□NAC　□YOK　■TOK

(b)

图 7.9（续）

② 行箱位图。行箱位图在每个箱位的方格内标注装货港及卸货港的英文代码、集装箱箱号、集装箱总重及特殊箱的标注等内容，如图 7.10 所示。

BAY. 01

010684	010484	010284		010184	010384	010584
010682 SHA X MO. WCIU 2810163 IMO6.1 19.6	010482 SHA X MOJ. WCIU 2810939 IMO6.1 19.6	010282 SHA X MOJ. WCIU 0623435 IMO6.1 19.7		010182 SHA X MOJ. WCIU 2515390 IMO6.1 19.7	010582 SHA X MOJ. WCIU 2805640 IMO6.1 19.6	010582

010406	010206		010106	010306
	010204		010104	

图 7.10　集装箱实配行箱位图

A. 装货港及卸货港的英文代码。通常将装货港放在后面,卸货港放在前面,中间用"×"或"/"连接;但有的只标注卸货港,不标注装货港,有的将装货港放在前面。港名代码按常规应标注三个英文字母,如上海港以"SHA"标注,但也有标注两个英文字母的。一般每个箱位小方格内应标注装货港和卸货港的代码,但有的为了省事,当整行或整层集装箱卸货港相同时,只在这一行或这一层标注一个装货港和卸货港。

B. 集装箱箱号。由箱主代号、顺序号和核对数字共11位代码组成。

C. 集装箱总重。包括货物质量和空箱质量。

D. 特殊箱的标注。D 表示危险品箱,如 D6.1 为 6.1 类危险品;R 表示冷藏箱,如"R-18"表示该冷藏箱的温度应不得高于−18℃;"F+2+4"表示该冷藏箱的温度应保持在 2~4℃;M 表示邮件箱;超宽箱应根据超宽部位,在箱位小方格标注超宽符号"＜"或"＞",并加注超宽尺寸;超高箱标注"-"符号,并加注超高尺寸;选港箱在箱位小方格内标注所选港的港名代码;空箱应在箱位小方格内标注英文字母 E。集装箱行箱位图如图 7.11 所示。

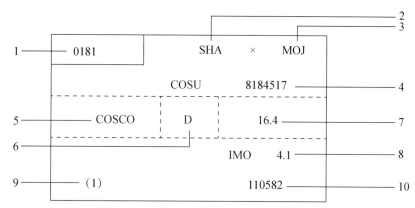

1—箱格顺序号;2—卸货港;3—装货港;4—集装箱编号;5—集装箱使用人代号;
6—集装箱状态;7—集装箱总质量;8—备注;9—到港顺序号;10—箱位号

图 7.11 集装箱行箱位图

③ 实配图的审核。

集装箱船舶的船长和大副了解航线状况、本船航次油水的配置与消耗、船舶的装载特性、途中各挂靠港的作业特点等细节内容,并对船舶和集装箱的运输安全负责。因此,集装箱实配图编制完成后,集装箱装卸公司在装船前应将其送给船长或大副进行全面审核。经船方审核确认后,即可按实配图进行装船作业。集装箱行箱位实配总图如图 7.12 所示。

(3) 集装箱最终积载图。

集装箱船舶实配积载计划在装箱过程中会因某些原因需要进行一些修改。集装箱船舶现场理货员对每个装船集装箱箱号、所配箱位等均作记录。在集装箱装船结束后,有船舶理货员根据船舶实际装箱情况及每个集装箱在船上的箱位,编制最终积载图(final bay plan),大副负责进行实际装载条件下船舶稳性、船体受力、吃水和吃水差的核算。最终积载图是港口有关部门编制船舶中途卸箱或加载计划的主要依据。集装箱装船统计表如表 7-14 所示。

	06	04	02	00	01	03	05
88							
86			SHA/SHA IE YMCU4008218 40'GP 3.9 ST 060286	SHA/SHA IE TEXU4479604 40'GP 3.9 ST 060086			
84	SHA/SHA IE TTNU4050250 40'GP 3.9 SIT 060684	SHA/SHA IF TINU9263984 40'GP9'6" 23.7 SIT 060484	SHA/SHA IF CRXU9251031 40'GP9'6" 11.8 ST 060284	CQG/CQG IZ TGHU7834960 40'GP 10.8 SNL 060084	SHA/SHA IF AMFU432806 40'GP9'6" 9 SIT 060184	SHA/SHA IF TGHU7028265 40'GP9'6" 22.2 SIT 060384	SHA/SHA IE STTU4989119 40'GP 3.9 SIT 060584
82	SHA/SHA IF SNTU4012796 40'GP 26.6 SNT 060682	SHA/SHA IF GLDU4085630 40'GP 27.9 SNT 060482	ZJG/ZJG IZ TGHU4480610 40'GP 23.2 SIT 060282	SHA/SHA IE SNTU4019759 40'GP 27 SNT 060082	SHA/SHA IF FSCU3532095 20'GP 3.5 STT 050182	SHA/SHA IE STTU2997429 20'GP 18.5 SIT 050182	CHD/CHD IZ TINU3279535 20'GP 20.3 SIT 050582
08		CQG/CQG IZ GLDU4077418 40'GP 7.2 SNT 060408	SHA/SHA IF TGHU4439154 40'GP 12 SIT 060208	CQG/CQG IZ SNTU4013196 40'GP 8 SNT 060008	SHA/SHA IF CRXU4561923 40'GP 7.9 SIT 060108	CQG/CQG IZ CRXU4785158 40'GP 9.2 SNT 060308	
06		CQG/CQG IZ SNTU4014680 40'GP 7.4 SNT 060406	SHA/SHA IF TEXU4799342 40'GP 12.2 SIT 060206	ZJG/ZJG IZ TINU4329374 40'GP 20.1 SIT 060006	SHA/SHA IF SITU4988576 40'GP 28.9 SIT 060106	SHA/SHA IF GSTU8334231 40'GP 13.5 SIT 060308	
04			SHA/SHA IF YMCU4008732 40'GP 18 SIT 060204	ZJG/ZJG IZ TEXU4186660 40'GP 21.3 SIT 060004	COG/COG IZ TINU5270250 40'GP 9 SNT 060104		
02			SHA/SHA IF UESU4125832 40'GP 18.8 SNT 060202	SHA/SHA IF TTTU4992391 40'GP 26.7 SIT 060002	SHA/SHA IF SNTU4023770 40'GP 27 SNT 060102		

图 7.12 集装箱行箱位实配总图

表 7-14 集装箱装船统计表

POL	POD	LAX		VAN		NOR		BOS		TOR		MIA		Total
		20ft	40ft	20ft	40ft	20ft	40ft	20ft	40ft	20ft	40ft	20ft	40ft	
HKG	Full	94 652.0	51 571.0	96 902.0	24 436.0	80 777.0	32 466.0	163 1111.0	6 126.0	65 860.0	18 562.0	100 1430.0	24 304.0	753 8197.0
	Empty													
	Reefer					8 104.0					4 48.0			12 152.0
	Dangerous	8 66.0												8 66.0
	Platform							2 42.0						2 42.0

续表

POD POL		LAX		VAN		NOR		BOS		TOR		MIA		Total
		20ft	40ft	20ft	40ft	20ft	40ft	20ft	40ft	20ft	40ft	20ft	40ft	
HKG	Ventilated		2 14.0											2 14.0
	Total	102 718.0	53 585.0	96 902.0	24 436.0	88 881.0	32 466.0	163 1111.0	8 168.0	65 860.0	22 610.0	100 1430.0	24 304.0	

注：① 表中 POL 指装货港（port of loading），POD 指卸货港（port of discharging）；
② 表中第一行为箱量（自然箱个数），第二行为总量（单位为吨）。

7.4.3 国际集装箱多式联运

在运输距离远，无法直达需要中转的情况下，往往需要将两种或两种以上的运输方式进行有机组合构成连续的综合一体化运输，这就是集装箱多式联运。实际上，集装箱运输大多是通过多式联运完成的。

1. 国际多式联运的概念

1980 年 5 月在日内瓦通过的《联合国国际货物多式联运公约》中，对国际多式联运作出如下定义："国际多式联运是指按照国际多式联运合同，以至少两种不同的运输方式，由多式联运经营人将货物从一国境内接管货物的地点运至另一国境内指定交付货物的地点。为履行单一方式运输合同所规定的货物交送业务，不应视为国际多式联运。"这里所说的"至少两种不同的运输方式"可以是海—陆、陆—空、海—空等，这与一般海—海、陆—陆、空—空的联运有着本质的区别。后者也是联运，但是一种运输工具之间两程或两程以上的运输衔接，不属于多式联运。

2. 国际多式联运的组织形式

（1）海陆联运。海陆联运是国际多式联运的主要组织形式，也是远东—欧洲之间国际多式联运的主要组织形式之一。目前主要有班轮公会的三联集团、北荷、冠航和马士基等国际航运公司，以及非班轮公会的中国远洋运输公司和德国那亚航运公司等组织和经营远东—欧洲海陆联运业务。这种组织形式以航运公司为主体，签发联运提单，与航线两端的内陆运输部门开展联运业务，与大陆桥运输展开竞争。

当前世界上规模最大的三条主要集装箱航线是：远东—北美航线（太平洋航线），远东—欧洲、地中海航线，欧洲—北美航线（大西洋航线）。

（2）大陆桥运输。所谓大陆桥运输，是指把横贯大陆的铁路或公路作为中间"桥梁"，将大陆两端的集装箱海运航线连接起来，形成跨越大陆、连接海洋的国际联运线。随着国际多式联运的发展，大陆桥运输已代替部分海上航线，成为一种特殊的集装箱运输干线。

现在，世界各国主要利用西伯利亚大陆桥、新亚欧大陆桥等进行大陆桥运输，也利用后发展起来的美国小陆桥和微型陆桥进行国际多式联运。

（3）海空联运。海空联运又称空桥运输。空桥运输与大陆桥运输有所不同。大陆桥运输在整个货运过程中使用的是同一个集装箱，不用换装，而空桥运输的货物通常要在航空港换装入航空集装箱。

海空联运方式始于20世纪60年代，在20世纪80年代后有较大发展。采用这种运输方式，运输时间比全程海运少，运输费用比全程空运便宜。运输距离越远，采用海空联运的优越性就越大。

3. 国际多式联运经营人

《联合国国际货物多式联运公约》中对多式联运经营人的定义为，多式联运经营人是指本人或通过其代表与发货人订立多式联运合同的任何人，他是事主，而不是发货人的代理人或代表和参加多式联运的承运人的代理人或代表，并且负有履行合同的责任。这就是说，多式联运经营人是多式联运的当事人，是一个独立的法律实体。对货主来说，他是货物的承运人；对于实际承运人来说，他又是货物的托运人。他一方面同货主签订多式联运合同，另一方面又以托运人身份与实际承运人签订运输合同，所以他具有双重身份。但在多式联运方式下，根据合同规定，多式联运经营人始终是货物运输的总承运人，对货物负有全程运输的责任。

多式联运经营人按是否拥有运输工具，实际完成多式联运货物全程运输或部分运输活动的情况，可分为承运人型和无船承运人型两种类型。

（1）承运人型的多式联运经营人。承运人型的多式联运经营人拥有（或掌握）一种或一种以上的运输工具，直接承担并完成全程运输中一个或一个区段以上的货物运输。因此，他不仅是多式联运的契约承运人，对货物全程运输负责，同时也是实际承运人，对自己承担的区段货物运输负责。这类经营人一般由各种单一运输方式的承运人发展而来。

（2）无船承运人型的多式联运经营人。无船承运人型的多式联运经营人是指不拥有（或掌握）任何一种运输工具，在联运全程中各区段的运输都要通过与其他实际承运人订立分运合同来完成的经营人。因此他只是组织完成合同规定货物的全程运输。这类经营人一般由传统意义上的运输代理人、无船承运人、其他行业企业或机构发展而来。尽管这类多式联运经营人没有自己的运输工具，但由于在长期工作中与各有关方已建立起良好的业务关系，因此在组织全程联运方面具有一定的优势。

4. 大陆桥运输

大陆桥是指将海与海连接起来的横贯大陆的铁路（或公路）。利用大陆桥进行国际多式联运是国际货物运输中一种非常重要的形式。大陆桥运输是远东—欧洲国际多式联运的主要形式。

（1）西伯利亚大陆桥。西伯利亚大陆桥又称欧亚大陆桥，是由跨越欧亚大陆的西伯利亚铁路将远东和欧洲、中近东（伊朗、阿富汗）连接起来，于1967年试办，1971年正式运营，全长11896km。使用这条大陆桥运输线的经营者主要是远东国家和欧洲各国的货运代理公司。

当时的苏联为了更好地经营西伯利亚大陆桥运输，于1980年成立了专门的运输组织机构负责办理大陆桥过境运输业务，该机构提供以下三种服务形式。

① 海—铁—铁路线，由日本、中国等地用船把货箱运至俄罗斯的纳霍德卡港或东方港，再经西伯利亚铁路运至西部边境站，然后转至欧洲铁路运至欧洲各地，或从俄罗斯运至伊朗。同样可进行相反方向的运输。运期为25~35天。

② 海—铁—海路线，从日本等地把货箱运至俄罗斯纳霍德卡港和东方港，经西伯利亚铁路运至波罗的海的圣彼得堡、里加、塔林和黑海的日丹诺夫、伊里切夫斯克，再装船运至北欧、西欧、巴尔干地区港口或相反方向的运输。运期为 35～40 天。

③ 海—铁—公路线，从日本等地把货箱装船运至俄罗斯纳霍德卡港和东方港，经西伯利亚铁路运至白俄罗斯西部边境站布列斯特附近的维索科里多夫斯克，再用卡车把货箱运至德国、瑞士、奥地利等国或相反方向的运输。运期为 30～35 天。

（2）新亚欧大陆桥。新亚欧大陆桥东起中国连云港，经陇海线、兰新线，接北疆铁路，出阿拉山口，最终抵达荷兰鹿特丹，全长约 10900km，途经中国、哈萨克斯坦、俄罗斯、白俄罗斯、波兰、德国、荷兰等国，辐射 30 多个国家和地区。新亚欧大陆桥于 1992 年 12 月正式投入运营，比西伯利亚大陆桥全程近 2000km，比现在绕道印度洋海运航线节省一半的运输时间，运输费用节省 20%，为亚欧联运提供了一条便捷、快速和可靠的运输通道，能更好地促进欧亚两洲的经济技术交流与发展。

（3）美国大陆桥。美国大陆桥是北美大陆桥的组成部分，是最早开辟的从远东至欧洲水陆联运线路中的第一条大陆桥。但后因东部港口和铁路拥挤，货到后往往很难及时换装，反而抵消了大陆桥运输所节省的时间。目前美国大陆桥运输基本陷于停顿状态，但在大陆桥运输过程中，又形成了小陆桥和微型陆桥运输方式，而且发展迅速。

（4）美国小陆桥。美国小陆桥运输比美国大陆桥的海—陆—海运输少了一段海上运输，成为海—陆或陆—海形式。例如，远东至美国东部大西洋沿岸或美国南部墨西哥湾沿岸港口的货运，即由远东装船运至美国西海岸，转装铁路专列（或公路集装箱运输车辆）运至东部大西洋或南部墨西哥湾沿岸城市。

（5）美国微型陆桥。美国微型陆桥比美国小陆桥缩短了一段陆上运输距离，它只用了部分陆桥，故又称半陆桥运输。例如，远东至美国内陆城市的货物改用微型陆桥运输，则货物装船运至美国西部太平洋沿岸，换装铁路集装箱专列（或公路集装箱运输车辆）可直接运至美国内陆城市。微型陆桥比小陆桥的优越性更大，它既缩短了时间，又节省了运费，因此近年来发展非常迅速，我国也已开始采用。

（6）加拿大大陆桥。加拿大大陆桥的运输线路是通过海运将集装箱从日本等地运至温哥华港或鲁珀特王子港后，利用加拿大横跨北美大陆的两大铁路运至蒙特利尔和哈利法克斯、魁北克市，然后与大西洋海上运输相连接，继续运至欧洲各港口。加拿大大陆桥也是北美大陆桥的一个组成部分，在大陆桥运输中作用不大。

本章小结

多式联运的货物主要是集装箱货物，在运输过程中一般以集装箱作为运输的基本单元。货物集装箱化促进了多式联运的发展，而现代集装箱运输自产生时起就与多式联运紧密地联系在一起，使得国际多式联运具有集装箱运输的高效率、高质量、高投入、高技术和系统性的特点。国际多式联运的发展与集装箱运输系统特别是集疏运系统的完善有紧密的关系。

 关键术语

集装箱　　国际标准集装箱　　整箱货　　拼箱货　　提单　　大陆桥运输

综合练习

一、单项选择题

1. 在国际集装箱运输业务中，货运代理可以作为（　　），通过多式联运提供国际物流中的门到门货物运输服务。
   A. 间接代理人　　　　　　　　B. 无船承运人
   C. 堆场负责人　　　　　　　　D. 集装箱货运站负责人

2. 经过背书可以转让的提单是（　　）。
   A. 记名提单　　B. 不记名提单　　C. 指示提单　　D. 清洁提单

3. 集装箱运输的整箱货具有（　　）特点。
   A. 多个发货人和多个收货人　　B. 一个发货人和一个收货人
   C. 一个发货人和多个收货人　　D. 多个发货人和一个收货人

4. 定期租船的船东通过（　　）控制船舶的使用。
   A. 任命船长　　　　　　　　　B. 租船合同条款
   C. 任命船长和租船合同条款　　D. 雇佣船员

5. 整箱货运的空箱由（　　）领取及装箱，并开立装箱单。
   A. 货主　　B. 船公司代理　　C. 发货人　　D. 拖车公司

6. 集装箱空箱调运的主要原因是（　　）。
   A. 船公司调度不畅　　　　　　B. 港口的进出口价值不平衡
   C. 贸易性货源不平衡　　　　　D. 航线管理中的僵化机制

7. 设备交接单由（　　）签发。
   A. 船公司　　　　　　　　　　B. 船公司的代理人
   C. 货主的代理人　　　　　　　D. 码头堆场管理方

8. 集装箱的加封由（　　）负责执行。
   A. 海关　　B. 货运代理人　　C. 承运方　　D. 装箱方

9. 集装箱交接地点的 CFS/CY 方式是（　　）货物交接。
   A. 拼箱交，整箱接　　　　　　B. 拼箱交，拼箱接
   C. 整箱交，整箱接　　　　　　D. 整箱交，拼箱接

10. 在集装箱单证中，装箱单的作用最全面，因为它是（　　）。
    A. 船公司的承运依据　　　　　B. 外贸合同与信用证的具体要求
    C. 保险合同承保依据　　　　　D. 详细记载箱内货物状况的单据

第7章
集装箱运输组织

二、多项选择题

1. 提单记录的运输内容包括（　　）。
   A. 运输线路说明　　　　　　　B. 运输物品品名和代码
   C. 货物数量　　　　　　　　　D. 运输费率
2. 集装箱出堆场时，堆场工作人员与用箱人、运输人就设备收据上共同审核的内容有（　　）。
   A. 拟装船舶的船名、航次、航线、卸货港
   B. 整箱货主名称、地址
   C. 集装箱箱号、规格、铅封号
   D. 设备情况正常或异常
3. 适合集装箱化的货物有（　　）。
   A. 面粉　　　　B. 矿石　　　　C. 原木　　　　D. 电线
4. 在全集装箱船运运输中，通常不涉及（　　）。
   A. HOOK/CY　　B. HOOK/HOOK　　C. CFS/CFS　　D. CY/CFS
5. 国际多式联运的特点是（　　）。
   A. 签订一个运输合同，对货物运输的全程负责
   B. 采用两种或两种以上不同的运输方式来完成运输工作
   C. 由不同运输企业按照统一的公约共同完成全程运输工作
   D. 可实现门到门运输

三、名词解释

1. 集装箱
2. 集装箱参数
3. 提单
4. 国际多式联运
5. 大陆桥运输

四、简答题

1. 什么是集装箱？集装箱有哪些主要参数？
2. 集装箱是如何进行分类的？
3. 怎样选择集装箱的类型？怎样计算集装箱的需要量？
4. 集装箱运输的优点有哪些？
5. 什么是大陆桥？我国如何利用大陆桥进行国际货物运输？

五、案例分析

1. 美国 A 出口公司先后与伦敦 B 公司和瑞士 S 公司签订两个出售农产品的合同，共计 3500t，价值 8.275 万英镑。装运期为当年 12 月至次年 1 月。但由于原定的装货船舶出故障，只能改装另一艘外轮，致使货物到次年 2 月 11 日才装船完毕。在 A 公司的请求下，外轮代理公司将提单的日期改为 1 月 31 日，货物到达鹿特丹港后，买方对装货日期提出异

议，要求 A 公司提供 1 月装船证明。A 公司坚持提单是正常的，无须提供证明。结果买方聘请律师上货船查阅船长的船行日志，证明提单日期是伪造的，立即凭律师拍摄的证据，向当地法院控告并由法院发出通知扣留该船，经过 4 个月的协商，最后 A 公司赔款 2.09 万英镑，买方才肯撤回上诉而结案。

请根据以上资料，回答下列问题。

（1）本案例的提单是否为倒签提单？为什么？

（2）倒签提单的性质是什么？

（3）在什么情况下才可签发倒签提单？

（4）如何识破一份提单是倒签提单？

2. 在现有的班轮航线上，绝大多数冷藏货物的流向是单向的，而干货箱也普遍存在着双向的数量差异。以中国—澳大利亚航线为例，南行（中国至澳大利亚）承运的货物以汽车、日用百货、服装、粮食等为主，轻工业产品居多；而北行（澳大利亚至中国）则以肉类等冷藏货物为主，从而形成了南北向的两个不平衡，即相对于澳大利亚而言，干货箱进口大于出口，而冷藏箱出口大于进口。为解决这两个不平衡，船公司必须依靠调运空箱解决，即南行调运冷藏空箱至澳大利亚，北行调运普通空箱至中国。调运空箱是不得已而为之的，所有的船公司都试图利用有限的舱位装满重箱，取得运费收入，而非"运送空气"。冷箱干用（non-operating reefer，NOR）是指利用正常适货的冷箱装运非冷藏货物出口的一种特殊业务操作。

问题：冷箱干用能否有效解决中国—澳大利亚航线空箱调运问题？

第 8 章
公路旅客运输组织

【本章知识架构】

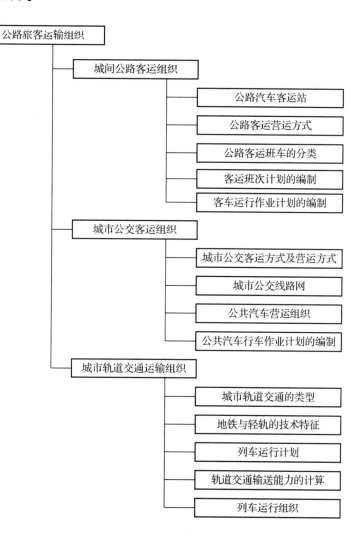

【教学目标】

通过本章学习，了解公路汽车客运站的分类；掌握公路客运营运方式及公路客运班车分类；了解客运班次计划及客车运行作业计划的编制；了解城市公交客运方式及营运方式；掌握城市公交线路网及公共汽车营运组织；了解城市轨道交通类型；列车运行组织等内容。

【导入案例】

A 城市至 B 城市的高速公路即将贯通，经过市场调查与预测，A 城市至 B 城市班车客运年日均单向直达客运量将达 1680 人。由于两个城市的经济发展水平相当，往返客运量也基本平衡，两个城市间的运输距离为 250km，为了规范旅客运输市场经营秩序，两地道路交通管理部门要求参营客车额定座位数为 50 座，并按照车辆工作率为 80%、车辆实载率为 70% 的效率指标作为控制参营车辆数量的依据。同时，为了切实规范高速公路班线客运经营的市场秩序和提高服务质量，交通主管部门要求经营该客运线路的企业实现道路旅客运输"三优三化"、车辆当日往返、两地各设置一个客流集中的公用型汽车客运站发车。

请根据以上资料，思考以下问题。

（1）A 城市至 B 城市日均单向直达客运量所形成的旅客周转量为多少人千米？
（2）若按控制车辆效率指标计算，应投放 50 座客车多少辆才能实现运力与运量的基本平衡？
（3）参加营运的客车在 A 城市至 B 城市之间往返行驶，这种客车运行组织方式称为何种运行方式？
（4）交通运输主管部门要求经营企业实现旅客运输"三优三化"，其中"三优"是指哪"三优"？
（5）经营企业在该线路上提高车辆实载率水平有哪些有效途径？

公路运输在客运方面比其他运输方式具有明显的优势。此外，公路运输的快速、方便、直达的特点，使公路客运具有更大的竞争能力，并因此而获得飞速的发展。在工业发达国家，汽车客运量及旅客周转量均已超过铁路的客运量及旅客周转量。

8.1 城间公路客运组织

在各种客运方式中，在中短途客运方面，城间公路客运具有明显的优势。首先，从对载运能力的占用来看，汽车每运送 1 名旅客，只需占 100～200kg 货物的载货能力，而铁路每运送 1 名旅客却至少少运 3～8t 货物；其次，从资金占用来看，汽车运输每千人·km 所占用的投资仅为铁路的 1/5～1/3；再次，从能源消耗来看，公路客运的油耗约为 5.5～6.5kg/（千人·km），而铁路客运为 6.6kg/（千人·km）（柴油）；最后，从社会劳动消耗看，铁路、水运的 lt·km、lt·n mile 相当于 1 人·km、1 人·n mile，而公路汽车运输的 lt·km 相当于 10 人·km。

8.1.1 公路汽车客运站

公路汽车客运站是公路旅客运输网络的节点，是公路运输经营者与旅客进行运输交易活动的场所，是为旅客和运输经营者提供站务服务的场所，是培育和发展道路运输市场的载体。公路汽车客运站在旅客运输工作中占有重要地位，担负着组织生产、为旅客服务、管理线路和传输信息等方面的任务。

第 8 章
公路旅客运输组织

1. 车站的功能

公路汽车客运站集运输组织与管理、中转换乘、多式联运、通信、信息收集与传输、综合服务与公路运输市场管理于一体,把无形的旅客运输市场变为有形的市场,把车主、旅客和运输管理部门的利益有效地结合起来,促使公路旅客运输健康而有序地发展。

公路汽车客运站最主要的功能是运输组织管理,其内涵如下。

(1)客运生产组织与管理。发售客票、办理行包托取、候车服务、咨询服务、小件寄存、广播通信、检验车票等为组织旅客上下车而提供各种服务与管理;为参营车辆安排运营班次、制定发车时刻表、提供维修服务与管理;为驾乘人员提供食宿服务等。

(2)客流组织与管理。客运站通过生产组织与管理,收集客流信息和客流变化规律资料,根据旅客流量、流向、类别等合理安排营运线路,开辟新的班线与班次,以良好的服务吸引客源。

(3)运行组织与管理。办理参营客车到发手续,组织客车按班次时刻表准点正班发车;利用通信手段掌握营运线路的通阻情况,向驾乘人员提供线路通阻信息,发现问题及时与有关方面联系并采取必要的措施;会同有关部门处理行车事故,组织救援,疏散旅客等。

(4)参与管理客运市场。认真贯彻执行交通运输部颁发的《道路旅客运输及客运站管理规定》,建立健全岗位责任制,实行营运工作标准化,提高旅客运输质量,自觉维护客运秩序,并协助运管部门加强对客运市场的统一管理。

2. 车站的分类

《汽车客运站级别划分和建设要求》

根据交通运输部发布的《汽车客运站级别划分和建设要求》(JT/T 200—2020),可将公路汽车客运站按车站规模划分为等级站、便捷车站和招呼站。

① 等级站。具有一定规模,可按规定分级的车站。

② 便捷车站。以停车场为依托,具有集散旅客、停发客运车辆功能的车站。

③ 招呼站。在公路与城市道路沿线,为客运车辆设立的旅客上落点。

3. 公路汽车客运站级别划分

在《汽车客运站级别划分和建设要求》(JT/T 200—2020)中,以车站设施与设备配置日发量为依据,将车站等级划分为三个级别,以及便捷车站和招呼站。

(1)一级车站。设施与设备符合表 8-1 和表 8-2 中一级车站配置要求,且具备下列条件之一。

① 日发量在 5000 人次及以上的车站。

② 日发量在 2000 人次及以上的旅游车站、国际车站、综合客运枢纽内的车站。

(2)二级车站。设施与设备符合表 8-1 和表 8-2 中二级车站配置要求,且具备下列条件之一。

① 日发量在 2000 人次及以上、不足 5000 人次的车站。

② 日发量在 1000 人次及以上、不足 2000 人次的旅游车站、国际车站、综合客运枢纽内的车站。

(3)三级车站。设施与设备符合表 8-1 和表 8-2 中三级车站配置要求,日发量在 300 人次及以上、不足 2000 人次的车站。

(4)便捷车站。设施与设备符合表 8-1 和表 8-2 中便捷车站配置要求的车站。

（5）招呼站。设施与设备不符合表 8-1 和表 8-2 中便捷车站配置要求，具有等候标志和候车设施的车站。

表 8-1 汽车客运站设施配置表

设施类别与名称			一级车站	二级车站	三级车站	便捷车站
场地设施	换乘设施	公交停靠站	●	●	●	◎
		出租汽车停靠点	●	●	●	—
		社会车辆停靠点	●	◎	◎	—
		非机动车停车场	●	●	●	◎
	站前广场		●	◎	◎	—
	停车场（库）		●	●	●	●
	发车位		●	●	●	◎
建筑设施	站房	服务用房	候车厅（室）	●	●	●	●
			母婴候车室（区）	●	●	◎	—
			售票处（厅）	●	●	●	◎
			综合服务处	●	●	◎	—
			小件（行包）服务处	●	●	●	◎
			治安室	●	●	●	◎
			医疗救护室	◎	◎	◎	◎
			饮水处	●	●	◎	◎
			盥洗室和旅客厕所	●	●	●	●
			无障碍设施	●	●	●	●
			旅游服务处	●	◎	◎	—
			站务员室	●	●	●	◎
			调度室	●	●	●	◎
			智能化系统用房	●	●	◎	◎
			驾乘休息室	●	●	●	◎
			进、出站检查室	●	●	●	●
		办公用房		●	●	◎	◎
	辅助用房	生产辅助用房	车辆安全例检台	●	●	●	◎
			车辆清洁、清洗处	●	◎	◎	—
			车辆维修处	◎	◎	◎	—
		生活辅助用房	驾乘公寓	◎	◎	—	—
			商业服务设施	●	●	◎	—

注："●"表示应配置；"◎"表示视情配置；"—"表示不作要求。

表 8-2 汽车客运站设备配置表

	设备名称	一级车站	二级车站	三级车站	便捷车站
服务设备	售票检票设备	●	●	●	◎
	候车服务设备	●	●	●	●
	车辆清洁清洗设备	●	◎	—	—
	小件（行包）搬运与便民设备	●	●	◎	◎
	广播通信设备	●	●	●	◎
	宣传告示设备	●	●	●	●
	采暖/制冷设备	●	●	◎	—
安全设备	安全检查设备	●	●	●	●
	安全监控设备	●	●	◎	◎
	安全应急设备	●	●	●	●
信息网络设备	网络售、取票设备	●	●	◎	—
	验票检票信息设备	●	◎	◎	—
	车辆调度与管理设备	●	◎	—	—

注："●"表示应配置；"◎"表示视情配置；"—"表示不作要求。

8.1.2 公路客运营运方式

由于旅客的年龄、职业、收入等有别，旅行目的、旅行距离也不尽相同，因此，他们对旅行条件的要求也会有一定差别。为了适应旅客对旅行乘车的不同需要，公路运输部门采用定班运行和不定班运行两种营运形式。

定班运行是指按班次时刻表，在指定的线路上运行的营运方式。不定班运行则没有固定的线路和班次，一切根据实际情况临时安排。

针对不同的旅客，目前公路客运部门主要采用的具体营运方式有：长途直达客运、城乡短途客运、普通客运、旅游客运、旅客联运和包（租）车客运。

1. 长途直达客运

这是在运距较长的线路上，在起终点站之间不停靠，或仅在大站才停靠的旅客班车运输方式。该种方式主要用于跨省、跨区的长途干线上的旅客运输。一般情况下，当直达客流量大于客车定员的 60% 时，可考虑开行长途直达客车。

高等级公路上的长途直达客运，可以不配乘务员，旅客上下由停靠站组织。采用该种运输方式的客车，要做到车容整洁，车况良好，要尽可能提高乘坐的舒适性和车辆行驶速度。

现在行驶在高等级公路上的长途直达客运班车，有的已专门配一名乘务员负责上下车引导、车上饮料分发、录像放映等服务。这也是现代公路运输的新要求。

2. 城乡短途客运

开行在城乡线路上的客车，需要沿途各站频繁停靠，因此，为方便随车售票，组织招呼站旅客上下车，采用城乡短途客运方式的客车上通常配有乘务员。用于该种方式的客车，除有一定数量的座椅外，还应保留一定站位和放置物品的空间。

3. 普通客运

这是普遍采用的客运班车营运方式，采用该方式的客车在沿线主要站点停靠进行服务作业。当直达客流不多，区间客流占班线客流的80%以上时，一般采用这种营运方式。普通客运可与直达客运在客流量较大的干线上共运，相互配合，以满足不同旅客的需要。普通客运班车上可以配乘务员，但不强求统一。

4. 旅游客运

这是在游客较多的旅游线路上开办的旅客运输方式。该种客车通常对舒适性要求较高，而且车型不能单一，应备有较高级的大、中、小型客车，以满足不同游客的需要。甚至在可能的条件下，应配有导游人员。客车应根据旅客要求在风景点停靠，开行的方式可以采用定线、定班或根据游客要求安排诸如包车等适当的形式。

5. 旅客联运

随着生活水平的提高，远距离旅行越来越多，因此，选择多种运输方式旅行更加方便。开展旅客联运，各地联运企业要与各运输部门签订联售火车、轮船、汽车、飞机等客票的协议；在港、站设立联合售票所，积极开展火车、汽车、轮船、飞机客票的代订、联售业务，并代办行包托运、保管、接送、旅行咨询等服务项目；在旅客中转量大的城市，可设立代办中转客票的专门机构等。旅客联运可以减少旅客的中转换乘时间，因而受到旅客的欢迎。

6. 包（租）车客运

这是为有关单位或个人、集体选择公路旅行提供方便而采用的营运方式。其主要服务对象是机关、企事业单位集体外出学习、游览的职工。包（租）车可根据具体情况分为计时和计程两种。为了满足包（租）车用户乘车人数和舒适程度等不同要求，运输企业要有不同车型、不同座位数的大、中、小型客车，制定不同运价，供包（租）车人选用。由于包（租）车没有固定线路和固定客流，往往忙闲不均。为此，各兄弟车站、兄弟运输企业之间与旅游服务单位之间，可商洽合作办法，建立联营，共同发展包（租）车业务。

8.1.3 公路客运班车的分类

公路客运班车的具体分类如下。

1. 按班次性质分类

（1）直达班车，由始发站直达终点站，中途只作技术性停留，但不上下旅客的班车。

（2）普快直达班车，站距较长，沿途只停靠县、市及大镇等主要站点的班车。

（3）普通班车，站距较短，停靠站点（含招呼站）较多，配备随车乘务员的班车。

（4）城乡公共汽车，由城区开往附近农村乡镇，站距短，旅客上下频繁，并配备随车乘务员的短途班车。

2. 按班次时间分类

（1）白班车，在白天运行的各种客运班车。
（2）夜班车，在夜间运行的各种客运班车。

3. 按运行区域分类

（1）县境内班车，运行在本县境内的各种客运班车。
（2）跨县班车，运行在本地级市境内，县与县之间的各种客运班车。
（3）跨区班车，运行在本省（自治区、直辖市）境内，地级市与地级市之间的各种客运班车。
（4）跨省班车，运行在国内省与省之间的各种客运班车。
（5）跨国班车，在国与国之间运行的客运班车。

4. 按运行距离分类

（1）一类班车，运行距离在 800km 及以上的客运班车，也称超长客运班车。
（2）二类班车，运行距离在 400（含）~800 km 的客运班车。
（3）三类班车，运行距离在 150（含）~400 km 的客运班车。
（4）四类班车，运行距离在 25（含）~150 km 的客运班车。
（5）短途班车，运行距离在 25 km 以下的客运班车。

5. 按车辆结构和服务档次分类

（1）高级客运班车，车辆主要结构性能优良、座位舒适、内部装饰豪华，并设有高性能的空调、音响和影像设备及小型厕所等装置的客运班车。
（2）中级客运班车，车辆的主要性能良好、结构较好、座位舒适的客运班车。
（3）普通客运班车，车辆的主要性能良好、结构一般的客运班车。

6. 按车辆类型分类

（1）大型客运班车（大客），车辆长度 9m 及以上、45 座及以上的客运班车，具体又可分为高三级、高二级、高一级、中级和普通级 5 个等级。
（2）中型客运班车（中客），车辆长度 6（含）~9m、20（含）~45 座的客运班车，具体又可分为高二级、高一级、中级和普通级 4 个等级。
（3）小型客运班车（小客），车辆长度 6m 以下、20 座以下的客运班车，具体又可分为高二级、高一级、中级和普通级 4 个等级。

8.1.4 客运班次计划的编制

客运班次计划是客运服务活动有序进行的重要基础工作。它是根据客流调查，掌握、了解各线、区段、区间的旅客流量、流向、流时的基本规律，再结合企业的客运能力，从而确定营运线路、客运班次数、起讫站点和停靠站点，编排班次发车时刻表，然后对外公布。客运班次一经公布，不应频繁变更。除冬夏两季为适应季节客流变化需进行调整外，其他时间应竭力避免临时变动,更不要轻率地停开班次、减少班次或变动行车时刻。

拟订客运班次计划是一项细致、复杂的工作。要达到编制的要求,做到方便旅客,提高车辆运行效率,就必须采取科学的方法。下面介绍一种常用的客运班次计划编制方法。

(1)对客运线路所有站点进行客源调查,并对调查资料进行全面的整理分析,旧线可进行日常统计,新辟线路调查资料要进行核对、整理,确保全面正确。根据核实的调查资料,编制沿线各站日均发送旅客人数表。

(2)根据沿线各站日均发送旅客人数表编制旅客运量计划综合表,绘制客流密度图。

(3)编制客运班次计划表。

(4)进行运力运量平衡测算,编制客班运行时刻简表。

(5)编制客车运行周期表。

下面举例说明客运班次计划的编制方法。

【例 8-1】编制 AE 线路的客运班次计划。AE 线路各站点位置及站间距离如图 8.1 所示。

图 8.1　AE 线路各站点位置及站间距离

(1)进行客源调查并进行核对、整理。根据核实的调查资料,编制沿线各站日均发送旅客人数表。

假设经过调查和资料汇总计算,得知 AE 线路各站日均发送旅客人数如表 8-3 所示。

表 8-3　AE 线路各站日均发送旅客人数表

起讫站	站距/km	日均发送人数/人		合计	
		下行	上行	运量/人	周转量/(人·km)
A—B	70	136	138	274	19180
A—C	120	64	70	134	16080
A—D	150	48	42	90	13500
A—E	210	52	47	99	20790
B—C	50	36	33	69	3450
B—D	80	12	10	22	1760
B—E	140	14	16	30	4200
C—D	30	9	8	17	510
C—E	90	12	10	22	1980
D—E	60	26	24	50	3000
合计	1000	409	398	807	84450

(2)根据各站日均发送旅客人数表编制旅客运量计划综合表,绘制客流密度图。

① 编制 AE 线路旅客运量计划综合表,如表 8-4 所示。

表8-4 AE线路旅客运量计划综合表

年　　月

发站上行 \ 到站下行	A	B	C	D	E	日均发送人数/人			区段流动人数/人	
						合计	下行	上行	下行	上行
A	╳ 300 / 297	136	64	48	52	300	300			
B	138	136 138 / 59 62	36	12	14	200	62	138	300	297
C	70	33	100 103 / 18 21	9	12	124	21	103	226	218
D	42	10	8	69 60 / 24 26	26	86	26	60	147	133
E	47	16	10	24	104 / 97 ╳	97		97	104	97

注：① 表中所列人数均为日平均数；
② 表中交叉斜线栏中，上、下格填写下、上行到达该站的下车人数，左、右格填写由该站发送的上、下行人数；
③ 区段流动人数=车辆到站时的车上实际人数－下车人数+上车人数，即由该站发车时车上总载旅客人数。

② 绘制客流密度图，如图8.2所示。

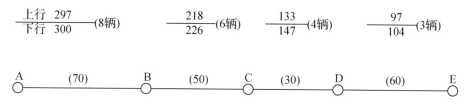

图8.2 AE线路客流密度图

注：① 每一区段上都画有一条横线，横线上填注上行流动人数，横线下填注下行流动人数；
② 本例均按车辆定员40人安排班次，根据区段上、下行流动人数，取其较多的流动人数折算成需要的车辆数，标注在各区段上；
③ 尽量安排直达班次，故本例每日应安排的对开班次是A—E为3班，A—D为1班，A—C为2班，A—B为2班，共对开8班。

（3）编制客运班次计划表。

AE线路客运班次计划表如表8-5所示。

表 8-5　AE 线路客运班次计划表

年　　月

线路	日均计划运量/人			计划周转量/(人·km)	安排班次计划					日总行程/km	每日需要运力/(客位·km)
	合计	下行	上行		起	止	运距/km	额定客位/座	每日对开班次		
A E 线 路					A	E	210	40	3	1260	50400
					A	D	150	40	1	300	12000
					A	C	120	40	2	480	19200
					A	B	70	40	2	280	11200
合计	807	409	398	84450					8	2320	92800

根据客流密度图所安排的班次填入表 8-5 相应栏，并计算日总行程和每日需要运力，作为运力运量平衡测算和确定开行班次的依据。

（4）进行运力运量平衡测算。

可用简化的方法测算，即只要分别计算各线路使用同类车型的班次所需要的正班车辆数和预测的专线客运、包车等车辆数，与本企业营运客车的车型、车辆数相比较，得出车辆数差额，然后采取平衡措施，确定正班班次和机动运力。需要车辆数的计算公式为

$$C = \frac{L}{\overline{L}_d \alpha_d} \qquad (8-1)$$

式中：C——需要车辆数（辆）；

L——日总行程（km）；

$\overline{L}_d$——平均车日行程（km）；

α_d——工作率（%）。

【例 8-2】某运输公司经营的 AI 线路（包括 AJ、AK、AL、AM 等支线）营运里程示意图如图 8.3 所示。根据客源调查资料编制出的 AI 线路客运班次计划表如表 8-6 所示。运输公司计划部门提供某 40 座客车的季度生产效率指标：工作率为 90%，平均车日行程为 220km，实载率为 92%。请按表 8-6 确定 AI 正班车需要的车辆数和机动运力。

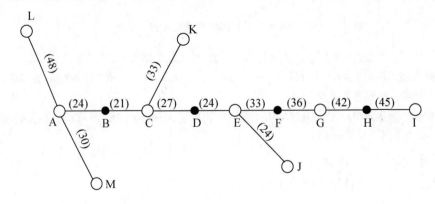

图 8.3　AI 线路营运里程示意图

表 8-6　AI 线路客运班次计划表

年　　　月

线路	日均计划运量/人			计划周转量/(人·km)	安排班次计划					日总行程/km	每日需要运力/(客位·km)
	合计	下行	上行		起	止	运距/km	额定客位/座	每日对开班次		
AI线路					A	I	252	40	1	504	20160
					A	G	165	40	1	330	13200
					A	J	120	40	1	240	9600
					A	E	96	40	2	384	15360
					A	K	78	40	3	468	18720
					A	C	45	40	3	270	10800
					A	L	48	40	2	192	7680
					A	M	30	40	3	180	7200
合计	1315	672	643	95572					16	2568	102720

根据公司资料，客车为 40 座，工作率为 90%，平均车日行程为 220km，则需要车辆数为

$$C = \frac{L}{L_d \alpha_d} = \frac{2568}{220 \times 0.9} \approx 13 \text{（辆）}$$

根据客源调查资料已经编制出的客车班次计划表，另外估计需要机动车 3 辆，共 16 辆。

（5）编制客班运行时刻简表。

客班运行时刻简表是客运班次计划的初始方案，主要是拟订各班次的始发时间、沿途停靠站点，并预计到达时间，凭此衔接班次。

始发时间是以各站提出的建议时间为基础，经研究分析符合旅客流时要求，并查核各站一次发出的班次数与车位数相协调而拟订。预计到达时间是安排日运行计划时，研究两轮班次衔接间隔时间是否符合要求的必要资料，其计算依据如下。

① 分线路、区段测定的平均技术速度。
② 中途停靠站上下旅客和装卸行包需要的时间。
③ 途中用餐休息时间。一般在 11:00—13:00 的时间内安排午餐休息 1h。

预计到达时间可以按各停靠站分段计算，也可以全程一次计算。全程一次计算又有需要在中途用餐和不需要在中途用餐两种情况，其计算公式分别为

$$T_A = T_1 + \frac{L_2}{v_t} + T_2(P_1 - P_2) + T_3 \tag{8-2}$$

$$T_B = T_1 + \frac{L_2}{v_t} + T_2 P_1 \tag{8-3}$$

式中：T_A——需要中途用餐的到达时间；
　　　T_B——不需要中途用餐的到达时间；
　　　T_1——始发时间；
　　　T_2——中途站停留时间；
　　　T_3——中途用餐时间；

L_2——起讫站距离（km）；
v_t——车辆技术速度（km/h）；
P_1——沿途停靠站数（个）；
P_2——中途用餐站数（个）。

接例 8-2，AI 线路 101 次班车始发时间为 6:30，车辆行驶的技术速度为 36km/h，沿途停靠站点为 4 个，每站停留 10min，中途午餐休息 1h。求 AI 线路 101 次班车的到达时间。

101 次班车的到达时间为

$$T_A = T_1 + \frac{L_2}{v_t} + T_2(P_1 - P_2) + T_3 = \left[6\frac{30}{60} + \frac{252}{36} + \frac{10}{60} \times (4-1) + 1 \right] = 15$$

即 101 次班车的到达时间为 15:00。其余各班次均按以上公式计算，得出预计到达的时间。AI 线路客班运行时刻简表如表 8-7 所示。

表 8-7 AI 线路客班运行时刻简表

年　　月

班车线路			每日对开班数	下行			上行			营运方式	沿途停靠站点
起	止	运距/km		班次编号	始发时间	到达时间	班次编号	始发时间	到达时间		
A	I	252	1	101	6:30	15:00	102	6:30	15:00	直快	E, F, G, H
A	G	165	1	111	9:40	15:35	112	7:00	12:00	直快	E, F
A	J	120	1	121	7:00	10:50	122	12:00	15:50	普客	C, D, E
A	E	96	2	131 133	7:00 9:30	10:00 12:30	132 134	11:30 13:30	14:30 16:30	普客	C, D
A	K	78	3	141 143 145	7:00 10:30 14:00	9:30 13:00 16:30	142 144 146	7:00 10:30 14:00	9:30 13:00 16:30	普客	B, C
A	C	45	3	151 153 155	8:00 10:40 15:30	9:25 12:05 16:55	152 154 156	7:00 10:00 13:10	8:25 11:25 14:35	普客	B
A	L	48	2	161 163	6:30 13:30	7:50 14:50	162 164	8:20 15:20	9:40 16:40	普客	
A	M	30	3	171 173 175	6:30 13:10 15:10	7:20 14:00 16:00	172 174 176	6:30 7:50 14:30	7:20 8:40 15:20	普客	
合计			16								

（6）编制客车运行周期表。

编制客车运行周期表是充分发挥车辆运行效率，搞好班次之间衔接的一个重要步骤，需要有一定技巧，主要应掌握以下要领。

① 不同的营运方式（如普通班车、长途直达班车、城乡公共汽车、旅游班车等），使用不同车型的班次，应分别编制运行周期。

第 8 章
公路旅客运输组织

② 同一天内两轮班次之间的衔接，一般要有 1 小时左右的间隔时间，短途班车不得少于半小时，以便有秩序地组织旅客上车、装卸行包和驾驶员进行车辆技术检查与适当休息。

③ 编制运行周期表的重点是安排好日运行计划。编制日运行计划必须满足以下条件。

a. 除一个工作车日不能到达终点站的长途直达班车外，其余班车必须在终点站停宿，使旅客当天能到达目的地。这样，既方便了旅客，又便于组织运行周期和调车维修或换班。

b. 综合平均车日行程应略高于计划指标，才能完成和超额完成生产计划。

c. 各个日运行计划的工作时间要在 8h 左右，不宜过长过短。

④ 各班次的始发时间基本上要与拟订的客班运行时刻简表一致（为便于安排日运行计划，这一条可在最后调整）。

要满足以上条件，可采取以下方法。

a. 车日行程指标按日行程的班次多少分档确定。例如，长途直达班车（包括一天到达终点站的班次）的车日行程应高于计划指标 15% 以上；一天往返一趟或运行两个班次的车日行程应高于计划指标 10%～15%；一天运行 3～4 个班次的车日行程应高于计划指标 5%～15%；短途多趟运行的车日行程可接近或略低于计划指标。如受班次运程的限制，也可灵活掌握。这样用车日行程一项条件来控制调节，既能保证完成生产计划，又可使各个日运行计划的工作时间基本相近，容易安排。

b. 暂不考虑两轮班次的衔接时间，只计算车日行程达到分档指标，就可安排一个日运行计划。如车辆当天回到原始发站停宿，即是一个运行周期；如车辆在外地终点站停宿，次日即可逆向返回原始发站，两天组成一个周期；如外地某站是一个小区的中心，分支线汇集的班次较多，可以以小区中心点为主组成周期。虽然各地营运线路的分布情况不同，但这一基本方法是比较适用的。运行周期的组织灵活多样，最好能拟订几种方案，以供选择采用。

c. 考虑到班次有长有短，安排日运行计划时要采取先长后短、先易后难、循序渐进的方法。一般的安排顺序是先长途，次往复和环行，再次短套班，最后将剩余的短途班次组织多趟运行，并应使各个班次的车日行程大体相当，各单车均衡地完成生产任务。

按照以上方法，编制 AI 线路客车运行周期表，如表 8-8 所示。

表 8-8 AI 线路客车运行周期表

周期编号	日运行计划编号	班次	运行线路及开到时间	车日行程/km
一	1	101	6:30 开　　　　　　　　　　15:00 到 A━━━━━━━━━━━━━━━━I	252
	2	102	6:30 开　　　　　　　　　　15:00 到 I━━━━━━━━━━━━━━━━A	252
二	3	121 122	10:50 到　　15:50 到 7:00 开　　12:00 开 A━━━━━━━J━━━━━A	240

续表

周期编号	日运行计划编号	班次	运行线路及开到时间					车日行程/km
三	4	141 144 145	7:00 开 A	9:30 到 10:30 开 K	13:00 到 14:00 开 A	16:30 到 K		234
三	5	142 143 146	7:00 开 K	9:30 到 10:30 开 A	13:00 到 14:00 开 K	16:30 到 A		234
四	6	171 174 111	6:30 开 A	7:20 到 7:50 开 M	8:40 到 9:40 开 A	15:35 到 G		225
四	7	112 173 176	7:00 开 G	12:00 到 13:10 开 A	14:00 到 14:30 开 M	15:20 到 A		225
五	8	131 132 155	7:00 开 A	10:00 到 11:30 开 E	14:30 到 15:30 开 A	16:55 到 C		237
五	9	152 133 134	7:00 开 C	8:25 到 9:30 开 A	12:30 到 13:30 开 E	16:30 到 A		237
六	10	161 162 153 156 175	6:30 开 A	7:50 到 8:20 开 L	9:40 到 10:40 开 A	12:05 到 13:10 开 C	14:35 到 15:10 开 A	16:00 到 M	216
六	11	172 151 154 163 164	6:30 开 M	7:20 到 8:00 开 A	9:25 到 10:00 开 C	11:25 到 13:30 开 A	14:50 到 15:20 开 L	16:40 到 A	216
合计	11	32						2568

表 8-8 中各班次的衔接时间可进行适当调整，对同一起讫点开行多班次的班线，要选择其中衔接时间较好的班次填列。在不影响旅客流时规律的情况下，可将班次的始发时间适当提前或移后。客车运行周期表可作为模板保存，以备编制客车运行作业计划时用。

表 8-8 中的日运行计划编号又称车辆运行路牌或称循环序号，是指一辆客车在一天内的具体任务，运行指定的一个或几个班次。一般一个运行线路相同的运行任务编为同一个编号。编号按顺序排列，便于循环。有了日运行计划编号，才能进一步编制单车运行作业计划和进行车辆调度。

编制客车运行周期表需满足以下条件。

① 保证全部客运班次均有车辆参运。

② 充分发挥每辆客车的运输效率，使它们的各项效率指标尽可能相近。
③ 循环周期不宜过长，以便安排车辆的保修作业，以及驾乘人员的食宿和公休。
④ 确保行车安全正点。

8.1.5 客车运行作业计划的编制

客车运行作业计划是将客运生产任务具体落实到单车的日历计划。换言之，客车运行作业计划是单车运行作业计划的总表。由于客运以班车为主要营运方式，其班期班次固定，而且必须保证正点开行，所以客车运行作业计划一般按月度编制。

客运调度室应依据日运行计划编号、车辆状况及其运用情况（如车辆型号、技术性能、额定座位、完好率、工作率、平均车日行程、实载率、车客位产量等），预计保留一定数量的机动车辆以备加班、包车及其他临时用车，经统筹安排、综合平衡后，编制各辆客车运行作业计划。

编制客车运行作业计划表，首先要确定客车运行方式。客车运行方式主要有大循环运行、小循环运行与定车定线运行三种方式。

（1）大循环运行是将全部计划编号统一编成一个周期，全部车辆按确定的顺序循环始终的运行方式。这种方式适用于各条线路道路条件相近、车型基本相同的情况。其优点是每辆客车的任务安排基本相同，车日行程接近，驾驶员的工作量比较平均；缺点是循环周期长，驾乘人员频繁更换运行线路，不利于掌握客流及道路变化等情况，影响客运服务效果，而且一旦某局部计划被打乱，会影响整个计划的进行运行。

（2）小循环运行是把全部计划编号分成几个循环周期，将车辆划分为几个小组分别循环的运行方式。这种方式一般在营运区域内各条线路道路条件、车型等情况不同时采用。其优点是有利于驾乘人员对运行范围的线路和客流变化等情况的了解和掌握，有利于安全运行和良好服务；缺点是有时客车运用效率不如大循环运行。

（3）定车定线运行是将某一车型固定于某条线路运行的方式。这种方式一般在营运区域内道路条件复杂或拥有较多车型时采用，或在多班次班线时采用。其优点是有利于驾、乘人员对运行线路和客流变化等情况的了解和掌握，有利于做好优质服务；缺点是客车不能套班使用，对提高车辆运用效率有一定影响。

不论采取何种编制方式，都应以二保日期的先后次序为基准，把各车的保修日排成梯形表，而不宜按车号顺序编排。对当月不进二保的车辆，将只需一保的车辆排在最前面，需要三保和大修的车辆排在最后面。梯形表排好后，先安排月底在外地夜宿车辆的回程任务，这时必定有一部分车辆不能从月度开始时即按新定任务安排，需要作适当的调整。

计划编制好后，还要逐日检查日运行计划有无漏号和重号。经复核无误后，方可据此编制月度客车运行效率计划综合表。

现以 AI 线路所有班次为例，采取定车定线运行和大循环运行两种方式进行编制。按以上方法编制的 AI 线路客车运行作业计划表如表 8-9 和表 8-10 所示。

表 8-9　AI 线路客车运行作业计划表（定车定线运行）

车辆动态	车号	日期／任务号／座位数	1	2	3	4	5	6	7	8	9	10	11	12	13	14	15	…	31	工作车日	车月行程
A	006	40	二保	1	2	1	2	1	2	1	2	1	2	1	2	1	2	…			
A	003	40		二保	1	2	1	2	1	2	1	2	1	2	1	2	1	…			
A	007	40	3	3	二保	3	3	3	3	3	3	3	3	3	3	3	3	…			
A	001	40		4	5	二保	4	5	4	5	4	5	4	5	4	5	4	…			
A	005	40	4	5	4	5	二保	4	5	4	5	4	5	4	5	4	5	…			
M	009	40	11	6	7	6	7	二保	6	7	6	7	6	7	6	7	6	…			
A	002	40	6	7	6	7	6	7	二保	6	7	6	7	6	7	6	7	…			
C	011	40	9	8	9	8	9	8	9	二保	8	9	8	9	8	9	8	…			
A	004	40	8	9	8	9	8	9	8	9	二保	8	9	8	9	8	9	…			
G	012	40	7	10	11	10	11	10	11	10	11	二保	10	11	10	11	10	…			
A	008	40	10	11	10	11	10	11	10	11	10	11	二保	10	11	10	11	…			
K	010	40	5		3	4	5	6	7	8	9	10	11	二保				…			
A	014	40	1	2					机		动										
A	015	40							机		动										
I	013	40	2						机		动										
A	016	40							机		动										

注：① 车辆动态表示上月底留宿的地点；

② 空格为机动车日；

③ 任务号为日运行计划编号。

表 8-10　AI 线路客车运行作业计划表（大循环运行）

车辆动态	车号	座位数	1	2	3	4	5	6	7	8	9	10	11	12	13	14	15	16	…	31	工作车日	车月行程
A	006	40	二保	1	2	3	4	5	6	7	8	9	10	11					…			
A	003	40		二保	1	2	3	4	5	6	7	8	9	10	11				…			
A	007	40			二保	1	2	3	4	5	6	7	8	9	10	11			…			
A	001	40				二保	1	2	3	4	5	6	7	8	9	10	11		…			
A	005	40					二保	1	2	3	4	5	6	7	8	9	10	11	…			
M	009	40	11					二保	1	2	3	4	5	6	7	8	9	10	…			
A	002	40	10	11					二保	1	2	3	4	5	6	7	8	9	…			
C	011	40	9	10	11					二保	1	2	3	4	5	6	7	8	…			
A	004	40	8	9	10	11					二保	1	2	3	4	5	6	7	…			
G	012	40	7	8	9	10	11					二保	1	2	3	4	5	6	…			
A	008	40	6	7	8	9	10	11					二保	1	2	3	4	5	…			
K	010	40	5	6	7	8	9	10	11					二保	1	2	3	4	…			
A	014	40	4	5	6	7	8	9	10	11					二保	1	2	3	…			
A	015	40	3	4	5	6	7	8	9	10	11					二保	1	2	…			
I	013	40	2	3	4	5	6	7	8	9	10	11					二保	1	…			
A	016	40	1	2	3	4	5	6	7	8	9	10	11					二保	…			

注：① 车辆动态表示上月底留宿的地点；
　　② 空格为机动车日；
　　③ 任务号为日运行计划编号。

编制好客车运行作业计划后，应将单车完好率、工作率、车日行程等指标分车型汇总，与企业下达的生产计划指标相比较，如低于计划指标，对运行计划应作适当调整，然后正式填制月度客车运行效率计划综合表（表 8-11），与客车运行作业计划表一起送有关科室复核后转送企业领导审阅。

表 8-11 月度客车运行效率计划综合表

队别	车型	车别	营运车辆数	编制计划车辆数	编制计划		完成率		工作率		车日行程		说明
					车日	占营运车日率/(%)	运行计划	比计划高(+)低(-)	运行计划	比计划高(+)低(-)	运行计划	比计划高(+)低(-)	
合计														
备注														

8.2 城市公交客运组织

城市客运主要由公交客运、单位客运、私人自运三部分组成，其中公交客运是城市客运的主体。

8.2.1 城市公交客运方式及营运方式

1. 城市公交客运方式

城市公交客运方式主要有公共汽车、无轨电车、有轨电车、轻轨电车、地下铁道、出租汽车、市郊铁路、单轨铁路等。

（1）公共汽车。公共汽车是大中城市的主要公共客运方式，在特大城市也可以在干线上与地铁、电车平行行驶，以增加线路系数和线路网密度，其单向运送能力为 800～2000 人次/h，平均运送速度为 16～25km/h，具有机动性好，原始投资比较少，可以迅速开辟新线路或改变已有线路，运输组织比较灵活等优点。其主要缺点是能耗大、对环境的污染也较大。

目前，一些工业发达国家在推进公共汽车交通上做了很大努力，采取了不少有力的措施。车型设计方面，在研制大容量、高性能、低污染、舒适方便的大型公共汽车的同时，生产了各种微型、小型公共汽车，以增加使用上的灵活性和经济性；在交通管理方面，设置了公共汽车专用道路或专用车道等，实行公共汽车优先放行的交通政策。此外，为了吸引更多的乘客，还对票价进行了修订。

（2）无轨电车。无轨电车具有起动平稳、速度较快、运量适中等特点，在城市主要干线上可以代替有轨电车，适用于特大及大中城市单向最大客流量为 10000～15000 人次/h 的线路运输。与地铁和有轨电车比较，无轨电车还具有投资少、技术成熟、机动性好的优点。但是无轨电车所需的架空线和两根集电杆,给城市的空间利用带来了一定影响,同时影响城市美观,而且一旦发生脱线故障,还会引起城市交通阻塞。为了消除这一缺陷,有些国家开发并已试行了双动力源车辆,它具有除集电杆外的另一个集电系统(蓄电池或柴油机驱动),增加了机动性,具有一定的实用意义。

(3) 有轨电车和轻轨电车。有轨电车具有行驶平顺性好、运行可靠、污染较小、运量适中等特点,适用于大城市单向客流量为 6000~12000 人次/h 的线路运输,也适用于特大城市地铁或轻轨运输线路的延续线。有轨电车一度得到了蓬勃发展,对于一些国家城市的形成和发展起过重要作用,曾掀起了一场城市公共交通的革命。但其也存在着机动性差、行驶速度低、噪声大等缺点,使得有轨电车一度由盛变衰。随着近年具有低噪、低振、高速、节能等特点的轻轨电车的开发及应用,以轻轨电车为代表的有轨电车成为一种很有发展前途的现代化城市交通工具。轻轨电车与传统有轨电车相比,具有容量大、速度快、乘坐舒适、运行经济等优点,是大中城市解决城市交通问题的有效途径之一。

(4) 地下铁道。地下铁道具有容量大、速度快、安全、准点、污染少、可不占用城市土地或少占用城市土地等优点,且有一定的战备意义,在城市公共交通系统中,得到了逐步的发展,适用于特大和大城市主要干线及近郊大型工矿企业与大居民点间单向客流量为 15000~60000 人次/h 的线路运输。目前,城市规模越来越大,世界人口城市化倾向越来越严重,导致城市拥挤,客运量急剧上升,因此,地下铁道交通在城市公共交通中的地位也变得更为重要。但是,地下铁道初始投资大、工程量大、施工期长,加之地铁交通网密度低,故它不可能独立承担客运任务,必须有其他客运方式为其集散乘客。

(5) 出租汽车。现代化城市应有一个多元的城市公共交通系统,才能适应居民出行需求日益增加的需要。出租汽车作为一种较灵活的服务方式,在城市公共交通中起着辅助作用。它与基本公共交通相辅相成,构成一个更加完善的客运体系。出租汽车可以由各种不同的车型,根据租用者在时间和空间上的不同需要,提供灵活的客运服务。它是城市公共交通系统中唯一能为乘客提供"门到门"服务的一种形式。但是,鉴于出租汽车流动运行的特性,以及完成单位运量所占用的道路时空资源大、能耗高、废气污染严重等缺点,出租汽车应有控制地发展。

(6) 市郊铁路。市郊铁路是连接城市与郊区,或连接中心城市与卫星城镇的铁路。市郊铁路往往是干线铁路的一部分,因此它具有干线铁路的技术特征,如通常采用重型轨道、站间距较长,以及市郊旅客列车与干线旅客列车和货物列车混跑等。

(7) 单轨铁路。单轨铁路是借助橡胶轮胎或钢制车轮在单根轨道横梁上行驶的城市客运交通方式。单轨铁路的线路采用高架结构,按构造形式不同可分为跨骑式与悬挂式两种。跨骑式是列车跨坐在高架轨道上运行的形式,车辆的走行部在车体的下部;而悬挂式则是列车悬吊在高架轨道下运行的形式,车辆的走行部在车体的上部。

2. 城市公交客运的营运方式

城市公交客运的营运方式主要有以下几种。

(1) 定线定站式。这是一种营业线路固定,乘客上下车地点固定,在客流比较稳定的线路上服务的营运方式。该种方式通常采用载客量较大的车辆,票价相对便宜,是国内外城市公共交通的主要营运方式。

（2）不定线不定站式。这是指出租汽车运输，其营运线路与乘客上下车地点均不固定，是一种可以满足乘客"门到门"运输服务需求的营运方式。这种营运方式的乘车舒适性、快速性及方便性最好，但完成单位运量的运输成本较高。

（3）定线不定站式。这是指在城市客运支线上组织的一种小型客运形式，其线路固定，但乘客上下车地点不固定，一般采用小型客运车辆（如面包车等）。这种营运方式的乘车舒适性、快速性及方便性介于前两种营运方式之间。

8.2.2 城市公交线路网

1. 城市公交线路网的类型

由各种城市公交客运方式（如公共汽车、无轨电车、有轨电车及地下铁道等）的线路和停车站点组成的系统称为城市公交线路网。客运任务的完成通过运输工具沿公交线路网运送乘客来实现。其中公共汽车线路网是整个城市公交线路网的重要组成部分。城市公交线路网的类型主要有以下几种。

（1）网格型线路网。网格型线路网是由若干条相互并行排列的线路与另外若干条具有相同特点的线路大致相交成直角而形成的。例如，我国古代的洛阳周王城的道路是典型的网格型线路网，周王城的道路网呈方格网，道路分 5 级：经涂（纬涂）—主干道；环涂—城市环路；野涂—出入口道路；巷—支路；支巷—小区道路。不同道路有明确的路幅宽度，道路功能划分如图 8.4 所示。

网格型线路网的主要优点是：乘客不管去任何地方，只要转换一次车，且不需要通过人为的市中心，线路两端基本上都设在城市边缘地区，用地容易，征地方便；同时这种线路网具有较高的通行能力，当客流集中时，还可以组织平行线路上的复线运输。其缺点是：非直线系数较大，限制了主次干道的明确分工，对角线交通不便，大部分乘客均需换车；另外，如果线路网密度过大，容易造成交通阻塞，影响道路通行能力。

（2）放射型线路网。放射型线路网是指大部分的线路汇集于城市的中心区，另一端分别延伸到城市的边缘区，与市郊、市区边缘的客流集散点相连，如图 8.5 所示。

放射型线路网的主要优点是：它有可能为任何地区居民组织方便的公交服务，各区居民能直达往返于市中心地区；同时可使边远地区居民不需换乘即一次乘车到达市中心。

其缺点是：对改建后的城市出现的新的商业文化中心的交通带来了多次转换乘的麻烦，增加了乘客上下车的交替频率；同时要求市中心有足够的土地用于停车和回车，容易造成交通阻塞，影响道路通行能力。

（3）环型线路网。环型线路网是由若干围绕市中心的环线构成的一族同心圆。

环型线路网的优点是：营运线路可以沿环线布置，在同一环线上的任意两点可直达。

其缺点是：环线间的联系比较困难。环型结构很少在线路网中单独使用。

（4）混合型线路网。混合型线路网指根据城市具体条件，由多种线型构成的综合性线路网。通常以放射型和环型构成的放射环型线路网最常见，如图 8.6 所示。

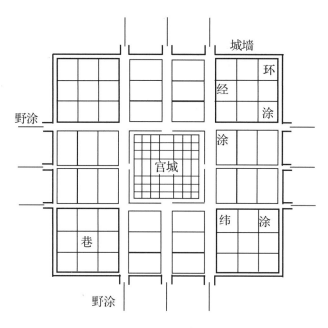

图 8.4 网格型线路网

图 8.5 放射型线路网

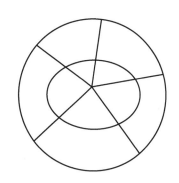

图 8.6 放射环型线路网

放射环型线路网的主要优点是：克服了纯放射型线路网的缺点，使各个人流集散点都有公交线路相连接，东西向和南北向转换乘较方便；另外，市中心区与各区以及市区与郊区之间的联系方便、直达，非直线系数平均值最小。其缺点是：容易造成市中心压力过重，其交通的机动性较网格型差，如在小范围采用这种形式，则很容易造成许多不规则的街道。

2. 客运线路的线形

按照客运线路的平面形状，可以将其分为以下几种类型。
（1）直径式线路，通过市中心连接城市边缘。
（2）辐射式线路，由城市边缘各点与城市中心直通。
（3）绕行式线路，绕过市中心区连接城市两个区域。
（4）环形式线路，把市中心区以外需要有直接交通的各点以环形线路连接起来。
（5）切线式线路，即与环形线路相切，连接城市边缘而不通过城市中心。

（6）辅助式线路，担负主要交通干线之间的交通联系，或者客流较小区域与交通干线之间交通联系的辅助连接式线路。

以上各种线路的线形示意图如图 8.7 所示。

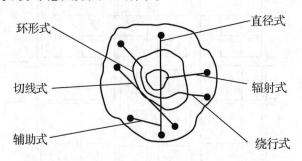

图 8.7　城市客运线路的线形示意图

3. 客运线路的技术参数

客运线路的技术参数主要包括线路网密度、线路的长度和数目、非直线系数等。合理选择这些参数对乘客的乘车方便、快速运达、行车安全，提高公交车辆的运输效率和效益，改善驾驶员的劳动强度等均有重大影响。

（1）线路网密度。线路网密度是指有行车线路的街道长度与服务地区（城市）用地面积之比，即

$$\delta_N = \frac{L_{sr}}{F} \tag{8-4}$$

或

$$\delta_N = \frac{L_N}{F \mu_r} \tag{8-5}$$

式中：δ_N——线路网密度（km/km²）；

L_{sr}——有行车线路的街道长度（km）；

F——服务地区（城市）区域面积（km²）；

L_N——服务地区（城市）客运线路网总长度（km）；

μ_r——线路重复系数，是指客运线路网总长度与有客运线路的街道长度之比，即

$$\mu_r = \frac{L_N}{L_{sr}} \tag{8-6}$$

虽然线路重复系数越大，有客运线路的街道单位长度上平均拥有的线路也越多，可以相应减少乘客转乘，但运输企业的经济效益要相应降低，所以公共汽车的线路重复系数要有一定的限制，一般取 1.2~1.5。

线路网密度是用以评价乘客乘车方便程度的指标。线路网密度越大，表明营运线路之间的距离越短，乘客步行到营运线路的时间越少，乘车越方便。但对既定人口的地区（城市）来说，其乘客周转量基本上是一定值，故其所需的车辆数也大体一定。在此前提下，随着线路网密度增大，乘客步行时间将会随之减少，但由于单位里程线路上的车辆数减少，而使乘客的候车时间增加；反之，随着线路网密度减小，虽然乘客候车时间缩短，但步行时间增加。因而任何一个地区（城市）的线路网密度应保持适中，以使广大乘客出行的平均时间达到最省。在线路网分布较均匀的情况下，线路网最佳密度为 2.5~3km/km²。

(2)线路长度。确定客运线路长度,应综合考虑客运服务地区(城市)的大小、形状、行车组织、乘客交替情况、车辆载客量利用程度等因素。实践表明,线路越长,行车越难以准点,沿线客流量波动变化越大;反之,线路过短,又会造成乘客转乘较多,车辆在始末站停歇时间相对增加,营运速度下降,同时也相应增加了行车管理工作量。因此,线路的平均长度一般应根据城市大小和形状确定,取其直径(中、小城市)或半径(大城市、特大城市)为线路平均长度;也可以参照线路上乘客的交替情况来确定,一般为平均运距的 2~3 倍。通常大、中城市的线路长度为 6~10km。

(3)线路数目。线路数目即线路条数,主要取决于客流量的大小及其分布情况,并应考虑尽量减少乘客转乘和等车时间。在城市客运线路网的最佳密度和客运线路平均长度基本确定后,线路数目即可按下式估算。

$$n_c = \frac{F\delta_N^0 \mu_r}{\overline{L}_n} = \frac{L_N}{\overline{L}_n} \tag{8-7}$$

式中:n_c——线路数目(条);

δ_N^0——线路网最佳密度(km/km²);

$\overline{L}_n$——线路的平均长度(km)。

客运线路数目应根据客流量设置。当在服务地区的个别区域(如城市中心区),职工上、下班期间客流超过一条线路的最大运送能力时,可考虑在同一条道路上设置重复线路或区间车线路,也可以开设不同运输方式的并行线路。

(4)非直线系数。非直线系数是指行车线路起讫点间的实际距离与两点间的空间直线距离之比,用以表示客运线路走向是否符合乘客利益。

$$\eta_n = \frac{L_r}{L_l} \tag{8-8}$$

式中:η_n——非直线系数;

L_r——线路起讫点间的实际距离(km);

L_l——线路起讫点间的空间直线距离(km)。

由于城市客运的乘车时间与有些客运线路的运费与乘行里程基本上成正比,即随 η_n 值的增大而增加,因此线路非直线系数的大小直接影响乘客的乘车费用和乘车时间的经济性,因此,η_n 值以尽可能小为宜。若合理布置行车线路,η_n 值可接近于1,一般不应超过1.3。

不同类型的线路网,其非直线系数也不一样。例如,对于网格型线路网,当实际里程为正方形的相邻两边之和时,η_n 为 1.41;对于放射环型线路网,η_n 为 1.1~1.2。与网格型线路网相比,放射环型线路网的运输经济性较好,因此采用较多。

4. 停车站的设置

客运线路上的停车站包括设在线路中途的中间站和设在线路两端的始末站。中间站设置是否合适,直接影响车辆的行驶速度、乘客的步行时间和道路的通行能力。设置中间站主要应解决好平均站距的确定和站址的确定两方面问题。

(1)平均站距的确定。确定平均站距,应全面考虑乘客的整体利益需要。乘客在上车前,希望尽早上车,即步行时间与等车时间短,因而站距越小,上车越方便;而乘客上车后,则希望尽早到达目的地,即乘行时间短,因而站距越长越好,最好是中途不停车。综

合来说,乘客的愿望是希望出行时间最少,即当乘客平均等车时间 $t_w = 0$ 时

$$t_{sr} = 2t_{st} + t_{ri} = 最小值 \tag{8-9}$$

式中:t_{sr}——乘客出行时间(min);
　　　t_{st}——乘客步行时间(min);
　　　t_{ri}——乘客乘行时间(min)。

考虑车上与车下乘客的整体利益需要,站距的长短应满足车上乘客乘行时间与车下乘客步行时间都最少的要求。由于 t_{st} 及 t_{ri} 均为平均站距 $\overline{L}_c$ 的函数。因此,欲求得 t_{sr} 为最小的最佳平均站距 $\overline{L}_c$,可令

$$\frac{d(2t_{st} + t_{ri})}{d\overline{L}_c} = 0$$

得

$$\overline{L}_c = \sqrt{\frac{v_{st} \overline{L}_p \overline{t}'_s}{30}} \tag{8-10}$$

式中:$\overline{L}_c$——平均站距(km);
　　　v_{st}——乘客步行的平均速度(km/h);
　　　$\overline{L}_p$——乘客的平均乘距(km);
　　　$\overline{t}'_s$——平均每站停站的损失时间(min),即在平均站距内,乘客因车辆停站而延误的乘行时间,包括停站时间及车辆因起步加速与停车减速而损失的时间。

近年来,随着城市的迅速发展,市区范围不断扩大,居民出行次数日益增多,道路交通量也迅速增加。这不仅使连接市区及近邻的公共客运线路逐渐增加,同时也造成车辆行驶速度逐年降低。为适应上述情况并加速车辆周转,国内各城市客运企业实际采用的平均站距一般都略大于按式(8-10)计算的理论值。因此,实际应用时,需对式(8-10)进行相应修正,即

$$\overline{L}_c = \lambda \sqrt{\frac{v_{st} \overline{L}_p \overline{t}'_s}{30}} \tag{8-11}$$

式中:λ——站距修正系数。对于市区线路,一般为 1.0~1.3;通过市中心或闹市区的线路,可取较低值;接近市区边缘或平均运距较长的线路则可取较高值。

除上述算法外,也可以采用经验的方法来确定平均站距,即以国内外同类型的城市采用的平均站距值作为参考。选其中一值作为平均站距,然后根据线路实际情况选定各停车站站址,经过试运行后最终确定下来。

在美国,普通公共汽车平均站距不超过 0.8km,在人口稠密区,平均站距小至 120m,每个主要交叉路口有一个站点。根据美国的情况,取得最大客运能力的平均站距为 0.72~1.27km。对于快速公共汽车线路,其平均站距要长一些。

(2)中间站站址的确定。中间停车站按其利用情况可分为固定站、临时站与招呼站。固定站是指车辆在每单程运输过程中均需按时停车的停车站;临时站是指在一天中的某些时刻或一年中的某季节需停车的停车站;招呼站是指仅在线路上有乘客招呼上下车时才停车的停车站。具体确定站址时,应考虑如下几个因素。

① 设置合适的停车站类型。一般情况下,固定站应设在一天中往返乘客较多、乘客经常交替的地方,如火车站、商店、文化娱乐场所、机关、企业等附近;临时站应设在一天

中某些时刻或一年中某季节客流交替较多的地方，如集市、庙会、大型文体活动场所等；招呼站则应设在较长站距之间或沿线乘客不多但发生周期性客流的地方。

② 便于乘客乘车、换车。最好将中间站设在乘客较集中的地点和十字路口附近，如在同一地点有不同线路或不同形式车辆设站时，应尽量设在相邻处，以便于乘客换车。

③ 便于车辆起动和加速。中间站应尽量避免设在上坡处。

④ 减少十字路口红绿灯对车辆运行速度的影响。中间站设在十字路口附近时，一般应尽量设在十字路口前，以减少红绿灯的影响，减少速度损失。但为了不妨碍交叉路口的交通安全，即不阻挡交叉路口视距三角形内车辆和行人的视线及道路通行能力，一般中间站宜设在距十字路口前停车线一个车长以上处。

⑤ 上下行方向的对设站一般应错开。对设站的车头相对距离一般应为 30~50m。只有在路面宽阔的情况下，才考虑在道路两侧相对应的位置设站，以保证交通安全。

⑥ 不宜设站的地段，如桥梁、涵洞、陡坡、消防栓旁、铁路道口、狭路及危险地段、车辆进出口及大型建筑物门前等，不宜设站。

（3）始末站设置。设置始末站需综合考虑营运现场条件、始末站功能及企业的建设能力等因素。

客运线路两端的始末站是车辆调头之处，因而要有可供调车的场地。如果场地紧张，可组织绕附近街道单向行驶，也可以利用交通情况不太复杂的交叉路口调车。始末站还是线路行车调度人员组织车辆运行和行车人员休息的地方，因此应设置供调度人员工作和行车人员休息的必要设施，如调度通信设备、照明设备、饮食供应设备等。

始末站还应设有停车场地，供高峰后抽调下来的车辆暂时停放。如果设置专用场地困难，可以利用线路附近交通量较少的道路支线停车。北方地区的始末站还应设有车辆冬季运行所必需的供暖设施等。

在候车乘客较多的始末站，应适当设置排队场地、护栏、站台、防雨篷及向导牌等设施。

8.2.3　公共汽车营运组织

城市公共交通企业的营运组织工作，是企业组织营运生产，实现计划管理，改善服务质量的一项中心工作。在客运网合理布设的基础上，线路营运组织工作的好坏，在很大程度上取决于能否采用适应客流规律的车辆行驶方式、准确优质的作业计划、及时有效的现场调度等。

1. 调度形式的基本类型

公共汽车调度形式是指营运调度措施计划中所采取的运输组织形式。依据车辆沿线工作时间及运停方式的不同，公共汽车调度形式可分为以下两种分类方法。

（1）按车辆工作时间的长短与时段分类。

① 正班车，主要指车辆在日间营业时间内，连续工作相当于两个工作班的一种基本调度形式，所以又称双班车、大班车。

② 加班车，指车辆仅在某种情况下，在某段营业时间（通常为客运高峰时间）内上线工作，并且一日内累计工作时间相当于一个工作班的一种辅助调度形式，所以又称单班车。

③ 夜班车，指车辆在夜间上线工作的一种辅助调度形式。在一个工作日内，如车辆夜班时间不足一个工作班时，常与日间加班车相兼组织。只有在夜间客运量较大的营运线路上，夜班车连续工作时间才能相当于一个工作班。

上述三种车辆调度形式的基本分类关系如表 8-12 所示。

表 8-12　车辆调度形式的基本分类关系

调度形式	班制	工作时间
正班车	双班	日间或以日间为主
加班车	单班	日间或日夜相兼
夜班车	单班	夜间或以夜间为主

（2）按车辆运行与停站方式分类。

① 全程车，指车辆从线路起点发车直到终点站止，必须在沿线各固定停车站依次停靠，按规定时间到达各站点，并驶满全程的调度形式，因此又称慢车或全站车，是公共汽车营运组织的基本调度形式。

② 区间车，指车辆仅在某一客流量的高区段间行驶，是一种辅助调度形式。

③ 快车，指为适应长乘距乘客需要，采取的一种越站快速运行的调度形式，包括大站车与直达车两种形式。大站车是指车辆仅在客运线路上几个乘客集散量较大的停车站（包括起、终点站）停靠的调度形式；直达车是快车的一种特殊形式，指车辆仅在线路起、终点站停靠，直达运行。

④ 定班车，指为接送有关单位职工上下班或学生上下学而组织的一种专线调度形式。车辆可按定时间、定线路、定班次或定站点的原则进行运输服务。

⑤ 跨线车，指为平衡相邻线路之间客流负荷，减少乘客转乘而组织的一种车辆跨线运行的调度形式。跨线车不受原来行驶线路的限制，根据当时客流集散点的具体情况确定起讫点。

实验证明，上述调度形式在平衡车辆及线路负荷，缓解乘车拥挤，提高运输生产率，提高运输服务质量，以及促进客运发展方面都发挥了积极作用。

2. 调度形式的选择

凡公共汽车营运线路均需以全程车、正班车为基本调度形式，并根据线路客流分布与客运需求的特殊性辅以其他调度形式。

（1）区间车调度形式的确定。可以通过计算路段客流量差或路段客流不均匀系数的方法，来确定是否采用区间车调度形式。

① 通过计算路段客流量差确定。路段客流量差是指在统计时间内营运线路某路段客流量与沿线各路段平均客流量之差，即

$$\Delta Q_{Li} = Q_{Li} - \overline{Q}_L \quad (i=1,2,3,\cdots,n) \tag{8-12}$$

式中：ΔQ_{Li}——第 i 路段客流量差（人）；

Q_{Li}——第 i 路段客流量（人）；

$\overline{Q}_L$——沿线各路段平均客流量（人）；

n——营运线路的路段数。

凡采用区间车调度形式必须满足下述条件。

$$\Delta Q_{Li} \geqslant 2q^\circ \tag{8-13}$$

式中：q°——计划车容量（人），即车辆的计划载客量定额。

② 通过计算路段不均匀系数确定。路段不均匀系数是指统计期内营运线路某路段客流量与该营运线路各路段平均客流量之比，用以评价客流沿路段分布的不均匀程度，即

$$K_{Li} = \frac{Q_{Li}}{\overline{Q}_L} \tag{8-14}$$

式中：K_{Li}——营运线路第 i 路段的路段不均匀系数；

当路段不均匀系数满足 $K_{Li} > K_L^0$ 时，应开设区间车。

K_L^0 为根据路段不均匀系数判定是否采用区间车的界限值，可根据客运服务要求及具体客运供需条件来确定，通常 K_L^0 取 1.3~1.5。

（2）快车调度形式的确定。可以通过计算方向不均匀系数或通过客流量调查计算站点不均匀系数的方法确定。

① 通过计算方向不均匀系数确定。方向不均匀系数是统计期内营运线路的高单向客运量与平均单向客运量之比，即

$$K_f = \frac{Q_{f\max}}{\overline{Q}_f} \tag{8-15}$$

式中：K_f——某线路方向不均匀系数；

$Q_{f\max}$——线路高单向客运量（人）；

$\overline{Q}_f$——线路平均单向客运量（人）。

当 K_f 满足 $K_f > K_f^0$ 时，应采用快车调度形式。

K_f^0 为根据方向不均匀系数判定是否采用快车调度形式的界限值，可根据客运服务要求及具体客运供需条件来确定，通常 K_f^0 取 1.2~1.4。

② 通过计算站点不均匀系数确定。站点不均匀系数是指统计期内营运线路某停车站乘客集散量与各停车站平均集散量之比，用来评价客流沿营运线路各站点分布的不均匀程度，即

$$K_{zj} = \frac{Q_{zj}}{\overline{Q}_z} \quad (j=1,2,3,\cdots,m) \tag{8-16}$$

式中：K_{zj}——营运线路第 j 站点不均匀系数；

Q_{zj}——第 j 站点旅客集散量（人）；

$\overline{Q}_z$——各站点平均集散量（人）；

m——营运线路的停车站数目。

其中站点集散量指某一停车站在统计期内上下车的乘客人数之和。一般当 K_{zj} 较高时，可以开设只在这类站点停靠的营运快车，以缓和这类站点乘客上下车的拥挤程度和及时疏散滞留在这类站点的乘客。

当长距离乘客较多，站点不均匀系数 K_{zj} 满足 $K_{zj} > K_z^0$ 时，可沿同方向客流集散量较大的几个站点开设快车。

K_z^0 为根据站点不均匀系数判定是否采用快车调度形式的界限值,可根据客运服务要求及具体客运供需条件来确定,通常 K_z^0 取 1.4～2.0。

(3) 高峰加班车调度形式的选择。可通过计算小时不均匀系数的方法确定。小时不均匀系数是指营运线路日营运时间内,某一小时的客运量与平均每小时客运量之比,用来表示客流在日营运时间内各小时分布的不均匀程度,即

$$K_{si} = \frac{Q_{si}}{\overline{Q}_s} \quad (i=1,2,\cdots,n) \quad (8\text{-}17)$$

式中:K_{si}——第 i 小时的小时不均匀系数;

Q_{si}——第 i 小时客运量(人);

$\overline{Q}_s$——平均每小时客运量(人);

n——日营运时间(h)。

通常,当 $K_{si} \geq 1.8 \sim 2.2$ 时,称为客流高峰小时;当 $K_{si} < 1.0$ 时,称为客流低峰小时;其他时间为客流平峰小时。

如果小时不均匀系数 K_{ti} 满足 $K_{si} > K_t^0$ 时,应开设加班车。

K_t^0 为根据客流时间不均匀系数判定是否采用加班车调度形式的界限值,可根据客运服务要求及具体客运供需条件来确定,通常 K_t^0 取 1.8～2.2。

【例 8-3】已知某公共汽车线路高峰期间高单向数据如表 8-13 所示。试确定有无必要采用区间车与快车调度形式。

表 8-13 线路数据统计表

项目	停车站								
	A	B	C	D	E	F	G	H	I
停车站序号(j)	1	2	3	4	5	6	7	8	9
站点集散量(Q_{zj})/人次	1864	465	467	924	1459	1010	674	616	1874
路段序号(i)		1	2	3	4	5	6	7	8
路段客流量(Q_{Li})/人次		1864	2231	2262	2649	2450	2386	1746	1874
路段满载率(γ_i)/(%)		0.61	0.76	0.78	0.87	0.81	0.80	0.48	0.62

(1) 区间车调度形式的确定。

首先计算各路段的平均客流量。

$$\overline{Q}_L = \frac{\sum Q_{Li}}{n} = \frac{1864+2231+2262+2649+2450+2386+1746+1874}{8}$$

$$\approx 2182.8 (人)$$

然后分别计算各路段的路段不均匀系数。

$$K_{L1} = \frac{Q_{L1}}{\overline{Q}_L} = \frac{1864}{2182.8} \approx 0.85$$

同理类推可得：$K_{L2} \approx 1.02$；$K_{L3} \approx 1.04$；$K_{L4} \approx 1.21$；$K_{L5} \approx 1.12$；$K_{L6} \approx 1.09$；$K_{L7} \approx 0.8$；$K_{L8} \approx 0.86$。

由于 $K_{L1} \sim K_{L8}$ 均小于 1.3，未达到开行区间车的界限值 K_L^0，因此无必要采用区间车调度形式。

（2）快车调度形式的确定。

首先计算各站点的平均乘客集散量。

$$\overline{Q}_z = \frac{\sum Q_{zj}}{m} = \frac{1864+465+467+924+1459+1010+674+616+1874}{9} \approx 1039.22（人）$$

然后分别计算各站点的站点不均匀系数。

$$K_{z1} = \frac{Q_{z1}}{\overline{Q}_z} = \frac{1864}{1039.22} \approx 1.79$$

同理类推可得：$K_{z2} \approx 0.45$；$K_{z3} \approx 0.45$；$K_{z4} \approx 0.89$；$K_{z5} \approx 1.4$；$K_{z6} \approx 0.97$；$K_{z7} \approx 0.65$；$K_{z8} \approx 0.59$；$K_{z9} \approx 1.8$。

由此计算结果可知，K_{z1} 和 K_{z9} 计算值接近判定标准 K_z^0 较高限，K_{z5} 计算值达到判定标准 K_z^0 低限，但该站车辆满载率较高（即 $\gamma > 0.8$），所以有必要考虑在 A、E 及 I 站间采用大站快车调度形式。

8.2.4 公共汽车行车作业计划的编制

公共汽车行车作业计划是指在已定线路网布局的基础上，根据企业的运输生产计划要求和基本的客流变化规律编制的生产作业性质的计划，是企业营运组织工作的基本文件。它具体规定了公共汽车运输企业各基层运输生产单位和车组在计划期内应完成的一系列工作指标，从而为线路营运管理提供依据，并为乘客乘车创造良好条件。

编制公共汽车行车作业计划必须力求保证：线路营业时间内正常的乘客运输条件，公共汽车行车人员正常的劳动条件，公共汽车的有效利用，实施企业运输工作计划指标，沿线各公共汽车间良好的行车配合，同其他线路公共汽车及其他客运方式间运行的良好配合，以及实现所要求的客运安全条件等。

公共汽车行车作业计划具有一定的稳定性，一般每季度调整一次，有的城市只在冬、夏两季调整，即半年调整一次。行车作业计划一经制订，调度员和行车人员及企业全体职工必须严格按照行车作业计划规定的线路班次、时间，按时出车，正点运行，保证计划的完整实现。

编制公共汽车行车作业计划，必须在线路客流调查（即掌握线路客流情况）的基础上，分别按不同车辆调度形式进行。其主要包括确定车辆运行定额、计算线路运行参数及编制行车作业计划图表等。

1. 车辆运行定额的确定

车辆运行定额是指在运营线路具体工作条件下为完成运输任务所规定的运输劳动消耗标准量。

车辆运行定额是定线式公共汽车客运企业合理组织运输服务与计划管理、贯彻劳动分配原则的重要依据。制定先进、合理的车辆运行定额，将有利于促进运输劳动生产率和运输服务质量的提高。

车辆运行定额主要包括车辆运行时间定额和车辆载客量定额两种类型。其中，车辆运行时间定额又包括单程时间、始末站停站时间和周转时间。

（1）单程时间。

单程时间（t_n）是指车辆完成一个单程运输工作所耗费的时间，包括单程行驶时间（t_{nt}）和中间站停站时间（t_{ns}），计量单位为 min。

$$t_n = t_{nt} + t_{ns} \tag{8-18}$$

其中，单程行驶时间为车辆在一个单程中沿各路段行驶时间之和。路段行驶时间是指车辆由起步开始，经过加速行驶、稳定行驶、行车减速至到达停车站点完全停止运行所耗费的全部时间。单程行驶时间与路段行驶时间的关系满足下式。

$$t_{nt} = \sum_{i=1}^{k} t_{ti} \tag{8-19}$$

式中：t_{ti}——车辆沿第 i 路段的行驶时间（min）。

在实际的工作中，通常采取观测统计方法确定单程行驶时间，原则上应按路段与时间段分别确定，即首先按不同季节或时期确定行驶时间按路段与时间段的分布规律，然后相对不同路段与时间段取其均值作为标定行驶时间定额的依据，最后根据沿线交通情况按各时间段分别确定行驶时间定额。在交通情况比较稳定时，可只按客流峰期（如高、平、低峰）确定。

中间站停站时间包括：停车后从开车门、乘客上下车及乘客上下车完毕关车门至车辆起动前的全部停歇时间。据统计观测表明，乘客平均每人次的上下车时间，当一个车门时约为 1.5s，二个车门时约为 0.9s，三个车门时约为 0.7s；停车后从开车门至关车门后起动前的准备时间，平均每站（或每路段）约为 6s。

（2）始末站停站时间。

始末站停站时间包括：为调度车辆、办理行车文件手续、车辆清洁、行车人员休息与交接班、乘客上下车及停站调节等必需的停歇时间，计量单位为 min。

在客流高峰期间，为加速车辆周转，车辆在始末站的停站时间原则上不应大于行车间隔的 2~3 倍。而在平峰期间，始末站停站时间需要考虑车辆清洁、行车人员休息、调整行车间隔及车辆例行保养等因素综合确定。

通常可依据单程时间，按下式确定平峰期间的始末站平均停站时间（$\bar{t}_t$）。

$$\bar{t}_t = \begin{cases} 4 + 0.11 t_n & (10 \leqslant t_n \leqslant 40) \\ 0.21 t_n & (40 < t_n \leqslant 100) \end{cases} \tag{8-20}$$

另外，在平峰期间还规定每一正班车的上、下午班车，各留出一次就餐时间，通常每次就餐时间至少为 15min。

在气温较高的季节，一般在每日中午前后一段时间里应适当增加始末站停站时间，以保证行车人员必要的休息，增加时间一般不宜超过原停站时间的 40%。

(3)周转时间。

周转时间(t_0)等于单程时间与平均始末站停站时间之和的二倍,即

$$t_0 = 2(t_n + \bar{t}_t) \quad (8\text{-}21)$$

由于在一日内,沿线客流及道路交通量的变化均具有按时间分布的不均匀性,因此车辆的沿线周转时间需按不同的客运峰期分别确定。在客运低峰及各峰期之间的过渡时间段,为了在满足客流需要的前提下尽量减少运力浪费,线路车辆数或车次数将有明显的增减变化。此时,为便于组织车辆运行,常允许此期间的车辆周转时间可在一定范围内变化,即规定此期间的周转时间为一区间值。因此,各不同客运峰期内的周转时间应尽可能与该峰期的总延续时间相匹配,或不同峰期的相邻时间段周转时间与相应时间段总延续时间相协调。

(4)计划车容量。

计划车容量(q^0)是指公共汽车行车作业计划限定的车辆载客量,又称计划载客量定额。这是根据计划期内线路客流的实际情况、行车经济性要求和运输服务质量要求规定的计划完成的载客量,可按下式计算。

$$q^0 = q_0 \gamma^0 \quad (8\text{-}22)$$

式中:q^0——计划车容量(人);

q_0——车辆额定载客量(客位);

γ^0——车厢满载率定额。

一般规定高峰期车厢满载率定额$\gamma_s^0 \leq 1.1$,平峰期车厢满载率定额为$\gamma_f^0 \geq 0.5 \sim 0.6$。

车辆额定载客量,首先取决于车辆载重量的大小。对于有确定载重量和车厢有效载客面积的车辆,车辆额定载客量主要取决于坐位数与站位数之比。

由于市区线路乘客乘车时间较短,平均为15~20min,因此站位比例较高一些,目前我国市区公共汽车坐位数与站位数之比为1:2~1:3;郊区线路乘客由于乘车时间较长,公共汽车的坐位数与站位数之比为1:0.5~1:0.7。

车厢内有效站立面积的乘客站位数根据有关国家标准确定。根据国家标准《客车装载质量计算方法》(GB/T 12428—2005)的规定,每平方米有效站立面积的乘客站位数最高限定为8人。

2. 计算线路运行参数

公共汽车线路运行参数是指为编制行车作业计划所需有关线路行车组织的规范性数据。线路运行参数主要包括线路车辆数、行车间隔及车班数等。

(1)线路车辆数。

确定线路车辆数包括确定分时间段线路车辆数和线路车辆总数。在实际工作中,确定线路车辆总数,一般以高峰小时高峰路段客流所需车辆数为准,确定营运时间内各时间段所需车辆数,则根据该段时间内最高路段客流量及计划车容量确定。

① 分时间段线路车辆数(A_i)。在一个客运工作日内,可以将整个营业时间按小时划分为若干时间段,假定只有全程车(可按正班车、加班车调度形式运行),那么任意t_i时间

段线路所需车辆数(计量单位为辆)可通过该时间段的行车频率(f_i)和车辆周转系数(η_{0i})确定,即

$$A_i = \frac{f_i}{\eta_{0i}} \tag{8-23}$$

A. 行车频率(f_i)是指单位时间内,通过营运线路某一站点的车辆次数,计量单位为辆/h。任意时间段内的行车频率可按下式确定。

$$f_i = \frac{Q_i''}{q_0 \gamma_i^0} \tag{8-24}$$

式中:Q_i''——第i时间段内营运线路高峰路段客流量(人);

γ_i^0——第i时间段内客流量最高路段的计划车厢满载率定额。

B. 周转系数(η_{0i})是指单位时间内,车辆沿整条线路所完成的周转数,可按下式确定。

$$\eta_{0i} = \frac{60}{t_{0i}} \tag{8-25}$$

式中:t_{0i}——第i时间段内的车辆周转时间(min)。

将式(8-24)和式(8-25)代入式(8-23),得

$$A_i = \frac{Q_i'' t_{0i}}{60 q_0 \gamma_i^0} \tag{8-26}$$

② 线路车辆总数(A)。对于一条营运线路,车辆总数代表了该线路的最大运力水平,因此,可以通过该线路最大运输需求确定线路车辆总数。通常营运线路最大运输需求可用高峰小时高峰路段客流量代表。

当营运线路所有车辆都采用全程车运行方式时,高峰小时对应的线路车辆数即为线路车辆总数,即

$$A = \frac{Q_s'' t_{0s}}{60 q_0 \gamma_s^0} \tag{8-27}$$

式中:Q_s''——高峰小时高峰路段客流量(人);

t_{0s}——高峰小时的车辆周转时间(min);

q_0——车辆额定载客量(客位);

γ_s^0——高峰小时计划满载率定额。

当营运线路除全程车外,还有多种车辆调度形式时,线路车辆总数为各种调度形式所有车辆数的总和,即

$$A = A_t + A_a + A_e \tag{8-28}$$

式中:A_t——高峰小时运行的全程车车辆数(辆);

A_a——高峰小时运行的区间车车辆数(辆);

A_e——高峰小时运行的快车车辆数(辆)。

可按以下公式确定A_t、A_a、A_e的值。

A. 如果营运线路仅采用全程车和区间车,无快车形式,则

$$A_\mathrm{t} = \frac{\overline{Q_\mathrm{s}''} t_{0\mathrm{s}}}{60 q_0 \gamma_\mathrm{s}^0} \tag{8-29}$$

式中：$\overline{Q_\mathrm{s}''}$——高峰小时双向平均路段客流量（人）。

$$A_\mathrm{a} = \frac{Q_\mathrm{a}'' t_{0\mathrm{a}}}{60 q_0 \gamma_\mathrm{s}^0} \tag{8-30}$$

式中：Q_a''——高峰小时高峰路段区间双向平均路段客流量与线路双向平均路段客流量的差值（人）；

$t_{0\mathrm{a}}$——高峰小时车辆沿高峰路段区间运行时的周转时间（min）。

B. 如果营运线路上全程车与快车配合使用，无区间车，则

$$A_\mathrm{e} = \frac{Q_\mathrm{e}'' t_{0\mathrm{e}}}{60 q_0 \gamma_\mathrm{s}^0} \tag{8-31}$$

式中：Q_e''——高峰小时高单向平均路段客流量与线路双向平均路段客流量的差值（人）；

$t_{0\mathrm{e}}$——高峰小时车辆按快车形式运行的线路周转时间（min）。

③ 正、加班车辆数。正班车辆数（A_n）通常可根据线路车辆总数（A）、客流的时间不均匀系数（K_t）及客流高峰与平峰车厢计划满载率定额 γ_s^0 及 γ_t^0 按下式确定。

$$A_\mathrm{n} = W_\mathrm{a} \frac{A \gamma_\mathrm{s}^0}{K_\mathrm{t} \gamma_\mathrm{f}^0} \tag{8-32}$$

式中：W_a——车辆系数，一般取 1.0~1.25。当线路客流处于平峰期间时可取较低值，反之应取较高值。

然后可确定加班车辆数（A_w）。

$$A_\mathrm{w} = A - A_\mathrm{n} \tag{8-33}$$

（2）行车间隔。

① 行车间隔的计算。行车间隔指正点行车时，前后两辆车到达同一停车站点的时间间隔，又称车距。任意时间段内的行车间隔可按下式确定。

$$I_i = \frac{t_{0i}}{A_i} \quad \text{或} \quad I_i = \frac{60}{f_i} \tag{8-34}$$

式中：I_i——第 i 时间段的行车间隔（min）；

A_i——第 i 时间段线路上的车辆数（辆）；

f_i——第 i 时间段内的行车频率（辆/h）。

行车间隔的确定是否合理，直接影响营运线路的运送能力和运输服务质量。

一般来说，行车间隔的最大值取决于客运服务质量的要求，而行车间隔的最小值则应满足下列条件。

$$I_\mathrm{min} \geqslant \bar{t}_\mathrm{ns} + t_\mathrm{f} + t_\mathrm{y} \tag{8-35}$$

式中：I_min——行车间隔的最小值（min）；

$\bar{t}_\mathrm{ns}$——线路中间站的平均停站时间（min）；

t_f——车辆尾随进出站时间（min），指前车出站时间及后车尾随进站时间；

t_y——必要时等待交通信号时间（min）。

在乘车秩序正常的情况下，对大中城市客运高峰线路，I_{min} 以不低于 3min 为宜。

另外，由于在营业时间内不同峰期车辆数及车辆周转时间各不相同，因此不同峰期内的行车间隔应分别确定。

② 行车间隔的分配。当行车间隔的计算结果为整数时，行车间隔可以按计算值等间隔排列；当行车间隔计算值为非整数时，为了便于掌握，可对其进行整数化处理，但处理后的行车间隔应尽量接近原计算值。例如，若行车间隔计算值 I=3.47min，这时可采用 3min、4min 两种大小不同的时间间隔代替计算值，此时行车间隔的排列为不等间隔排列。

通常取两个接近原计算值的行车间隔之后，还需将该时间段的车辆数在两个行车间隔之间进行分配。假设某周转时间内行车间隔的计算值为非整数，现要求按整数行车间隔发车，处理方法如下。

首先用取整函数 INT(X) 对原非整数行车间隔进行整数化处理，得到一大一小两个整数行车间隔 I_b 和 I_c，即

$$I = \begin{cases} I_b = \text{INT}(I + X_b) \\ I_c = \text{INT}(I - X_c) \end{cases} \tag{8-36}$$

式中：X_b，X_c——分别为分解 I 值所采用的非负数，即 $X_b, X_c \geq 0$。

显然 $I_b > I > I_c$，又设 $\Delta I = I_b - I_c$，则按大间隔 I_b 运行的车辆数 A_b 和按小间隔 I_c 运行的车辆数 A_c 可按下式确定。

$$A = \begin{cases} A_b = \dfrac{t_0 - AI_c}{\Delta I} \\ A_c = A - A_b \end{cases} \tag{8-37}$$

式中：A——周转时间 t_0 内的发车辆数（辆）。

由于 X_b、X_c 的取值不同，ΔI 值的大小也各不相同，一般在 $\Delta I=1$ 的情况下，A_b 与 A_c 值均为整数，但当 $\Delta I>1$ 时，A_b 值可能为小数，此时除将 A_b 取为整数外，尚需在行车间隔 I_b 和 I_c 之间增加一种行车间隔 I_y，即 $I_b > I_y > I_c$，然后根据下式计算按此行车间隔运行的车辆数 A_y。

$$A_y = \frac{(t_0 - I_b A_b) - (A - A_b)I_c}{I_y - I_c} \tag{8-38}$$

则

$$A_c = A - A_b - A_y \tag{8-39}$$

这时，应有 $t_0 = \sum(IA) = I_b A_b + I_y A_y + I_c A_c$ 成立。

为便于掌握和计算行车间隔，除个别情况（如客运低峰时间段）外，通常选取 $\Delta I=1$。

③ 行车间隔的排列。行车间隔的排列指不同大小的行车间隔计算值在同一时间段（或周转时间）内的排列次序与方法，通常包括下列三种形式。

A. 由小到大顺序排列，主要用于客流量逐渐减少的场合，如高峰向平峰或平峰向低峰的过渡时间段。

B. 由大到小顺序排列，主要用于客流量逐渐增加的场合，如低峰向平峰或平峰向高峰的过渡时间段。

C. 大小相间排列，主要用于客流量比较稳定的时间段，应在同一时间段（或周转时间）内，尽可能使各行车间隔镶嵌均匀。

【例 8-4】已知某公共汽车线路晚低峰期间周转时间 t_0 =46min，车辆数 A=11。试确定其行车间隔（要求为整数）。

首先计算行车间隔 $I = \dfrac{t_0}{A} = \dfrac{46}{11} \approx 4.18$（min）

因 I 值不为整数，需进行整数化处理。下面用两种方法分解 I 值。

① 当取 $X_b=X_c=1$ 时，由式（8-36）可得

$$I = \begin{cases} I_b = \text{INT}(I+1) = \text{INT}(4.18+1) = 5\,(\text{min}) \\ I_c = \text{INT}(I-1) = \text{INT}(4.18-1) = 3\,(\text{min}) \end{cases}$$

此时有

$$A_b = \dfrac{t_0 - AI_c}{I_b - I_c} = \dfrac{46 - 11\times 3}{5 - 3} = 6.5\,(\text{辆})$$

由于 A_b 为小数，说明需要在 I_b 和 I_c 之间增加一种行车间隔 I_y。因此，令 A_b=6 辆，增设行车间隔 $I_y = 4$ min（$I_b > I_y > I_c$），则按 I_y 行驶的车辆数 A_y 为

$$A_y = \dfrac{(t_0 - I_b A_b) - (A - A_b)I_c}{I_y - I_c} = \dfrac{(46 - 5\times 6) - (11 - 6)\times 3}{4 - 3} = 1\,(\text{辆})$$

则

$$A_c = A - A_b - A_y = 11 - 6 - 1 = 4\,(\text{辆})$$

因该车周转时间处于客运晚低峰，客流量逐渐减少，故行车间隔应按由小到大顺序排列，即

$$t_0 = \sum(IA) = I_c A_c + I_y A_y + I_b A_b = 3\times 4 + 4\times 1 + 5\times 6 = 46\,(\text{min})$$

由上述计算结果可知，行车间隔为 3 min 的应有 4 辆车，行车间隔为 4 min 的应有 1 辆车，行车间隔为 5min 的应有 6 辆车。

② 当 X_b=1，X_c=0 时，由式（8-36）可得

$$I = \begin{cases} I_b = \text{INT}(I+1) = \text{INT}(4.18+1) = 5\,(\text{min}) \\ I_c = \text{INT}(I-1) = \text{INT}(4.18-0) = 4\,(\text{min}) \end{cases}$$

此时有

$$A_b = \dfrac{t_0 - AI_c}{I_b - I_c} = \dfrac{46 - 11\times 4}{5 - 4} = 2\,(\text{辆})$$

$$A_c = A - A_b = 11 - 2 = 9\,(\text{辆})$$

则行车间隔应按由小到大顺序排列，得

$$t_0 = \sum(IA) = I_c A_c + I_b A_b = 4\times 9 + 5\times 2 = 46\,(\text{min})$$

即行车间隔为 4 min 的应有 9 辆车，行车间隔为 5 min 的应有 2 辆车。
上述两种行车间隔方案的选择，可根据线路有关营运的实际情况确定。

（3）车班数。

车班数包括车班总数及按不同车班工作制度运行的车班数。

车班总数的计算方法如下。

$$\sum B = \frac{(\sum T_d + \sum T_c)}{t_B} \quad (8\text{-}40)$$

式中：$\sum B$——车班总数（车班）；

$\sum T_d$——线路工作总时间（h），即全部车辆在线路上的工作时间之和；

$\sum T_c$——全部车辆的收发车调控时间之和（h）；

t_B——车班工作时间定额（h）。

车辆的线路工作总时间 $\sum T_d$ 可按下式计算。

$$\sum T_d = \sum_{j=1}^{k_0} t_{0j} A_j \quad \text{或} \quad \sum T_d = \sum_{i=1}^{k} t_i A_i \quad (8\text{-}41)$$

式中：t_{0j}——第 j 次周转时间（h）；

A_j——第 j 次周转时间内的车辆数（辆）；

t_i——第 i 时间段的营业时间（h）；

A_i——第 i 时间段内的发车数（辆）。

确定车班总数（$\sum B$）之后，即可通过计算车班系数（ΔA）选定车班工作制度，从而确定按各车班工作制度运行的车班数（B_i）。

$$\Delta A = \sum B - 2A \quad (8\text{-}42)$$

式中：A——线路车辆数（辆）。

① 如果 $\Delta A > 0$，则车班工作制度为三班工作制。其中，第一和第二工作班的车班数均为 A，即 $B_1 = B_2 = A$，而第三工作班的车班数为 ΔA，即 $B_3 = \Delta A$。

② 如果 $\Delta A = 0$，则全部车辆实行双班制，每工作班车班数均为 A，即 $B_1 = B_2 = A$。

③ 如果 $\Delta A < 0$，且 $|\Delta A| < A$，则为单班与双班兼有的车班工作制。其中按单班工作的车班数 $B_1 = |\Delta A|$，按双班工作的车班数 $B_2 = B_3 = A - |\Delta A|$。

④ 如果 $\Delta A < 0$，且 $|\Delta A| = A$，则为单班制工作，车班数 $B_1 = A$。

3. 编制行车作业计划图表

（1）编排行车时刻表。

行车时刻表的编排，即根据车辆沿线运行定额及运行参数，排列各分段（周转）时间内各车辆的行车时刻序列，通常将其制成表格形式使用。编排行车时刻表是合理组织车辆运行，便于对驾乘人员进行劳动组织，提高服务质量的重要手段。

① 行车时刻表的类型。城市公共汽车行车时刻表通常有车辆行车时刻表和车站行车时刻表两种基本类型。

A. 车辆行车时刻表是指按行车班次（路牌）制定的车辆沿线运行时刻表。它规定各班次车辆的出场（库）时间、每次周转（单程）中到达沿线各站时间与开出时间、在一个车班（或一日）的营业时间内需完成的周转数及回场（库）时间等。

公共汽车的行车时刻表按各行车班次（路牌）制定，即同一营运线路每天出车序号相同的车辆按同一时刻表运行，如表 8-14 所示。

表 8-14 ××路公共汽车行车时刻表

始末站：A 站—F 站　　　　　　　　　　　　　　　　　　　　出场时间：5:30
行车班次：4　　　　　　　　　　　　　　　　　　　　　　　　回场时间：20:30

周转	方向和时间		A	B	C	D	E	F
	停车站 站距/km			1	0.6	0.9	0.8	1.2
1	上行 →	到	5:35	5:43	5:45.5	5:49	5:52	5:56
		开	5:40	5:43.5	5:46	5:49.5	5:52.5	6:01
	下行 ←	到						
		开						
2	上行 →	到						
		开						
	下行 →	到						
		开						
…			…	…	…	…	…	…

B. 车站行车时刻表是指线路始末站及重点中间站（车辆）行车时刻表。表内规定了在该线路行驶的各班次公共汽车每次周转中到达和开出该站的时间、行车间隔及换班或就餐时间等，如表 8-15 所示。

表 8-15 ××路××站公共汽车行车时刻表

班次	周转 时间	1		2		…	16		17	
		开	到	开	到	…	开	到	开	到
1		5:00	5:55			…				
2		5:10	6:05			…				
…		…	…	…	…	…	…	…	…	…

② 编排行车时刻表的方法。

A. 安排和确定行车班次（路牌）。起排的方法有两种：一种是从头班车的时间排起，按自上而下、从左到右的顺序填写每一车次的发车时刻直到末班车；另一种是从早高峰配足车辆的一栏排起，然后向前套算到头班车，这种方法能较好地安排每辆车的出车顺序，也能较经济地安排运行时间，待全表排好后，再定车辆的序号（俗称路牌），并填写车辆进、出场时间，这样比先定序号后排时间的方法要简便一些。

确定各车辆行车班次序列（路牌）时，应注意与车辆在停车场（库）的停车方式及行车人员的工作制度相适应。

B. 行车间隔的排列。行车间隔必须按规定的计算方法确定，不得随意变动，避免车辆周转不及或行车间隔不均匀。

C. 均匀增减车辆。线路上运行的车辆是按时间分组的，随着客流量的变化有增有减。车辆不论加入或抽出，均要考虑前后行车间距的均衡，要做到既不损失时间，又不产生车辆周转时间不均的矛盾。车辆均匀地加入或抽出，就能做到配车数量、行车间距虽有变化，但行车仍保持其均匀性。

D. 全程车与区间车的排列。在编制行车作业计划时，由于全程车与区间车的周转时间不等，混合行驶时，不仅要注意区间断面上的行车间隔均衡，而且要求区间车与全程车相间合理，充分发挥区间车的效能，以方便乘客。如果区间断面上的发车班次与全程车无法对等，不能镶档行驶时，也要注意行车间隔分布合理。

E. 行车人员用餐时间的排列。连班路牌安排行车人员用餐时间，一般有三种方法：第一种是增加劳动力代班用餐；第二种是增车增人填档，替代用餐的车辆上线运行；第三种是不增车不增人，用拉大行车间距的方法，让出用餐所需要的时间。必须注意，选用任何一种方法均应考虑线路用餐时运能与运量的供需平衡，同时应避开客运高峰时间，无疑第三种方法对企业是最经济的。

（2）编制行车作业计划运行图。

有的公共汽车运输企业将行车作业计划制成运行图的形式，如图 8.7 所示。运行图的横坐标为营业时间，纵坐标上按线路全长依次排列线路始末站与重点中间站（即设有中间调度检查点的中途停车站）。车辆运行图就是依次把每班次车辆在沿途各站的发车与到站时刻用直线连接起来所构成的运行网络图。在图 8.8 中，连接两相邻停车站间的直线表示车辆的行驶线路，而且该直线的斜率还表示车辆行驶速度的大小。斜率越小，行驶速度越低；反之，车辆的行驶速度就越高。车辆在起、终点站的停站时间以横坐标表示，但车辆在各中间站的停站时间均小于 1min，所以在运行图上一般没有表述。

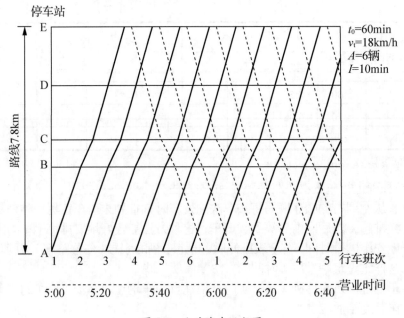

图 8.8 公共汽车运行图

8.3 城市轨道交通运输组织

城市轨道交通是指以电力为动力、轮轨运行方式为特征，车辆在固定导轨上运行的城市公共交通系统。自 19 世纪中叶世界上先后出现城市地下铁道与有轨电车以来，经过一百多年的研究、开发、建设和运营，以地铁、轻轨和市郊铁路为主体，多种城市轨道交通类型并存的现代城市轨道交通发展格局已经形成。尽管城市轨道交通经历了兴盛、衰退和复兴这样一个螺旋式发展过程，但它始终占有重要的位置。城市轨道交通具有运能大、速度快、安全准时、乘坐舒适、节约能源，以及能够缓解地面交通拥挤和有利于环境保护等多方面技术经济上的优点，因此，采用立体化的快速轨道交通来解决日益严重的城市交通问题是城市交通发展的大趋势。

8.3.1 城市轨道交通的类型

城市轨道交通按不同的标准有不同的分类方法。

1. 按技术特征分

按技术特征分，城市轨道交通可分为市郊铁路、地下铁道、轻轨电车、有轨电车、单轨铁路、自动化导向交通等。这部分内容前已述及，在此不再赘述。

2. 按路权及列车运行控制方式分

按路权及列车运行控制方式分，城市轨道交通可分为以下三种类型。

（1）路权专用、按信号指挥运行。其特点是运行线路与其他城市交通线路没有平面交叉，路权专用。由于路权专用及按信号指挥运行，因此行车速度高且行车安全性好。属于该种类型的轨道交通系统有市郊铁路、地下铁道、高技术标准的轻轨等。

（2）路权专用、按可视距离间隔运行。其特点是运行线路与其他城市交通线路没有平面交叉，路权专用，行车安全性好，但由于不设信号及按可视距离间隔运行，因此行车速度稍低。属于该种类型的轨道交通系统主要是中等技术标准的轻轨。

（3）路权共用、按可视距离间隔运行。其特点是运行线路与其他车辆和行人共用，与其他城市交通线路有平面交叉。除在交叉口设置信号进行控制外，其余路段按可视距离间隔运行，行车速度较低、行车安全性稍差。属于该种类型的轨道交通系统主要是低技术标准的轻轨和有轨电车。

3. 按高峰小时单向运输能力分

按高峰小时单向运输能力分，城市轨道交通可分为大运量轨道交通、中运量轨道交通和小运量轨道交通三种类型。

（1）大运量轨道交通。其高峰小时单向运输能力为 30000 人以上，属于该种类型的轨道交通系统主要有重型地铁和轻型地铁等。

（2）中运量轨道交通。其高峰小时单向运输能力为 15000~30000 人，属于此种类型的轨道交通系统主要有微型地铁、高技术标准的轻轨和单轨铁路。

（3）小运量轨道交通。其高峰小时单向运输能力为 6000～15000 人，属于该种类型的轨道交通系统主要有低技术标准的轻轨和有轨电车。

8.3.2 地铁与轻轨的技术特征

1. 地铁的技术特征

随着科学技术的发展，地铁技术目前也呈多元化发展的态势，有重型地铁、轻型地铁和微型地铁三种类型。

重型地铁就是传统的普通地铁，轨道基本采用干线铁路技术标准，线路以地下隧道和高架线路为主，仅在郊区地段采用地面线路，路权专用，运量最大。轻型地铁是一种在轻轨线路、车辆等技术设备工艺基础上发展起来的地铁类型，路权专用，运量较大。微型地铁又称小断面地铁，隧道断面、车辆轮径和电动机尺寸均小于普通地铁，路权专用，运量中等，行车自动化程度较高。

鉴于重型地铁在地铁现有三种类型中仍占主导地位，尤其是我国修建的地铁目前均是重型地铁，因此，下面以重型地铁为主对地铁的技术特征进行分析。

（1）线路。

按运营功能不同，地铁线路分为正线、辅助线和车场线。正线通常都是专用线路，没有平面交叉。线路除修建在地下隧道外，也有部分是修建在地面或高架轨道上。地铁正线一般是双线，个别城市也有四线的情况。正线的最小曲率半径一般为 300～400m，最大坡度一般为 30‰。

地铁轨道较多采用混凝土整体道床和焊接长钢轨，以保证列车运行平稳和减少轨道的日常维修工作量。钢轨的质量根据年通过客运量的大小进行选择，正线钢轨通常选择 60kg/m 类型，以适应客运量的日趋增长。

（2）车站。

按运营功能不同，地铁车站分为终点站、中间站和换乘站。车站位置的设置应综合考虑客流量、城市交通和既有建筑物等相关因素进行确定。车站一般应设置在直线段上。为使列车能在进站前上坡减速和出站后下坡加速，地下车站一般还应设置在凸形纵断面上。

车站设备由出入口、站厅、通道、楼梯、自动扶梯、站台、售检票设备、行车作业用房和机电设备用房等组成。车站各部位的通过能力应适应远期高峰客流的需要，并留有余地。

车站的站台设计为高站台，有侧式、岛式和混合式等类型，如图 8.9 所示。早期地铁多为侧式站台，现在较多选择的是岛式站台，但高架中间站的站台宜采用侧式站台。站台长度应满足远期列车编组长度的需要。站台宽度根据远期预测客流量、列车编组辆数和运行间隔时间确定，岛式站台的宽度通常为 10～15m。

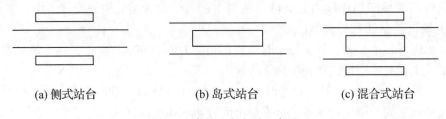

图 8.9 车站站台类型示意图

(3)信号系统。

地铁信号系统由信号、联锁、闭塞、行车指挥和列车运行控制等设备组成。地铁信号系统主要有两种类型：第一种是在色灯信号和自动闭塞设备基础上，能实现人工集中调度控制的信号系统；第二种是采用自动闭塞设备和列车自动控制系统，能实现列车运行和行车指挥自动化的信号系统。列车自动控制系统由列车自动防护、列车自动驾驶和列车自动监控三个子系统组成。

(4)车辆。

地铁车辆按有无动力分为动车和拖车两种类型。动车和拖车均又有带司机室和不带司机室两种车型，动车还有带受电弓和不带受电弓两种车型。新型地铁车辆通常容量较大，车辆宽度为 2.8～3m，车辆定员为 200～350 人。

在牵引调速、制动方式和故障诊断等方面，地铁车辆广泛采用了各种先进技术，具有自动化程度较高的特点。国际上 20 世纪 90 年代水平的地铁车辆，在牵引调速上，采用交流变频调速系统，能以恒力矩恒功率方式工作；在制动方式上，以再生电阻复合的电气制动为主，空气制动为辅；在故障诊断上，可随时显示车辆状态及主要部件故障，并能将故障及当时的背景数据保存下来供维修人员在分析和维修时使用。此外，为适应列车运行自动控制，车辆上还安装车载列车自动防护和车载列车自动驾驶等设备。

地铁车辆的速度参数为：最高运行速度 80～100km/h，运送速度 35～40km/h，加速度 $1.0m/s^2$，常用减速度 $1.0m/s^2$，紧急减速度不小于 $1.2m/s^2$。

(5)行车组织。

列车通常采用动车加拖车的方式编组，若干辆动车和拖车构成一个动力单元，数个动力单元编组成为列车。列车编组辆数通常是 4～8 辆。高峰小时列车运行最小间隔时间为 1.5～3min。线路单向小时最大运输能力为 30000～60000 人。列车运行正点率高，行车安全。

2. 轻轨的技术特征

轻轨（light rail transit，LRT）是一种可以从新式有轨电车逐步发展到路权专用、自动化程度较高及车辆在地下或高架轨道上运行的城市轨道交通形式。轻轨中多种技术标准并存，是一种涵盖范围较宽的城市轨道交通形式，低技术标准的轻轨接近于现代有轨电车，而高技术标准的轻轨则接近于轻型地铁。

(1)线路。

轻轨线路的设计方案较多，没有固定的模式。线路修建往往因地制宜，既可修建在市区街道上，也可修建在地下隧道或高架轨道上，后者通常是路权专用、高技术标准轻轨线路的情况。地面轻轨线路主要有无平面交叉的专用线路、有平面交叉的专用线路、与其他机动车辆共用线路三种类型。

轻轨线路大多采用双线，在道路上的布置有三种方式：轻轨双线布置在道路的两侧、轻轨双线布置在道路的一侧、轻轨双线布置在道路的中间。但支线、短程区间或道路用地较为紧张的地段也有采用单线的情况。正线的最小曲线半径一般为 30～50m，最大坡度一般为 60‰～80‰。

路权专用的轻轨线路，轨道结构类似地铁，但正线钢轨通常选择质量较轻的 50kg/m 类型。路权共用的轻轨线路，为了不影响其他交通，通常将槽形钢轨嵌铺在道路面上。

（2）车站。

轻轨车站有地面站、高架站和地下站三种形式，车站规模根据预测的远期客流量来确定。地面站的设施通常比较简陋，简单的风雨棚是地面站的标准设计。车站站台大多为低站台，站台宽度为 2.5~3m，站台长度按列车长度加上一定余量进行确定。站台有侧式、岛式和混合式等形式。侧式站台又有横列式、纵列式和单列式等形式。

（3）信号系统。

在路权专用的情况下，轻轨列车按信号控制运行，运行控制有列车自动防护系统控制和列车自动控制系统控制两种类型。在路权共用的情况下，轻轨列车采用人工视觉控制运行，仅在平交道口安装信号。道口信号包括视觉信号和听觉信号两种，道口信号控制有轻轨列车优先运行和根据道口交通流情形确定优先通过权两种方式。

（4）车辆。

新型轻轨车辆具有轻型化、铰接式、大容量、低地板和宽敞舒适等特点。

轻轨车辆的构造有单节式和铰接式两种。铰接式是当前的发展方向，铰接式又有单铰接、双铰接和三铰接不同类型，因而有四轴车、六轴单铰接车和八轴双铰接车等车型。为适应客运量增加的需求，新型轻轨车辆有向长和宽方向发展趋势。单铰接式轻轨车辆长度为 18~30m；车辆宽度，每排三座时为 2.3m，每排四座时为 2.6m；车辆定员 150~300 人。

轻轨车辆的速度参数为：最高运行速度 60~70km/h，运送速度 15~35km/h，加速度 $1.2m/s^2$，常用减速度 $1.5m/s^2$，紧急减速度 $2~3m/s^2$。

（5）行车组织。

列车编组辆数通常是 1~4 辆。高峰小时列车运行最小间隔时间为 1.5~3min。线路单向小时最大运输能力为 6000~30000 人。

8.3.3 列车运行计划

1. 列车交路

在列车运行计划中，列车交路规定了列车的运行区段、折返车站和按不同列车交路运行的列车对数。在线路各区段客流量不均衡程度较大的情况下，采用合理的列车交路，能在不降低服务水平的前提下提高车辆运用效率，充分利用运能，使行车组织做到经济合理。

列车交路有长交路、短交路和长短交路三种。长交路是指列车在线路的两个终点站间运行；短交路是指列车在线路的某一区段内运行，在指定的车站折返；而长短交路是指列车在线路上的运行距离有长、短两种情形。

长交路列车交路示意图如图 8.10（a）所示。从行车组织的角度来看，长交路比短交路列车运行组织简单，对中间站折返设备要求也不高，但在各区段客流量不均衡程度较大的情况下，会产生部分区段运能的浪费。短交路列车交路示意图如图 8.10（b）所示。将长交路改为短交路，能适应不同客流区段的运输需求，运营也比较经济，但要求中间折返站具有两个方向的折返能力及具有方便的换乘条件，从乘客的角度来看，服务水平有所降低。长短交路列车交路示意图如图 8.10（c）所示。长短交路混跑的组织方案既能满足运输需求，又能提高运营效益，因此，在线路各区段客流量不均衡程度较大的情况下，可以采用以长交路为主、短交路为辅的列车交路安排，组织列车在线路上按不同的密度行车。同样，当高峰期间客流在空间分布上比较均匀,而低峰期间客流在空间上分布相差悬殊时,也可以在低峰期间采用长短交路列车运行方案,组织开行部分在中间站折返的短交路列车。

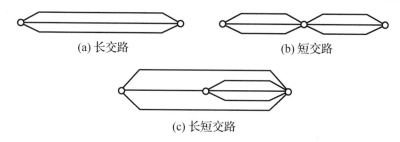

图 8.10 列车交路示意图

2. 列车运行方案

在传统的列车运行计划中,总是安排列车站站停车,但从优化列车运行组织、提高列车运行速度、节约乘客出行时间出发,根据具体线路的客流特点,也可采用下面两种列车运行方案。

(1)跨站停车列车运行方案。

该方案将全线车站分成 A、B、C 三类。A、B 两类车站按相邻分布原则确定,C 类车站按每隔 4 座车站选择一站原则确定。所有列车均应在 C 类车站停车作业,但在 A、B 两类车站则分别停车作业,如图 8.11 所示。

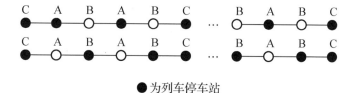

●为列车停车站

图 8.11 跨站停车列车运行方案停车示意图

跨站停车列车运行方案减少了列车停站次数,因而能压缩乘客乘车时间,提高列车运行速度。同时,由于车辆周转加快,能够减少车辆全程运行时间,降低运营成本。该方案的问题是:由于 A、B 两类车站的列车到达间隔加大,乘客候车时间有所增加;此外,在 A、B 两类车站间乘车的乘客需在 C 类车站换乘,带来不便。因此,该方案比较适用于 C 类车站客流较大,而 A、B 两类车站客流较小,并且乘客平均乘车距离较远的情况。

(2)分段停车列车运行方案。

该方案在长短交路列车运行的基础上,规定长交路列车在短交路区段外每站停车作业,在短交路区段内不停车通过;而短交路列车则在短交路区段内每站停车作业;短交路列车的中间折返点作为换乘站,如图 8.12 所示。

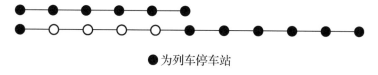

●为列车停车站

图 8.12 分段停车列车运行方案停车示意图

分段停车列车运行方案减少了长交路列车的停站次数，因而能压缩长途乘客在列车上耗费的时间，加快长交路列车的周转。该方案的主要问题是：上下车不在同一交路区段的乘客需要换乘时，增加了在车站内耗费的时间。因此，采用分段停车列车运行方案的基本依据是乘客时间得到的总节约应大于增加的总消耗。

3. 全日行车计划

全日行车计划是营业时间内各个小时开行的列车对数计划，它规定了轨道交通线路的日常运输任务，是编制列车运行图、计算运输工作量和确定车辆运用的基础资料。

全日行车计划根据营业时间内各个小时的最大断面客流量、列车定员人数和车辆满载率，以及希望达到的服务水平综合考虑编制。

全日行车计划编制步骤如下。

（1）计算营业时间内各小时应开行列车数。

$$n_i = \frac{p_{\max}}{p_{列}\beta} \quad (8\text{-}43)$$

式中：n_i——全日分时开行列车数（列或对）；

$p_{\max}$——单向最大断面客流量（人）；

$p_{列}$——列车定员人数（人）；

β——线路断面满载率（%），即单位时间内特定断面上的车辆载客能力利用率，可按下式计算。

$$\beta = \frac{p_{\max}}{c_{\max}} \times 100\% \quad (8\text{-}44)$$

式中：$c_{\max}$——高峰小时线路输送能力（人）。

为了提高车辆运用效率、降低运输成本和提高经济效益，在编制全日行车计划时，轨道交通系统可采取列车在高峰小时适当超载的做法。

（2）计算行车间隔时间。

$$t_{间隔} = \frac{60}{n_i} \quad (8\text{-}45)$$

式中：$t_{间隔}$——行车间隔时间（min）。

（3）确定全日行车计划。

在已经计算得到各小时应开行列车数和行车间隔时间的基础上，检查是否存在某段时间内行车间隔时间过长的情况。行车间隔时间过长，会增加乘客的候车时间，降低乘客的出行速度，不利于吸引客流。为方便乘客、提高服务水平，轨道交通系统在非高峰运营时间内（如 9:00—21:00），最终确定的行车间隔时间不宜大于 6min；而在其他非高峰运营时间内，最终确定的行车间隔时间标准也不宜大于 10min。另外，对全日行车计划中的高峰小时行车间隔时间应检验是否符合列车在折返站的出发间隔时间。

【例 8-5】已知某地铁线路早高峰小时（7:00—8:00）客流量为 40000 人，全日分时最大断面客流分布模拟图如图 8.13 所示，列车编组辆数为 6 辆，车辆定员为 300 人，线路断面满载率高峰小时为 110%，其他运营时间为 90%。试编制全日行车计划。

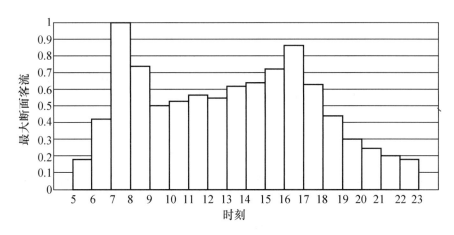

图 8.13 全日分时最大断面客流分布模拟图

（1）根据全日分时最大断面客流分布模拟图计算全日分时最大断面客流量，计算结果如表 8-16 所示。

表 8-16 全日分时最大断面客流量

营业时间	单向最大断面客流量/人次	营业时间	单向最大断面客流量/人次
5:00—6:00	7200	14:00—15:00	25600
6:00—7:00	16800	15:00—16:00	28800
7:00—8:00	40000	16:00—17:00	34400
8:00—9:00	29600	17:00—18:00	25200
9:00—10:00	19600	18:00—19:00	17600
10:00—11:00	20800	19:00—20:00	11600
11:00—12:00	22800	20:00—21:00	10000
12:00—13:00	22000	21:00—22:00	8400
13:00—14:00	24800	22:00—23:00	6400

（2）根据式（8-43）计算营业时间内各小时应开行的列车数，计算结果如表 8-17 所示。

表 8-17 全日分时开行列车数

营业时间	分时开行列车数/对	营业时间	分时开行列车数/对
5:00—6:00	5	14:00—15:00	16
6:00—7:00	11	15:00—16:00	18
7:00—8:00	20	16:00—17:00	18
8:00—9:00	18	17:00—18:00	16
9:00—10:00	12	18:00—19:00	11
10:00—11:00	13	19:00—20:00	7
11:00—12:00	14	20:00—21:00	6
12:00—13:00	14	21:00—22:00	5
13:00—14:00	15	22:00—23:00	4

（3）根据式（8-45）计算行车间隔时间，计算结果如表 8-18 所示。
（4）确定全日行车计划。

检查计算得到的全日分时开行列车数及行车间隔时间，在非高峰运营时间内的 5:00—6:00 和 19:00—23:00 时间段行车间隔时间较长，为保持一定的服务水平，根据前面提出的列车开行数调整原则，最终确定的全日行车计划如表 8-18 所示。

表 8-18　全日行车计划

营业时间	列车对数	行车间隔时间	营业时间	列车对数	行车间隔时间
5:00—6:00	6	10min	14:00—15:00	16	3min45s
6:00—7:00	11	5min25s	15:00—16:00	18	3min20s
7:00—8:00	20	3min	16:00—17:00	18	3min20s
8:00—9:00	18	3min20s	17:00—18:00	16	3min45s
9:00—10:00	12	5min	18:00—19:00	11	5min25s
10:00—11:00	13	4min35s	19:00—20:00	10	6min
11:00—12:00	14	4min15s	20:00—21:00	10	6min
12:00—13:00	14	4min15s	21:00—22:00	6	10min
13:00—14:00	15	4min	22:00—23:00	6	10min

编制完毕的地铁某线路全日行车计划全天开行列车 234 对，其中早高峰小时开行列车 20 对，行车间隔时间为 3min，晚高峰小时开行列车 18 对，行车间隔时间为 3min20s。全日客运量按早高峰小时全线各站乘车人数总和占全日客运量的一定比例估算，比例系数一般取值为 0.15~0.2，也可通过客流调查来确定。

8.3.4　轨道交通输送能力的计算

输送能力是指在一定的车辆类型、信号设备、固定设备和行车组织方法的条件下，按照现有活动设备的数量和容量，轨道交通线路在单位时间内（通常是高峰小时、一昼夜或一年）所能运送的乘客人数。输送能力是衡量轨道交通线路的服务水平和技术水平的重要指标。

通过能力反映的是线路所能开行的列车数，它是输送能力的基础。输送能力是运输能力的最终体现，它反映了在开行列车数一定的前提下，线路所能运送的乘客人数。在通过能力一定的条件下，线路的输送能力主要取决于列车编组辆数和车辆定员人数，即

$$p = n_{\max} m p_{车} \tag{8-46}$$

式中：p——线路在单位时间内单方向最大输送能力（人/h）；

　　　$n_{\max}$——线路在单位时间内单方向能够通过的最大列车数（列/h 或对/h）；

　　　m——列车编组的辆数（辆）；

　　　$p_{车}$——车辆定员人数（人）。

最终输送能力还与车站设备的设计容量存在密切关系。这些设备包括站台、楼梯、自动扶梯、通道和出入口等。

1. 列车编组辆数

列车编组辆数确定的主要依据是规划年度早高峰小时最大断面客流量,计算公式如下。

$$m = \frac{p_{\max}}{n_{高峰} p_{车}} \tag{8-47}$$

式中:$p_{\max}$——年度早高峰小时最大断面客流量(人);

$n_{高峰}$——早高峰小时内单方向能够通过的最大列车数(列或对)。

此外,在确定列车编组辆数时还应考虑如下制约因素。

(1)站台长度限制。在大多数的线路上,当列车编组达到 8 辆时,列车长度将和站台长度相等。

(2)对线路通过能力的影响。当列车长度接近站台长度时,要求列车在车站指定位置准确停车,通常要增加停车附加时间。并且,列车长度也影响线路通过能力。

(3)经济合理性。采用长编组列车,车辆满载率在非运营高峰时间内一般较低。

2. 车辆定员人数

车辆定员人数由车辆的坐位人数和站位人数组成。站位面积为车厢面积减去坐位面积,站位人数可按 6 人/m² 计算。显然,轨道交通车辆的尺寸大小、座椅布置方式是决定车辆定员人数多少的主要因素。表 8-19 是部分城市地铁车辆尺寸和定员情况。

表 8-19　部分城市地铁车辆尺寸和定员情况

参数	城市				
	洛杉矶	新加坡	香港	上海	莫斯科
车宽/m	3.08	3.2	3.11	3.00	2.71
车长/m	22.78	23.65	22.85	24.14	19.21
坐位人数/座	68	62	48	62	47
站位人数/人	164	258	279	248	187
定员人数/人	232	320	327	310	234

表 8-19 中所列的洛杉矶城市地铁采用大型车辆,但车辆定员人数相对较少,其原因是为了提高乘客的乘车舒适程度,以吸引私人汽车方面的客流,其他几个城市地铁的资料基本上反映了车辆尺寸和车辆定员人数的关系。20 世纪 80 年代前后修建的新加坡、香港和上海城市地铁均采用大容量地铁车辆,车体宽度为 3.0~3.2m。而莫斯科等城市在修建地铁时,尽管各个城市的客流量差别较大,但均采用统一的小型地铁车辆,输送能力则是通过在运输组织上调整行车密度和列车编组辆数,以及改变车辆内的坐位数和站位密度等措施来达到。

8.3.5　列车运行组织

正常情况下的列车运行组织是指在营业时间内,采用基本列车运行控制方式和基本行车闭塞法情况下的列车运行组织。

1. 调度集中时的列车运行组织

调度集中是指挥列车运行的一种远程遥控设备。在调度集中时，自动闭塞为基本闭塞法。调度集中系统由调度集中总机、进路控制终端、显示盘与显示器、描绘仪、打印机和电气集中联锁设备等构成。

在调度集中情况下，由行车调度员人工排列列车进路，指挥列车运行及进行列车运行调整。行车调度员通过进路控制终端键盘输入各种控制命令，控制管辖线路上的信号机、道岔及排列列车进路；通过显示盘与显示器准确掌握线路上列车运行和分布情况、区间和站内线路的占用情况，以及信号机的显示状态和道岔开通位置等。

在调度集中情况下，列车进入区间的行车凭证为出站信号机的绿灯显示。如出站信号机故障，凭行车调度员的命令发车。追踪运行列车间的安全间隔由自动闭塞设备实现。

2. 行车指挥自动化时的列车运行组织

行车指挥自动化是利用计算机控制调度集中设备，指挥列车运行的一种自动远程遥控设备。在行车指挥自动化时，自动闭塞为基本闭塞法。列车自动监控系统（automatic train supervision，ATS）包括控制中心 ATS、车站 ATS 和车载 ATS 三部分。控制中心 ATS 是一个实时控制系统，由调度控制和数据传输计算机、工作站、显示盘和绘图仪等构成，计算机按双机备份配置。车站 ATS 由列车与地面间数据传输设备和电气集中联锁或微机联锁设备等构成。车载 ATS 由列车与地面间数据传输设备等构成。

在行车指挥自动化情况下，由计算机通过调度集中设备实现当日使用列车运行图、列车进路自动排列和列车运行自动调整，指挥列车运行。控制中心 ATS 通常存储数个基本列车运行图，经过加开或停运列车等修改后的基本列车运行图称为计划列车运行图。使用列车运行图是当日列车运行的计划，由基本列车运行图或计划列车运行图生成。行车调度员通过显示盘与工作站显示器，准确掌握线路上列车运行和分布情况、区间和站内线路的占用情况，以及发车表示器的显示状态和道岔开通位置等。行车调度员也可应用人工功能，通过工作站终端键盘输入各种控制命令，控制管辖线路上的发车表示器、道岔及排列列车进路，进行列车运行调整。

3. 调度监督时的列车运行组织

调度监督是一种行车调度员能监督现场设备和列车运行状态，但不能直接进行控制的远程监控设备。轨道交通系统采用调度监督组织指挥列车运行，通常是新线在信号系统尚未安装的情况下投入运营时采用的过渡期调度指挥方式。为了实现调度监督，除控制中心的显示盘等设备外，需在车站安装出站信号机等临时信号联锁、闭塞设备。在调度监督时，双区间闭塞为基本闭塞法。

在调度监督情况下，由车站行车值班员排列列车进路、开闭出站信号，行车调度员通过显示盘监督线路上各车站信号机开闭显示、区间闭塞情况和列车运行状态，组织指挥列车运行。

在按双区间闭塞法行车时，列车正线运行限速 60km/h。列车接近车站时，司机应加强对接近车站的瞭望，控制进站速度，遇有险情立即制动停车。列车进入通过式车站的限速为 40km/h，列车进入尽头式车站的限速为 30km/h。

本章小结

城市公共交通客运的基本任务是以营运服务为中心,组织城市公共交通客运方式,为乘客提供安全、迅速、方便、准点、舒适、经济的运输服务,满足城市社会经济发展及公众出行需要。加快发展旅客联程运输。稳妥推动交通运输票务系统信息共享和对外开放,提高道路客运联网售票水平,普及电子客票。到 2025 年,二级及以上道路客运站的电子客票覆盖率达到 99%,省际和城际客运线路的电子客票覆盖率达到 80%,努力实现一站购票、一票(证)通行。优化跨运输方式安检流程,推动安检互认。加强干线运输方式间、城市交通与干线运输方式间的运营信息、班次时刻、运力安排等协同衔接,做好首末班车"兜底"服务。推进城市候机楼建设,推行行李直挂服务。培育旅客联程运输经营主体,创新一体化联运产品,丰富综合交通运输信息服务产品。

 关键术语

汽车客运站　　公路客运班车　　城市公交　　客运组织　　客运线路

综合练习

一、单项选择题

1. 在公路旅客运输组织中,(　　)是按车辆约定的行驶里程计费的组织方式。
   A. 计程包车　　B. 计时包车　　C. 计费包车　　D. 租赁运输
2. 用来衡量道路旅客运输成果的指标是(　　)。
   A. 旅客运输量　B. 旅客发送量　C. 旅客聚集人数　D. 旅客到达量
3. 超长距离班车客运一般是指运距在(　　)千米以上的班车客运。
   A. 500　　　　B. 600　　　　C. 700　　　　D. 800
4. 在车辆运行组织方式中,将客车安排在营运区域内多条线路上顺序轮流运行的组织方式属于(　　)。
   A. 小循环运行方式　　　　B. 大循环运行方式
   C. 定线运行方式　　　　　D. 不定线运行方式
5. 客车运行作业计划是将(　　)在时间上和岗位上的具体落实。
   A. 运输效率计划　　　　　B. 企业经营计划
   C. 运输生产计划　　　　　D. 车辆维修计划

二、多项选择题

1. 按照客运营运方式划分,道路旅客运输的类型主要包括(　　)。
   A. 班车客运　　B. 城市客运　　C. 包车客运

D. 农村客运　　E. 旅游客运

2. 根据营运区域和营运线路长度，班车客运线路分为（　　　）等。
   A. 一类客运线路　　　　　　　　B. 二类客运线路
   C. 三类客运线路　　　　　　　　D. 旅游客运线路
   E. 城乡客运线路

3. 客流分布特点有（　　　）。
   A. 旅客运量的持续增长性　　　　B. 客流地区间分布的均衡性
   C. 方向上的不平衡性　　　　　　D. 时间上强烈的季节性
   E. 平均运距变化的不同性

4. 城市公共汽车客运线路的技术参数包括（　　　）。
   A. 线路数目　　B. 线路长度　　C. 直线性系数　　D. 线路网密度

5. 城市公共汽车客运的营运方式，一般有（　　　）几种。
   A. 定线定站式　　　　　　　　　B. 不定线不定站式
   C. 定线不定站式　　　　　　　　D. 不定线定站式

三、名词解释

1. 线路网密度
2. 线路重复系数
3. 非直线系数
4. 方向不均匀系数
5. 站点不均匀系数

四、简答题

1. 公路汽车客运站的功能是什么？如何分类和分级？
2. 如何编制客车运行作业计划？
3. 城市公交客运线路的组织原则是什么？有哪些技术参数？
4. 城市公共汽车有哪些基本调度形式？应怎样选择？
5. 简述地铁和轻轨的技术特征。

五、案例分析

1. 某城市公交企业决定新增一条公交线路以提高公共交通的覆盖率，同时为了方便乘客，加速车辆周转，公交企业提出通过合理布设站点与确定合理的站距，以最大限度地缩短居民出行的时间。已知该条线路长度为60km，线路配车数为30辆，车辆额定载客量为50人，满载率定额为110%，车辆周转时间为300min，乘客在站上下车的时间为1min。假定乘客平均步行速度为5km/h，平均乘距为3km，车上乘客人数与车下候车人数相同。
请根据以上资料，回答下列问题。
（1）该线路车辆的平均营运速度是多少？
（2）该线路车辆的行车间隔为多少？
（3）该线路车辆的计划车容量定额为多少？
（4）该线路最佳的平均站距为多少？

（5）确定线路合理的平均站距，应考虑哪些因素？

2. 某汽车客运公司目前主要经营三类客运班线的班车客运业务，去年年底拥有平均座位 30 座的自有营运客车 40 辆，其中 15 辆客车的技术性能、车辆外廓尺寸、轴荷和质量均符合国家有关标准与规定，其技术等级均达到了二级以上标准，类型等级达到了行业标准规定的高级标准，驾驶员全部取得了相应的机动车驾驶证，年龄均不超过 60 岁，且 3 年内无重大以上交通责任事故记录。去年完成旅客周转量 9460.8 万人千米。为了扩大市场经营范围，公司决定申请从事二类客运班线经营业务，去年投资购置 10 辆 40 座的豪华高级客车。

请根据以上资料，回答下列问题。

（1）该公司去年营运客车的车座年产量为多少人千米？

（2）该公司目前不具备从事二类客运班线经营资格的主要原因是什么？

（3）经营二类客运班线，公司还应具备什么条件？

第 9 章
运输优化与决策

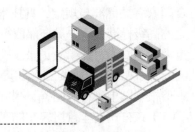

【本章知识架构】

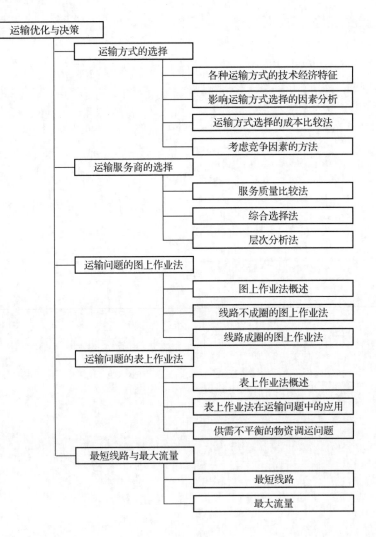

第 9 章
运输优化与决策

📦【教学目标】

通过本章学习，了解各种运输方式的技术经济特征及影响运输方式选择的因素；掌握选择运输方式的成本比较法及考虑竞争因素的方法；了解选择运输服务商的服务质量比较法、综合选择法和层次分析法；掌握运输问题的图上作业法；掌握运输问题的表上作业法；掌握解决最短线路问题的算法；了解最大流量问题。

📦【导入案例】

某生产白酒的厂家。除了在当地销售，还在附近的县、镇开了几家专卖连锁店，交通示意图如图 9.1 所示。其中，v_9 是酒厂所在地，$v_1 \sim v_8$ 是附近县、镇上的 8 个连锁店，线上标记的数字表示两地相距的千米数。厂家每隔一段时间都要向这些连锁店运送一定数量的白酒，但运输方法的优劣直接影响酒厂的经济效益，厂家希望你能提供一个合理的运输方案。

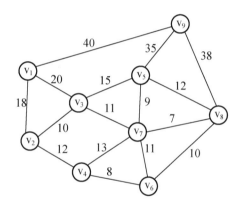

图 9.1　交通示意图

假设 8 个连锁店的每周销售量为：v_1 为 20 桶，v_2 为 10 桶，v_3 为 5 桶，v_4 为 10 桶，v_5 为 20 桶，v_6 为 15 桶，v_7 为 25 桶，v_8 为 20 桶。

请根据以上资料，思考下列问题。

（1）为了满足这些连锁店的供货需求，若厂家采用小型运输车（每车最多装 5 桶）作为运输工具，每周至少行驶多少千米？相应的行驶线路是什么样的？

（2）假设每个连锁店每周的销售量增加 4%，小型运输车的最短运输线路应该怎样设计？

（3）假设厂家采用一种载重量足够大的大型平板车每周运送一次，即可满足供货需求，从节省油耗角度考虑（平板车自重 1t，每桶酒重 200kg），最佳运输线路是什么样的？

运输优化与决策在物流决策中具有十分重要的地位，因为运输成本要占物流总成本的 35%～50%，对许多商品来说，运输成本要占商品价格的 4%～10%。也就是说，运输成本占物流总成本的比重比其他物流活动大。运输优化与决策包含的范围很广泛，其中主要的是运输方式的选择、运输服务商的选择、运输线路的选择等。

9.1 运输方式的选择

运输方式的选择

一个现代化的综合运输体系是由五种运输方式及各种相应的配套设施组成的。这五种运输方式是：铁路运输、公路运输、水路运输、航空运输及管道运输。在商品生产的市场经济体制下，运输市场上各种运输方式之间不可避免地进行着激烈的竞争。但是，一方面各种运输方式均拥有自己固有的技术经济特征及相应的竞争优势；另一方面各种运输方式在运输市场需求方面本身拥有的多样性，主要表现在运输量、距离、空间位置、运输速度等方面。这两个方面实际上就为各种运输方式在社会经济发展过程中营造了各自的生存及发展空间。

9.1.1 各种运输方式的技术经济特征

各种运输方式的技术经济特征主要包括运达速度、运输能力和能源消耗、运输成本、经济里程、投资水平、环境保护。

1. 运达速度

技术速度主要取决于车辆本身的技术性能，是由行驶里程和线路行驶时间的比值确定的；而运达速度中涉及的时间除了线路行驶时间，还包括途中的停留时间和始发、终到两端的作业时间，因此运达速度低于技术速度。对旅客和收发货人而言，运达速度具有实际的意义。铁路运输的运达速度一般高于水路运输和公路运输。但在短途运输方面，其运达速度反而低于公路运输。航空运输在速度上虽然占有极大优势，但必须将客、货去往机场的路途时间考虑在内，方能进行有实际意义的比较。各种运输方式有其适用的速度范围：公路运输的最优速度为 50~100km/h，铁路运输的最优速度为 100~300km/h，航空运输的最优速度为 500~1000km/h。在评价某种运输方式的速度指标时，还应适当考虑运输的频率（或间隔时间）和运输经常性对运达速度的影响。

2. 运输能力和能源消耗

由于技术及经济的原因，各种运输方式的运载工具都有其适当的容量范围，从而决定了运输线路的运输能力。公路运输由于道路的制约，其运载工具的容量最小，通常载重量是 5~10t。我国一般铁路的载重量是 3000t。水路运输的载重量最大，从几千 t 到几十万 t 的船舶都有。运输能力方面，水路运输和铁路运输都处于优势地位（就单个运载工具而言，特别是海运，运输能力最大），而公路和航空的运输能力相对较小。

能源消耗方面，由于铁路运输可以采用电力牵引，因而具有优势。公路运输和航空运输则是能源(石油)消耗最大的。管道运输所耗能源约为水路运输的 10%，铁路运输的 2.5%。

3. 运输成本

运输成本是运输业的一个综合性指标，受各种因素的影响。例如，与运量无关的固定费用所占的比重较大时，则成本水平受运输密度的影响较大，铁路运输最显著，水路、公路运输则较小。又如，运输距离对运输成本也有很大影响。这是因为终端作业成本（始发和终到）的比重随着运输距离的增加而下降，因此对水路影响最大，铁路次之，公路最小。再如，运载工具的运载量同样影响着运输成本，载重量较大的运输工具一般来说其运输成本较低。一般来说，水路及管道运输成本最低，其次是铁路和公路运输，航空运输成本最高。公路、铁路和水路运输的运输距离与运输成本（包括终端的装卸费用）比较如图9.2所示。

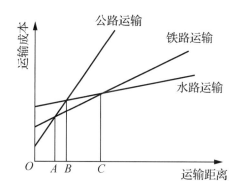

图9.2 公路、铁路和水路运输的运输距离与运输成本比较

由图9.2可见，当运输距离小于A时，公路运输的运输成本最低；当运输距离在A与B之间时，铁路运输的运输成本最低；当运输距离大于C时，则水路运输的运输成本最低。

4．经济里程

经济性是衡量交通运输方式的重要标准。经济性是指单位运输距离所支付票款的多少（对交通需求者来说）。交通运输经济性状况除了受投资额、运转额等因素影响，还与运输速度及运输距离有关。一般来说，运输速度与运输成本有很大的关系，表现为正相关关系，即速度越快，成本越高。

运输的经济性与运输距离有紧密的关系。不同运输方式的运输距离与运输成本之间的关系有一定的差异。例如，铁路的运输距离增加的幅度要大于成本上升的幅度，而公路则相反。从国际惯例来看，300km以内被称为短距离运输，该距离内的客货量应该尽量分流给公路运输。一般认为，运输距离在300km以内主要选择公路运输，300~500km主要选择铁路运输，500km以上则选择水路运输。

5．投资水平

各种运输方式由于其技术设备的构成不同，因此不但投资总额大小各异，而且投资期限和初期投资的金额也有相当大的差别。铁路运输的技术设备（线路、机车车辆、车站、厂、段等）需要投入大量的人力物力，投资额大而且工期长。相对而言，水路运输是利用天然航道进行的，线路投资远较铁路运输为低，主要集中在船舶、码头。公路运输的线路设备投资介于铁路运输和水路运输之间，但高速公路的线路设备投资并不低。比较各种运输方式的投资水平，还需要考虑运输密度与运载工具利用率等因素。

6．环境保护

运输业是污染环境的主要产业部门，运输业产生环境污染的直接原因有以下几个。

（1）空间位置的移动。在空间位置移动的过程中，移动所必需的能源消耗及交通运输移动体的固定部分与空气发生接触，从而产生噪声、大气污染等。空间位置移动本身不仅造成环境破坏，更重要的是随着交通污染源的空间位置移动，会不断地污染环境，并扩散到其他地区，造成环境的大面积污染。

（2）交通设施的建设。交通设施的建设往往破坏植被，改变自然环境条件，破坏生态环境的平衡。

（3）载运的客体。运输业动力装置排出的废气是空气的主要污染源，在人口密集地区尤其严重。例如，汽车运输排放的废气严重影响空气质量，油船溢油事故严重污染海洋，公路建设大量占用土地从而影响生态平衡，这些都使人类生存环境恶化。

9.1.2 影响运输方式选择的因素分析

在各种运输方式中，如何选择适当的运输方式是物流合理化的重要问题。一般来说，应根据物流系统要求的服务水平和可以接受的物流成本来决定，既可以使用一种运输方式，也可以使用联运的方式。决定何种运输方式，可以在考虑具体条件的基础上，对下面 5 项具体项目进行认真研究。

1. 货物品种

关于货物品种及性质、形状，应在包装项目中加以说明，选择适合这些货物特性和形状的运输方式。

2. 运输期限

运输期限必须与交货日期相联系，保证及时运输。必须调查各种运输工具需要的运输时间，根据运输时间来选择运输工具。运输速度从快到慢一般情况下依次为航空运输、公路运输、铁路运输、水路运输。各种运输工具可以按照其速度编组来安排日期，加上它的两端及中转的作业时间，就可以计算所需要的运输时间。

3. 运输成本

运输成本因货物的种类、质量、容积、运距不同而不同。而且，运输工具不同，运输成本也会发生变化。在考虑运输成本时，必须考虑运输费用与其他物流子系统之间存在的互为利弊的关系，不能单从运输费用出发来决定运输方式，而要从全部的总成本出发来考虑。

4. 运输距离

从运输距离看，一般情况下可以依照以下原则：300km 以内用公路运输；300～500km 用铁路运输；500km 以上用水路运输。

5. 运输批量

运输批量方面，大批量运输成本低，选择合适的运输工具进行批量运输是降低成本的好方法。

因为各种运输方式和运输工具都有各自的特点，而不同特性的物资对运输的要求也不一样，所以要制定一个选择运输方式的统一标准是很困难的，也没有必要这样做。但是，根据物流运输的总目标，确定一个带有普遍性的原则是可以的。

在选择运输方式时，保证运输的安全性是选择的首要条件，它包括人身、运输设备和被运物资的安全等。为了保证被运物资的安全，首先应了解被运物资的特性，如质量、体积、贵重程度、内部结构及其他物理化学特性（易燃、易碎、危险性），然后选择安全可靠的运输方式。物资运输的在途时间和到货的准时性是衡量运输效果的一个重要指标。运输时间的长短和到货的准确性不仅决定着物资周转的快慢，而且对社会再生产的顺利进行影响较大，由于运输不及时，有时会给国民经济造成巨大的损失。运输费用是衡量运输效果的综合标准，也是影响物流系统经济效益的主要因素。一般来说，运输费用和运输时间是一对矛盾体，速度快的运输方式一般运输费用较高；反之，运输费用低的运输方式一般速度较慢。

综上所述，选择运输方式时，通常是在保证运输安全的前提下衡量运输时间和运输费用，当到货时间得到满足时再考虑费用低的运输方式。当然，计算运输费用不能单凭运输单价的高低，而应对运输过程中发生的各种费用及对其他环节费用的影响进行综合分析。在选择运输方式时，不能仅从费用方面考虑，还应该考虑发送方式。不同的发送方式不仅运输费用相差较大，而且运输的安全程度和在途时间差别也很大。例如，铁路运输有整列、成组、整车、零担、包裹等发送方式，成组、整车运输由于配车编组，在途停滞时间长，而零担、包裹运输则费用较高。

如果对运输方式的选择作进一步的定量分析，则应考虑不同运输工具类型所提供的服务特征，这些服务特征中最重要的是成本、速度和可靠性。因此服务成本、平均运达时间（速度）和运达时间的变动性（可靠性）应作为运输方式选择的依据。

9.1.3 运输方式选择的成本比较法

如果不将运输服务作为竞争手段，那么能使该运输服务的成本与该运输服务水平导致的相关间接库存成本之间达到平衡的运输服务就是最佳服务方案。也即运输的速度和可靠性会影响托运人和买方的库存水平（订货库存和安全库存）及其在途库存水平。如果选择速度慢、可靠性差的运输服务，物流渠道中就需要有更多的库存。这样，就需要考虑库存持有成本可能升高，而抵消运输服务成本降低的情况。因此最合理的方案应该是，既能满足顾客需求，又使总成本最低。

【例 9-1】某公司欲将产品从坐落位置 A 的工厂运往坐落位置 B 的公司自有的仓库，年运量（D）为 700000 件，每件产品的价格（C）为 30 元，每年的存货成本（I）为产品价格的 30%。公司希望选择使总成本最小的运输方式。据估计，运输时间每减少一天，平均库存水平可以减少 1%。各种运输方式的有关参数如表 9-1 所示。

表 9-1 各种运输方式的有关参数

运输方式	运费率（R）/（元/件）	运达时间（T）/天	每年运输批次	平均存货量（$Q/2$）/件
铁路运输	0.10	21	7	100000
公铁联运	0.15	14	14	50000×0.93
公路运输	0.20	5	14	50000×0.84
航空运输	1.40	2	28	25000×0.81

注：安全库存约为订货量的 1/2。

在途运输的年存货成本为 $ICDT/365$，两端储存点的存货成本各为 $ICQ/2$，但其中的 C 值有差别，工厂储存点的 C 为产品的价格，购买者储存点的 C 为产品价格与运费率之和。

运输服务方案比较如表 9-2 所示。

表 9-2 运输服务方案比较

成本类型	计算方法	运输服务方案	
		铁路运输	公铁联运
运输	RD	0.1×700000=70000	0.15×700000=105000
在途存货	ICDT/365	(0.3×30×700000×21)/365≈362466	(0.3×30×700000×14)/365≈241644
工厂存货	ICQ/2	0.3×30×100000=900000	0.3×30×50000×0.93=418500
仓库存货	ICQ/2	0.3×30.1×100000=903000	0.3×30.15×50000×0.93≈420593
总成本		2235466	1185737

成本类型	计算方法	运输服务方案	
		公路运输	航空运输
运输	RD	0.2×700000=140000	1.4×700000=980000
在途存货	ICDT/365	(0.3×30×700000×5)/365≈86301	(0.3×30×700000×2)/365≈34521
工厂存货	ICQ/2	0.3×30×50000×0.84=378000	0.3×30×25000×0.81=182250
仓库存货	ICQ/2	0.3×30.2×50000×0.84=380520	0.3×31.4×25000×0.81≈190755
总成本		984821	1387526

由表 9-2 的计算可知，在四种运输服务方案中，公路运输的总成本最低，因此应选择公路运输。

9.1.4 考虑竞争因素的方法

运输方式的选择如涉及竞争优势，则应采用考虑竞争因素的方法。当买方通过供应渠道从若干个供应商处购买商品时，物流服务和价格就会影响买方对供应商的选择。反之，供应商也可以通过供应渠道运输方式的选择控制物流服务的这些要素来影响买方的惠顾。对买方来说，良好的运输服务意味着可保持较低的存货水平和较确定的运作时间表。为了能获得所期望的运输服务，从而降低成本，买方应对供应商提供他能提供的鼓励——对该供应商更多的惠顾。买方的行为是将更大的购买份额转向能提供优质运输服务的供应商，供应商可以用从交易额扩大而得到的更多利润去支付由于提供优质运输服务而增加的成本，从而鼓励供应商去寻求更适合于买方需要的运输服务方式，而不是单纯追求低成本。这样，运输服务方式的选择成了供应商和买方共同的决策。当然，当一个供应商为了争取买方而选择提供优质运输服务时，参与竞争的其他供应商也可能做出竞争反应，但会做出怎样的竞争反应就很难估计了。因此下面的例子说明的是在不涉及供应商的竞争对手做出竞争反应的情况下，买方向能提供优质运输服务的供应商转移更多交易份额的程度。

【例 9-2】某制造商分别从两个供应商处购买了共 3000 个配件，每个配件单价 100 元。目前这 3000 个配件是由两个供应商平均提供的，如供应商缩短运达时间，则可以多得到交易份额，每缩短一天，可从总交易量中多得 5%的份额，即 150 个配件。供应商从每个配件可赚得占配件价格（不包括运输费用）20%的利润。于是供应商 A 考虑，如将运输方式从铁路运输转到公路运输或航空运输是否有利可图。各种运输方式的运费率和运达时间如表 9-3 所示。供应商 A 只是根据他可能获得的潜在利润来对运输方式进行决策。

表 9-3 各种运输方式的运费率和运达时间

运输方式	运费率/（元/件）	运达时间/天
铁路运输	2.50	7
公路运输	6.00	4
航空运输	10.35	2

供应商 A 只是根据他可能获得的潜在利润来对运输方式进行决策。表 9-4 所示是供应商 A 使用不同的运输方式可能获得的预期利润。

表 9-4 供应商 A 使用不同运输方式的利润比较表

运输方式	配件销售量/个	毛利/元	运输成本核算/元	净利润/元
铁路运输	1500	30000.00	3750.00	26250.00
公路运输	1950	39000.00	11700.00	27300.00
航空运输	2250	45000.00	23287.50	21712.50

如果制造商对能提供更好运输服务的供应商给予更多份额的交易的承诺兑现，则供应商 A 应当选择公路运输。当然，与此同时供应商 A 要密切注意供应商 B 可能做出的竞争反应，如果出现这种情况，则可能削弱供应商 A 可能获得的利益。

通过上述关于运输服务选择问题的讨论，我们已经认识到，在考虑运输服务的直接成本的同时，有必要考虑运输方式对库存成本和运输绩效对物流渠道成员购买选择的影响。然而，除此之外，还有其他一些因素需要考虑，其中有些是决策者不能控制的。

（1）如果供应商和买方对彼此的成本有一定了解将会促进双方的有效合作。但如果供应商和买方是相互独立的法律实体，二者之间没有某种形式的信息交流，则双方就很难获得完全的成本信息。在任何情况下，合作都应该朝着更密切关注对方对运输服务选择的反应或对方购买量的变化的方向发展。

（2）如果分拨渠道中有相互竞争的供应商，则买方和供应商都应该采取合理的行动来平衡运输成本和运输服务，以获得最佳收益。当然，无法保证各方都会理智行事。

（3）没有考虑对价格的影响。假如供应商提供的运输服务优于竞争对方，则他很可能会提高产品的价格来补偿至少是部分补偿增加的成本。因此，买方在决定是否购买时应同时考虑产品价格和运输绩效。

（4）运输费率、产品种类、库存成本的变化和竞争对手可能采取的反击措施都增加了问题的动态因素，在此并没有涉及。

（5）没有考虑运输方式的选择对供应商存货的间接作用。供应商也会和买方一样由于运输方式变化改变运输批量，进而导致库存水平的变化。供应商可以调整价格来反映这一变化，反过来又影响运输服务的选择。

9.2 运输服务商的选择

只要运输业不存在垄断，对于同一种运输方式，托运人或货主就有机会选择不同的运输服务商，而托运人或货主甚至是供应商在确定运输方式后，就需要对选择哪个具体的运输服务商做出决策。当然，不同的客户会有不同的决策标准和偏好，但总体而言，可以从以下几个角度来考虑。

9.2.1 服务质量比较法

客户在付出同等的运费的情况下，总是希望得到更好的服务，因此，服务质量往往成为客户选择不同运输服务商的首要标准。

1. 运输质量

运输所体现的价值是把货物从一个地方运送到另一个地方，完成地理上的位移，而无须对货物进行任何加工。但如果运输保管不当，就会对货物的质量产生影响。因此，客户在选择运输服务商时会将运输质量作为一个重要的因素来考虑。以海运为例，客户通常从以下几个方面来考虑。

（1）该海运公司提供运输的工具，如船舶的船龄、船舶状态、集装箱新旧程度等。

（2）该海运公司所雇的装卸公司的服务质量。货物在装卸过程中比较容易造成货损货差，因此装卸工人的服务质量会直接影响货物的运输质量。

（3）该海运公司所雇的船员的经验及工作责任心。船员丰富的经验是保证货物安全运输的首要条件，而这可由该海运公司的安全航行率来反映。船员除了完成航行任务，还承担着照料货物的责任，因此从船员在货物到船舱后的绑扎、航行途中根据货物的性质和运输要求进行通风或温度控制，到卸货时的照料都影响着货物的运输质量。

（4）该海运公司的货物运输控制流程。良好的运输控制流程将保证货物及时准确的发运、转运和卸载，减少货物的灭失、错卸、短卸和溢卸，以及错误交付等，从而保证运输质量。

2. 服务理念

随着各运输服务商运输质量的提高，客户对服务的要求也越来越高，于是客户在选择不同的运输服务商时还会考虑其服务理念。

（1）运输的准班率。较高的准班率可以方便客户对货物的库存和发运进行控制，当然也为安排其接运等提供了便利。

（2）航班的时间间隔、船舶的发船密度、铁路运输的发车间隔等。合理的间隔同样也将方便客户选择托运的时间及发货的密度等。

（3）单证的准确率。

（4）信息查询的方便程度。不同的运输服务商除了提供运输，还在附加服务上进行投入，如价格查询、航班查询、货物跟踪等服务。

（5）货运纠纷的处理。无论运输服务商如何提高运输质量，改进服务水平，但货运纠纷难免会发生，发生后如何及时圆满地处理是客户所关心的。

由于运输技术及运输工具的发展，目前各运输服务商之间的运输质量差异正在缩小，而为了吸引客户，运输服务商不断更新服务理念，为客户提供高附加值的服务，从而稳定自己的市场份额，增强竞争力。这也就为客户选择不同的运输服务商提供了更多空间，客户可以根据自己的需求来选择。

9.2.2 综合选择法

当然会有更多的客户在选择运输服务商时会同时考虑多个因素，如同时考虑服务质量和运输价格，以及服务商的品牌、经济实力、服务网点数量等。其可以用以下公式来表示。

$$S = \frac{k_1 Q}{k_2 P} + k_3 B + k_4 C + k_5 N + \cdots + k_n O \tag{9-1}$$

式中：S——综合因素；

k_n——不同因素的权重（$n=1,2,3,\cdots$）；

Q——服务质量；

P——运输价格；

B——运输服务商的品牌；

C——运输服务商的总资产状况；

N——运输服务商的网点数量；

O——其他因素。

客户可以根据自己的需要，调整不同因素的权重，然后做出决策。

9.2.3 层次分析法

层次分析法（analytic hierarchy process，AHP）是 20 世纪 70 年代由著名运筹学家赛惕提出的。之后韦伯等提出利用层次分析法用于供应商（合作伙伴）的选择。它的基本原理是根据具有递阶结构的目标、子目标（准则）、约束条件、部门等来评价方案，采用两两比较的方法确定判断矩阵，然后把判断矩阵的最大特征根对应的特征向量的分量作为相应的系数，最后综合给出各方案的权重（优先程度）。由于该方法让评价者对照相对重要性函数表，给出因素两两比较的重要性等级，因而可靠性高、误差小；不足之处是遇到因素众多、规模较大的问题时，该方法容易出现问题，如判断矩阵难以满足一致性要求，往往难以进一步对其分组。它作为一种定性和定量相结合的工具，目前已在许多领域得到了广泛的应用。

【例 9-3】假设有四个指标（即速度、价格、服务和质量）用来评价供应商，并有四个供应商（S1、S2、S3 和 S4）可以考虑，应用层次分析法求解这个问题的评价尺度如表 9-5 所示，供应商选择层次如图 9.3 所示。

表 9-5　评价尺度

评价描述	评分
极端重要	9
很重要	7
明显重要	5
稍微重要	3
重要性相同	1

注：中间值 2、4、6、8 介于各评分值之间，如果项目 i 相对于项目 j 有一个评分值，则项目 j 相对项目 i 的评分值为其倒数。

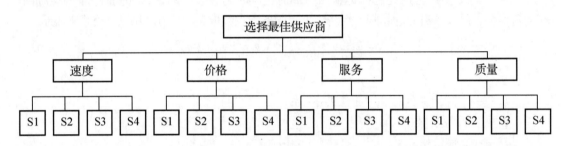

图 9.3　供应商选择层次

买方必须进行一系列两两比较来确定指标的相对重要性。如果买方认为速度与价格差不多，但速度比价格稍微重要，则数值 2 可以表达这个判断。如果价格比服务稍微重要，则数值 3 适宜表达这个判断。假设判断具有传递性，则速度相对于服务的重要性可用数值 6 来描述。

如前所述，判断不一定总能保持完全的一致性。例如，速度与服务相比介于稍微重要与明显重要之间，即可用 4 来描述这一判断。随着这一判断过程的继续，决策者已经认定速度与质量的相对重要性是 3。在这一阶段需要完成 6 个两两比较。这些信息可以用如表 9-6（a）所示的两两比较矩阵来表示。矩阵中的对角线上的数值都是 1，其余数值为相应判断值的倒数。供应商层次单排序如表 9-7 所示。

表 9-6　两两比较矩阵

（a）初始矩阵

	质量	价格	服务	速度
质量	1	2	4	3
价格	1/2	1	3	3
服务	1/4	1/3	1	2
速度	1/3	1/3	1/2	1
和	25/12	11/3	17/2	9

(b）调整后的矩阵

	质量	价格	服务	速度	权重（行均值）
质量	12/25	6/11	8/17	3/9	0.457
价格	6/25	3/11	6/17	3/9	0.300
服务	3/25	1/11	2/17	2/9	0.138
速度	4/25	1/11	1/17	1/9	0.105
和	1.000	1.000	1.000	1.000	1.000

注：调整后数值是由原数值除以相应列之和得到的。

表9-7 供应商层次单排序

	S1	S2	S3	S4		S1	S2	S3	S4
(a) 速度指标排序					(b) 服务指标排序				
S1	1	5	6	1/3	S1	1	5	4	8
S2	1/5	1	2	6/1	S2	1/5	1	1/2	4
S3	1/6	1/2	1	1/8	S3	1/4	2	1	5
S4	3	6	8	1	S4	1/8	1/4	1/5	1
权重	0.297	0.087	0.053	0.563	权重	0.597	0.140	0.124	0.050
(c) 价格指标排序					(d) 质量指标排序				
S1	1	1/3	5	8	S1	1	3	1/5	1
S2	3	1	7	9	S2	1/3	1	1/8	1/3
S3	1/5	1/7	1	2	S3	5	8	1	5
S4	1/8	1/9	1/2	1	S4	1	3	1/5	1
权重	0.303	0.573	0.078	0.046	权重	0.151	0.060	0.638	0.151

利用矩阵中的数据可以得到指标权重的准确估计值。权重提供了对每个指标相对重要性的测度。计算过程可以总结为如下三个步骤。

（1）对矩阵每列求和。

（2）矩阵中每个数值除以相应列之和。

（3）计算每行平均值。

计算结果如表9-6（b）所示。在本例中，质量、价格、服务和速度权重分别为0.457、0.300、0.138和0.105。因此，质量的权重约为价格权重的1.5倍（0.457/0.300），约为服务权重的3.3倍（0.457/0.138），约为速度权重的4.3倍（0.457/0.105）。

这里虽然没有讨论一致性比率的计算，但是利用Excel等软件可以很容易得到计算结果。表9-7中两两比较矩阵中数据的一致性是可以接受的。

下一步就是对四个供应商就每个指标进行两两比较，这个过程与建立指标的两两比较矩阵的步骤一样。唯一的区别是对每个指标都有相应的比较矩阵。决策者首先就速度指标对供应商进行两两比较，然后对其他三个指标重复上述过程。假设买方已经给出了如表9-7

所示的四个两两比较矩阵，那么，供应商在每个指标下的权重就可以通过上文提到的三个步骤进行确定。

层次分析法的最后一步可以总结为表 9-8。这张表展示了总排序结果是如何得到的。这个过程称为简单加权平均。对每个供应商而言，在四个评价指标下的权重已经求出（表 9-7）。这四个权重乘以相应指标的权重累加后就得到供应商的排序总分。每个供应商的总分代表了选择该供应商所能获得的总的利益。在本例中，供应商 S1 总分 0.325，被判断为最好；S4 总分 0.294，次之；S2 总分 0.237，更次；S3 总分 0.144，最差。因此，本例应该选择供应商 S1。

表 9-8　供应商层次总排序

	速度	价格	服务	质量	权重
S1	0.457 × 0.297	0.300 × 0.303	0.138 × 0.597	0.105 × 0.151	0.325
S2	0.457 × 0.087	0.300 × 0.573	0.138 × 0.140	0.105 × 0.060	0.237
S3	0.457 × 0.053	0.300 × 0.078	0.138 × 0.214	0.105 × 0.638	0.144
S4	0.457 × 0.563	0.300 × 0.046	0.138 × 0.050	0.105 × 0.151	0.294
和					1.000

层次分析法有很多优点，其中最重要的一点就是简单明了。层次分析法不仅适用于存在不确定性和主观信息的情况，还允许以合乎逻辑的方式运用经验、洞察力和直觉。也许层次分析法最大的优点是提出了层次本身，它使得买方能够认真地考虑和衡量指标的相对重要性。

关于判断矩阵的一致性检验，理论上可以证明，如果判断矩阵是一个正互反矩阵，且各元素存在着

$$a_{ij}=a_{ik}/a_{jk}\ (i,j,k=1,2,\cdots,n\quad i\neq j) \tag{9-2}$$

的关系，或矩阵的阶数 $n=1$ 或 2 的话，则称该判断矩阵为完全一致性矩阵，此时判断矩阵 A 的最大特征根值 $\lambda_{\max}=n$。然而，由于客观事物的复杂性，人们认识上的多样性和可能产生的片面性，使得在建立判断矩阵时，不可能做到使每一个判断矩阵都具有完全的一致性。但是，我们要求所建立的判断矩阵应具有大体满意的一致性，否则，当所建立的判断矩阵偏离一致性过大时，排序向量（即权系数）的计算结果将是不可靠的，从而会导致做出错误的决策。

为了检验判断矩阵的一致性，简单的办法就是计算随机一致性比率 CR。此值越小，判断矩阵的一致性越好，其极限为零；若 $n>2$ 且 CR≤0.1，就可以认为判断矩阵基本符合一致性条件，或称为具有满意的一致性，否则，就要调整判断矩阵中的元素赋值，直至使其具有满意的一致性时为止。而 CR 又等于判断矩阵的一致性指标 CI 与相应阶数的平均随机一致性指标 RI 之比，即

$$CR=CI/RI \tag{9-3}$$

式中的 CI 可按式（9-4）计算求得。

$$CI=(\lambda_{\max}-n)/(n-1) \tag{9-4}$$

关于 RI 值，赛惕曾用随机方法构造了 3500 个样本矩阵，对于不同的矩阵阶数 n 得到

一批 RI 数值。我国天津大学的学者又对它作了些修正，它可根据矩阵的阶数 n 从表 9-9 中查得。

表 9-9 RI 数值

n	1	2	3	4	5	6	7	8	9	10	11	12	13	14	15
RI	0.00	0.00	0.52	0.89	1.12	1.26	1.36	1.41	1.46	1.49	1.52	1.54	1.56	1.58	1.59

9.3 运输问题的图上作业法

运输问题的图上作业法是解决多起点、多终点的运输线路的选择优化问题。当有多个货源地服务于多个目的地时，运输线路选择优化的任务是，要指定为各目的地服务的供货地，同时要找到供货地、目的地之间的最佳路径。解决这类问题常常可以运用一类特殊的线性规划方法即物资调运问题图上作业法进行求解。

9.3.1 图上作业法概述

图上作业法是我国物资部门从实际工作中创造出来的一种物资调运的方法，是一种行之有效的方法。利用图上作业法，可以帮助我们避免物资调运工作中的对流和迂回现象，提高运输过程中的里程利用率、减少空驶、增加运量、充分利用现有运输设备等，是一个有效的工具。这种方法使用图解的形式，直观易操作，计算简单，效果显著，应用相当广泛。

1. 定义

图上作业法是在运输图上求解线性规划运输模型的方法。交通运输及类似的线性规划问题，都可以首先画出流向图，然后根据有关规则进行必要调整，直至求出最小运输费用或最大运输效率的解。这种求解方法就是图上作业法。

图上作业法适用于交通线路呈树状、圈状，而且对产销地点的数量没有严格限制的情况。图上作业法的求解规则可以归纳为：流向划右方，对流不应当；里圈、外圈分别算，要求不能超过半圈长；若超过半圈长，应去运量最小段；反复运算可得最优方案。

在交通图中，发点用"○"表示，并将发货量记在里面，收点用"□"表示，并将收货量记在里面。两点间交通线路的长度记在交通线旁边。然后绘制调运物资的流向图。物资调运的方向（流向）用"→"表示，并把"→"按调运方向画在交通线右边。图 9.4 所示为物资调运流向图。

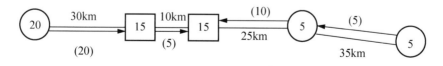

图 9.4 物资调运流向图

在物资调运中，把某项物资从各发点调到各收点，调运方案有很多，现在要求找出运力最省的方案，这就要消灭物资调运中的对流和迂回两种不合理的运输。

2. 对流

对流即同一物资在同一线路上的往返运输，如图 9.5 所示。将某物资 10t，从 A_1 运到 B_2，而又有同样的物资 10t，在同一期间从 A_2 运到 B_1，于是 A_1 和 A_2 之间就出现了对流现象。

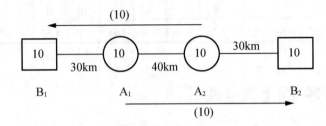

图 9.5 出现对流的物资调运流向图

如果把物资调运流向图改成如图 9.6 所示，即将 A_1 的 10t 运到 B_1，而将 A_2 的 10t 运到 B_2，就消灭了对流，可以节省的运力为 $2\times10\times40=800\text{t}\cdot\text{km}$。

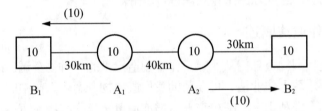

图 9.6 消灭了对流的物资调运流向图

3. 迂回

在交通示意图中，由于表示调运方向的箭头要按调运方向画在交通线的右边，因此在流向图中，有些流向在圈外，称为外圈流向；有些流向在圈内，称为内圈流向。如果流向图中，内圈流向的总长（简称内流长）或外圈流向的总长（简称外流长）超过整个圈长的一半，就称为迂回运输。先看一个简单直观的例子，如图 9.7 所示。

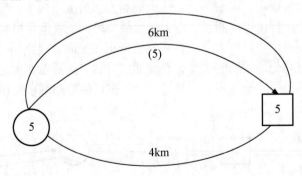

图 9.7 迂回运输示意图 1

图 9.7 中就存在迂回运输，内流长大于全圈长的一半。如果改成图 9.8，就消灭了迂回，可以节省的运力为 $5\times6-5\times4=10\text{t}\cdot\text{km}$。

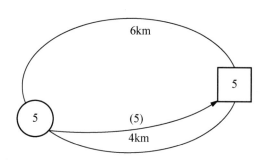

图 9.8 无迂回运输示意图 1

下面再看另一个例子。

图 9.9 中，内流长（7km）大于全圈长（13km）的一半，是迂回运输。如果调整内圈长（在内圈各流量中减去内圈的最小流量 10），在外圈各流量中增加内圈的最小流量 10，同样在没有流量的线段上新添加外圈流量 10（即内圈的最小流量），便得出新的流向图，如图 9.10 所示。新的流向图等于把旧的流向图中原来 10t 运了大半圈的物资改成小半圈调运，因为内流长大于整圈长的一半，而外流长加上没有流量的线段小于整圈长的一半，从而节省了运力，这是一个不太直观的迂回问题。

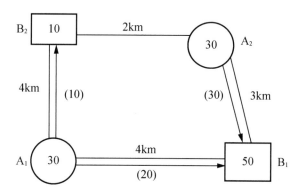

图 9.9 迂回运输示意图 2

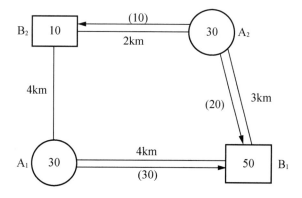

图 9.10 无迂回运输示意图 2

物资调运问题的图上作业法就是为了消灭运输中的对流和迂回，节省运力。这种方法的步骤是：先找出一个没有对流的方案，再检查有没有迂回，如果没有迂回，该方案已是最优方案；如果有迂回，则调整方案，直至消灭迂回为止。

在物资调运中，运输线路可分为两种：一种是线路不成圈；另一种是线路成圈。下面分别用例子介绍这两种情况的物资调运方法。

9.3.2 线路不成圈的图上作业法

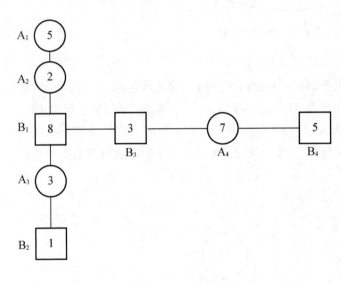

图 9.11 交通线路图

【例 9-4】有某物资 17 万 t，由 A_1、A_2、A_3、A_4 发出，发量分别为 5、2、3、7（单位：万 t），运往 B_1、B_2、B_3、B_4，收量分别为 8、1、3、5（单位：万 t），收发量平衡，交通线路图如图 9.11 所示。问应如何调运才使运力最省。

绘制一个没有对流的流向图，方法是：由各端点开始，由外向里，逐步进行各收发点之间的收发平衡。把 A_1 的 5 万 t 给 A_2，A_2 成为有发量 7 万 t 的发点；由 A_3 调 1 万 t 给 B_2，A_3 剩 2 万 t；由 A_4 调 5 万 t 给 B_4，A_4 剩 2 万吨；将 A_2 的 7 万 t 全部调给 B_1；将 A_3 剩余的 2 万 t，先调 1 万 t 给 B_1，余下的 1 万 t 调给 B_3；A_4 剩余的 2 万 t 全部调给 B_3。调运流向图如图 9.12 所示。

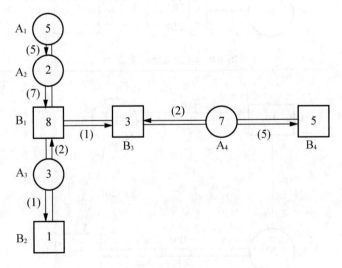

图 9.12 调运流向图

根据上面流向图的作法，很明显，所得的没有对流现象的流向图是唯一的，再根据对流现象是不合理的运输,可知这唯一没有对流的流向图就是唯一的最优方案的流向图。

有时同一流向图,可以编制各种不同的调运方案,如本例中,B_3 需要的 3 万 t,除 A_4 供给的 2 万 t 外,其余 1 万 t 可以由 A_3 给,也可以由 A_2 给,还可以由 A_2、A_3 共同给,这些方案所用的运力是一样的,调运时可以结合其他条件,选择其中一个。

9.3.3 线路成圈的图上作业法

【例 9-5】有某物资 7 万 t,由发点 A_1、A_2、A_3 发出,发量分别为 3、3、1(单位:万 t),收发量平衡,交通线路图如图 9.13 所示。问应如何调运才使运力最省。

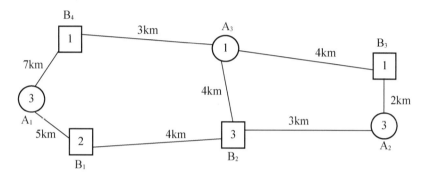

图 9.13 交通线路图

(1) 绘制一个没有对流的流向图,用"去线破圈"的方法,去一线破一圈,有几个圈去掉几条线,把有圈的交通线路图,化为不成圈的交通线路图。一般是先去掉长度最长的交通线,如去掉 A_1B_4(7km),破 $A_1B_1B_2A_3B_4$ 圈,再去掉 A_3B_3 线(4km),破 $B_2A_2B_3A_3$ 圈。这样,原有圈的交通线路图,变成了不成圈的交通线路图,如图 9.14 所示。

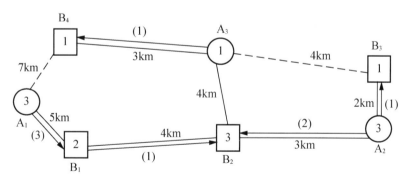

图 9.14 不成圈的交通线路图

然后从各个端点开始,在图 9.14 的基础上绘制一个没有对流的流向图。

(2) 检查有无迂回。方法是对流向图中的各圈进行检查,看看有无迂回。如果没有迂回,这个方案就是最优方案;如果其中某一圈有迂回,这个方案就不是最优方案,需要改进。

在图 9.14 中,圈中 $A_1B_1B_2A_3B_4$ 的总长为 23km,外流长为 5+4+3=12km,大于圈长的一半,因而需要调整。再看圈 $B_2A_2B_3A_3$,其总长为 13km,圈中内流长为 3km,外流长为

2km，都小于圈长的一半，因此此圈不必调整。

对圈 $A_1B_1B_2A_3B_4$ 的调整方法是：在外圈各流量中，先减去外圈的最小流量 1 万 t；然后在内圈的各流量中加上 1 万 t，在此圈中，因无内流量，所以无处可加；再在无流量的线段上，新添加内圈流量 1 万 t，这样得出新的流向图，如图 9.15 所示。

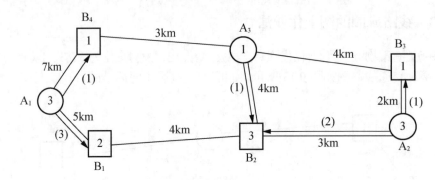

图 9.15 调整后的流向图

新的流向图中，在 $A_1B_1B_2A_3B_4$ 圈内，内流长为 4+7=11km，外流长为 5km，都不超过全圈（23km）的一半；在 $B_2A_2B_3A_3$ 圈内，内流长为 3km，外流长为 4+2=6km，也都没有超过全长（13km）的一半，因此这个流向图没有迂回现象，是本例的最优调运方案，总运输周转量为 $1×7+2×5+1×4+2×3+2×1=29$ 万 t·km。

9.4 运输问题的表上作业法

9.4.1 表上作业法概述

1. 定义

表上作业法是用列表的方法求解线性规划问题中运输模型的计算方法。当某些线性规划问题采用图上作业法难以进行直观求解时，就可以将各元素列成相关表，作为初始方案，然后采用检验数来验证这个方案，否则就要采用闭回路法、位势法或矩形法等方法进行调整，直至得到满意的结果。这种列表求解方法就是表上作业法。运输问题是一类常见而且极为典型的线性规划问题。从理论上讲，运输问题可以用单纯型法来求解，但由于运输问题的数学模型具有特殊的结构，存在一种比单纯型法更简便的计算方法——表上作业法。用表上作业法来求解运输问题比用单纯型法可节约计算时间与计算费用，但表上作业法实质上仍是单纯型法。

2. 表上作业法的基本步骤

采用表上作业法求解平衡问题的物资调运最优方案，其计算步骤可以归纳如下。

（1）列出调运物资的供需（产销）平衡表及运价表。

（2）按最小元素法建立初始调运方案。

（3）采用位势法计算初始方案每个空格的闭回路的检验数 Δx_{ij}。

（4）检查检验数，如果所有 $\Delta x_{ij} \geq 0$，说明方案是最优的，已经得到想要的方案，结束求解。

（5）如果有某个或某几个 $\Delta x_{ij} < 0$，则选择负检验数中绝对值最大的闭回路进行调整，建立新的方案。

（6）重复步骤（3）~（5），直至获得最优调运方案。

9.4.2 表上作业法在运输问题中的应用

利用表上作业法寻求运费最少的调运方案，要经过三个基本步骤：首先依据问题列出调运物资的供需平衡表及运价表；其次确定一个初始的调运方案（当然不一定就是最优的方案）；最后根据一个判定法则，判定初始方案是否为最优方案。当判定初始方案不是最优方案时，再对这个方案进行调整。一般来说，每调整一次得到一个新的方案，而这个新方案的运费比前一个方案要少些，如此经过几次调整，就会得到最优方案。

【例 9-6】某公司下属三个储存某种物资的仓库，供应四个工地的需要。四个工地的需求量、三个仓库的供应量，以及由各仓库到诸工地调运单位物资的运价如表 9-10 所示。

表 9-10 某公司物资供需及运价表　　　　　　　　　　　单位：元/t

仓库	工地				供应量/t
	B_1	B_2	B_3	B_4	
A_1	3	11	3	10	700
A_2	1	9	2	8	400
A_3	7	4	10	5	900
需求量/t	300	600	500	600	2000

试求运输费用最少的合理调运方案。

1. 列出调运物资平衡表和运价表

运用表上作业法时，首先要列出被调运物资的供需平衡表（简称平衡表）和运价表，如表 9-11 和表 9-12 所示。

表 9-11 供需平衡表 1

供＼需	B_1	B_2	B_3	B_4	供应量/t
A_1					700
A_2					400
A_3					900
需求量/t	300	600	500	600	2000

表9-12 运价表1　　　　　　　　　　　　　单位：元/t

仓库	工地			
	B_1	B_2	B_3	B_4
A_1	3	11	3	10
A_2	1	9	2	8
A_3	7	4	10	5

平衡表和运价表是表上作业法的基本资料运算依据。表上作业法的实质就是利用运价表在平衡表上进行求解。

为了叙述和考虑问题的方便，通常把上面的平衡表看作矩阵，并把表中的方格记为 (i, j) 的形式。例如，（2，3）表示第二行第三列的方格；（1，3）代表第一行第三列的方格等。此外，在求解的过程中，如果在平衡表的（2，1）方格中写上 600，即表示由 A_2 仓库调运 600 单位物资供给 B_1 工地，此时简记为（2，1）=600，而空格表示供销双方不发生调运关系。

2. 编制初始调运方案

物资调运规划的总目的是寻求一个运费最少的最优调运方案。一般最优调运方案是由初始调运方案经过反复调整得到的。因此，编制出较好的初始调运方案显得非常重要。因为最好的调运方案也就是使运费最少的方案，因此结合例 9-6 介绍一种考虑运价因素制订初始调运方案的方法——最小元素法。

所谓最小元素法，就是按运价表依次挑选运费小的供、需点尽量优先安排供应的方法。具体做法是在运价表（表 9-12）内找出最小的数值（当数值不止一个时，可任意选择一个），方格（2，1）中的数值是 1 最小，这样，参考 A_2 仓库尽可能地满足 B_1 工地的需要，于是在平衡表中有（2，1）=300，即在空格（2，1）中填入数字 300。此时，由于工地 B_1 已经全部得到满足，不再需要 A_1、A_3 仓库供应给它了，运价表中的第一列数字已不起作用，因此将原运价表（表 9-12）的第一列划去，并标注①，如表 9-13 所示。

然后在运价表未被划去的各行、列中，再选取一个最小的数值，即（2，3）=2，让 A_2 仓库尽量供应满足 B_3 工地的需要。由于 A_2 仓库中的储存量 400t 已供应给 B_1 工地 300t 了，所以最多只能供给 B_3 工地 100t。于是在平衡表（2，3）方格中填入 100；相应地由于 A_2 仓库所储存物资已全部供应完毕，因此在运价表中与 A_2 仓库同行的运价也不再起作用，所以也将它们划去，并标注②。

依照上面方法，一直进行下去，就可得到表 9-13 和表 9-14。

表9-13 运价表2　　　　　　　　　　　　　单位：元/t

仓库	工地				
	B_1	B_2	B_3	B_4	
A_1	3	11	3	10	
A_2	1	9	2	8	②
A_3	7	4	10	5	⑤
	①	④	③		

表 9-14　供需平衡表 2　　　　　　　　　　　　　单位：t

供＼需	B_1	B_2	B_3	B_4	供应量
A_1			400		700
A_2	300		100		400
A_3		600		300	900
需求量	300	600	500	600	2000

此时，运价表中只有方格（1，4）处的运价没有划去，而 B_4 工地尚有 300t 的需求没有得到满足。为了满足供需平衡，所以在平衡表上应有（1，4）=300。这样就得到如表 9-15 所示的初始调运方案。

表 9-15　初始调运方案 1　　　　　　　　　　　　单位：元/t，t

供＼需	B_1	B_2	B_3	B_4	供应量
A_1			3 400	10 300	700
A_2	1 300		2 100		400
A_3		4 600		5 300	900
需求量	300	600	500	600	2000

表 9-15 中，方格右上角的数字是其相应的运价（单位：元/t）。根据得到的初始调运方案，可以计算其运输费用为

$$1\times 300+4\times 600+3\times 400+2\times 100+10\times 300+5\times 300=10400（元）$$

对于编制初始方案需要说明以下几点。

（1）应用最小元素法编制初始调运方案，这里的"最小"系指局部而言，就整体考虑的运费不见得一定是最小的。

（2）特别需要指出，并不是任意一个调运方案都可以作为表上作业法的初始调运方案。可以作为初始调运方案的方案，其填有数字的方格数目应是供应点个数加需求点个数之和再减 1，即 $m+n-1$。本例表 9-15 中填有数字的方格数恰好是 3+4-1=6，因此，可以作为初始调运方案提出。但是，在制订初始调运方案时，有时会碰到按最小元素法所确定的方格中，其相应的供应点再无物资可供或需求点已全部得到满足的情况，此时平衡表中填有数字的方格数小于 $m+n-1$。故规定，在未填有数字的方格中必须填上一个零，并将它和其他发生供需关系的方格同样看待，而不能视为空格。其目的是保证填有数字的方格数满足 $m+n-1$ 的要求。

下面用一个例子说明上述情况的处理。

表 9-16 和表 9-17 给出了一个物资调运问题，运用最小元素法经过三次运算后，得到表 9-18 和表 9-19。

表 9-16 供需平衡表 3　　　　　　　　　　　　　　　　　　单位：t

供\需	B_1	B_2	B_3	供应量
A_1				10
A_2				20
A_3				40
需求量	10	20	40	70

表 9-17 运价表 3　　　　　　　　　　　　　　　　　　单位：元/t

产地	销地		
	B_1	B_2	B_3
A_1	1	2	2
A_2	3	1	3
A_3	2	3	1

表 9-18 运价表 4　　　　　　　　　　　　　　　　　　单位：元/t

产地	销地		
	B_1	B_2	B_3
A_1	1	2	2
A_2	3	1	3
A_3	2	3	1

①　　　　　　　　　　　　　　　②

表 9-19 供需平衡表 4　　　　　　　　　　　　　　　　　　单位：t

供\需	B_1	B_2	B_3	供应量
A_1	10			10
A_2		20		20
A_3			40	40
需求量	10	20	40	70

可以看出，表 9-19 虽然构成了一个调运方案，但在运价表 9-18 中，（1，3）和（2，3）方格尚未被划去，所以在平衡表 9-19 的（1，3）和（2，3）方格处应各填一个"0"，最后得到表 9-20。

表 9-20　初始调运方案 2　　　　　　　　　　　　　　　　　　单位：t

供＼需	B₁	B₂	B₃	供应量
A₁	10		0	10
A₂		20	0	20
A₃			40	40
需求量	10	20	40	70

3. 初始方案的检验与调整

在制订了初始调运方案后，需要对它进行检验，如果判定初始调运方案不是最优方案，需要对其进行调整直到获得最优调运方案。为了对初始调运方案进行检验，引进了最优方案的数字表征——检验数的概念。

（1）最优方案的检验数。首先介绍闭回路的概念。对于表上作业法的初始调运方案来说，从调运方案表中的一个空格出发，存在一条且仅存在一条以该空格（用 x_{ij} 为起点，以填有数字的点为其他顶点的闭合回路，简称闭回路。这个闭回路具有下列性质：每个顶点都是转角点；闭回路是一条封闭折线，每一条边都是水平或垂直的；每一行（列）若有闭回路的顶点，则必有两个。

只有从空格出发，其余各转角点所对应的方格中均填有数字时所构成的闭回路，才是我们这里所说的闭回路；另外，过任一空格的闭回路不仅是存在的，而且是唯一的。下面以表 9-15 给定的初始调运方案为例，说明闭回路的性质。表 9-21 给出了，空格（1, 1）和（3, 1）所形成的闭回路。

（1, 1）-（1, 3）-（2, 3）-（2, 1）-（1, 1）
（3, 1）-（2, 1）-（2, 3）-（1, 3）-（1, 4）-（3, 4）-（3, 1）

其他空格的闭回路与此同理。

在初始调运方案中的每个空格所形成的闭回路上进行单位物资的运量调整，总可以计算出相应的运费是增加了还是减少了。把所计算出来的每条闭回路上调整单位运量而使运费发生变化的增减值，称为检验数。如果检验数小于零，表示在该空格的闭回路上调整运量使运费减少；相反，如果检验数大于零，则使运费增加。

表 9-21　初始调运方案 3　　　　　　　　　　　　　　　　　　单位：t

供＼需	B₁	B₂	B₃	B₄	供应量
A₁			400	300	700
A₂	300		100		400
A₃		600		300	900
需求量	300	600	500	600	2000

有了检验数这一概念，对于求运费最小的物资调运方案问题来说，如果所有空格的检验数都小于零，那么如果再对调运方案进行任何调整，都会增加运费。因此，初始调运方案是否为最优方案的判定准则是：如果初始调运方案所有的检验数都是非负的，那么这个初始调运方案一定最优；否则，这一初始调运方案不一定是最优的。

下面介绍一种求检验数的方法——位势法。

仍以例 9-6 的物资调运问题为例。设 c_{ij}（i=1，2，3；j=1，2，3，4）表示变量 x_{ij} 相应的运价，将初始调运方案中填有数字的方格 c_{ij} 分解成两部分。

$$c_{ij} = u_i + v_j \tag{9-5}$$

其中，u_i 和 v_j 分别称为该方格对应于 i 行和 j 列的位势量。因为 i 有 m=3 行，j 有 n=4 列，故位势的个数有 $m+n$=3+4=7 个。但填有运量数的方格只有 $m+n-1$=6 个。这样，有 6 个 c_{ij} 的方程，要解出 $m+n$=7 个未知的位势量，u_i 和 v_j 可以有很多解。所以，可以先任意给定一个未知数的位势量，如表 9-22 所示。

表 9-22 位势计算表

需点 供点	I	II	III	IV	u_i
A			3	10	$u_1 = 2$
B	1		2		$u_2 = 1$
C		4		5	$u_3 = -3$
v_j	$v_1 = 0$	$v_2 = 7$	$v_3 = 1$	$v_4 = 8$	

假设取 $v_1 = 0$，则由 $c_{21} = u_2 + v_1 = 1$，可以得到 $u_2 = 1$；再由 $c_{23} = 2$，可以得到 $v_3 = 1$；由 $c_{13} = 3$，可以得到 $u_1 = 2$。以此类推，可以得到 $v_4 = 8$，$u_3 = -3$，$v_2 = 7$ 等。

由上面所求出的行位势 u_i 和列位势 v_j 对应相加填入表 9-22 的空格处，得到准检验数表，如表 9-23 所示。

表 9-23 准检验数表

需点 供点	I	II	III	IV	u_i
A	[2]	[9]	3	10	$u_1 = 2$
B	1	[8]	2	[9]	$u_2 = 1$
C	[-3]	4	[-2]	5	$u_3 = -3$
v_j	$v_1 = 0$	$v_2 = 7$	$v_3 = 1$	$v_4 = 8$	

注：带有 [ ] 者为初始调运方案中的空格。

用该调运问题的相应运价减去表 9-23 中的数字，那么对初始调运方案中每个填有运量数字的方格来说，都会满足

$$c_{ij} - (u_i + v_j) = 0 \qquad (9\text{-}6)$$

而对于每个空格来说，相应得到的数字就是该空格的检验数，即

$$\Delta x_{ij} = c_{ij} - u_i - v_j \qquad (9\text{-}7)$$

该式就是用位势法求检验数的公式。按照该公式计算初始调运方案的检验数，则计算结果列表构成该初始调运方案的检验数表，如表 9-24 所示。

表 9-24 检验数表

供点＼需点	I	II	III	IV
A	1	2		
B		1		−1
C	10		12	

在本例中，由于检验数出现负值，依照最优方案判定准则，可知该初始调运方案不一定是最优的，需进行调整。

（2）调运方案的调整。当判定一个初始调运方案不是最优的时，就要在检验数出现负值的空格内进行调整。如果检验数是负值的空格不只一个时，一般选择负检验数绝对值大的空格作为具体的调整对象。具体调整的方法仍用前例加以说明。

由初始调运方案的检验数表（表 9-24）可见，空格 x_{24} 的检验数是负值，因此对其进行调整，具体过程如表 9-25 所示。

表 9-25 调运方案调整表

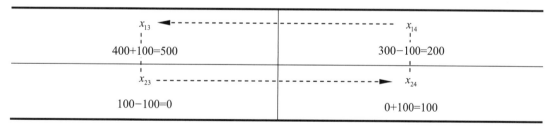

从空格 x_{24} 处开始，沿闭回路在各奇数次转角点中挑选运量的最小值作为调整量。本例是将方格 x_{23} 的 100 作为调整量，将这个数字填入空格 x_{24}，同时调整该闭回路中其他转角点上的运量，使各行、列保持原来的供需平衡，这样便得到一个新的调运方案，如表 9-26 所示。

按新方案计算调运物资的运输费用为

$$3 \times 500 + 10 \times 200 + 8 \times 100 + 1 \times 300 + 4 \times 600 + 5 \times 300 = 8500 \text{（元）}$$

新调运方案是否为最优方案，还需要对它进行检验。经计算，该新调运方案的所有检验数都是非负的，说明该方案已经是最优调运方案了。

表9-26 新调运方案   单位：元/t, t

需 供	B_1	B_2	B_3	B_4	供应量
A_1	3	1 500	3 200	10	700
A_2	1 300	9	2	8 100	400
A_3	7	4 600	10	5 300	900
需求量	300	600	500	600	2000

9.4.3 供需不平衡的物资调运问题

在应用表上作业法制订物资调运方案时，要求有供需平衡的条件。可是在实际中常常会碰到这种情况，我们不仅要对供需的规划问题进行考虑，同时还必须找出哪些供应点的库存过多，多多少？哪些需求点的供应不足，少多少？这样的问题，虽然不能直接应用表上作业法，但经过适当的处理后，还是可以化成供需平衡问题来应用表上作业法解决。

1. 供应量大于需求量

为了解决这一问题，可以引入一个虚设的需求点，令其需求量等于实际问题中供应量与需求量之差。实际上，这就相当于在某个供应点的仓库里，将多余的供应量储存起来。由于虚设的需求并没有参加实际的调配运输，因此可视其相应的运价为零，从而实际上不会对整个物资调运问题最小运输费用值的结果产生影响。但是，由于引入了一个需求点，其需求量刚好等于多余的供应量，从而使不平衡的调运问题转化为供需平衡的运输问题，所以可以应用前面介绍的表上作业法求出它的最优物资调运方案。

2. 需求量大于供应量

同样，为了使该问题达到供需平衡状态以化为供需平衡问题，可以虚设一个供应点。令这个虚设的供应点的供应量等于实际问题中需求量与供应量之差。这样，就相当于在某个需求点内高立一个仓库，假设需求不足部分的物资已经通过另找出路得到供应，预先储备起来了。因此，这一部分的需求量对该调运问题来说，也不存在运输问题，所以同样可视其相应的运价为零，从而也不会影响到最小运输费用的值。但这时已经可以应用表上作业法来求出它的最优物资调运方案。

由于篇幅有限，我们仅就供过于求的情况举例说明。

【例9-7】某建筑公司有三个储砂仓（A_1、A_2、A_3），供应四个拌和场（B_1、B_2、B_3、B_4）的混凝土搅拌机所需用砂。各拌和场估计需砂量（b_j）、储砂仓的供应能力（a_i），以及由第i储砂仓运往第j拌和场的单位运价c_{ij}（单位：元/t）如表9-27所示。该公司要求找一个运费最小的供砂调运方案。

表 9-27　某建筑公司供需及运价表　　　　　　　　　单位：元/t

储砂仓	拌和场				a_i/t
	B_1	B_2	B_3	B_4	
A_1	0.12	0.10	0.08	0.11	5000
A_2	0.09	0.11	0.11	0.13	10000
A_3	0.10	0.14	0.13	0.03	12000
b_j/t	5000	4000	7000	8000	

这是一个供需不平衡的调运问题。总供应量 27000t 大于总需求量 24000t，因此，虚拟一个需求量为 27000-24000=3000t 的需求点 D，同其他需求点 B_j 一样看待，构成一个虚拟供需平衡表，如表 9-28 所示。

表 9-28　虚拟供需平衡表　　　　　　　　　　　　　单位：元/t

供\需	B_1	B_2	B_3	B_4	D	a_i/t
A_1	0.12	0.10	0.08	0.11		5000
A_2	0.09	0.11	0.11	0.13		10000
A_3	0.10	0.14	0.13	0.03		12000
b_j/t	5000	4000	7000	8000	3000	$\sum a_i = \sum b_j$

这样就可以运用表上作业法进行求解，经过计算，最优调运方案如表 9-29 所示。

表 9-29　最优调运方案　　　　　　　　　　　　　　单位：t

供\需	B_1	B_2	B_3	B_4	D	a_i
A_1			5000			5000
A_2	4000	4000	2000			10000
A_3	1000			8000	3000	12000
b_j	5000	4000	7000	8000	3000	$\sum a_i = \sum b_j$

表 9-29 中的需求点 D 所在的列，$x_{35}=3000$，$x_{15}=x_{25}=0$，这说明应在三号储砂仓设一个容量为 3000t 的储备库，将供过于求的砂子储存起来。因此最优调运方案如下。

A_1 储砂仓——B_3 拌和场 5000t 砂子；
A_2 储砂仓——B_1 拌和场 4000t 砂子；
A_2 储砂仓——B_2 拌和场 4000t 砂子；
A_2 储砂仓——B_3 拌和场 2000t 砂子；
A_3 储砂仓——B_1 拌和场 1000t 砂子；
A_3 储砂仓——B_4 拌和场 8000t 砂子；

剩余 3000t 砂子储存起来。

在此最优调运方案下的最小运费为

0.09×4000+0.10×1000+0.11×4000+0.08×5000+0.11×2000+0.03×8000=1760（元）

利用这种表上作业法可以确定物资的调运方向，即物资调运的发点和收点，但是在具体实施运输方案时，还会遇到运输线路的选择问题。

9.5　最短线路与最大流量

在运输规划问题中经常会遇到最短线路和最大流量的问题。下面通过案例来说明最短线路和最大流量的概念和算法。

9.5.1　最短线路

【例 9-8】某家运输公司签订了一个运输合同，要把 A 市的一批货物运送到 B 市。该公司根据这两个城市之间可选择的行车线路图，绘制了如图 9.16 所示的公路网络。图 9.16 中，圆圈称为节点，代表起点、终点和与行车线路相交的其他城市；带箭头的线称为分支，代表两个节点之间的公路，每一条公路上都标明了运输里程（单位：km）。

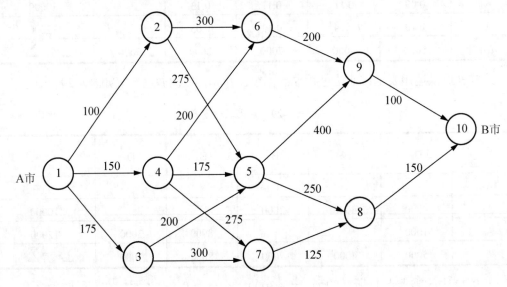

图 9.16　公路网络

由图 9.16 可以看出，从 A 市出发到达 B 市，可以有很多条线路可供选择。但是如何选择运输线路，才能使总路程的长度最短呢？这就是运输规划中的最短线路问题。

最短线路的计算方法如下。

（1）从终点开始逐步逆向推算，与终点 10 连接的有两个节点，即 9 和 8。B 市先从 9 开始计算。9 到 10 只有一条线路，因此没有选择的余地，9—10 就是最短的线路，它的里程为 100km，记为（9—10）100km。同样 8 到 10 也只有一条线路，里程为 150km，也按相同方式记为（8—10）150km。

（2）再看节点 6。与节点 6 连接的只有一个节点 9，因此最短线路为 6—9，里程为 200km。而 9 到终点 10 的最短里程为 100km，因此 6 到终点的最短里程为 200+100=300km，记为（6—9—10）300km。

（3）再看节点 5。与节点 5 连接的节点有 9、8 两个，5 到 9 再到终点的最短里程为 400+100=500km，5 到 8 再到终点的最短里程为 250+155=400km。因为 400<500，所以 5 到终点的最短里程为 400km，记为（5—8—10）400km。

按同样的方法，可得节点 7 到终点的最短里程为 125+150=275lm，记为（7—8—10）275km。

（4）再看节点 4。与节点 4 连接的节点有 5、6、7 三个。4 到 6 再到终点的最短里程为 200+300=500km，4 到 5 再到终点的最短里程为 175+400=575km，4 到 7 再到终点的最短里程为 275+275=550km。三个里程中以 500km 为最小，所以节点 4 到 10 的最短里程记为（4—6—10）500km。

按同样的方法，算出节点 2 到终点的最短里程为 600km，节点 3 到终点的最短里程也为 600km。分别记为（2—6—9—10）600km，（3—5—8—10）600km。

（5）最后看节点 1。与节点 1 连接的线路有 3 条：1 到 2 再到终点的最短里程为 100+600=700km，线路为 1—2—6—9—10；1 到 4 再到终点的最短里程为 150+500=650km，线路为 1—4—6—9—10；1 到 3 再到终点的最短里程为 175+600=775km，线路为 1—3—5—8—10。

三个里程中以 650km 为最小，这就是从 A 市到 B 市的最短里程，而对应的最短线路为 1—4—6—9—10。

最短线路法除了运用于物资的运输线路的选择，还可以用于物流渠道的设计，以及电缆架设、管道铺设和个人旅行中。只不过网络图中箭头线的具体含义要根据具体的问题来设定。

9.5.2 最大流量

当要把货物运输到指定地点时，有时会希望找到一条交通量最大的线路，以使货物能在最短时间内到达。这就是要在有一个起点和一个终点的网络中，找出在一定时间内，能在起点进入，并通过网络，在终点输出的最大流量问题。

下面仍然用一个案例来说明最大流量的算法。

【例 9-9】某市周围从北到南的交通，平时利用 85 号公路通行。后来，有两个星期因为 85 号公路要进行路面维修，车辆不能行驶，因而工程技术人员需要查明，穿过市区的几条线路，是不是有把握每小时让 6 千辆汽车通过，这些汽车在正常情况下是利用 85 号公路向南行驶的。图 9.17 标出了穿过该市从北往南的几条线路。节点旁边的数字指明以每小时千辆汽车为单位的该行车道的流量能力。例如，1—2 支线（行车道）上的 6 表明节点 1 通往节点 2 的流量能力为每小时 6 千辆；3—5 支线上的 5 表示每小时可以有 5 千辆汽车从节点 3 向节点 5 开去。

现在的问题是要求从节点 1 到节点 6 的公路网络所通过的最大流量。

计算方法如下。

（1）任意选择一条从终点 1 到终点 6 的线路，如选择线路 1—2—5—6。首先找出这条线路上流量能力最小的支线，即 5—6 支线，其流量能力为 2。这就表明，沿 1—2—5—6 支线向南行驶的汽车，其每小时的最大流量只能是 2 千辆，因为 5—6 支线限制了全线的车流量。

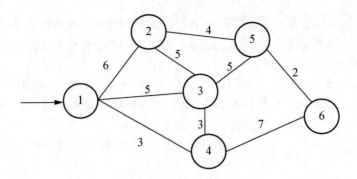

图 9.17 最大流量图

然后把这条线路上的每条支线的流量能力减去 2，差数表示该条支线剩余的流量能力，将其写在原来的流量能力的旁边，并把原来的流量能力数字划掉。把减数 2 写在每条支线的终点，在减数 2 的右下角注上（1），如 $2_{(1)}$，表示第一条线路的流量能力为 2 千辆。标注方式如图 9.18 所示。

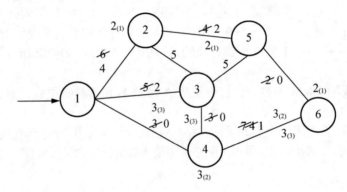

图 9.18 最大流量图

（2）另选一条从起点到终点的线路，如 1—4—6，以该线路上最小的流量能力 3 为减数，来减各条支线上的流量能力，其差数、减数的记入方法同上。在差数 3 的右下角注上（2），如 $3_{(2)}$，表示第二条线路的流量能力为 3 千辆。

（3）再选一条从起点到终点的线路，如 1—3—4—6，以该线路上最小的流量能力 3 为减数，来减各条支线上的流量能力，其差数、减数的记入方式同上。但 4—6 支线的流量能力已经剩下 4，再减去 3，差数为 1，接续写在 4 的旁边，表示 4—6 支线的流量能力只剩余 1 千辆，同时划掉 4，再记入本线路的差数 $3_{(3)}$，表示第三条线路的流量能力为 3 千辆。

从起点到终点，已找不到这样一条线路，在这条线路上，所有各条支线的流量能力全为正数。例如，1—2—3—5—6 线路，其中 1—2、2—3、3—5 支线，分别还有流量能力 4 千辆、7 千辆、5 千辆，但 5—6 支线已经没有剩余的流量能力，因而成为整条线路的瓶颈，限制了全线的流量，使这条线路的流量能力等于 0。

在这个交通网络中，成为瓶颈的还有 1—4、3—4 支线，要想提高整个网络的流量有力，就必须改进这些薄弱环节的状况。

这样，我们就求得了这个网络的最大流量，即第一条线路上的 2 千辆，第二条线路上的 3 千辆，第三条线路上的 3 千辆，共 8 千辆。计算结果表明，穿过该市区的几条线路，要让每小时 6 千辆汽车通过，是绰绰有余的。

最大流量法对规划铁路、公路运输线路及解决城市交通能力等问题很有用处。

本章小结

一般的运输问题是解决把某种产品从若干个产地调运到若干个销地，在每个产地的供应量与每个销地的需求量已知，并知道各地之间的运输单价的前提下，确定一个使得总的运输费用最小的方案的方法可用图上作业法和表上作业法等。图上作业法是我国物资部门从实际工作中创造出来的一种物资调运的方法，是一种行之有效的方法。利用图上作业法，可以帮助我们避免物资调运工作中的对流和迂回现象，提高运输过程中的里程利用率、减少空驶、增加运量、充分利用现有运输设备等。

 关键术语

层次分析法　　图上作业法　　表上作业法　　最短线路　　最大流量

综合练习

一、选择题

1. 运输方式的选择如果涉及竞争优势，则应考虑采用（　　）。
   A．成本比较法　B．竞争因素法　　C．图上作业法　　D．表上作业法
2. 下列哪一项是影响运输方式选择因素中的不可变因素？（　　）
   A．运输时间　　B．运输成本　　　C．运输方式　　　D．运输商品数量
3. 图上作业法的运算步骤是（　　）。
   A．绘制一个无对流的运输流向图　　B．将线路长度与货运量相乘
   C．减除最长运行线路　　　　　　　D．去掉迂回线路，调整为最优路径
4. 运输线路合理化的方法是（　　）。
   A．直线法　　　　　　　　　　　　B．表上作业法
   C．图上作业法　　　　　　　　　　D．吨千米收入与支出对比法
5. 表上作业法的基本步骤是（　　）。
   A．找出调运方案问题　　　　　　　B．列出调运物资平衡表和运价表
   C．确定初始调运方案　　　　　　　D．方案的检验与调整

二、名词解释

1. 层次分析法
2. 图上作业法

3. 表上作业法
4. 最短线路
5. 最大流量

三、简答题

1. 选择运输服务商的标准是什么？如何对运输服务商的绩效进行评估？
2. 运输问题表上作业法的基本步骤是什么？
3. 简述闭回路的构成，以及利用闭回路法求检验数的基本操作步骤。
4. 简述利用位势法求检验数，以及利用闭回路进行方案调整的基本操作步骤。

四、计算题

1. 某公司经销甲产品，其下设三个加工厂 A_1、A_2、A_3，每日的产量分别为 $A_1$40t、$A_2$40t、$A_3$90t。该公司把这些产品分别运往五个销售点 B_1、B_2、B_3、B_4、B_5，各销售点的每日销量分别为 $B_1$30t、$B_2$40t、$B_3$60t、$B_4$20t、$B_5$20t。已知从各加工厂到各销售点的单位产品的运价如表 9-30 所示。问该公司应如何调运产品，才能在满足各销售点需求量的前提下使总运费最少。

表 9-30　各加工厂到各销售点的单位产品的运价　　　　单位：元/t

加工厂	销售点					产量/t
	B_1	B_2	B_3	B_4	B_5	
A_1	7	10	8	6	4	40
A_2	5	9	7	12	6	40
A_3	3	6	5	8	11	90
销量/t	30	40	60	20	20	

2. 某制造企业有专门为产品生产工厂提供零部件和半成品的零部件制造厂，共有 A、B、D 三个零部件制造厂和 E、F、G 三个产品生产工厂。各零部件制造厂的产量（圆圈内数字）、各产品生产工厂的零部件需求量（方框内数字）及其位置和相互距离如图 9.19 所示。其中，产量和需求量的计量单位为 t，距离的计量单位为 km。试利用线路不成圈的图上作业法确定最佳的零部件调运方案。

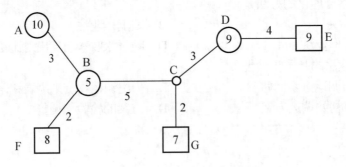

图 9.19　制造企业各厂的位置和相互距离

3. 利用线路成圈的图上作业法确定图 9.20 的最佳调运方案。

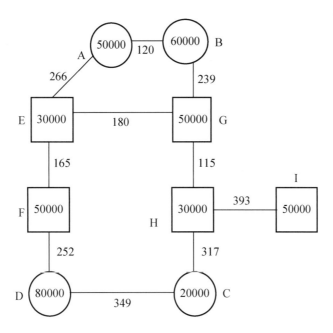

图 9.20 各个货运点的位置和相互距离

4. 图 9.21 所示为一个公路运输网，其中 A 是起点，J 是终点，B、C、D、E、F、H、I 是网络中的节点，节点与节点之间以线路连接，线路上标明了两个节点之间的距离，以运行时间（单位：min）表示。试确定一条从起点 A 到终点 J 的最短的运输线路。

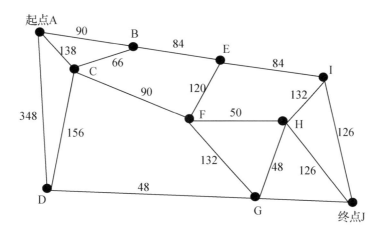

图 9.21 公路运输网

五、案例分析

1. 某托运人在一定时期内有一批货物需要运输到某地，已经确定选择公路运输方式，其备选的承运人信息如表 9-31 所示。试确定选择哪个承运人。

表9-31 备选承运人信息

承运人	运价/（元/t）	信誉等级	安全性	运输时间/天	运输能力
A	0.25	AAA	8	3	9
B	0.2	AAB	7	4	10
C	0.3	AAA	9	2	8
D	0.3	AAB	10	2	10
权重	30%	10%	25%	25%	10%

注：安全性指标以10分为最安全，运输能力指标以10分为运输设备最好和运输网络最发达。

2. A市和B市之间的高速公路网如图9.22所示，节点之间的每条线上都标有相应的行车时间（单位：min），节点代表公路的连接处。

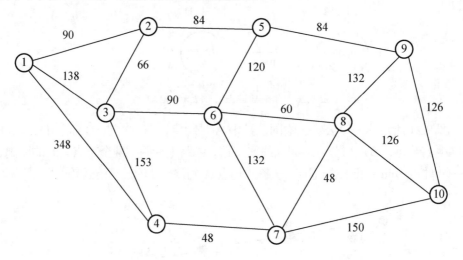

注：①为A市；⑩为B市；⑨为C市。

图9.22 高速公路网

请根据以上资料，回答下列问题。

（1）如何找到A市和B市之间行车时间最短的线路？最短的线路时间及路径分别是什么？

（2）如何找到A市和C市之间行车时间最短的线路？最短的线路时间及路径分别是什么？

第 10 章 国际货物运输公约

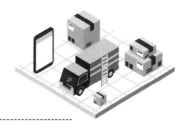

【本章知识架构】

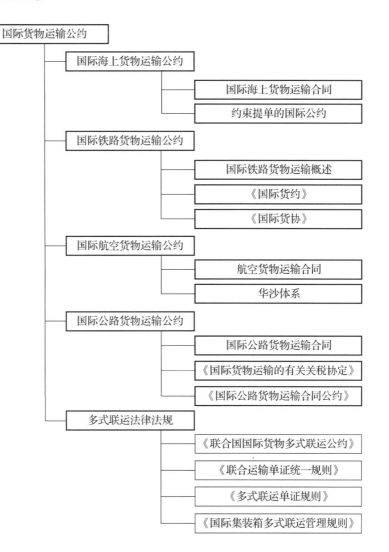

【教学目标】

通过本章学习，应掌握国际海上货物运输公约；掌握国际铁路货物运输公约；掌握国际航空货物运输公约；了解国际公路货物运输公约；了解多式联运相关的法律法规。

【导入案例】

完善综合交通法规体系

立足综合交通运输发展谋篇布局，促进不同运输方式法律制度的有效衔接，完善综合交通法规体系。这正符合党的二十大报告中提到的"加快建设法治社会"的要求。我国交通运输部印发《关于完善综合交通法规体系的意见》，构建了包括跨运输方式法规系统、铁路法规系统、公路法规系统、水路法规系统、民航法规系统、邮政法规系统六个系统的综合交通法规体系框架。我国已制定铁路法、公路法、海上交通安全法、港口法、航道法、海商法、民用航空法、邮政法等行业龙头法，铁路交通事故应急救援和调查处理条例、收费公路管理条例、道路运输条例、国内水路运输管理条例、国际海运条例、内河交通安全管理条例、快递暂行条例等行政法规。当前正在研究制定交通运输法、农村公路条例、城市公共交通条例、无人驾驶航空器飞行管理暂行条例等法律法规。此外，我国还出台了加强安全生产、服务群众出行、优化营商环境、防治污染等方面的部门规章。截至 2020 年年底，形成了包括 8 部法律、43 部行政法规、300 余部地方性法规、288 件部门规章、近 300 件地方政府规章的综合交通法规体系，使交通运输各领域、各门类基本做到有法可依。力争到 2035 年，基本形成系统完备、架构科学、布局合理、分工明确、相互衔接的综合交通法规体系。

请问我国已制定出台了哪些相关的综合交通法规？

国际货物运输是指采用一种或多种运输工具，把货物从一个国家的某一地点运至另一个国家的某一地点的运输。在整个国际货物流通中，国际货物运输是相对独立的一环，尽管国际货物买卖合同一般都订有运输条款，但各种国际货物运输方式通常都是通过承运人和托运人签订和履行专门的运输合同来进行的，这类合同一般都以一方当事人签字的运货单证为表现形式。国际货物运输的主要特点在于货物必须跨越国境，使货物从某一国境内的卖主手中运达另一国境内的买主手中。这一特点使国际货物运输过程比较复杂，所涉及的法律问题也十分特殊。

10.1 国际海上货物运输公约

10.1.1 国际海上货物运输合同

国际海上货物运输合同是指承运人或出租人以船舶运送货物，负责将货物从一国的港口经由海路运至另一国的港口交给收货人，而由托运人或承租人支付约定运费的合同。国际海上货物运输合同可分为两类：一类是班轮运输合同；另一类是租船合同。

1. 班轮运输合同

（1）概念。由于班轮运输的书面内容多以提单的形式表现出来，所以班轮运输又被称为提单运输，班轮运输合同又称件杂货运输合同。提单一经托运人背书，转让给收货人，提单就成为承运人与提单受让人之间的运输合同，而不仅是合同证据。它是托运人与承运人就件杂货达成的协议。托运人填写托运单和装货单，并送船公司或其代理人之后，经签署手续即认为船方接受该货物的承运，此时运输合同宣告成立。班轮运输合同通常是以提单这种书面文件予以证明。提单（bill of lading，B/L）是海上货物运输中的承运人或其代理人在接受其承运的货物或者把货物装船后，应托运人的请求签发给托运人，证明双方已经订立运输合同并保证在目的港按照提单所载明的条件交付货物的一种书面凭证。

（2）提单的法律性质。①提单是承运人收到托运货物后签发给托运人的货物收据。②提单是承运人与托运人相互订立运输合同的证明。③提单是货物所有权的凭证。④提单是要式证券。提单必须记载能够说明货物的托运人、承运人、收货人各自职责，以及货物的外表、性质、数量或质量等具体事项。⑤提单是文义证券。证券上的权利完全依证券上记载的文字的意义所决定的为文义证券。提单制成后，承运人与托运人或者其他提单合法持有人之间的权利与义务均按提单上记载的事项确定。⑥提单是有价证券。买卖提单等于买卖货物。⑦提单是流通证券。除少数记名提单不可转让外，其他大多数提单可经背书或交付连续多次的转让。不过，连续背书人不负连带责任。同时，转让人的权利如果有瑕疵时，善意受让人不能取得货物的所有权。

（3）提单的内容。提单通常是一页纸、无统一格式，由各船运公司按照自己的提单格式事先印刷好。《中华人民共和国海商法》第73条规定了提单的各项内容。背面内容是：运输条款，主要规定当事人双方的权利和义务。正面内容是：①船舶名称；②承运人名称和主营业所；③装运地和目的地，或运输线路；④托运人名称；⑤收货人名称；⑥货物的品名、标志、包装、件数、质量或体积，以及运输危险货物时对危险性质的说明；⑦运费和应当付给承运人的其他费用；⑧提单签发日期、地点、份数；⑨承运人或其代理人或船长的签字。注意：①前六项由托运人填写，由于填写失误造成的损失，引起的货物灭失或损害，托运人负责赔偿承运人；②承运人如果怀疑货物与提单内容不符，可以在提单上批注；③后三项由承运人填写；④提单一式三份，根据实际需要可以增减，承运人凭其中一份交货之后，其余提单一律作废。

（4）提单的种类。提单的种类很多，在此只介绍几种主要的分类。

① 以货物是否装船分为已装船提单和收货待运提单。已装船提单（shipped B/L 或 on board B/L）指在货物装船以后，承运人签发的载明船名及装船日期的提单；收货待运提单（received for shipment B/L）主要适用于集装箱运输，承运人在收取货物以后，实际装船之前签发的表明货物已收管待运的提单。

② 以提单上是否有批注分为清洁提单和不清洁提单。清洁提单（clean B/L）指单据上无明显的声明货物及（或）包装有缺陷的附加条文或批注；不清洁提单（unclean B/L 或 foul B/L）指附有不良批注的提单，如"包装不固""破包""沾有油污"，这种提单表明货物是在状况不良的条件下装船的，在卸货时如果由此造成损失可以减免承运人的责任。根据《跟单信用证统一惯例》的规定，除非信用证明确规定可以接受者外，银行拒绝接受不清洁提单。此外，不清洁提单也难以作为物权凭证自由转让。在国际贸易实践中，银行、买方或提单的受让人只接受已装船清洁提单。

③ 按收货人抬头分为记名提单、不记名提单和指示提单。记名提单（straight B/L）指

托运人指定特定人为收货人的提单,如"交某公司",这种提单不能通过背书方式转让,它只能按照债权转让方式转移,故又称"不可转让提单"。它有几个特点:安全性,遗失后不会被冒领;缺乏流通性,银行不愿意接受它为议付货款的单据;记名提单在国际贸易中较少使用,一般在运送贵重物品、援助物资、展览品时用。不记名提单(open B/L)指托运人不具体指定收货人,在收货人一栏只填写"交与持票人"(to bearer)字样,故又称"空白提单"。这种提单不经背书即可转让,手续简单,凡持票人均可提取货物。因此,在国际贸易中因风险太大而很少使用。指示提单(order B/L)指托运人在收货人栏内填写"凭指示"(to order)字样,又称"空白抬头空白指示提单",它虽然没有指明指示人是谁,实际是凭托运人指示,由托运人背书才能转让。

2. 租船合同

(1)概念。租船合同(charter party)是指采用船舶运输方式的出租人与承租人之间关于租赁船舶所签订的一种海上运输合同。它规定出租人提供适航的船舶给承租人使用;承租人按规定支付给出租人相应的运费和租金。租船合同中订明双方的权利与义务、责任与豁免等条款,以明确双方的经济关系和法律关系。

租船合同当事人在不违反强制性法规和公共秩序的前提下可以自由订立合同条款。为了给出租人和承租人提供方便,洽商时可采用国际上特定的标准合同为蓝本。例如,由波罗的海国际航运公会制定并于 1994 年修订的统一杂货租船合同(uniform general charter party),简称金康(GENCON)合同;波罗的海航运公会制定的统一定期租船合同(uniform time charter party);巴尔的摩班轮条件谷物租船合同(Baltime berth grain C/P);澳大利亚谷物租船合同(Australian grain C/P),简称 Austwheat;古巴食糖租船合同(Cuba sugar C/P);太平洋沿岸谷物租船合同(Pacific coast grain),简称 C/P;纽约土产交易所期租合同(NewYork produce exchange charter);中国定期租船合同(China national chartering corporation time C/P),简称 SINOTIME 1980 等。

(2)航次租船合同及其主要条款。航次租船合同(voyage charter party)又称航程租船合同、定程租船合同,指采用航次运输方式的承租人与出租人订立的租船合同。承租人既可以按约定租用一个航次,又可以租用若干个航程。无论是单航次租船、来回程租船,还是连续完成若干个相同的航程,或者租用若干艘船包运一批货物,都是由出租人负责调动船舶,安排船长与船员,支配船舶的营运,并且支付船员工资及各种营运费用。承租人不直接参与船舶的营运,只是承担运费、货物装卸费和船舶滞期费等费用。航次租船合同通常就是货物的运输合同。双方当事人订妥合同之后,船方应将约定的船只驶往约定的装货港装载货物,然后开往合同规定的目的港交货。

(3)定期租船合同及其主要条款。定期租船合同(time charter party)又称期租船合同,指采用定期运输方式的承租人与出租人为在一定期限内租用船舶而订立的合同。按照期租合同的规定,承租人享有调动船舶的权利,并支付全部营运所需的燃料费、物料费、港口费、引水费、拖带费、码头费等费用,出租人负责支付船长与船员的工资给养、船舶的保险费、修理费等与船舶有关的费用。

(4)光船租船合同及其主要条款。光船租船合同(bareboat charter party)又称船壳租船合同,指采用光船租船运输方式的承租人因租用船舶而与出租人订立的合同。光船租船合同在法律性质上是一种财产租赁合同。承租人按照合同规定配备船长与船员，提供给养，负责船舶经营管理，支付一切营运费用。出租人只提供空船，收取租金。

10.1.2 约束提单的国际公约

有关提单的国际公约有三个：1924年制定的《海牙规则》（Hague Rules）、1968年制定的《维斯比规则》（Visby Rules）、1978年制定的《汉堡规则》（Hamburg Rules）。

1. 产生背景及过程

（1）《海牙规则》的产生背景及过程。19世纪末世界海上航运业迅速发展，以英国航运为代表的船舶所有人，利用手中雄厚的航运资本，以及法律的契约自由原则，在自己制定的海运提单中任意加进许多免责条款，使力量弱小的货方利益失去保障。特别是提单作为一种物权凭证具有可以自由转让的特性，名目繁多的免责条款往往限制或阻碍了提单的转让，由此影响了国际贸易和海上运输的发展。当时这种尖锐的矛盾存在于英国承运人与美国货主之间。英国承运人的这种做法（似乎承运人除了收取运费外，海运过程中造成的一切损失都与其无关）严重损害了美国贸易商的利益。为了维护美国贸易商的利益，美国国会于1893年制定了《哈特法》（Harter Act），确定了承运人应负的最低限度的责任。即承运人必须恪尽职责使船舶适航，并对货物的装载、照料和交付等方面的过失所造成的损失负责。凡是免除由于承运人管货方面的过失责任的提单条款，美国法院就以违反公共秩序为由，宣告其无效。随后，一些国家也纷纷立法，1904年澳大利亚颁布了《海上货物运输法》，1908年新西兰颁布了《航运及海员法》，1910年加拿大颁布了《水上货物运输法》，这些法律都是根据《哈特法》基本精神制定的。第一次世界大战后，提单条款更加复杂化，对于海运业发展不利。因此，贸易界强烈要求提单规范化。为此，国际法协会所属的海洋法委员会于1921年在海牙召开会议，采纳《哈特法》基本原则，草拟了规则草案，后在1924年的布鲁塞尔会议上进行了修改，正式名称为《关于统一提单的若干法律规定的国际公约》。由于该规则草案在海牙起草，故简称《海牙规则》。实践中，几乎所有的提单都规定适用《海牙规则》，可以说，《海牙规则》是管辖国际海运的规则。

（2）《维斯比规则》的产生背景及过程。《海牙规则》生效后，使国际海上货物运输有章可循，对提单规范化起了积极的促进作用。但随着国际政治、经济形势变化，航海、造船技术的进步，它的某些内容显得陈旧，不适应新形势的需要。其中突出的是关于承运人的大量免责条款和对货损赔偿限额的规定。再加上集装箱运输方式的出现，到了20世纪50年代，各国都认为有必要修改《海牙规则》。终于1968年2月在布鲁塞尔签署了《关于修订统一提单若干法律规定的国际公约议定书》。由于该议定书草案在斯德哥尔摩讨论通过，期间参加会议的成员到过哥特兰岛的维斯比城签署该草案，为了借用中世纪维斯比海法之名声，故将议定书简称为《维斯比规则》，并于1977年正式生效，海运界常将其与《海牙规则》合称为《海牙—维斯比规则》。

（3）《汉堡规则》的产生背景及过程。《维斯比规则》对《海牙规则》的修改很不彻底，只是作些小修小补，并未涉及实质问题，特别是原来就准备修改的承运人免责范围问题没有任何反映。国际上主要货主国对此极为不满，尤其是许多发展中国家强烈反对。自1969年起，修改工作由联合国国际贸易法委员会设立的国际航运立法工作组负责。于1978年在德国汉堡举行的联合国海上货物运输会议讨论通过《1978年联合国海上货物运输公约》，简称《汉堡规则》。该公约于1992年11月1日生效，承认该规则的绝大多数为发展中国家（埃及、智利、肯尼亚、摩洛哥、尼日利亚、突尼斯、乌干达、赞比亚等），占全球外贸或船舶吨位数90%的国家都未承认该规则，但它对货方和承运人的权益作了较为公平的合理调整。

2. 承运人的义务及责任基础

（1）《海牙规则》最重要的内容是规定了承运人最低限度的责任和免责。自1924年制定以来，经久不衰。我国制定海商法时，吸收了其中的内容。承运人最低限度的责任如下。①提供适航的船舶：在开航前与开航时船舶适于航行；船员的配备、船舶装备和供应适当；船舶要适合货物的安全运送和保管。②妥善保管货物的责任，承运人应当谨慎地装载、搬运、配送、保管、照料货物，卸载货物。③签发提单。④不做不合理绕航的义务，合理绕航指救助或企图救助海上遇险人员、财产或有其他正当理由（如避免船舶碰撞或其他海上危险）而发生的绕航。

（2）《维斯比规则》中承运人的义务及责任基础和《海牙规则》一样。

（3）《汉堡规则》规定：①采取完全过失责任制，取消了承运人航行过失免责条款；②推定过失责任制，即货损一经发生即推定承运人存在过失，除非承运人证明为避免事故的发生及其后果已采取一切必要措施。

3. 承运人的责任期间

（1）《海牙规则》中承运人的责任期限是"钩至钩"或"舷至舷"，是承运人在自货物装上船时起，至卸下船时止的一段期间才承担责任。这对承运人是有利的，因为承运人在码头接货以后，到装船以前还有一段时间，同时，承运人在目的港卸货以后，到交货给收货人以前，也还有一段时间，这两段时间没有人承担责任，或者说，承运人根据《海牙规则》是不承担责任的。例如，德国某公司租用中国天津远洋运输公司货轮装载袋装化肥从汉堡运至上海，货物于签订航次租船合同的当天运抵汉堡港码头仓库，准备第二天装船。但是船未如期到港。当天夜里码头仓库失火，全部货物烧毁。该德国公司向承运人中国天津远洋运输公司索赔。承运人认为其承担的是钩至钩责任，本案货物尚未装船，承运人的责任还未开始，因此，承运人对在码头上的货物损失不能承担赔偿责任。"钩至钩"是《海牙规则》规定承运人应履行其管货义务的责任期限：从货物装上船起至货物卸离船时止的整个期间。《海牙规则》第1条第5款规定，货物运输包括自货物装上船舶开始至卸离船舶为止的一段时间。本案中如果合同规定适用的法律是《海牙规则》，由于货物尚未装船，承运人的责任还未开始，因此，承运人对在码头上的货物损失不承担赔偿责任。本案中如果合同规定适用的法律是《汉堡规则》，则承运人应对在码头上的货物损失承担责任。

（2）《维斯比规则》中承运人的责任期限和《海牙规则》一样。

（3）《汉堡规则》中承运人的责任期限是"接到交"，承运人对货物的责任期间包括在装货港、在运输途中及在卸货港，即货物在承运人掌管的全部期间。

4. 承运人的责任限额

承运人的责任限额是指货物发生灭失或残损时，把承运人的赔偿责任限制在一定限度之内的赔偿制度。责任限额是承运人对每一货物数量单位的最高赔偿限额,如中远和中外运均规定每件或每一计费单位不超过 700 元。责任限额的目的是帮助船东减轻责任,同样货主可对所承担的责任心中有数,进行责任投保时有依据;不鼓励托运人隐瞒货物价值,而使船东收取一般的运费却承担额外风险。

(1)《海牙规则》规定的责任限制。①每件或每单位不超过 100 英镑(100 英镑是 1924 年的价值)。②例外:双方另有更高协议;托运人在装货前已就货物的性质和价值提出声明,并已在提单中注明;承运人放弃责任限额并在提单上注明的。

(2)《维斯比规则》规定的责任限制。①采用双重责任限额制,即将每件或每单位的赔偿责任限额提高为 10000 金法郎(相当于 430 英镑)或毛重每千克 30 金法郎,以二者中较高者为准。其后《海牙—维斯比规则》修改为每件 666.67SDR(SDR 的全称为 special drawing right,中文译为特别提款权,国际货币基金组织的成员之间用于结算国际收支的一种国际清偿手段储备)或每千克 2SDR。②增加了拼装货件数的计算方法,如果是集装箱,以提单中载明的内装件数作为计算赔偿限额的件数;如未在提单中注明件数,则以运输工具的件数为计算赔偿限额的件数。③增加了一个例外:承运人蓄意造成货损或有重大轻率过失的,承运人不得享受责任限额。④增加了承运人的雇佣人和代理人也可以享有责任限额的规定,而这一点在《海牙规则》中并未明确规定。⑤上述限制无论索赔人以侵权还是以违约为依据进行索赔都享有。

(3)《汉堡规则》规定的责任限制。①承运人的责任限额为每件或每单位 835SDR 或每千克 2.5SDR,以二者中较高者为准,《汉堡规则》比《维斯比规则》的限额提高了约 25%。②如果货损是由于承运人,其雇佣人或代理人故意造成的,则丧失责任限额权利。例如,"不赖森"号货轮承运两部冷气压缩机,从美国费城运往德国不来梅,托运人在装船前声明了该货物的价值。该轮在卸货时发现其中一部压缩机已损坏,该部压缩机价值为 34550 马克。承运人承认其对货损负有责任,但主张应依《海牙规则》将其责任限额在每件 100 英镑之内。货主认为受损的压缩机并非一个"包件",承运人应按损失负责全额赔偿。《海牙规则》第 4 条第 5 款规定:不论承运人或船舶,在任何情况下,对货物或与货物有关的灭失和损害,每件或每单位超过 100 英镑或与其等值的其他货币的部分,都不负责;但托运人于装货前已就该项货物的性质和价值提出声明,并已在提单上注明的,不在此限。本案中涉及的问题是托运人在装船前声明了该货物的价值,因此不应受每件或每单位 100 英镑的赔偿限制,而应按事先声明的货物价值进行赔偿。

5. 责任期间的承运人免责

(1)《海牙规则》列举了 17 项承运人可以免责的情况,经常被引用的是:船长、船员、引航员或承运人的其他所雇人员驾驶船舶或管理船舶的过失免责,这是开先例的过失免责,《海牙规则》因此被称为"不完全的过失免责制"。《海牙规则》第 4 条规定,承运人对由于下列原因引起或造成的灭失或损坏不负责:①航行与管理船舶的过失;②火灾;③不可抗拒的自然力量;④不可抗拒的人为力量;⑤托运人过失;⑥非由于承运人的过失引起的货损等。其中,①属过失免责事项,②~⑥属无过失免责事项。

(2)《维斯比规则》中责任期间的承运人免责和《海牙规则》一样。

(3)《汉堡规则》废止了备受谴责的航行及管船过失责任,在过失认定上,采用推定过失原则;在火灾免责方面,要求索赔人证明承运人有过失。

（4）关于免责演变。《海牙规则》的许多原则都是对承运人有利的。其中承运人免责事项，大部分没有贯彻"有过失就应该承担损害赔偿责任的原则"，现在看来是不合理的。这是由于过去航海技术落后，远洋运输风险很大，所以给承运人许多保护。如今技术进步了，如果继续让承运人享受对雇员的疏忽或过失免责的权利，缺乏合理依据。因此，在《汉堡规则》中确立了，以过失来确定赔偿责任的原则。按照《汉堡规则》，除非承运人能够证明承运人本人、雇员、代理人没有过失或疏忽，否则承运人就应该对货物的灭失、损害、延迟交货负责。在火灾问题上，因火灾造成货损时，《汉堡规则》要求货主证明承运人本人、雇员、代理人有过失或疏忽，才能使承运人对此承担责任。

6. 延迟交货的责任

（1）《海牙规则》和《维斯比规则》对承运人延迟交货没有规定。

（2）《汉堡规则》对延迟交货的规定。延迟交货是指承运人未在约定时间内，或者在没有约定的情况下，未在合理时间内交货。承运人对因自己过失而延迟交货所造成的货损应负赔偿责任；如果延迟交货达60天以上，索赔人可视为货物已经灭失。承运人对延迟交货的赔偿责任限额为迟交货物运费的2.5倍，但不能超过总运费。

7. 托运人的义务与责任

《海牙规则》《汉堡规则》《维斯比规则》中的托运人的义务与责任是一样的。

（1）托运人有如实提供货物信息的义务，托运人应对其所提供的资料不正确所造成的损失负赔偿责任。

（2）托运人托运危险品时：若托运人隐瞒货物的危险性，承运人可随时将其卸下或销毁，并且不负赔偿责任，托运人应对由于装载该货物引起的损害或费用负责；若托运人已表明货物的危险性，承运人只有在面临威胁时才可将其卸下或销毁而无须负责，此时托运人对由于运送该货物引起的损失无须负责，共同海损例外。

8. 活动物与舱面货

（1）《海牙规则》和《维斯比规则》适用的货物不包括活动物和舱面货。

（2）《汉堡规则》对活动物与舱面货的规定。①对于活动物，如果由于其固有的特殊风险造成的损失，承运人可免责，但承运人需证明已按托运人的特别指示办理了与货物有关的事宜。②对于舱面货，如果货物被合法地（根据法律、惯例或当事人协议）装在舱面，对由于此种装载的特殊风险造成的货物灭失或损坏，承运人不负赔偿责任。承运人如果违反与托运人货装舱内的约定而将货物装在舱面上，则不能享受责任限额。

9. 索赔与诉讼时效

（1）《海牙规则》的规定。①索赔通知：收货人提货时如发现短卸或残损，应立即向承运人提出索赔。如果残损不明显，则在3天内提出索赔；如果3天内未提出，就是交货时货物表面状况良好的初步证据。②诉讼时效：货方对承运人提起索赔的诉讼时效为1年，自货物交付时起算，在货物灭失的情况下，自货物应交付之日起算。

（2）《维斯比规则》的规定。诉讼时效为1年，经双方协商，可将这一期限延长。对第三方的追偿诉讼，在1年的诉讼时效期满后，仍有3个月宽限期。

（3）《汉堡规则》的规定。①索赔通知：收货人应在收货后第一个工作日内提出索赔；在损害不明显时，应在收货后 15 天内提交；延迟交付应在收货后连续 60 天内提交索赔通知。②诉讼时效：诉讼时效为 2 年；承运人向第三方追偿时可以协议延长时效。

10. 公约的适用范围

（1）《海牙规则》适用在缔约国签发的一切提单中；不适用于租船合同，但如提单在船舶出租情况下签发，便应符合本规则的规定。

（2）有下列情况之一的，即可适用《维斯比规则》：①提单在缔约国签发；②从一个缔约国的港口起运；③提单中列有法律选择条款，当事人合意选择适用该规则。

（3）《汉堡规则》适用于两个不同国家间的所有海上运输合同，并且需满足以下条件之一：①提单在某一缔约国签发；②提单中载有适用该规则或采纳该规则的任何国内法的法律选择条款；③装货港或卸货港位于缔约国；④不适用于租船合同，但适用于租船合同项下的提单。

10.2　国际铁路货物运输公约

10.2.1　国际铁路货物运输概述

1. 国际铁路货物运输发展

国际铁路货物运输是指通过各个国家既有铁路的衔接，经铁路运输方式办理的进出口货物运输。国际铁路运输是在国际贸易中仅次于海洋运输的一种主要运输方式。其最大的优势是运量较大，速度较快，运输风险明显小于海洋运输，能常年保持准点运营等。世界上铁路总长度在 5 万 km 以上的国家有中国、美国、俄罗斯、加拿大、印度等。进入 21 世纪以来，世界铁路发展的宏观背景发生了深刻变化，许多国家调整并实施了新的运输发展战略，以适应可持续发展、城市化进程、区域经济协调、构建综合运输体系、国际通道建设等方面的需要。在此背景下，世界铁路不断进行技术创新、管理创新和体制创新，铁路运输发展呈现出新的发展趋势。世界各国采用的铁路轨距不尽相同，其中以 1435mm 的最多，称标准轨距；大于标准轨的为宽轨，其轨距多为 1520mm；小于标准轨的为窄轨，其轨距有 1067mm 和 1000mm 两种。

2. 国际铁路货物运输中的主要铁路干线

（1）西伯利亚大铁路。东起符拉迪沃斯托克（旧称海参崴），途经伯力、赤塔、伊尔库茨克、新西伯利亚、鄂木斯克、车里雅宾斯克、古比雪夫，止于莫斯科。全长 9300 多 km。之后向远东延伸至纳霍德卡。该线东连朝鲜和中国；西接北欧、中欧、西欧各国；南由莫斯科往南可接伊朗。我国与俄罗斯、东欧国家及伊朗之间的贸易，主要用此干线。

（2）加拿大连接东西两大洋铁路。①鲁珀特港—埃德蒙顿—温尼伯—魁北克（加拿大国家铁路）；②温哥华—卡尔加里—温尼伯—桑德贝—蒙特利尔—圣约翰—哈利法克斯（加拿大太平洋大铁路）。

（3）美国连接东西两大洋铁路。①西雅图—斯波坎—俾斯麦—圣保罗—芝加哥—底特律（北太平洋铁路）；②洛杉矶—阿尔布开克—堪萨斯城—圣路易斯—辛辛那提—华盛顿—巴尔的摩（圣菲铁路）；③洛杉矶—图森—帕索—休斯顿—新奥尔良（南太平洋铁路）；④旧金山—奥格登—奥马哈—芝加哥—匹兹堡—费城—纽约（联合太平洋铁路）。

（4）中东—欧洲铁路。从伊拉克的巴士拉，向西经巴格达、摩苏尔，叙利亚的穆斯林米亚，土耳其的阿达纳、科尼亚、埃斯基谢希尔，至博斯普鲁斯海峡东岸的于斯屈达尔；过博斯普鲁斯大桥至伊斯坦布尔，接巴尔干铁路，向西经索非亚、贝尔格莱德、布达佩斯至维也纳，连接中、西欧铁路网。

3. 我国的国际铁路联运

国际铁路联运是发货人由始发站托运，使用一份铁路运单，铁路方面根据运单将货物运往终点站交给收货人。在由一国铁路向另一国铁路移交货物时，不需收、发货人参加，亚欧各国按国际条约承担国际铁路联运的义务。我国通往欧洲的国际铁路联运线有两条：一条是利用俄罗斯的西伯利亚大陆桥贯通中东、欧洲各国；另一条是由江苏连云港经新疆与哈萨克斯坦铁路连接，贯通俄罗斯、波兰、德国至荷兰的鹿特丹。后者称为新亚欧大陆桥，运程比海运缩短 9000km，比经由西伯利亚大陆桥缩短 3000km，进一步推动了我国与欧亚各国的经贸往来，也促进了我国沿线地区的经济发展。

10.2.2 《国际货约》

目前，关于国际铁路货物运输的公约有两个：《国际货约》和《国际货协》。

1. 《国际货约》概述

《国际货约》的全称为《国际铁路货物运输公约》，于 1961 年在瑞士伯尔尼订立，1975 年 1 月 1 日生效。其成员包括了主要的欧洲国家，如法国、德国、比利时、意大利、瑞典、瑞士、西班牙及东欧各国，此外，还有西亚的伊朗、伊拉克、叙利亚，西北非的阿尔及利亚、摩洛哥、突尼斯等国。

《国际货约》是在 1890 年欧洲各国制定的《国际铁路货物运送规则》基础上发展而来的。在第一次和第二次世界大战期间曾经中断，战后又重新恢复，以后为适应国际形势的不断发展变化又屡经修改。

2. 《国际货约》的主要内容

（1）适用范围。适用按联运单托运，其运程至少通过两个缔约国的领土。

（2）运输契约。运单是运输契约。

（3）发货人的权利和义务。①发货人对运单记载和声明的正确性负责；②发货人应遵守载货限制，按要求包装货物；③发货人对包装标记同运单相符负责，否则承担由此引起的装车不当而带来的损失，并应赔偿铁路损失；④发货人可以按规定变更和修改运输合同。

（4）收货人的权利和义务。①收货人应支付一切应付费用，并于到达站领取运单和货物；②如已证实货物灭失或在规定期限内未到达，收货人有权以本人名义按合同向铁路提出赔偿请求；③收货人有权在发货人未支付有关运费或未按规定填写运单时，变更运输合同，如指示货物中途停留、延迟交付货物、将到达货物交于非运单中的指定收货人。

（5）承运人的权利和义务。①承运人有权检查运单记载事项是否正确，并可将实际检查结果载入运单；②发货人超装时，有权收取差额运费并对可能产生的损失提出索赔要求；③承运人对全程运输负责；④对因发货人或收货人的错误、疏忽行为或货物固有缺陷等所致的损害灭失，承运人免责。

（6）关于运费、期限和索赔规定。《国际货约》规定了运费计算标准，索赔应以书面形式提出，诉讼时效为期一年。

10.2.3 《国际货协》

1. 《国际货协》概述

《国际货协》的全称为《国际铁路货物联运协定》，于 1951 年在华沙订立。中国于 1954 年 1 月 1 日正式加入。我国对外铁路货物运输主要以《国际货协》为法律依据。目前，我国通过满洲里、绥芬河、珲春、二连浩特、阿拉山口、霍尔果斯、丹东、图们、集安、凭祥、山腰共 11 个铁路口岸与俄罗斯、蒙古、哈萨克斯坦、朝鲜、越南 5 个国家开办两国间直通国际铁路货物联运和过境运输；并通过上述国家与中亚各国和一些欧洲国家实现了国际直通货物联运。《国际货协》成员中的一些东欧国家又是《国际货约》的成员，这样《国际货协》成员的进出口货物可以通过铁路转运到《国际货约》成员的所在地，这为沟通国际间铁路货物运输提供了更为有利的条件。我国是《国际货协》的成员，凡经由铁路运输的进出口货物均按《国际货协》的规定办理。

2. 新版《国际协定》的主要特点

为适应各国铁路发展的新情况、促进国际铁路货物联运进一步发展，近几年来，铁路合作组织对《国际货协》进行了修改补充，并于 2014 年 6 月在立陶宛举行的第四十二届部长级会议上通过，在 2015 年 7 月 1 日正式实施。本次对《国际货协》的补充修改主要体现在以下几个方面。

（1）对《国际货协》的结构进行了重大调整。将原协定的 8 章、41 条和 199 项，调整成 4 章、60 条和 174 项。将原协定的第 2 章运输合同的缔结，第 3 章运输合同的履行，第 4 章运输合同的变更，第 5 章铁路的责任，第 6 章赔偿请求、诉讼及赔偿请求时效，第 7 章各铁路间的清算的内容归纳到新协定的第 2 章运输合同中，并与第 1 章总则一起，构成了新版《国际货协》的基本内容和主要规定。此外，新版《国际货协》中增加了关于"作为运输工具的非承运人所属车辆的使用"的规定。

（2）新版《国际货协》更能适应各国铁路管理体制的变革，将政府的行业管理与铁路企业的运营管理有机结合起来。尤其是引入"承运人"概念，用其代替各国铁路，更能满足各国铁路实际的需求。此外，对原协定中的重要和原则性问题的规定保留在新协定中，而对办理国际铁路货物运送的一些具体规定纳入新协定的附件中。

（3）新版《国际货协》表述更加简明扼要，从法律和规章的角度看，它更加规范化。但它的原则性规定多，实际操作规定少，给铁路员工实际执行带来很大困难。

（4）新版《国际货协》取消了一些较为详细的规定或只适用某些国家的规定，如不准运送的货物、对运送到越南的货物的限制等；对一些重大问题进行了原则性的规定，如增加了"运送的预先商定"，这为办理各种货物运送或按特殊条件运送货物提供了可能。

旧版《国际货协》对国际铁路货物联运各个环节都作了明确的规定，如货物的承运、装车，口岸站货物的交接、商务记录的编制等，尤其是针对实际铁路联运工作中产生的问题都进行了相应的规定，这对保证国际铁路货物联运工作的顺利进行发挥了重要作用。而新版《国际货协》在这方面进行了弱化，特别是取消了一些针对具体情况进行实际操作的相关规定，这使得新版《国际货协》在执行过程中，可能对实际的联运工作，尤其是口岸站的工作产生很大的影响。

3. 国际铁路货物运输合同的订立

《国际货协》第6条、第7条规定，发货人在托运货物的同时，应对每批货物按规定的格式填写运单和运单副本，由发货人签字后向始发站提出。从始发站在运单和运单副本上加盖印戳时起，运输合同即告成立。运单是铁路收取货物、承运货物的凭证，也是在终点站向收货人核收运杂费用和点交货物的依据。与提单及航空运单不同，运单不是物权凭证，因此不能转让。运单副本在加盖印戳后退还发货人，并成为买卖双方结清货款的主要单据。

4. 托运人的义务

依据《国际货协》的规定，托运人承担以下义务。

（1）如实申报。托运人应对其在运单中所填的和声明的事项的正确性负责，并对于记载和声明的事项的不正确、不确切或不完备及未将应报事项记入运单造成的一切后果承担责任。

（2）文件完整。托运人必须将货物在运送途中为履行海关和其他规章所需要的附加文件添附到运单上。托运人要对没有添附这些文件或文件不齐全、不正确造成的后果负责。托运人在填写运单的同时，要提交全部货物和付清运费和有关费用。提交的货物可以是整车，也可以是零担。但不得属于下列货物：邮政专运物品；炸弹、炸药和军火；不属于《国际货协》附件四中所列的危险物品；质量不足10千克的零担货物。

（3）运送费用的支付和计算。运送费用包括货物的运费、押运人的乘车费、杂费及与运送有关的其他费用。按照《国际货协》第13条和第15条的规定：①发送国铁路的运送费用，按发送国的国内运价计算，在始发站由发货人支付；②到达国铁路的运送费用，按到达国铁路的国内运价计算，在终点站由收货人支付；③如货物始发站和到达的终点站属于两个相邻国家且无须经由第三国过境运输，且两国间订有直通运价规程时，则按运输合同订立日有效的直通运价规程计算；④如货物需经第三国过境运输时，过境铁路的运输费应按运输合同订立日有效的《国际货协统一运价规程》的规定计算，可由始发站向发货人核收，也可由终点站向收货人核收。

（4）变更合同。按照《国际货协》的规定，发货人和收货人在填写变更申请书后，有权在该协定允许的范围内对运输合同作必要的变更。但无论是发货人还是收货人，都只能各自对合同变更一次，并且在变更合同时，不得将一批货物分开办理。同时，变更合同的当事人应对变更合同发生的费用和损失负责。

5. 承运人的权利和义务

（1）承运人的责任期间。根据《国际货协》的规定，从签发运单时起到终点交付货物时止为承运人的责任期间。在这个期间内，承运人对货物因逾期，以及全部或部分灭失、毁损造成的损失负赔偿责任。

（2）核查运单的货物。铁路承运人有权检查发货人在运单中所记载事项是否正确，并在海关和其他规章有规定的情况下，或者为保证途中行车安全和货物完整，在途中检查货物的内容。

（3）执行或拒绝变更合同。根据《国际货协》的规定，在下列情况下，铁路承运人有权拒绝托运人（发货人或收货人）变更运输合同或延缓执行这种变更：①执行变更的铁路车站在收到变更申请或发站到站的通知后无法执行；②与参加运送的铁路所属国家现行的法令和规章相抵触；③违反铁路营运管理；④在变更到站的情况下，货物价值不能抵偿运到新指定到达站的一切费用。当铁路承运人按托运人指示变更运输合同时，有权按有关规定核收变更运输合同后发生的各项运杂费用。

（4）连带责任。按《国际货协》第21条的规定，按运单承运货物的铁路承运人，应负责完成货物的全程运输，直到在到达站交付货物时止。每个继续运送货物的铁路承运人，自接收附有运单的货物时起，即参加这项运输合同并因此而承担义务。

6. 承运人的免责

根据《国际货协》第22条的规定，在下列情况发生时，免除承运人责任。
（1）铁路承运人不能预防和不能消除的情况。
（2）因货物的特殊自然性质引起的自燃、损坏、生锈、内部腐坏及类似结果。
（3）由于发货人或收货人过失或要求而不能归咎于铁路承运人。
（4）因发货人或收货人装卸车原因造成的。
（5）由发送铁路规章许可，使用敞车类货车运送货物。
（6）由于发货人或收货人的货物押运人未采取保证货物完整的必要措施。
（7）由于承运时无法发现的容器或包装缺点。
（8）发货人用不正确、不确切或不完全的名称托运违禁品。
（9）发货人在托运时需按特定条件承运货物时，未按本协定规定办理。
（10）货物在规定标准内的途耗。

7. 赔偿请求与诉讼时效

（1）赔偿限额。根据《国际货协》第22条的规定，铁路承运人对货物损失和赔偿金额在任何情况下，不得超过货物全部灭失时的金额。当货物遭受损坏时，铁路承运人赔付金额应与货价减损金额相当。当货物全部或部分灭失时，赔偿金额按外国售货者在账单上所开列的价格计算；如发货人对货物价格另有声明时，按声明的价格给予赔偿。当逾期交货时，铁路承运人应以所收运费为基础，按逾期长短，向收货人支付规定的逾期罚款。逾期不超过总运到期限的1/10时，支付相当于运费的6%的罚款；逾期超过总运到期限的4/10时，应支付相当于运费30%的罚款等。

（2）赔偿方式。《国际货协》第28条规定，发货人和收货人有权根据运输合同提出赔偿请求，赔偿请求可以书面方式由发货人向发送站提出，或由收货人向收货站提出，并附上相应根据，注明款额：①运单项下货物全部灭失时，由发货人提出，同时需提交运单副本；或由收货人提出，同时需提交运单或运单副本；②货物部分灭失、毁损或腐坏时，由发货人或收货人提出，同时需提交运单及铁路承运人在到达站交给收货人的商务记录；③逾期交货时，由收货人提出，同时需提交运单；④多收运输费用时，由发货人按其已支付的款额提出，同时需提交运单副本或发送站国内规章的其他文件；或由收货人按其所支付的运费提出，同时需提交运单。

（3）诉讼时效。铁路承运人自有关当事人向其提出索赔请求之日起，必须在 180 天内审查该项请求，并予以答复。发货人或收货人在请求得不到答复或满足时，有权向受理赔偿请求的铁路所属国家的法院提起诉讼。依从《国际货协》第 30 条规定，有关当事人依据运输合同向铁路承运人提出的赔偿请求和诉讼，以及铁路承运人对发货人和收货人关于支付运输费用、罚款和赔偿损失的要求和诉讼，应在 9 个月内提出；关于货物运到逾期的赔偿请求和诉讼，应在 2 个月内提出。其具体诉讼时效起算日如下：①关于货物毁损或部分灭失及运到逾期的赔偿，自货物交付之日起算；②关于货物全部灭失的赔偿，自货物运到期限届满后 30 天起算；③关于补充运费、杂费、罚款的要求，或关于退还此项款额的赔偿请求，或纠正错算运费的要求，应自付款之日起算，如未付款时，应自交货之日起算；④关于支付变卖货物的余款的要求，自变卖货物之日起算；⑤在其他所有情况下，自确定赔偿请求成立之日起算。诉讼时效已过的赔偿请求和要求，不得以诉讼形式提出。

10.3　国际航空货物运输公约

10.3.1　航空货物运输合同

1. 航空货物运输合同的概念

航空货物运输合同是航空承运人与货物托运人之间，依法就提供并完成以民用航空器运送货物达成的协议。航空承运人是利用民用航空器实施货物运输的公共航空运输企业。航空货物运输合同的承运人包括缔约承运人和实际承运人。所谓缔约承运人，是指以本人名义与旅客或托运人，或者与旅客或托运人的代理人，订立航空运输合同的人。所谓实际承运人，是指根据缔约承运人的授权，履行全部或部分运输的人。缔约承运人对合同约定的全部运输负责，实际承运人对其履行的运输负责。货物托运人是指与航空承运人订立合同，要求使用航空器运输特定货物的当事人，它可以是法人、其他经济组织、个体工商户、农村承包经营户和公民个人等。收货人是航空运输合同指定的货物被运送至约定地点后提取货物的当事人，收货人可以是托运人，也可以是托运人之外的第三人。

2. 航空货物运输合同的特点

（1）航空货物运输合同是标准合同。航空货物运输合同中包含大量格式条款，合同的形式和条款基本上都是由承运人依法律、行业惯例、经营需要单方预先制定的。国家对这些条款要加以审核，既要保护航空运输企业的利益，又要保护托运人的利益，这体现了国家对航空货物运输合同的监管和控制。因此，航空货物运输合同具有标准合同的性质。

（2）航空货物运输合同是双务、有偿合同。航空货物运输合同双方互负义务，并且其义务具有对应性，这体现了它的双务性；托运人需为其得到的运输服务支付报酬，这体现了它的有偿性。

3. 航空货物运输合同的订立

订立航空货物运输合同，要遵守国家法律法规的规定，不得损害国家利益和社会公众利益。根据《航空货物运输合同实施细则》的有关规定，托运人利用航空运输方式运送货物时，承运人有权要求托运人填写航空货运单，托运人应当向承运人填交航空货运单，并根据国家主管部门规定随附必要的有效证明文件。托运人应对航空货运单上所填写内容的真实性和正确性负责。托运人填交的航空货运单经承运人接受，并由承运人填发货运单后，航空货物运输合同即告成立。

此外，托运人可以与承运人订立包机运输合同。托运人要求包用飞机运输货物，应填写包机申请书，经承运人同意并签订包机运输协议后，航空运输合同即告成立。

托运人在托运货物时，应当填写航空货运单正本一式三份，连同货物交给承运人。航空货运单第一份注明"交承运人"，由托运人签字、盖章；第二份注明"交收货人"，由承运人和托运人签字、盖章；第三份由承运人在接收货物后签字、盖章，交给托运人。承运人根据托运人的请求填写航空货运单的，在没有相反证据的情况下，应当视为代托运人填写。

4. 航空货物运输合同中的义务

（1）托运人的义务。

① 托运人应认真填写航空货运单，对航空货运单内容的真实性、准确性负责，并在货运单上签字或盖章。托运人托运政府规定限制运输的货物，以及需向公安、检疫等有关政府部门办理手续的货物，应当随附有效证明。

② 托运人要求包用飞机运输货物，应先填交包机申请书，并遵守民航主管机关有关包机运输的规定。

③ 托运人对托运的货物应按照国家主管部门规定的标准包装，没有统一标准的，应当根据保证运输安全的原则，按货物的性质和承载飞机等条件包装。凡不符合上述包装要求的，承运人有权拒绝承运。

④ 托运人必须在托运的货件上标明发站、到站，以及托运人单位、姓名和详细地址，按照国家规定标明包装储运指示标志。

⑤ 托运人所在国家规定必须保险的货物，托运人应在托运时投保货物运输险。对于每千克价值在 10 元以上的货物，实行保险与负责运输相结合的补偿制度，托运人可在托运时投保货物运输险，具体办法另行规定。

⑥ 托运人在托运货物时，应接受航空承运人对航空货运单进行查核，在必要时，托运人还应接受承运人开箱进行安全检查。

⑦ 托运货物内不得夹带国家禁止运输或限制运输物品和危险物品。如发现托运人谎报品名，夹带上述物品，应按有关规定处理。

⑧ 托运在运输过程中必须有专人照料、监护的货物，应由托运人指派押运员押运。押运是对货物的安全负责，并遵守民航主管机关的有关规定，承运人应协助押运员完成押运任务。

⑨ 托运人托运货物应按照民航主管机关规定的费率缴付运费和其他费用。除托运人和承运人另有协议外，运费及其他费用一律于承运人开具货运单时一次付清。

（2）承运人的义务。

① 承运人应按照航空货运单上填明的地点，按约定的期限将货物运达到货地点。货物错运到货地点，应无偿运至航空货运单上规定的到货地点，如逾期运到，应承担逾期运到的责任。

② 承运人应于货物运达到货地点后 24 小时内向收货人发出到货通知。收货人应及时凭提货证明到指定地点提取货物。货物从发出到货通知的次日起，免费保管 3 天。

③ 货物从发出到货通知的次日起，经过 30 天无人提取时，承运人应及时与托运人联系征求处理意见；再经过 30 天，仍无人提取或托运人未提出处理意见，承运人有权将该货物作为无法交付货物，按运输规则处理。对易腐或不易保管的货物，承运人可视情况及时处理。

④ 承运人应按航空货运单交付货物。交付时，如发现货物灭失、短少、变质、污染、损坏时，应会同收货人查明情况，并填写货运事故记录。收货人在提取货物时，对货物状态或质量无异议，并在货运单上签收，承运人即解除运输责任。

（3）收货人的义务。

① 收货人在接到到货通知后，应持提货证明或其他有效证件在规定的时间内提取货物，逾期提取货物的，应当向承运人支付保管费。

② 托运货物发生损失，收货人最迟应在收到货物之日起 10 天内提出异议。货物发生延误的，收货人最迟应自货物交付或处理之日起 21 天内提出异议。收货人应将所提异议写在运输凭证上或另以书面提出。收货人未在上述规定期限内提出异议的，不能向承运人提起索赔诉讼，但承运人有欺诈行为的情形除外。

5. 航空货物运输合同的违约责任

（1）承运人的主要违约责任。

① 从承运货物时起至货物交付收货人或依照规定处理完毕时止，货物发生灭失、短少、变质、污染、损坏的，如果是已投保货物运输险的货物，由承运人和保险公司按规定赔偿；除上述情况外，均由承运人按货物的实际损失赔偿。但由于以下原因造成货物灭失、短少、变质、污染、损坏的，承运人不承担责任：不可抗力；货物本身性质所引起的变质、减量、破损或灭失；包装方法或容器质量不良，但从外部无法发现；包装完整，封志无异状而内件短少；货物的合理损耗；托运人或收货人的过错。

② 如果托运人或收货人证明损失的发生确属承运人的故意行为，则承运人除按规定赔偿实际损失外，还由合同管理机关处其造成损失部分 10%到 50%的罚款。

③ 货物超过约定期限运达到货地点，每超过 1 天，承运人应偿付运费 5%的违约金，但总额不能超过运费的 50%。但因气象条件或不可抗力原因造成货物逾期运到，可免除承运人的责任。

④ 货物在航空运输中因延误造成的损失，承运人应当承担责任；但是，承运人证明本人或其受雇人、代理人为了避免损失的发生，已经采取一切必要措施或不可能采取此种措施的，不承担责任。

⑤ 在货物运输中，经承运人证明，损失是由索赔人或代行权利人的过错造成或促成的，应当根据造成或促成此种损失的程度，相应免除或减轻承运人的责任。

（2）托运人的主要违约责任。

① 签订包机航空货物运输合同后，包机人因故要求解除合同时，应按规定支付退包费，并承担在此之前，承运人已经发生的调机等项费用。

② 托运人未按规定缴纳运输费用的，应承担违约责任。

③ 因航空货运单上的说明和声明不符合规定，不正确或不完全，给承运人或承运人对之负责的其他人造成损失的，托运人应承担赔偿责任。

④ 托运人在托运货物内夹带、匿报危险物品，错报笨重货物质量，或违反包装标准和规定，而造成承运人或第三者的损失的，托运人应承担赔偿责任。

（3）收货人的责任。

① 由于收货人的过错，造成承运人或第三者的损失的，收货人应承担赔偿责任。

② 收货人应在规定的期限内提取货物，逾期提取的，应向承运人支付保管费用和其他应付费用。

托运人或收货人要求赔偿时，应在填写货运事故记录的次日起 180 天内，以书面形式向承运人提出，并随附有关证明文件。承运人对托运人或收货人提出的赔偿要求，应在收到书面赔偿要求的次日起 60 天内处理。航空运输的诉讼时效为 2 年，自民用航空器到达目的地或运输终止之日起算。

6. 航空货物运输合同的变更和解除

（1）货物承运后，托运人可以按照有关规定要求变更到站、变更收货人或运回原发站。托运人对已承运的货物要求变更时，应当提供原托运人出具的书面要求、个人有效证件和航空货运单托运人联。要求变更运输的货物，应是一张航空货运单填写的全部货物。

（2）对托运人的变更要求，只要符合条件的，航空承运人都应及时处理；但如果托运人的变更要求违反国家法律法规和运输规定，承运人应予以拒绝。

（3）由于承运人执行国家交给的特殊任务或气象等原因，需要变更运输时，承运人应及时与托运人或收货人商定处理办法。对于托运人的指示不能执行的，承运人应当立即通知托运人，并说明不能执行的理由。承运人按照托运人的指示处理货物，没有要求托运人出示其所收执的航空货运单，给该航空货运单的合法持有人造成损失的，承运人应当承担责任，但不妨碍承运人向托运人追偿。

（4）货物发运前，经合同当事人双方协商同意，或任何一方因不可抗力不能履行合同时，可以解除航空运输合同，但应及时通知对方。承运人提出解除合同的，应退还已收的运输费用；托运人提出解除合同的，应付给承运人已发生的费用。

10.3.2 华沙体系

1. 华沙体系概述

从事国际航空货物运输业务必须遵守国际航空组织和有关国家的法令和规定。航空业的跨国特征是与生俱来的，因而航空货物运输的产生、发展必然伴随着调整这种运输方式的统一实体法规范的国际公约的产生、发展。又因为航空业历史较短，得以吸收了包括海运在内的其他各种运输方式的有关国际公约、惯例的精神，并根据航空业的自身特征做出了修改。较有影响力

《华沙公约》

的国际航空货物运输公约有：《华沙公约》（1929年）、《海牙议定书》（1955年）、《瓜达拉哈拉公约》（1961年）、《危地马拉议定书》（1971年）、《蒙特利尔第一号附加议定书》（1975年）、《蒙特利尔第二号附加议定书》（1975年）、《蒙特利尔第三号附加议定书》（1975年）、《蒙特利尔第四号附加议定书》（1975年）。这些公约中《华沙公约》是最基本的，随后的各个公约都是对《华沙公约》的补充或修改，所以这八个公约被合称为华沙体系。它们彼此内容相关却又各自独立，《华沙公约》的缔约国并不自然成为以后各个公约的参加国，也不一定受其管辖。《华沙公约》《海牙议定书》《瓜达拉哈拉公约》这三大公约适用最为广泛，已经为世界大多数国家所认可。它们分别调整着不同国家货物运输方面的法律问题。中国先后于1958年7月15日和1975年8月20日递交了加入《华沙公约》和《海牙议定书》的申请书，这两个公约分别自1958年10月18日和1975年10月15日起对中国生效。

2.《华沙公约》《海牙议定书》和《瓜达拉哈拉公约》的关系

调整国际航空货物运输的公约都是独立的公约，对某个国家来说，可以参加其中的一个，或同时参加两个或三个。就参加国之间的关系来说，如果某个国家同时参加了三大公约，则它与《华沙公约》参加国之间的关系适用《华沙公约》的规定；与《海牙议定书》参加国之间或与同时参加《华沙公约》和《海牙议定书》国家之间的关系适用《海牙议定书》的规定；与同时参加上述三大公约的国家之间的关系亦适用《海牙议定书》的规定，因为《瓜达拉哈拉公约》是以适用《华沙公约》或《海牙议定书》的有关规定为前提的。从公约的实质内容看，除了《瓜达拉哈拉公约》未对实质性的条款作出单独的规定，其他两个公约已在内容上达到了很大程度的一致。其中《华沙公约》是最基本的，《海牙议定书》和《瓜达拉哈拉公约》都是从《华沙公约》中派生出来的，是对《华沙公约》的修正和补充。根据《华沙公约》中规定的统一实体规范，就可确知运输双方当事人的权利和义务。

3.《华沙公约》《海牙议定书》的内容

《华沙公约》是由德国、英国、法国、瑞典、苏联、巴西、日本、波兰等国家于1929年在华沙签订的，它是最早的国际航空私法，也是目前为止为世界上大多数国家接受的航空公约。第二次世界大战后，由于航空运输业的飞速发展及世界政治形势的急剧变化，《华沙公约》的某些内容与现实的要求脱节，于1955年在海牙签订的《海牙议定书》正是此时诞生的。与《华沙公约》成员之间的货物运输，适用《华沙公约》；与《海牙议定书》成员之间的货物运输，适用《海牙议定书》。这两个公约的主要内容如下。

（1）适用范围。

关于公约的适用范围，《华沙公约》与《海牙议定书》的精神是一样的，只是措辞稍有不同，它们都规定公约不仅适用于商业性的国际航空货物运输，还适用于包括旅客、行李在内的其他取酬的和免费的国际航空运输，但邮件和邮包的运输因为另有国际邮政公约管辖，所以不适用。所谓国际航空运输，按照《华沙公约》的规定需满足以下两个条件中的任意一个：①航空运输的出发地和目的地分别在两个缔约国的领土内；②虽然航空运输的出发地和目的地处于同一个缔约国的领土内，但在另一个国家（无论该国是否为《华沙公约》的缔约国）的领土内有一个协议规定的经停地。

（2）运输凭证。

在《华沙公约》中，航空货物运输的凭证被称为航空货运单。航空货运单是订立合同、接受货物和运输条件的初步证据,换句话说,航空货运单本身就是托运人与承运人订立的航空货物运输合同,这也是航空货运单与海运提单的重要区别之一。传统的海商法理论中海运提单是货物所有权的证明,提单的背书转让就意味着货物所有权的转移。而航空货运单并不能代表其项下的货物,通常也是不可转让的,虽然《华沙公约》对签发可转让的航空货运单不置可否,《海牙议定书》则明文规定可以签发可转让的航空货运单,但在实际业务中航空货运单一般都印有"不可转让"(not negotiable)字样,所以事实上,航空货运单不具有可转让性。

(3)航空期间。

航空期间也称航空运输期间,也是承运人的责任期间,是指货物交由承运人保管的全部期间,包括在航空站内、在航空器上或在航空站外降停的任何地点,不包括航空站外任何陆运、海运或河运。但如果这种运输是为了履行空运合同,是为了装货、交货或转运,则也视为航空期间。但对于在机场外陆运、海运或河运过程中发生的货物的灭失或损坏,只有当这种运输是为了履行航空运输合同,或者是为了装货、交货或转运时,承运人才予以负责。

(4)承运人责任。

《华沙公约》与《海牙规则》类似,制定时由于航空运输仍处于发展的初期,技术水平有限,因此也采用了不完全的过失责任制,即在一般问题上采用推定过失原则,一旦出现货物损失,首先假定承运人有过失,但如果承运人能够举证说明自己并无过失,则不必负责。但当承运人的过失是发生在驾驶中、飞机操作中或在领航时,则承运人虽有过失,也可要求免责。《海牙议定书》保持了过失责任制的基础,并顺应历史的潮流取消了驾驶、飞机操作和领航免责的规定。与同时代的海运公约所不同的是,《华沙公约》根据航空运输的特点明确规定了承运人对货物运输过程中"因延迟而造成的损失应负责任"。这在当时是极有远见的。《华沙公约》同样也对承运人的责任限额作出了规定,并明确"企图免除承运人的责任,或定出一个低于本公约所规定的责任限额的任何条款都属无效",这样就避免了承运人在运输合同中随意增加免除或降低承运人自身赔偿责任的做法。《海牙议定书》只是增加了承运人对旅客的赔偿责任,对货物的责任限额不变。根据《华沙公约》的规定,承运人的责任如下:①承运人对航空期间发生的货损、货物灭失、延误承担责任;②承运人对货物损失的赔偿责任为每千克250法郎,如果托运人在交货时特别声明货物价值,并缴纳了必要的附加费,则承运人的赔偿额以所声明的价值为限。

(5)托运人责任。

根据《华沙公约》的规定,托运人承担如下责任:①托运人对航空货运单上关于货物的各项说明和声明的正确性及由于延误、不合规定、不完备,给承运人及其代理人造成的损失承担责任;②托运人在履行运输合同所规定的一切义务的情况下,有权在起运地、目的地将货物提回或在途中经停时终止运输,或将货物运交非货运单上指定的收货人,但不得使承运人或其他托运人遭受损害;③托运人需提供各种必要资料以便完成货交收货人前的海关、税务或公安手续,并将有关证件附航空货运单交给承运人并承担因资料或证件缺失、不足或不合规定给承运人造成的损失。

(6)发货人、收货人的权利和义务。

根据《华沙公约》,发货人的权利主要指在收货人提取货物之前,或者收货人拒收货物后，或者无法与收货人联系的情况下，对货物处理的权利，包括有权在货物运输的途中将货物提回；对已运至目的地的货物要求回运或改运；对在经停机场的货物要求中止运输；要求将货物交付给航空货运单指定的收货人以外的第三人等。但发货人不得因行使这种权利而使承运人或其他托运人遭受损失，并应偿付由此产生的一切费用。在收货人行使提货权后，发货人的上述权力丧失。

发货人或收货人的义务包括：①支付运费；②填写航空货运单、提交必要的单证，同时应对航空货运单中有关货物的各项说明、声明的正确性负责，如因填写不当使承运人或其他任何有关方遭受损失，应予以赔偿；③受领货物。

（7）索赔与诉讼时效。

对于索赔时效，《华沙公约》分成货物损害和货物延迟的情况区别对待。收货人在发现货损时，最迟应在收货后 7 天内提出异议，如发生延误，最迟应在收货后 14 天内提出异议。《海牙议定书》对此作了全面的修改，将货物损害时的索赔时效延长至 14 天，将货物延迟时的索赔时效延长至 21 天。异议要写在运输凭证上或以书面方式提出。

对于赔偿的诉讼时效，《华沙公约》规定的是两年，自"航空器到达目的地之日起，或应该到达之日起，或运输停止之日起"。除非承运人有欺诈行为，否则超过规定期限，发货人和收货人不能对承运人起诉，丧失追诉权。《海牙议定书》对此未作修改。

诉讼地点由原告选择，可以是承运人营业所在地、目的地或合同订立地的法院。根据公约的规定，由几个连续承运人办理的航空运输，第一承运人和每一段运输的承运人要对发货人和收货人负连带责任。

10.4 国际公路货物运输公约

10.4.1 国际公路货物运输合同

1. 概念

国际公路货物运输合同是指合同中规定的接管和交付货物的地点位于不同国家，承运人以营运车辆进行货物运输，托运人支付运费并明确合同双方当事人权利、义务关系的合同。其中，营运车辆是指用于国际货物运输公路营运的机动车、拖挂车、拖车和半拖车等公路交通货运工具。国际公路货物运输合同的当事人是托运人（又称发货人）和承运人。承运人的代理人、受雇人或其他受雇为履行运输合同服务的人员，在承运人授权范围或雇佣范围内的行为（或不为），视同承运人本人的行为，由承运人承担所产生的一切权利和义务。代托运人与承运人订立国际公路货物运输合同，需有托运人的授权委托证明，在托运人授权范围内的一切行为，直接由托运人承担其权利和义务。

2. 特点

在国际公路货物运输业务中，常常把运单视为运输合同而不另订运输合同。国际公路货物运输合同是双务合同，必须由合同双方当事人的意思表示一致，合同方可成立。合同应当是合法行为，应符合有关的国际规则，如《汉堡规则》和有关国家的法律，不得妨害社会公共秩序，不得损害他人利益。国际公路货物运输合同的条款直接或间接违背有关国际公约或有关国家法律的无效。特别是给予承运人的保险利益或其他类似条款或任何转嫁举证责任的条款均属无效。但是该条款无效并不影响其他条款的效力。

3. 运单的签发

运输合同应以签发运单来确认。无运单、运单不正规或丢失不影响运输合同的成立和有效性。运单应签发有托运人和承运人签字的三份正本，这些签字可以是印刷的或如运单签发国的法律允许，可由托运人和承运人以盖章代替。第一份应交托运人，第二份应交付跟随货物，第三份应由承运人留存。当待运货物在不同车内、发运不同种类货物或数票货物，托运人或承运人有权要求对使用的每辆车、每种货或每票货分别签发运单。

10.4.2 《国际货物运输的有关关税协定》

1. 相关概念

《国际货物运输的有关关税协定》（Customs Convention on the International Transport of Goods under Cover of TIR Carnets），也称《国际运输车辆规则担保下国际货物运输的有关关税协定》或《根据 TIR 手册进行国际货物运输的有关关税协定》，简称《TIR 协定》。1959 年，该协定在联合国欧洲经济委员会主持下制定，并于 1960 年正式生效。该协定曾于 1975 年进行修订，同年 3 月 20 日生效。新的《TIR 协定》对原协定的定义等进行了补充和修改。在《TIR 协定》之前，为了有利于开展集装箱联合运输，联合国欧洲经济委员会成员之间曾于 1956 年缔结了《关于集装箱的关税协定》，其宗旨是相互间允许集装箱免税过境。《TIR 协定》规定，对装运集装箱的公路承运人，如持有 TIR 手册，允许由发运地至目的地，在海关铅封下，途中不受检查，不支付关税，也可不付押金。这种 TIR 手册由有关国家政府批准的运输团体发行，这些团体大多是参加国际公路联合会的成员，它们必须保证监督其所属运输企业遵守海关法则和其他规则。《TIR 协定》是国际货物运输的重要协定，并对国际运输的发展具有一定影响。

2. 相关规定

（1）缔约国对铅封于集装箱，由公路车辆运输的货物，免除其经由地海关进口税或出口税的征收，或免除缴纳担保金。

（2）原则上免除经由地海关的检查。对集装箱的公路运输承运人，若持有 TIR 手册，允许由发运地到目的地，在海关铅封下，中途不受检查、不支付关税、不缴纳押金。

3. 前提条件

若要得到《TIR 协定》的利益，公路车辆或集装箱必须具备以下条件。
（1）要符合规定的技术标准，并于事先得到批准。
（2）要在发货地由海关铅封。
（3）运输时，要办理获取公路车辆运输规则手册的担保手续。当货物在经由国发生灭失事故时，该手册作为保函，对事故发生国的海关负责支付关税。同时，负责缴纳在该手册担保下进行运输时发生的税款、罚款等。

10.4.3 《国际公路货物运输合同公约》

1. 相关概念

为了统一公路运输所使用的单证和承运人的责任，联合国所属欧洲经济委员会负责草拟了《国际公路货物运输合同公约》（Convention on the Contract for the International Carriage of Goods by Road），简称《国际公路货运公约》，并于 1956 年 5 月 19 日在日内瓦由欧洲 17 个国家参加的会议上一致通过并签订。该公约共有 12 章，就公约的适用范围、承运人责任、合同的签订与履行、索赔与诉讼，以及连续承运人履行合同等作了较详细的规定。2016 年 7 月 26 日，中国签署了《国际公路货运公约》，并于 2017 年 1 月 5 日生效，为中国建设通往欧洲的快速"新丝绸之路"迈出了重要一步，在中国与欧洲之间创建新的更具效率、更快捷的运输机遇和运输线路。中国加入《国际公路货运公约》后，中国的货物集装箱可以通过公路直运到达爱尔兰。

原先中国与欧洲之间的平均运输时间为 28 天，现在公路运输在此基础上减少了一个星期的时间，铁路运输减少了两个星期的时间，《国际公路货运公约》所制定的机制为陆路运输提供了极大的便利条件。按照《国际公路货运公约》规定，一辆卡车在始发地装车以后，在持有所有通关文书的情况下，抵达目的国之前可以不必打开密封的货物检验，直接跨越所有必要途经的国家，前提是这些国家全部都是《国际公路货运公约》的缔约国。这可以大大减少运输的时间和成本，提高效率和加强安全保障。《国际公路货运公约》交通系统同时也是一种联运系统，对于运输和贸易均构成一种主要的便利工具。

2. 适用范围

该公约的适用范围如下。

（1）适用于由公路以车辆运输货物而收取报酬的运输合同，接受货物和指定交货地点依据合同的规定在两个不同的国家，其中至少有一国是缔约国。

（2）如车辆装载运输的货物在运输过程中经由海上、铁路、内陆水路或航空运输，但货物没有从车辆上卸下，公约仍对整个运输过程适用。但应证明以其他运输方法运输时所发生的有关货物的灭失或损害并非由于公路承运人的行为或不行为所致，而仅由于其他运输方式或由于采用此种运输方式运输时才会发生的原因所致。若发货人与其他运输方式的承运人订立的仅是关于货物运输的合同，则公路承运人的责任不得依本公约予以确定，而应依照使用其他运输条件的承运人的责任规定予以确定。如没有这些规定的条件，公路承运人的责任仍依据本公约的规定予以确定。

（3）若公路承运人本人也为其他运输方式下的货物运送人，其责任也应依照上述规定予以确定，但在作为公路承运人和其他运输方式的承运人时，他则具有双重身份。

（4）公路承运人应对其受雇人、代理人或其他人为执行运输而利用其服务的任何行为或不行为承担责任。

10.5 多式联运法律法规

10.5.1 《联合国国际货物多式联运公约》

1. 相关概念

发展中国家为了摆脱海运发达国家对国际多式联运的控制，发展自己的多式联运业务，从 1973 年开始，经过 7 年谈判，《联合国国际货物多式联运公约》(United Nations Convention on International Multimodal Transport of Goods) 于 1980 年 5 月 24 日在日内瓦召开的联合国贸易和发展会议全权代表大会上通过，但至今未能生效。我国参加了公约的起草，但没有参加该公约。

《联合国国际货物多式联运公约》（英文版）

（1）《联合国国际货物多式联运公约》是关于国际货物多式联运中的管理、经营人的赔偿责任及期间、法律管辖等的国际协议，旨在对多式联运经营人和托运人之间的权利和义务关系进行规定，解决因国际货物多式联运的发展而带来的一系列法律问题。公约由总则、单据、联运人的赔偿责任、发货人的赔偿责任、索赔和诉讼、补充规定、海关事项及最后条款八个部分组成，共 40 条。

《联合国国际货物多式联运公约》（中文版）

（2）国际货物多式联运合同是指由多式联运经营人以"本人"的身份和至少两种不同的运输方式将货物从一国境内接管货物的地点运至另一国境内指定的交付货物的地点，完成或组织完成国际货物多式联运并收取费用的契约。国际货物多式联运合同一方为托运人或发货人，另一方为多式联运经营人（简称联运人）。多式联运经营人是指其"本人"或通过其代表同发货人订立多式联运合同的当事人，其具有履行整个联运合同的责任，并以"本人"的身份对联运的全程负责。

2. 公约的主要内容

（1）公约序言规定，要照顾发展中国家的特殊利益和问题，保证多式联运的提供者和使用者之间的利益均衡，以及有必要考虑联运过境国家的特殊问题。

（2）该公约适用于货物起运地和（或）目的地位于缔约国境内的国际货物多式联运合同。

（3）该公约不排除各缔约国国内法律管辖。

（4）公约采取了过错推定责任原则，即除非经营人证明其一方为避免事故的发生已采取了一切合理的措施，否则，即推定损坏是由经营人一方的过错所致，并由其承担赔偿责任。

（5）多式联运经营人的责任期间为自接管货物之时起，至交付货物之时止。

（6）在赔偿责任限额方面公约规定：①如国际多式联运中包括海运或内河运输，多式联运经营人的赔偿责任限额为每件 920SDR，或货物毛重每千克 2.75SDR，两者中以较高者为准；②如国际多式联运中未包括海运或内河运输，多式联运经营人的赔偿责任限额为毛重每千克 8.33SDR；③因延迟交付造成损失的赔偿限额为延迟交付货物的应付运费的 2.5 倍，但不得超过多式联运合同规定的应付运费的总额。

（7）货物损害索赔通知应于收到货物的次一工作日之前以书面形式提交给多式联运经营人，延迟交付损害索赔通知必须在收到货物后 60 天内书面提交，诉讼或仲裁时效期间为两年。自货物交付之日起或应当交付之日起算。如果在货物交付之日起 6 个月内，没有出具书面索赔通知来说明索赔的性质和主要事项，则诉讼在此期间届满后即失去时效。

（8）有管辖权的法院所在地包括：①被告主要营业所，如无主要营业所，则为被告的经营居所；②订立多式联运合同的地点，且合同是通过被告在该地的营业所、分支或代理机构订立；③接管国际多式联运货物的地点或交付货物的地点；④多式联运合同中为此目的所指定并在多式联运单据中载明的任何地点。公约允许双方在索赔发生后达成协议选择其他地点的法院进行诉讼。此外，公约还允许双方订立仲裁协议，将有关争议提交仲裁，索赔人可选择的仲裁地点与上述诉讼管辖地基本相同。

（9）公约附有国际多式联运海关事项的条款，规定缔约国海关对于运输途中的多式联运货物，一般不作检查，但各起运国海关所出具的材料应完整与准确。

10.5.2 《联合运输单证统一规则》

1. 相关概念

《联合运输单证统一规则》（Uniform Rules for a Combined Transportation Document），是国际货物运输中的规则，其适用不具有强制性。该规则是国际商会于 1973 年制定的，1975 年进行了修改，是最早的关于联运单证的国际民间协议。其作为民间规则，被国际货物多式联运合同双方当事人经常协议采用。在本规则内，联运（combined transport，CT）是指至少使用两种不同的运输方式，将货物从其在一国被掌管的地方，运到另一国指定交付地点的运输。联运经营人是指签发联运单证的人（包括任何法人、公司或法律实体）。如果国内法规定，任何人在有权签发联运单证之前，需经授权或发照，则联运经营人只指这种经过授权或领照的人。联运单证（CT document）是指证明从事货物联运工作或组织货物联运工作合同的一种单证。单证证明应标有"可转让的联运单证，根据联运单证统一规则（国际商会第 298 号出版物）签发"或"不可转让的联运单证，根据联运单证统一规则（国际商会第 298 号出版物）签发"字样。

2. 主要内容

（1）多式联运经营人的责任形式。《联合运输单证统一规则》对于多式联运经营人实行网状责任制。对于发生在多式联运经营人责任期间内的货物灭失或损坏，如果知道这种灭失或损坏发生的运输区段，多式联运经营人的赔偿责任依据适用于该区段的国际公约或国内法予以确定；在不能确定货物发生灭失或损坏的区段时，即对于隐藏的货物损失，其赔偿责任按完全的过错责任原则予以确定。赔偿责任限额为，按灭失或损坏的货物毛重每千克 30 金法郎计算。如果发货人事先征得多式联运经营人的同意，已申报超过此限额的货物价值，并在多式联运单据上注明，则赔偿责任限额应为所申报的货物价值。

（2）多式联运经营人的责任期间。《联合运输单证统一规则》规定，多式联运经营人的责任期间为从接管货物时起，至交付货物时止的整个运输期间。

（3）多式联运经营人对货物运输延迟的责任。只有在确知发生延迟的运输区段时，多式联运经营人才有责任支付延迟赔偿金。赔偿金的限额为该运输区段的运费。但适用于该区段的国际公约或国内法另有规定时除外。

（4）货物灭失或损坏的通知与诉讼时效。收货人应在收货之前或当时，将货物灭失或损坏的一般性质书面通知多式联运经营人。如果货物灭失或损坏不明显，应在7天内提交通知，否则，便视为多式联运经营人按多式联运单据所述情况交付货物的初步证据。就货物灭失、损坏或运输延迟而向多式联运经营人提出索赔诉讼的时效期间为9个月，自货物交付之日或本应交付之日，或自收货人有权认为货物已灭失之日起算。

10.5.3 《多式联运单证规则》

1. 相关概念

《多式联运单证规则》的全称是《联合国贸易和发展会议/国际商会多式联运单证规则》（UNCTAD/ICC Rules for Multimodal Transport Documents），是1991年由联合国贸易和发展会议与国际商会在《联合运输单证统一规则》的基础上，参考《联合国国际货物多式联运公约》共同制定的一项国际规则，供当事人自愿采纳。本规则不论以书面、口头或其他方式将其纳入运输合同，不论是订有涉及一种运输方式或多种运输方式的合同，也不论是否签发了单证，本规则都将予以适用。

2. 主要内容

（1）本规则经当事人选择后适用，一经适用就超越当事人订立的条款，除非这些条款增加了多式联运经营人的义务。

（2）对一些名词做了定义。例如，多式联运单证是指证明多式联运合同的单证，该单证可以在适用法律的允许下，以电子数据交换信息取代，而且以可转让方式签发，或者表明记名收货人，以不可转让方式签发；"特别提款权"是指国际货币基金组织的一种记账单位。

（3）多式联运单证是多式联运经营人接管货物的初步证据，多式联运经营人不得以相反的证据对抗善意的单据持有人。

（4）多式联运经营人责任期间自接管货物时起到交付货物时止。多式联运经营人为其受雇人、代理人和其他人的作为或不作为承担一切责任。

（5）多式联运经营人的赔偿责任基础是完全责任制，并且对延迟交付应当承担责任。

（6）多式联运经营人的责任限额为每件或每单位666.67SDR，或者毛重每千克2SDR。

（7）如果货物的损坏或灭失的原因是多式联运经营人的作为或不作为造成的，则不得享受责任限额。

（8）如果货物的损坏或灭失是由托运人的原因造成的，则多式联运经营人应先向单据的善意持有人负责，而后向托运人追偿。

（9）货物损坏明显，则收货人立即向多式联运经营人索赔，如不明显，则在6天内索赔。

（10）诉讼时效为9个月。

（11）本规则无论是对侵权还是对违约均有效。

（12）本规则适用于所有多式联运关系人。

10.5.4 《国际集装箱多式联运管理规则》

1. 相关概念

为了加强国际集装箱多式联运的管理，促进通畅、经济、高效的国际集装箱多式联运的发展，满足对外贸易的需要，根据《中华人民共和国海商法》《中华人民共和国铁路法》的有关规定，我国交通部、铁道部经国务院批准于 1997 年 5 月发布了《国际集装箱多式联运管理规则》，该规则自 1997 年 10 月 1 日起施行。本规则适用于水路、公路、铁路的国际集装箱多式联运。交通运输部（根据 2008 年国务院机构改革方案，在原交通部的基础上组建）是我国国际集装箱多式联运的主管部门。各省（自治区、直辖市）交通运输主管部门根据本规则管理本地区的国际集装箱多式联运。国际集装箱多式联运是指按照国际集装箱多式联运合同，以至少两种不同的运输方式，由多式联运经营人将国际集装箱从一国境内接管的地点运至另一国境内指定交付的地点。国际集装箱多式联运合同是指多式联运经营人凭以收取运费、负责完成或组织完成国际多式联运的合同。国际集装箱多式联运单据是指证明多式联运合同及证明多式联运经营人接管集装箱货物并负责按合同条款交付货物的单据。该单据包括双方确认的取代纸张单据的电子数据交换信息。区段运输承运人是指与多式联运经营人签订区段运输合同，完成此项多式联运中的某区段运输的人，不管他是否与多式联运经营人属于同一人。

2. 主要内容

本规则共 8 章 43 条。

（1）第 1 章总则共 4 条，规定了本规则的宗旨、主管部门、适用范围和名词定义。

（2）第 2 章多式联运的管理共 9 条，规定了多式联运经营人的资格和许可证制度。

（3）第 3 章多式联运单据共 3 条，规定了多式联运单据的内容和形式。

（4）第 4 章托运人责任共 4 条，规定了托运人的责任。

（5）第 5 章多式联运经营人的责任共 12 条，规定了多式联运经营人的责任期间，多式联运单据的法律效力，多式联运经营人和实际承运人的责任划分，多式联运经营人对货物损坏、灭失或延迟交付的责任等。

（6）第 6 章书面通知、诉讼共 2 条。

（7）第 7 章罚则共 3 条。

（8）第 8 章附则共 6 条，对本规则的适用范围作了适当扩展，并规定了解释权和实施日期。

本章小结

自 1924 年世界上第一部关于海上货物运输的公约《海牙规则》问世以来，国际社会为促进国际贸易和航运事业的发展，1968 年在布鲁塞尔外交会议上通过了修订《海牙规则》的议定书《维斯比规则》，1978 年又由联合国国际贸易法委员会主持、审议和通过了《汉堡规则》，形成了三个调整海上运输关系的国际公约并存，并都具有法律效力的局面。中国铁路于 1954 年 1 月 1 日正式加入《国际货协》，我国对外铁路货物运输主要以《国际货协》为法律依据。《华沙公约》是最早的国际航空私法，也是目前为止世界上大多数国家接受的航空公约。2016 年 7 月 26 日，中国已签署《国际公路运输公约》，为建设通往欧洲的快速"新丝绸之路"迈出重要一步。

关键术语

国际公约   国际货约   国际货协   华沙体系   TIR 协定

综合练习

一、单项选择题

1. 关于提单中承运人的责任制问题，《海牙规则》实行的是（　　）。
   A. 严格责任   B. 不完全过失责任
   C. 完全过失责任   D. 过失责任
2. 《海牙规则》是国际海上货物运输，特别是（　　）中的一个十分重要的公约。
   A. 定期租船   B. 航次租船   C. 光船租船   D. 班轮运输
3. 《联合国国际货物多式联运公约》当前（　　）。
   A. 已经生效   B. 尚未生效   C. 正在拟定中   D. 正在颁布
4. 《修改统一提单规则的若干法律规则的国际公约的议定书》又称（　　）。
   A. 汉堡规则   B. 海牙规则
   C. 华沙—牛津规则   D. 维斯比规则
5. 《1978 年联合国海上货物运输公约》又称（　　）。
   A. 海牙规则   B. 维斯比规则
   C. 华沙—牛津规则   D. 汉堡规则
6. 《联合国国际货物多式联运公约》规定，多式联运经营人对每件货物的赔偿责任限额是（　　）。
   A. 100 英镑   B. 920SDR   C. 10000 金法郎   D. 835SDR

二、多项选择题

1. 根据《海牙规则》的规定，（　　）情况下，承运人应承担责任。
   A. 由于船长过失，发生火灾导致货物灭失
   B. 在海上为救助人命绕道航行
   C. 未尽谨慎义务，装载货物时发生货物的损失
   D. 开航时，船舶未处于适航状态
2. 与《海牙—维斯比规则》相比，《汉堡规则》的适用范围更为明确，（　　）属于《汉堡规则》的适用范围。

A. 提单或作为海上运输合同证明的其他单证在某一缔约国签发
B. 海上运输合同所规定的备选卸货港之一为实际卸货港,并且该港位于一个缔约国内
C. 海上运输合同所规定的装货港位于一个缔约国内
D. 提单或证明海上运输合同的其他单证规定,本公约各项规定或实行本公约的任何国家的立法,应约束该合同

3. ( )属于《汉堡规则》对《海牙规则》的改进。
   A. 延长了诉讼时效 B. 扩展了承运人责任的期间
   C. 改变了承运人承担责任的原则 D. 就延迟交货作出了规定

4. 我国加入的有关航空运输的国际公约包括( )。
   A.《华沙公约》 B.《海牙议定书》
   C.《海牙规则》 D.《蒙特利尔公约》

三、名词解释

1. 班轮运输合同
2. 提单
3. 租船合同
4. 国际公路货物运输合同

四、简答题

1. 提单的法律性质是什么?
2. 简要说明国际海运公约的适用范围。
3. 航空货物运输合同的特点有哪些?
4. 简要说明《国际货协》的赔偿限额。
5. 简要说明《华沙公约》《海牙议定书》和《瓜达拉哈拉公约》关系。

五、案例分析

《国际货约》与《国际货协》是约束国际铁路货物运输的主要法律规范,但是由于这两个公约在适用范围、承运人责任、赔偿请求、运单、争议解决机制及诉讼时效等方面存在不同,一定程度上增加了国际铁路货物运输的成本,大大影响了运输效率,究其根本在于两个公约背后两大政治阵营的冲突。在《国际货协》与《国际货约》背后,存在着制定国际铁路运输制度的两大国际铁路组织:国际铁路运输政府间组织、国际铁路合作组织。这两个国际组织属于不同的政治阵营,两者在法律理念、法律制度等多个方面存在着很大的不同,这也决定了两者在立法精神上存在差异。国际铁路运输政府间组织倾向于维护运方的权益,而国际铁路合作组织却着重维护货方的权益。这也是致使两大公约存在冲突的缘由,使得国际铁路货物运输制度难以统一。

试说明《国际货约》与《国际货协》背后两大政治阵营的冲突表现。

第11章 信息技术在运输中的应用

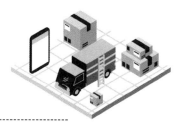

【本章知识架构】

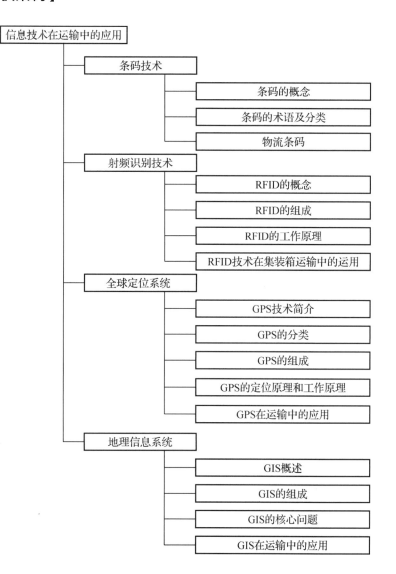

【教学目标】

通过本章学习，了解条码的术语及分类；掌握物流条码的基本知识；了解射频识别技术的概念、组成及工作原理；掌握射频识别技术在集装箱运输中的运用；了解全球定位系统技术的基本知识及系统工作原理；掌握全球卫星定位系统技术在运输中的应用；了解地理信息系统的基本知识；掌握地理信息系统在运输中的应用。

【导入案例】

美国国防部已经在军人身份卡上印制了 PDF417 码。持卡人的姓名、军衔、照片和其他个人信息被编成一个 PDF417 码印在卡上。身份卡被用来作为重要场所的进出管理及医院就诊管理。该项应用的优点在于数据采集的实时性，低实施成本，卡片损坏也能阅读，以及防伪性。我国香港特别行政区的居民身份证也采用了 PDF417 码。其他如营业执照、驾驶执照、护照、医疗保险卡等也都是很好的应用方向。

请根据以上资料，思考以下问题。

(1) 条码作为一种图形识别技术与其他识别技术相比有什么特点？
(2) 二维条码技术的应用范围有哪些？
(3) 目前常用的二维条码有哪些？
(4) 二维条码同一维条码相比，有何特点？

随着现代科学技术的蓬勃发展和经济全球化趋势的不断增强，相关技术的发展和人们认识的提高，信息技术在现代运输中得到越来越广泛的应用。各种信息技术将在现代运输业的发展中发挥越来越重要的作用。

11.1 条码技术

条码技术

国际运输协会已作出规定，货物运输中，物品的包装上必须贴上条码符号，以便所运物品进行自动化统计管理。此外，铁路、公路的旅客车票自动化售票及检票系统，公路收费站的自动化系统，货运仓库的物流信息系统中，条码作为一种及时、准确、可靠、经济的数据输入手段已被广泛采用。

11.1.1 条码的概念

1. 定义

条码（bar code）技术是在计算机应用中产生并发展起来的一种自动识别技术，广泛应用于商业、邮政、图书管理、仓储、工业生产过程控制、交通等领域，具有输入速度快、成本低、可靠性强等优点，在当今的自动识别技术中占有重要的地位。条码技术在仓储业的自动化立体仓库中发挥着重要作用，特别是对于小型物品的管理和入库不均衡的物品管理更显示出其优越性。

2. 条码技术的发展

《GS1通用规范》

条码技术诞生于20世纪40年代，现在在欧美、日本已得到普遍应用，而且正在世界各地迅速推广普及，其应用领域还在不断扩大。1970年，美国超级市场AdHoc委员会制定了通用商品代码（universal product code，UPC），UPC码首先在杂货零售业中试用，这为以后该码制的统一和广泛采用奠定了基础。美国统一代码委员会（uniform code council，UCC）于1973年建立了UPC码应用系统。同年，食品杂货业把UPC码作为该行业的通用商品标识，为条码技术在商业流通领域里的广泛应用起到了积极的推动作用。

1977年，欧洲共同体在12位的UPC-A码的基础上，开发出与UPC-A码兼容的EAN系统，正式成立了欧洲物品编码协会（European article numbering association），简称EAN，1981年更名为国际物品编码协会（EAN International），2005年该组织更名为GS1。

1991年，中国物品编码中心（article numbering center of China，ANCC）代表我国加入国际物品编码协会，为全面开展我国的条码工作创造了先决条件。

3. 条码技术的特点

条码技术是电子与信息科学领域的高新技术，所涉及的技术领域较广，是多项技术相结合的产物，经过多年的长期研究和应用实践，现已发展成为较成熟的实用技术。

在信息输入技术中，采用的自动识别技术种类很多。条码作为一种图形识别技术与其他识别技术相比有如下特点。

（1）简单。条码符号制作容易，扫描操作简单易行。

（2）信息采集速度快。普通计算机的键盘输入速度是200字符/min，而利用条码扫描输入信息的速度是键盘输入的20倍。

（3）采集信息量大。利用条码扫描，一次可以采集几十位字符的信息，而且可以通过选择不同码制的条码增加字符密度，使输入的信息量成倍增加。

（4）可靠性高。键盘输入数据，误码率为1/300；利用光学字符识别技术，误码率约为$1/10^4$；而采用条码扫描输入方式，误码率仅有$1/10^6$，首读率可达98%以上。

（5）灵活、实用。条码符号作为一种识别手段可以单独使用，也可以和有关设备组成识别系统实现自动化识别，还可以和其他控制设备联系起来实现整个系统的自动化管理。同时，在没有自动识别设备时，也可实现手工键盘输入。

（6）设备结构简单、成本低。条码符号识别设备的结构简单，操作容易，无须专门训练。与其他自动化识别技术相比较，推广应用条码技术，所需费用较低。

11.1.2 条码的术语及分类

1. 条码的术语

为了方便对条码技术的理解，特对条码技术中的一些术语进行解释，如表11-1所示。

表 11-1 条码的基本术语

术语	解释
条码	由一组规则排列的条、空及其对应字符组成的标记,用以表示一定的信息
条码系统	由条码符号设计、制作及扫描识读组成的自动识别系统
条/空	条码中反射率较低的部分/条码中反射率较高的部分
空白区	条码起始符、终止符两端外侧与空的反射率相同的限定区域
保护框	围绕条码且与条反射率相同的边或框
起始符	位于条码起始位置的若干条与空
终止符	位于条码终止位置的若干条与空
中间分隔符	位于条码中间位置用来分隔数据段的若干条与空
条码字符	表示一个字符的若干空与条
条码数据符	表示特定信息的条码字符
条码校验符	表示校验码的条码字符
条码填充符	不表示特定信息的条码字符
条高	垂直于单元宽度方向的条的高度尺寸
条宽	条码字符中条的宽度尺寸
空宽	条码字符中空的宽度尺寸
条宽比	条码中最宽条与最窄条的宽度比
条码长度	从条码起始符前缘到终止符后缘的长度
长高比	条码长度与条码高度的比
条码密度	单位长度的条码所表示的条码字符的个数
模块	模块组配编码法组成条码字符的基本单位
条码字符间隔	相邻条码字符间不表示特定信息且与空的反射率相同的区域
单元	构成条码字符的条或空
连续型条码	没有条码字符间隔的条码
非连续型条码	有条码字符间隔的条码
双向条码	左右两端均可作为扫描起点的条码
附加条码	表示附加信息的条码
自校验码	条码字符本身具有校验功能的条码
定长条码	条码字符个数固定的条码
非定长条码	条码字符个数不固定的条码
条码字符集	某种条码所能表示的条码字符集合
UPC 码	美国统一代码委员会制定的一种条码。它是定长的、连续型的四种单元宽度的一维条码,包括 UPC-A 码和 UPC-E 码两种类型
供人识别字符	位于条码符的下方,与相应的条码字符相对应的、用于供人识别的字符

2. 条码的分类

条码可分为一维条码和二维条码。

（1）一维条码。一维条码是通常所说的传统条码。一维条码指仅在一个维度方向上表示信息的条码符号。常用的一维条码的码制包括 EAN 码、39 码、交叉 25 码、UPC 码、128 码、93 码、ISBN 码及 Codabar（库德巴码）等。

（2）二维条码。一维条码所携带的信息量有限，如商品上的条码仅能容纳 13 位（EAN-13 码）阿拉伯数字，更多的信息只能依赖商品数据库的支持，离开了预先建立的数据库，这种条码就没有意义了，因此在一定程度上限制了条码的应用范围。基于这个原因，在 20 世纪 90 年代发明了二维条码。二维条码除了具有一维条码的优点，还有信息量大，可靠性高，保密性、防伪性强等优点。常见的二维条码主要有 PDF417 码、Code 49 码、Code 16K 码、Code one 码、Data Matrix 码、QR 码等，如图 11.1 所示。

图 11.1　几种常见的二维条码

二维条码作为一种新的信息存储和传递技术，从诞生之初就受到了国际社会的广泛关注。经过多年的努力，现已应用在国防、公共安全、交通运输、医疗保健、工业、商业、金融、海关及政府管理等多个领域。

二维条码依靠其庞大的信息携带量，能够把过去使用一维条码时存储于后台数据库的信息包含在条码中，可以直接通过识读条码得到相应的信息，并且二维条码还有错误修正及防伪功能，增加了数据的安全性。二维条码可以把照片、指纹编制其中，可有效地解决证件的可机读和防伪问题。因此，可广泛应用于护照、身份证、行车证、军人证、健康证、保险卡等。将证件上的个人信息及照片编在二维条码中，不但可以实现身份证的自动识读，而且可以有效防止伪造证件事件发生。另外，在海关报关单、长途货运单、税务报表、保险登记表上也都可以使用二维条码技术来解决数据输入及防止伪造、删改表格的问题。在我国部分地区注册会计师证和汽车销售及售后服务等方面二维条码也得到了应用。

11.1.3　物流条码

国际上公认的用于物流领域的条码标准主要有通用商品条码、储运单元条码和贸易单元 128 条码三种。

1. 通用商品条码

商品条码（bar code for commodity）是由 GS1 和 UCC 制定的用于表示商品标识代码的条

码，包括 EAN 码（又分 EAN-13 码和 EAN-8 码）和 UPC 码（又分 UPC-A 码和 UPC-E 码）。

条码符号的大小可在放大系数 0.8~2.0 所规定的尺寸之间变化，以适应各种印刷工艺印制合格条码符号及用户对印刷面积的要求。

（1）前缀码。前缀码由 3 位数字（$X_{13}X_{12}X_{11}$）组成，GS1 已将 690~699 分配给中国物品编码中心使用。前缀码是 GS1 分配给国家或地区编码组织的代码。前缀码并不代表产品的原产地，只能说明分配和管理有关厂商识别代码的国家或地区编码组织，GS1 已分配的前缀码如表 11-2 所示。

表 11-2 GS1 已分配的前缀码

前缀码	编码组织所在国家或地区/应用领域	前缀码	编码组织所在国家或地区/应用领域
001~019 030~039 050~059 060~139	美国	484	摩尔多瓦
020~029 040~049 200~299	店内码	485	亚美尼亚
300~379	法国	486	格鲁吉亚
380	保加利亚	487	哈萨克斯坦
383	斯洛文尼亚	488	塔吉克斯坦
385	克罗地亚	500~509	英国
387	波黑	520~521	希腊
389	黑山共和国	528	黎巴嫩
400~440	德国	529	塞浦路斯
450~459 490~499	日本	530	阿尔巴尼亚
460~469	俄罗斯	531	北马其顿
470	吉尔吉斯斯坦	535	马耳他
474	爱沙尼亚	539	爱尔兰
475	拉脱维亚	540~549	比利时和卢森堡
476	阿塞拜疆	560	葡萄牙
477	立陶宛	569	冰岛
478	乌兹别克斯坦	570~579	丹麦
479	斯里兰卡	590	波兰
480	菲律宾	594	罗马尼亚
481	白俄罗斯	599	匈牙利
482	乌克兰	600~601	南非
483	土库曼斯坦	603	加纳

续表

前缀码	编码组织所在国家或地区/应用领域	前缀码	编码组织所在国家或地区/应用领域
604	塞内加尔	759	委内瑞拉
608	巴林	760~769	瑞士
609	毛里求斯	770~771	哥伦比亚
611	摩洛哥	773	乌拉圭
613	阿尔及利亚	775	秘鲁
615	尼日利亚	777	玻利维亚
616	肯尼亚	778~779	阿根廷
617	喀麦隆	780	智利
618	科特迪瓦	784	巴拉圭
619	突尼斯	786	厄瓜多尔
620	坦桑尼亚	789~790	巴西
621	叙利亚	800~839	意大利
622	埃及	840~849	西班牙
623	文莱	850	古巴
624	利比亚	858	斯洛伐克
625	约旦	859	捷克
626	伊朗	865	蒙古
627	科威特	867	朝鲜
628	沙特阿拉伯	868~869	土耳其
629	阿拉伯联合酋长国	870~879	荷兰
640~649	芬兰	880	韩国
690~699	中国	883	缅甸
700~709	挪威	884	柬埔寨
729	以色列	885	泰国
730~739	瑞典	888	新加坡
740	危地马拉	890	印度
741	萨尔瓦多	893	越南
742	洪都拉斯	896	巴基斯坦
743	尼加拉瓜	899	印度尼西亚
744	哥斯达黎加	900~919	奥地利
745	巴拿马	930~939	澳大利亚
746	多米尼加	940~949	新西兰
750	墨西哥	950	GS1总部
754~755	加拿大	951	GS1总部（产品电子代码）

前缀码	编码组织所在国家或地区/应用领域	前缀码	编码组织所在国家或地区/应用领域
955	马来西亚	980	应收票据
960~969	GS1 总部（缩短码）	981~984	普通流通券
977	连续出版物	990~999	优惠券
978~979	图书		

（2）厂商识别代码。

① 厂商识别代码由 7~9 位数字组成，由中国物品编码中心负责分配和管理。

② 具有企业法人营业执照的企业可申请注册厂商识别代码。

③ 不得盗用、共享、转让、伪造、非法占用。

④ 厂商生产的商品品种超过了编码容量可申请新的厂商代码。

（3）商品项目代码。

① 商品项目代码由 3~5 位数字构成，由厂商自行编制。

② 编制规则：产品的基本特征不同，其商品项目代码应不同。

③ 编码容量：3 位商品项目代码有 1000 个编码容量，可标识 1000 种商品；4 位商品项目代码可标识 10000 种商品；5 位商品项目代码可标识 100000 种商品。

（4）校验码。校验码为 1 位数字，用来校验 X_{13}~X_2 的编码正确性。校验码是根据 X_{13}~X_2 的数值按一定的数学算法计算而得。厂商在对商品项目编码时，不必计算校验码的值。该值由制作条码原版胶片或直接打印条码符号的设备自动生成。

校验码的计算方法如下。

① 代码所有数字包括校验码自右向左编号。

② 将所有偶数位置上的数字相加。

③ 步骤②的结果乘以 3。

④ 从序号 3 开始，将所有奇数位置上的数值相加。

⑤ 将步骤③的结果与步骤④的结果相加。

⑥ 用一个大于步骤⑤的结果且为 10 的最小整数倍的数减去步骤⑤的结果，两者之差即为校验码。

校验码计算示例如下。

校验码：690146398007X

① X700893641096

② 7+0+9+6+1+9=32

③ 32×3=96

④ 0+8+3+4+0+6=21

⑤ 96+21=117

⑥ 120-117=3

得出的校验码为 3。

2. 储运单元条码

储运单元条码是专门表示储运单元编码的条码。储运单元是指为便于搬运、仓储、订货、运输等,由消费单元(即通过零售渠道直接销售给最终用户的商品包装单元)组成的商品包装单元。储运单元又分定量储运单元和变量储运单元。定量储运单元是指由定量消费单元组成的储运单元,如成箱的牙膏、瓶装酒、药品、烟等;而变量储运单元是指由变量消费单元组成的储运单元,如布匹、农产品、蔬菜、鲜肉类等。

(1)定量储运单元条码。定量储运单元条码一般采用13位或14位数字编码。当定量储运单元同时又是定量消费单元时,应按定量消费单元编码,采用13位数字编码;当定量储运单元内含有不同种类的定量消费单元时,则应按定量消费单元的编码规则,为定量储运单元分配一个区别于其所包含的定量消费单元代码的13位数字编码;当由相同种类的定量消费单元组成定量储运单元时,定量储运单元可采用14位数字编码。

(2)变量储运单元条码。变量储运单元条码由14位数字的主代码和6位数字的附加代码组成。变量储运单元的主代码和附加代码也可以用GS1-128码标识。

(3)交叉25码。交叉25码在仓储和物流管理中被广泛应用。它是一种连续、非定长、具有自校验功能,且条和空都表示信息的双向条码。由左侧空白区、起始符、数据符、终止符和右侧空白区构成,其中每个条码数据符由5个单元组成,2个是宽单元(用二进制"1"表示),3个是窄单元(用二进制"0"表示)。交叉25码的字符集包括数字0~9。

(4)ITF-14码。ITF码是一种连续、定长、具有自校验功能,且条和空都表示信息的双向条码。ITF-14码(图11.2)由矩形保护框、左侧空白区、条码字符、右侧空白区组成。其条码字符集、条码字符的组成与交叉25码相同。

图 11.2 ITF-14 码

3. 贸易单元128码

贸易单元128码于1981年推出,是一种长度可变的、连续型的字母数字条码。与其他一维条码相比,128码是较为复杂的条码系统,应用范围较大。128码的内容由左侧空白区、起始符、数据符、校验符、终止符、右侧空白区组成,128码具有A、B、C三种不同的编码类型,可提供ASCII中128个字符的编码使用。目前普遍使用的128码是GS1-128码。

11.2 射频识别技术

射频识别(radio frequency identification,RFID)并不是新技术,早在第二次世界大战时它就被美军用于识别本国和盟军的飞机。自2003年起,由于大规模集成电路技术的成熟，射频识别系统的体积缩小、成本下降，使得射频识别技术进入实用化的阶段，成为一种成熟的自动识别技术。

11.2.1 RFID的概念

1. 定义

无线电技术的理论与应用研究是20世纪科学技术发展重要的成就之一。1948年哈里·斯托克曼发表的《利用反射功率的通讯》奠定了RFID的理论基础。经过多年的发展，如今，RFID技术日趋成熟，产品种类也越来越丰富。

RFID是一种非接触式的自动识别技术，通过射频信号自动识别目标对象并获取相关的数据信息。利用RFID技术可进行非接触双向通信，达到识别目的并交换数据，识别工作无须人工干预，可工作于各种恶劣环境。RFID技术可识别高速运动物体并可同时识别多个电子标签，操作快捷方便。

2. RFID的特性

（1）数据的读写功能。只要通过RFID读写器即可不需直接接触，读取信息至数据库内，且可一次处理多个电子标签，并可以将物流处理的状态写入电子标签，供下一阶段物流处理的读取判断之用。

（2）容易小型化和具有多样化的形状。RFID在读取上不受尺寸大小与形状的限制，不需为了读取精确度而配合纸张的固定尺寸和印刷品质。此外，RFID电子标签正往小型化与多样形态发展，以应用于不同产品。

（3）耐环境性。RFID对水、油和化学药品等物质有很强的抗污性，数据存储在芯片里，即使在较差的环境中也可以读取数据。

（4）可重复使用。由于RFID电子标签中为电子数据，可以反复读写，因此可以回收重复使用。

（5）穿透性强。RFID若被纸张、木材和塑料等非金属不透明材质包覆的话，也可以进行穿透性通信。

（6）数据的记忆容量大。数据容量会随着存储载体的发展而扩大，能够满足未来物品所需携带的数据量越来越大的需求。

3. RFID的应用领域

RFID技术在国外得到了飞速的发展，相较于欧美等发达国家，我国的RFID产业发展较晚。在超高频RFID领域，产品的核心技术大多掌握在国外公司的手中，国外公司占有绝对的优势；但在低频RFID领域，我国属后起之秀，技术更为成熟，产品应用广泛，比国外产品更具竞争优势。另外，国内低频RFID读写器的生产加工技术非常完善，生产经营的企业很多，也有较为成熟的解决方案。如今在交通、物流、制造、零售等行业都有RFID技术的身影，虽然某些应用还不太完善，但在国家的大力扶持与推进下，RFID技术在我国将会得到更全面、更完善的应用。RFID在各领域的应用如表11-3所示。

表 11-3 RFID 在各领域的应用

领域	应用
物流	物流过程中的货物清点、查询、发货、追踪、仓储等
零售	商品的销售数据实时统计、补货、防盗、结账等
制造	生产数据的实时监控、质量追踪、自动化生产等
服装	自动化生产、仓储管理、品牌管理、单品管理、渠道管理等
医疗	医疗器械管理、病人身份识别等
身份识别	护照、身份证、学生证等各种电子证件
防伪	贵重物品（烟、酒、药品）的防伪、票证的防伪等
交通	智能交通管理、高速不停车、出租车管理、公交枢纽管理、铁路机车识别等
食品	水果、蔬菜、生鲜、食品等保鲜度管理
动物	驯养动物、畜牧牲口、宠物等识别管理
图书	书店、图书馆、出版社等应用
汽车	制造、车辆防盗、定位、车钥匙等
航空	制造、旅客机票、行李包裹追踪等
军事	弹药、枪支、物资、人员、卡车等识别与追踪

11.2.2 RFID 的组成

RFID 系统可分为四个层次，包括物理层、中间层、网络层和应用层。物理层是整个 RFID 系统的物理环境构造，包括电子标签、读写器、天线、传感器、仪器仪表等硬件设备。中间层是信息采集的中间件和应用程序接口，负责对读写器所采集到的信息进行简单的预处理，然后将信息传送到网络层或应用层的数据接口。网络层是 RFID 系统内部及系统间的数据联系纽带，各种信息在其上交互传递。应用层则是后端软件及企业应用系统。通常所说的 RFID 产品处于物理层，其基本的组成部分如下。

1. 电子标签

电子标签也称射频卡，由耦合元件及芯片组成，含有物品唯一的标识体系，包含着一系列的数据和信息，如产地、日期和其他重要的信息等，这些信息存储在一个小的硅片中，利用读写器可以方便及时地了解。电子标签能存储 512B 到 4MB 的数据，这由相应的应用和标准决定。电子标签具有体积小、容量大、寿命长、可重复使用等特点，支持快速读写、非可视识别、移动识别、多目标识别、定位及长期跟踪管理等功能。按照不同的方式，电子标签的分类如表 11-4 所示。

2. 读写器

在 RFID 系统中，信号接收设备一般称读写器（或读卡器）。读写器的基本功能是提供与电子标签进行数据传输的接口，用于读取（有时还可以写入）电子标签中的信息。在 RFID 相关产品中，读写器的技术含量是最高的，因为它是半导体技术、射频技术、高效解码算法等多种技术的集合。

表 11-4 电子标签的分类

分类方式	种类	说明
供电方式	无源电子标签	该电子标签内无电池,利用波束供电技术将接收到的射频能量转化为直流电源为卡内电路供电,作用距离短,寿命长,对工作环境要求不高
	有源电子标签	该电子标签内有电池提供电源,作用距离较远,寿命有限,体积较大,成本高,且不适合在恶劣环境下工作
载波频率	低频电子标签	主要有 125kHz 和 134.2kHz 两种,常用于短距离、低成本的应用,如门禁、货物跟踪等
	高频电子标签	13.56MHz,用于门禁控制和需传送大量数据的应用系统
	超高频电子标签	主要为 433MHz、915MHz、2.45GHz、5.8GHz 等,应用于需要较长读写距离和高读写速度的场合,如火车监控、高速公路收费及供应链管理等
调制方式	主动式电子标签	用自身的射频能量主动地发送数据给读写器
	被动式电子标签	使用调制散射方式发射数据,它必须利用读写器的载波来调制自己的信号
作用距离	密耦合电子标签	作用距离小于 1cm
	近耦合电子标签	作用距离小于 15cm
	疏耦合电子标签	作用距离约 1m
	远距离电子标签	作用距离为 1~10m,甚至更远
芯片种类	只读卡	只读,唯一且无法修改,价格低
	读写卡	可擦写,可反复使用,价格较高
	CPU 卡	芯片内部包含微处理器单元、存储单元、输入/输出接口单元,价格较高

读写器从外形上大体上可分为手持式和固定式。从工作方式来看,读写器的种类也非常多,按工作频率可分为超高频、高频、低频读写器,通常低频读写器的读写距离不超过 0.5m,高频读写器的读写距离约为 1m,超高频读写器的读写距离为 1~10m。读写器的读写距离通常还会受环境及读写器的稳定性等影响而有所改变。此外,若采用有源电子标签,则读写距离可达 100m。读写器按配置可分为带 CPU、预装操作系统的 PAD 读写器与普通读写器;按传输方式可分为无线读写器和有线读写器等。

3. 天线

天线主要用来在电子标签和读写器间传递射频信号。RFID 系统中包括两类天线:一类是 RFID 电子标签上的天线,和 RFID 电子标签集成为一体;另一类是读写器天线,既可以内置于读写器,也可以通过同轴电缆与读写器的射频输出端口相连。目前的天线产品多采用收发分离技术来实现发射和接收功能的集成。天线在 RFID 系统中的重要性往往被人们所忽视,在实际应用中,天线设计参数是影响 RFID 系统识别范围的主要因素。高性能的天线不仅要求具有良好的阻抗匹配特性,还需要根据应用环境的特点对方向特性、极化特性和频率特性等进行专门设计。在选择天线的时候应主要考虑天线的类型、天线的阻抗等。

11.2.3 RFID 的工作原理

从概念上来讲，RFID 类似于条码扫描。对于条码技术而言，它是将已编码的条码附着于目标物，并使用专用的扫描读写器，利用光信号将信息传送到读写器；而 RFID 则使用专用的 RFID 读写器及专门的可附着于目标物的 RFID 电子标签，利用频率信号将信息由 RFID 电子标签传送至 RFID 读写器。RFID 与传统条码采集方式的比较如表 11-5 所示。

表 11-5　RFID 与传统条码采集方式的比较

比较项目	传统条码	RFID
扫描方式	1 次扫 1 个条码	可同时辨识读取数个 RFID 电子标签
数据量	存储信息有限	电子标签体积小型化、形状多样化，数据记忆量大
个人可阅读性	受制约	不可能
是否可更改	条码印刷后无法更改	可重复读、写、修改数据
抗污染能力和耐久性	受污染及潮湿影响严重，易磨损	对水、油、化学药品等抵抗能力强，数据存储在芯片中，几乎不受影响
读取距离	近距且无物体阻挡	能够进行穿透性通信
识别速度	低	快
成本	低	高

RFID 读写器通过天线持续发送一定频率的信号，当 RFID 电子标签进入磁场时，凭借感应电流所获得的能量发送出存储在芯片中的产品信息（无源电子标签或被动式电子标签），或者主动发送某一频率的信号（有源电子标签或主动式电子标签）；随后读写器读取信息并解码后，将数据传输到计算机系统进行有关的数据处理，如图 11.3 所示。

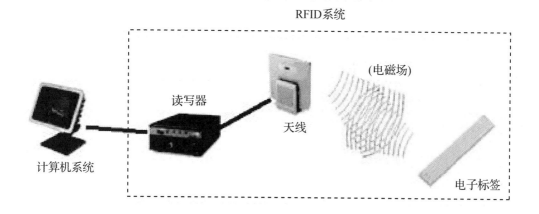

图 11.3　RFID 组成及工作原理

11.2.4 RFID 技术在集装箱运输中的运用

为了增加市场竞争实力，提高运输效率和服务质量，实现集装箱运输的现代化，集装箱的运输管理需要一种更加自动化、智能化、能够实时更新数据的技术，RFID 技术无疑具备这些特点。美国倡导的集装箱安全协议是美国为确保进港集装箱安全而采取的新举措，是为了降低美国遭受恐怖袭击的风险。所有进入美国的集装箱将安装电子封条，通过读写器从电子封条上获取数据，然后实时传送到特设的信息平台。当集装箱受到损坏、运输线路变更或延迟等意外情况发生时，管理者可通过计算机或移动终端迅速接收系统的自动报警。

1. 集装箱的自动识别

将记录有集装箱箱号、箱型，货物种类、数量等数据的电子标签附着在集装箱上，在经过安装有读写器的公路、铁路的出入口、码头的检查门时，电子标签自动感应后将相应的数据返回读写器，从而将电子标签上保存的信息传输到电子数据交换系统，实现了集装箱的动态跟踪与管理，提高了集装箱运输的效率和信息的共享。这种系统一般使用被动式电子标签，在集装箱码头应用较多。通过这种系统不仅加快了车辆进港提箱的速度，而且对车辆提箱进行了严密的管理，并减少了人为因素造成的差错。

2. 电子封条与货运追踪

一般电子封条采取的是物理封条与 RFID 组件相结合的形式。大多数电子封条用到被动式电子标签和主动式电子标签技术。被动式电子封条的主要特点是，使用距离短、成本低、一次性。由于被动式电子封条不能提供持续的电力来检测封条的状态，所以它们也不能检测和记录损害行为发生的时间，而只能在通过装有读写装备的供应链节点时提供它们完整与否的信息。主动式电子封条更复杂一些，在结合 GPS 技术后，能在集装箱状态发生变化时实时将状态变化发生的时间、地点及周围的环境信息传输到货主或管理员的机器上。更有一些电子封条能够在损害行为发生时发送即时求救信号。

RFID 技术正在全世界集装箱运输上得到不断推广。目前仍然有各种各样的问题需要解决：标准化及数据收集设备与信息系统的接口问题；无线频段不统一的问题；使用的电子标签和读写器的类型各异，数据交换标准不统一的问题；对供应链的执行系统（港口信息系统、车辆调度系统、仓储管理系统等）没有定义好的接口问题。但它代表着世界港口集装箱信息化的发展方向，其应用的趋势是不可逆转的。它的应用弥补了传统集装箱信息管理的不足，实现了集装箱的自动识别和对集装箱运输过程的实时跟踪，增强了集装箱运输的安全性，提高了港口集装箱周转速率，同时大大加快了集装箱的通关速度，为构建具有国际先进水平的集装箱数字化港口指明了发展的道路。随着各类问题的逐步解决，射频识别技术将以更加经济的方式获取货物流动的信息，完全取代条码的地位，同时它也将在很大程度上改变供应链业务流程、提高运营边际收益、加速存货流转和改善整个供应链服务水平。借助射频识别技术的供应链将在运营成本和执行效率方面大大超过其竞争对手。

11.3 全球定位系统

基于全球定位系统（global positioning system，GPS）实时性、全天候、连续、快速、高精度的特点，将 GPS 运用到运输业能给其带来一场实质性的变革，并将在运输业的发展中发挥越来越重要的作用。通过 GPS 可随时查询运输车辆的位置，不但加强了车辆的监控，而且能避免绕行，选择最优路径，减少车辆损耗和运输时间，降低运输成本，从而取得明显经济效益。GPS 技术在冷链物流中的应用大大提高了运输的质量，有效地保证了运输时间，从而确保了冷链产品的质量和及时到达。

11.3.1 GPS 技术简介

GPS 技术是当前最直接、最经济、最可靠和最成熟的定位技术之一，它由发射装置和接收装置构成。发射装置由若干颗位于地球卫星静止轨道、不同方位的导航卫星构成，不断向地球表面发射无线电波。接收装置通常装在移动的目标（如车辆、船、飞机）上，接收装置接收不同方位的导航卫星的定位信号，在系统中实时精确地显示移动目标的具体位置。这样，调度人员能对指定时间内车辆的行驶里程、线路所在区域、行驶速度等信息进行分析统计；能实时监控、管理所有车辆；能准确报告车辆位置及运行状况，记录车辆的历史轨迹；实现灵活调度、提高效率、判断事故位置和处理紧急或非紧急情况。由此可见，GPS 技术的引入大大提高了物流的工作效率。

1. GPS技术的发展

自 1957 年人类发射第一颗卫星开始，美国海军 1958 年着手卫星定位方面的研究工作，研制了子午仪卫星导航系统（Transit），并于 1964 年正式投入使用，其显示出巨大的优越性。把无线电定位基站由地面搬到空间，这不仅大大扩展了定位的覆盖范围，也提高了定位精度。由于该系统卫星数目较少（5 或 6 颗）、运行高度较低（平均 1000km），从地面站观测到卫星的时间间隔较长（平均 1.5h），因而它无法提供连续、实时的三维导航。为了克服子午仪卫星导航系统存在的缺陷，满足军事部门和民用部门对连续、实时和三维导航的迫切要求，1973 年美国国防部制订了全球定位系统计划。历经 20 年，于 1993 年全部建成。

GPS 是新一代精密卫星导航和定位系统，不仅具有全球性、全天候、连续的三维测速、导航、定位与授时能力，而且具有良好的抗干扰性和保密性。GPS 以较好的定位精度、定位速度、定位可靠性及广域覆盖面，成为空间定位的一种最好的导航技术。GPS 的研制成功成为美国导航技术现代化的重要标志，被视为 20 世纪继"阿波罗"登月计划和航天飞机计划之后的又一重大科技成就。GPS 通过对定位数据的处理，可以在短时间内使定位精度达到厘米级，长时间观测下可以达到毫米级。随着全球定位系统的不断改进和软硬件的不断完善，应用领域正在不断地开拓，新型的通用分组无线服务（general packet radio service，GPRS）技术应运而生，这是一项高速数据处理的技术，以分组交换技术为基础，用户通过 GPRS 可以在移动状态下使用各种高速数据业务，包括收发 E-mail、浏览网页等。

2. GPS技术的特点

(1) 定轨精度。目前的 GPS 卫星的跟踪技术条件比 20 世纪 70 年代时优越得多，因此卫星定轨精度也比过去高得多。

(2) 卫星性能。GPS 卫星采用陀螺仪与姿态发动机构成的三轴稳定系统实现姿态稳定，从而使天线始终指向地面。

(3) 卫星信号。卫星配有 4 台频率稳定（量时精度为 10~13 秒）的原子钟，由此产生一个频率为 10.23MHz 的基准钟频信号。该信号的频率经过倍频器降为原来的 1/10 后，成为频率为 1.023MHz 测距粗码（C/A 码）的信号频率；基准钟频信号的频率为 10.23MHz，直接成为测距精码（P 码）的信号频率；基准钟频信号的频率经过倍频器降为原来的 1/204600 后，成为数据码（卫星星历、导航电文的编码）的信号频率；基准钟频信号的频率再经过倍频器增大为原来的 150 倍和 120 倍后，分别形成频率为 1534.5MHz（L1）与 1227.6MHz（L2）载波信号。测距用的码频信号控制着移位寄存器的触发端，从而产生与之频率一致的伪随机码（测距码），测距码与数据码模二相加后再调制到 L1、L2 载波信号上通过卫星天线阵列发送出去。需要注意的是，无论是测距码还是载波信号，都是测量 GPS 卫星到观测点距离的物理媒体，它们的频率越高、波长越短，所测量的距离精度就越高，定位精度也就越高。另外 C/A 码除了用于测距，还用于识别锁定卫星和解调导航电文及捕获 P 码。

(4) 定位精度。利用伪随机码（测距码）的信号单机测量，理论上按照目前测距码的对齐精度约为码波长的 1/100 计算，测距粗码（C/A 码）的测距精度约为±3m；而测距精码（P 码）的测距精度约为±0.3m。为了消除公共误差，提高定位精度，可利用两台以上的载波相位 GPS 定位仪实行联测定位，对于载波信号单频接收机的相对定位精度可达±$(5mm+2\times10^{-6}D)$，其中 D 为两台仪器的相对距离；对于载波信号双频接收机，它能有效消除电离层延时误差，其相对定位精度可达±$(1mm+10^{-6}D)$；GPS 技术不但精度高，而且定位速度快，可以满足飞机、导弹、火箭、卫星等高速运动物体的导航定位的需要。

11.3.2 GPS 的组成

GPS 包括三大部分：GPS 卫星星座（空间部分）、地面监控系统（地面控制部分）和 GPS 信号接收机（用户设备部分）。

1. GPS卫星星座

GPS 工作卫星及其星座由 21 颗工作卫星和 3 颗在轨备用卫星组成，记为（21+3）GPS 星座。24 颗卫星均匀分布在 6 个轨道平面上，轨道倾角为 55°，各个轨道平面之间相距 60°。每个轨道平面内各颗卫星之间的升交角距相差 90°，任意一个轨道平面上的卫星比西边相邻轨道平面上的相应卫星超前 30°。

在 2×10^4km 高空的 GPS 卫星，当地球对恒星来说自转一周时，它们绕地球运行两周，即绕地球一周的时间为 12 恒星时。这样，对于地面观测者来说，每天将提前 4min 见到同一颗 GPS 卫星。位于地平线以上的卫星颗数随着时间和地点的不同而不同，最少可见到 4 颗，最多可见到 11 颗。在用 GPS 信号导航定位时，为了解算出测站的三维坐标，必须观测 4 颗 GPS 卫星，称为定位星座。这 4 颗卫星在观测过程中的几何位置分布对定位精度有一定的影响。对于某地某时，甚至不能测得精确的点位坐标，这种时间段称为间隙段。但这种间隙段是很短暂的，并不影响全球绝大多数地方的全天候、高精度、连续实时定位。GPS 卫星网如图 11.4 所示。

2. 地面监控系统

对于导航定位来说，GPS 卫星是一动态已知点。卫星的位置是依据卫星发射的星历（描述卫星运动及其轨道的参数）算得的。每颗 GPS 卫星所播发的星历是由地面监控系统提供的。卫星上的各种设备是否正常工作，以及卫星是否一直沿着预定轨道运行，都要由地面设备进行监测和控制。

地面监控系统的另一重要作用是保持各颗卫星处于同一时间标准——GPS 时间系统。这就需要地面站监测各颗卫星的时间，求出钟差，然后由地面注入站发给卫星，卫星再将导航电文发给用户设备。GPS 工作卫星的地面监控系统包括一个主控站、三个注入站和五个监测站。

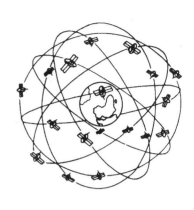

图 11.4　GPS 卫星网

3. GPS 信号接收机

GPS 信号接收机的任务是：捕获按一定卫星高度截止角所选择的待测卫星的信号，并跟踪这些卫星的运行，对所接收到的 GPS 信号进行交换、放大和处理，以便测量出 GPS 信号从卫星到接收机天线的传播时间，解译出 GPS 卫星所发送的导航电文，实时地计算出测站的三维位置，甚至三维速度和时间。GPS 卫星发送的导航定位信号是一种可供无数用户共享的信息资源。对于陆地、海洋和空中的广大用户，只要用户拥有能够接收、跟踪、变换和测量 GPS 信号的接收设备，即 GPS 信号接收机，就可以在任何时候用 GPS 信号进行导航定位测量。根据使用目的的不同，用户要求的 GPS 信号接收机也各有差异。目前世界上已有几十家工厂生产 GPS 信号接收机，产品也有几百种。这些产品可以按照原理、用途、功能等来分类。

静态定位中，GPS 信号接收机在捕获和跟踪 GPS 卫星的过程中固定不变，GPS 信号接收机高精度地测量 GPS 信号的传播时间，利用 GPS 卫星在轨的已知位置，解算出 GPS 信号接收机天线所在位置的三维坐标。而动态定位则是用 GPS 信号接收机测定一个运动物体的运行轨迹。GPS 信号接收机所位于的运动物体称为载体（如航行中的船舰、空中的飞机、行走的车辆等）。载体上的 GPS 信号接收机天线在跟踪 GPS 卫星的过程中相对地球而运动，GPS 信号接收机用 GPS 信号实时地测得运动载体的状态参数（瞬间三维位置和三维速度）。

GPS 信号接收机硬件和机内软件及 GPS 数据的处理软件包，构成完整的 GPS 用户设备。GPS 信号接收机的结构分为天线单元和接收单元两大部分。对于测地型接收机来说，两个单元一般分成两个独立的部件，观测时将天线单元置于测站上，接收单元置于测站附近的适当地方，用电缆线将两者连接成一个整体；也有的将天线单元和接收单元制作成一个整体，观测时将其安置在测站上。

GPS 信号接收机一般用蓄电池做电源。同时采用机内、机外两种直流电源。设置机内电池的目的是更换外电池时不中断连续观测。在用机外电池的过程中，机内电池自动充电。关机后，机内电池为随机存储器供电，以防止丢失数据。

目前，各种类型的 GPS 信号接收机体积越来越小、质量越来越轻，以便于野外观测使用。

11.3.3　GPS 信号接收机的分类

1. 按用途分类

（1）导航型接收机。此类型接收机主要用于运动载体的导航，导航型接收机可显示当地的三维坐标（经度、纬度、海拔）、动态指示前进方向（正北方为 0°、正东方为 90°、正南方为 180°、正西方为 270°）、导向、设定路标、生成行进线路、显示当地日出与日落时间。这类接收机价格便宜，应用广泛。根据应用领域的不同，此类接收机还可以进一步分为：车载型，用于车辆导航定位；航海型，用于船舶导航定位；航空型，用于飞机导航定位，由于飞机运行速度快，因此在航空上用的接收机要求能适应高速运动；星载型，用于卫星的导航定位，由于卫星的速度超过 7km/s，因此对接收机的要求更高。

（2）测地型接收机。测地型接收机主要用于精密大地测量和精密工程测量。其定位精度高，仪器结构复杂，价格较贵。

（3）授时型接收机。授时型接收机主要利用 GPS 卫星提供的高精度时间标准进行授时，常用于天文台及无线电通信中的时间同步。

2. 按载波频率分类

（1）单频接收机。单频接收机只能接收 L1 载波信号，测定载波相位观测值进行定位。由于不能有效消除电离层延迟影响，单频接收机只适用于短基线（<15km）的精密定位。

（2）双频接收机。双频接收机可以同时接收 L1 和 L2 载波信号。利用双频对电离层延迟的不同，可以消除电离层对电磁波信号延迟的影响，因此双频接收机可用于长达数千米的精密定位。

11.3.4　GPS 的定位原理和工作原理

1. GPS的定位原理

GPS 定位是根据测量中的距离交会定点原理实现的。例如，在待测点 Q 设置 GPS 信号接收机，在某一时刻同时接收到 3 颗（或 3 颗以上）卫星 S_1、S_2、S_3 所发出的信号。通过数据处理和计算，可求得该时刻接收机天线中心（测站）至卫星的距离 ρ_1、ρ_2、ρ_3。根据卫星星历可查到该时刻 3 颗卫星的三维坐标（X_j，Y_j，Z_j），$j=1,2,3$，从而由式（11-1）算出 Q 点的三维坐标（X，Y，Z）。

$$\begin{aligned}\rho_1^2 &= (X-X_1)^2 + (Y-Y_1)^2 + (Z-Z_1)^2 \\ \rho_2^2 &= (X-X_2)^2 + (Y-Y_2)^2 + (Z-Z_2)^2 \\ \rho_3^2 &= (X-X_3)^2 + (Y-Y_3)^2 + (Z-Z_3)^2\end{aligned} \quad (11\text{-}1)$$

2. GPS的工作原理

GPS 的工作原理是首先假定卫星的位置为已知，而又能准确测定 A 点至卫星之间的距离，那么 A 点一定是位于以卫星为中心、所测得距离为半径的圆球上。进一步，又测得 A 点至另一颗卫星的距离，则 A 点一定处在前后两个圆球相交的圆环上。之后还可测得 A 点与第三颗卫星的距离，就可以确定 A 点只能是在三个圆球相交的两个点上。根据一些地理知识，可以很容易排除其中一个不合理的位置。当然也可以再测量 A 点至另一颗卫星的距离，也能精确定位。综上所述，要实现精确定位，要解决以下两个问题。

（1）确知卫星的准确位置。

（2）准确测定卫星至地球上所测地点的距离。

要确知卫星所处的准确位置。首先要通过优化设计卫星运行轨道，而且要由监测站通过各种手段，连续不断地监测卫星的运行状态，适时发送控制指令，使卫星保持在正确的运行轨道上。将正确的运行轨迹编成星历，注入卫星，且经由卫星发送给 GPS 信号接收机。正确接收每个卫星的星历，就可确知卫星的准确位置。电波传播的速度是 300000km/s，所以只要知道卫星信号传到用户的时间，就能利用速度乘以时间等于距离这个公式，来求得卫星至用户的距离。所以，问题就归结为测定信号传播的时间。要准确测定信号传播的时间，又要解决两方面的问题：一是时间基准问题，即要有一个精确的时钟；二是解决测量方法的问题。

对于时间基准，GPS 在每颗卫星上装有十分精密的原子钟，并由监测站经常进行校准。卫星发送导航信息，同时也发送精确时间信息。GPS 信号接收机接收此信息，使其与自身的时钟同步，就可获得准确的时间。所以，GPS 信号接收机除了能准确定位，还可产生精确的时间信息。对于测量方法，为了精确定位，可以多测几颗卫星，选取几何位置相距较远的卫星组合，使得测量结果误差小。

11.3.5　GPS 在运输中的应用

GPS 不仅能够提供物流配送和动态调度功能，还可以提供货物跟踪、车辆优选、线路优选、紧急救援、安全防护等功能。

1. 物流配送

GPS 将车辆的状态信息包括位置、速度等快速、准确地反映给运输系统，由特定区域的配送中心统一合理地对该区域内的所有车辆做出快速调度。这样便大幅度提高了车辆的利用率，减少了空载车辆的数量和空载的时间，从而减少物流企业的运营成本，提高物流企业的效率和市场竞争力，同时增强配送的适应能力和应变能力。

2. 动态调度

运输企业可进行车辆待命计划管理。操作人员通过在途信息的反馈，在车辆未返回车队前即做好待命计划，提前下达运输任务，减少等待时间，加快车辆周转，以提高重载率，减少空车时间和空车距离，充分利用运输工具的运能，提前预设车辆信息及抵达时间，使用户根据具体情况合理安排回程配货，为运输车辆解决后顾之忧。

3. 货物跟踪

通过 GPS 和电子地图系统，可以实时了解车辆位置和货物状况（如车厢内温度、空载或重载），真正实现在线监控，避免以往在货物发出后难以知情的被动局面，提高货物的安全性。货主可以主动、随时了解货物的运动状态信息及货物运达目的地的整个过程，增强物流企业和货主之间的相互信任。

4. 车辆优选

查出在锁定范围内可供调用的车辆，根据系统预先设定的条件判断车辆中哪些是可以调用的。在系统提供可调用的车辆的同时，将根据最优化原则，在可能被调用的车辆中选择一辆最合适的。

5. 线路优选

地理分析功能可以快速地为驾驶人员选择合理的物流线路，以及这条线路的一些信息，所有可供调度的车辆不用区分本地或是异地都可以统一调度。配送货物目的地的位置和配送中心的地理数据结合后，产生的线路将是整体的最优线路。

6. 紧急救援

在运输过程中有可能会发生一些意外情况。当发生故障和一些意外情况时，GPS 可以及时地反映发生事故的地点，调度中心会尽可能地采取相应的措施来挽回和降低损失，增加运输的安全和应变能力。GPS 的投入使用，使得过去制约运输企业发展的一系列问题迎刃而解，为物流企业降低运输成本、加强车辆安全管理、推动货物运输有效运转发挥了重要作用。此外，GPS 的网络设备还能容纳上千辆车辆同时使用，跟踪区域遍及全国。物流企业引入 GPS，是物流行业以信息化带动产业化发展的重要一环，它不仅为运输企业提供信息支持，并且对整合货物运输资源、加强区域之间的合作具有重要意义。

7. 安全防护

车载 GPS 对车辆的安全防护体现在两个方面：一是车辆在被非法启动的情况下，会发出声光信号，威慑犯罪分子，提醒他人车辆被盗；二是车载 GPS 会将被盗警示信息通知车主和交通管理中心，同时将车辆位置显示在中心控制台，使警务人员能在最短时间内找到被盗车辆，将犯罪分子抓获。

11.4 地理信息系统

地理信息系统（geographic information system，GIS）具有强大的数据组织、空间分析及可视化功能，将其应用于现代运输系统可以使运输企业最大限度地利用人力、物力资源，缩短配车计划编制时间，合理安排运输车辆行驶线路，确定合理的配送中心及配送方案，优化人员与车辆的调度，使物流配送达到最优，以降低企业的运营成本。

11.4.1 GIS 概述

1. 定义

GIS 是在计算机软硬件支持下,把各种地理信息按照空间分布及属性,以一定的格式输入、存储、检索、更新、显示、制图、综合分析和应用的系统。GIS 是在计算机技术、网络技术、通信技术、空间技术、自动化技术等技术不断发展的历史背景下产生的,是一门集计算机科学、信息科学、地理学、测绘遥感学、环境科学、城市科学和管理科学为一体的新兴边缘学科,其应用范围也随上述学科的发展而不断扩大。

2. GIS技术的发展

GIS 是从 20 世纪 60 年代开始发展起来的一门新兴技术。它是利用现代计算机图形和数据库技术来处理地理空间及其相关数据的计算机系统,是融地理学、测量学、几何学、计算机科学和应用对象为一体的综合性高新技术。其最大的特点在于,它能把地球表面空间事物的地理位置及其特征有机地结合在一起,并通过计算机屏幕形象、直观地显示出来。这一特点使得 GIS 具有更加广泛的用途。1963 年,加拿大建立了世界上第一个地理信息系统,随后美国、澳大利亚、英国、日本和巴西等国也相继建立各自的地理信息系统。以上这些国家都是较早从事 GIS 研究与开发的国家,也是 GIS 技术比较发达的国家。

GIS 是以地理空间数据库为基础,在计算机软、硬件环境的支持下,对空间相关数据进行采集、存储、管理、操作、分析、模拟和显示,并采用地理模型分析方法,适时提供多种动态的地理信息,为地理研究、综合评价、科学管理、定量分析和决策服务而建立的一类计算机应用系统。简言之,GIS 是以计算机为工具,具有地理图形和空间定位功能的空间型数据管理系统,它是一种特殊而又十分重要的信息系统。就目前而言,GIS 的用途十分广泛,不仅涉及国民经济的许多领域,如交通、能源、农林、水利、测绘、地矿等,而且与国防安全密切相关,在未来"数字地球"的建设中,GIS 将起十分重要的作用。

3. GIS的优越性

GIS 是以图形、图像与属性数据管理及模型分析为基础的,它能获取、存储、检索、分析和显示各种空间动态信息,进行辅助决策。GIS 将具有空间特征的信息可视化,为信息的使用者提供更为直观、清晰的表达形式。因此采用 GIS 具有许多优越性,主要表现在以下几个方面。

(1)图形显示和输出上的优势。GIS 能提供良好的图形显示界面,除了图形的显示、输出功能,还能根据各种属性信息进行不同的主题展示,将图形根据需要任意缩放。此外,GIS 制图可以解决传统单一主题的叠合问题,可将统一坐标系下的不同主题有效叠合。

(2)分析功能上的优势。GIS 既具备处理各种图形的能力,又能处理图形相关的属性信息,并能处理大量的统计资料,使得图形资料能够灵活应用,任意叠合、分割、截取和统计分析。而且,GIS 的空间分析功能能够对点、线、面进行不同的空间分析,获取相关信息。

(3)模型仿真模拟上的优势。GIS 强大的功能还表现在它能够根据不同的模型对地物进行仿真模拟,模拟目标物体发展过程,使用户在可视化的操作界面下了解目标物体的发展过程。

11.4.2 GIS 的组成

GIS 是以地理空间数据库为基础，在计算机软、硬件的支持下，对地理空间数据及其相关属性数据进行采集、输入、存储、编辑、查询、分析、显示和更新的应用技术系统。GIS 一般由以下四大部分组成。

1. 硬件

GIS 的硬件是一组电子设备。它通常包括中央处理器、磁盘存储器、数字化仪、扫描仪、显示器和绘图仪等。其中，中央处理器用来处理数据，磁盘存储器用来存储数据和程序，数字化仪和扫描仪用来输入数据，显示器和绘图仪用来显示与输出数据。

2. 软件

GIS 的软件是一个含若干程序模块的软件包。它主要包括数据输入和格式转换模块、数据编辑模块、数据管理模块、数据操作模块及数据显示和输出模块等。其中，数据输入和格式转换模块负责空间数据及属性数据的输入，实现不同 GIS 数据格式之间的互为转换；数据编辑模块负责建立空间数据的拓扑关系，实现空间数据和属性数据的关联，完成数据的增加、删除和修改；数据管理模块负责数据库的定义、建立、访问和维护；数据操作模块负责对空间数据进行放大、缩小和漫游操作，对空间数据及属性数据进行双向查询，对空间数据进行缓冲区分析、叠加分析及网络分析等；数据显示和输出模块负责显示或输出地形图、专题图、文档与表格等。

3. 数据

GIS 的数据是和空间地理要素相关的数据。GIS 数据按类型可分为空间数据和属性数据。其中，空间数据通常为几何图形或图像数据；属性数据通常为文档或表格数据。GIS 数据按内容又可分为基础数据，如地质、地貌、地形等；专题数据，如规划、房地产、交通、环保、公用事业、公安、消防等；宏观数据，如综合统计指标等。

4. 用户

GIS 的用户是使用 GIS 的操作者。这些操作者必须受过严格的培训，具有 GIS 的基本理论基础，熟悉专业的管理业务，具备通用的计算机操作能力，能够在实际工作中运用 GIS 软件来处理管理中的事务。

11.4.3 GIS 的核心问题

GIS 的核心问题可归纳为五个方面：位置、条件、变化趋势、模式和模型。

1. 位置

首先，必须定义某个目标的具体位置，常用的定义方法有通过各种交互手段确定位置，或者直接输入一个坐标。其次，指定了目标的位置后，可以获得预期的结果及其所有或部分特性，如当前地块所有者、地址、土地利用情况、估价等。

2. 条件

条件即什么地方有满足某些条件的东西。首先，可以用下列方式指定一组条件：从预定义的可选项中选择；填写逻辑表达式；在终端上填写交互式表格。其次，指定条件后，可以获得满足指定条件的所有对象的列表，如在屏幕上以高亮度显示满足指定条件的所有特征。例如，目标位于的土地类型为住宅、估价低于 200000 元、有四个卧室而且是木制的房屋。

3. 变化趋势

该类问题需要综合现有数据，以识别已经发生了或正在发生变化的地理现象。首先，确定趋势，当然趋势的确定并不能保证每次都正确，一旦掌握了一个特定的数据集，要确定趋势可能要依赖假设条件、个人推测、观测现象或证据报道等。其次，针对该趋势，可通过对数据的分析，对该趋势加以确认或否定。GIS 可使用户快速获得定量数据及说明该趋势的附图等。例如，通过 GIS 可以识别该趋势的特性：如有多少农用地转作他用？现在作为何用？某一区域中有多少发生了这种变化？这种变化可回溯多少年？哪个时间段能最好反映该趋势？

4. 模式

该类问题是分析与已经发生或正在发生事件有关的因素。GIS 将现有数据组合在一起，能更好地说明正在发生什么，找出发生事件与哪些数据有关。首先，确定模式，模式的确定通常需要长期观察、熟悉现有数据、了解数据间的潜在关系。其次，模式确定后，可获得一份报告，说明该事件发生在何时何地、显示事件发生的系列图片。例如，机动车辆事故常常符合特定模式，该模式（即事故）发生在何处？发生地点与时间有关吗？是不是在某个特定的交叉处？这些交叉处具有什么条件？

5. 模型

该类问题的解决需要建立新的数据关系以产生解决方案。首先，建立模型，如选择标准、检验方法等。其次，建立了一个或多个模型后，能产生满足特定的所有特征的列表，并着重显示被选择特征的地图，而且提供一个有关所选择的特征详细描述的报表。例如，要兴建一个儿童书店，用来选址的评价指标可能包括 10、15、20 分钟可到达的区域，附近居住的 10 岁或 10 岁以下的儿童人数，附近家庭的收入情况，周围潜在竞争的情况。为了完成上述的地理信息系统的核心任务，需要采用不同的功能来实现。尽管目前商用 GIS 软件包的优缺点不同，而且它们实现这些功能所采用的技术也不同，但是大多数商用 GIS 软件包都提供了如下功能：数据的获取、数据的初步处理、数据的存储及检索、数据的查询与分析、图形的显示与交互。

11.4.4　GIS 在运输中的应用

事实上，凡是涉及地理分布的领域都可以应用 GIS。将 GIS 引入运输配送系统，将使所建立的模型及算法不再显得抽象，它将针对动态及现实世界中的真实数据，并根据这些数据，运用所提出的模型及算法，得出相应的方案，将其直观地显示在地图上，给用户以全新的感受。

运输对地理空间具有较大的依赖性，配送运输中的交通路网数据就属于空间信息，因此将 GIS 引入配送系统是必要的，GIS 的引入将极大地方便运输中的路网信息的更新和处理。借助 GIS，用户可以根据需要添加和更新各种路网信息，如路长、路的类型和时速限制等，同时也可以将各个供应点和需求点，以及所有在运输中涉及的相关信息在 GIS 中直观地表现出来，方便决策者使用。综合运输对地理信息分析的需求和 GIS 强大的地理数据处理功能，可以总结出 GIS 可应用到运输的如下方向。

1. 设施定位选址

GIS 技术融合了 CAD 技术和数据库技术，可以管理空间数据（如配送中心、配送点的位置坐标），在进行城市配送系统规划时，能够通过数据访问方便地获取配送中心、配送点的位置坐标，并且，在配送中心选址过程中，能够利用其空间分析与拓扑分析功能，自动避开障碍物。因此，用 GIS 来确定零售商店、仓库、医院、加工中心等设施的最佳位置，其目的是降低费用，提高服务质量，以及使利润最大化等。设施定位模型可以用于确定一个或多个物流设施的位置。在物流系统中，物流中心、仓库和运输线共同组成了物流网络，物流中心和仓库处于网络节点上，节点决定着线路，如何根据供求的实际需要并结合经济效益等原则，在既定区域内设立多少个物流中心和仓库，如何确定每个物流中心和仓库的地理位置、规模，以及物流中心和仓库之间的物流关系等问题，运用此模型将得到解决。

2. 规划车辆线路

规划车辆线路主要是解决一个起点、多个终点的货物运输中，如何降低费用并保证服务质量，包括决定使用多少车辆、每个车辆经过什么线路的问题。在物流分析中，在一对多收发货点之间存在多种可供选择的运输线路的情况下，应该以物资运输的安全性、及时性和低费用为目标，综合考虑，权衡利弊，选择合理的运输方式并确定费用最低的运输线路。例如，一家公司只有一个仓库，而零售商店却有三十个，并分布在各个不同的位置上，每天用卡车把货物从仓库运到零售商店，每辆卡车的载重量和货物尺寸是固定的，同时每个零售商店所需的货物质量或体积也是固定的，因此，需要多少车辆及所有车辆经过的线路就是一个最简单的车辆线路问题。

3. 物流网点布局

寻求最有效的分配货物路径属于物流网点布局问题。例如，将货物从 N 个仓库运到 M 个商店，每个商店都有固定的需求量，因此需要确定由哪个仓库提货送给哪个商店，总的运输代价最小。在考虑线路上车流密度的前提下，GIS 可以解决怎样把空货车从所在位置调到货物所在位置。

4. 分配布局

分配布局根据各个要素的相似点把同一层上的所有或部分要素分为几个组，主要用于解决和确定服务范围、销售市场范围等问题。例如，一家公司要建立若干个分销点，要求这些分销点覆盖某一个地区，而且要使每个分销点的顾客数量大致相等。对于既定经济区域（可大至一个国家，小至一个小区）内，可考虑每个仓储网点的规模及地理位置等因素，合理划分配送中心的服务范围，确定其供应半径，实现宏观供需平衡。

5. 空间查询

利用 GIS 的空间查询功能，可以查询以某一商业网点为圆心，某半径内配送点的数目，以此判断哪个配送中心距离最近，为安排配送做准备。

6. 车辆定位导航

借助 GIS 技术，可以在车辆定位导航等方面得到车辆在三维空间中的运动轨迹，不但可获得车辆的准确位置，还可得到车辆的速度、运动方向等数据，便于交通运输管理部门动态监测交通情况。

GIS 应用于物流配送系统主要是利用了 GIS 强大的处理地理数据功能和空间分析功能来完善物流分析技术，其作用表现在对相关问题的分析、检索、处理和决策上。例如，了解货物配送、储存等动态过程中的各种性能指标；进行配送中心选址、最佳配送路径选择等方面的决策。可见，将 GIS 应用于物流配送系统，有利于提高物流配送的实时性和效率，有效控制成本，提高物流企业的服务质量和客户满意度。基于 GIS 建立的物流配送信息管理系统，充分发挥了 GIS 空间查询、分析及管理决策等功能，并有针对性地解决物流配送过程中的配送中心选址、运输车辆调度、行车路径选择、物资适时查询等关键问题，既满足了现代物流的要求，又为物流配送企业有效利用现有资源、降低消耗、提高效率提供了新型的管理方法。

本章小结

当前，信息化已经成为现代运输必然的发展方向和趋势，加强信息技术在我国运输领域的应用，以信息技术为中心全面更新和装备我国的运输产业，对实现国家经济可持续高速发展具有不可估量的作用。

条码　　射频识别　　全球定位系统　　地理信息系统

综合练习

一、单项选择题

1. 关于全球定位系统在运输中的作用的说法不正确的是（　　）。
   A. 车辆跟踪　　B. 合理分配车辆　　C. 降低能耗　　D. 提高运营成本
2. （　　）是商品条码。
   A. 39 码　　B. 库德巴码　　C. ITF 条码　　D. EAN 码
3. 厂商应选择适宜的代码结构，遵循三项基本的编码原则，以下（　　）不是。
   A. 唯一性原则　　B. 可替代原则　　C. 无含义性原则　　D. 稳定性原则
4. 商品条码符号的大小可在放大系数（　　）所决定的尺寸之间变化，以适应各种印刷工艺印制合格条码符号及用户对印刷面积的要求。
   A. 0.8～2.0　　B. 0.8～2.8　　C. 1.0～5.0　　D. 0.5～3.0

5. GS1-13 厂商识别代码由（　　）数字组成，由中国物品编码中心负责分配和管理。
   A. 4~6　　　B. 7~9　　　C. 8~10　　　D. 9~11

6. 根据 GS1 规范，按照国际惯例，一般来说，不再生产的产品自厂商将最后一批商品发送之日起，至少（　　）年内不能重新分配给其他商品项目。对于服装类商品，最低期限可为两年半。
   A. 7　　　B. 6　　　C. 4　　　D. 5

7. （　　）的宗旨是建立全球统一标识系统，促进国际贸易。其主要任务是协调全球统一标识系统在各国的应用，确保成员组织规划与步调的充分一致。
   A. 国际物品编码协会　　　B. 中国条码技术与应用协会
   C. 国际自动识别协会　　　D. 中国物品编码中心

8. 由 4 位数字组成的商品项目代码可标识（　　）种商品。
   A. 1000　　　B. 10000　　　C. 100000　　　D. 1000000

9. 条、空的（　　）颜色搭配可获得最大对比度，所以是最安全的条码符号颜色设计。
   A. 红白　　　B. 黑白　　　C. 蓝黑　　　D. 蓝白

10. 图书按 ISBN 进行编码，中国图书代码由（　　）位数字构成。
    A. 13　　　B. 9　　　C. 7　　　D. 12

二、名词解释

1. 条码
2. 射频识别
3. 全球定位系统
4. 地理信息系统

三、简答题

1. 简述条码的定义及其分类。
2. 说明全球定位系统的概念、组成及其工作原理。
3. 简述射频识别的概念及其特点。

四、案例分析

党的二十大报告指出要"完善科技创新体系""坚持创新在我国现代化建设全局中的核心地位""强化国家战略科技力量"。北斗卫星导航系统（以下简称北斗系统）是我国着眼于国家安全和经济社会发展需要，自主建设运行的全球卫星导航系统，是为全球用户提供全天候、全天时、高精度的定位、导航和授时服务的国家重要时空基础设施。自北斗系统提供服务以来，已在交通运输、农林渔业、水文监测、气象测报、通信授时、电力调度、救灾减灾、公共安全等领域得到广泛应用，服务国家重要基础设施，产生了显著的经济效益和社会效益。基于北斗系统的导航服务已被电子商务、移动智能终端制造、位置服务等厂商采用，广泛进入大众消费、共享经济和民生领域，应用的新模式、新业态、新经济不断涌现，深刻改变着人们的生产生活方式。我国将持续推进北斗系统应用与产业化发展，服务国家现代化建设和百姓日常生活，为全球科技、经济和社会发展做出贡献。

北斗系统秉承"中国的北斗、世界的北斗、一流的北斗"发展理念，愿与世界各国共享北斗系统建设发展成果，促进全球卫星导航事业蓬勃发展，为服务全球、造福人类贡献中国智慧和力量。北斗系统为经济社会发展提供重要时空信息保障，是中国实施改革开放40余年来取得的重要成就之一，是中华人民共和国成立以来重大科技成就之一，是中国贡献给世界的全球公共服务产品。中国将一如既往地积极推动国际交流与合作，实现与世界其他卫星导航系统的兼容与互操作，为全球用户提供更高性能、更加可靠和更加丰富的服务。

1. 发展历程

20世纪后期，我国开始探索适合国情的卫星导航系统发展道路，逐步形成了三步走发展战略：2000年，建成北斗一号系统，向中国提供服务；2012年，建成北斗二号系统，向亚太地区提供服务；2020年，建成北斗三号系统，向全球提供服务。

2. 发展目标

建设世界一流的卫星导航系统，满足国家安全与经济社会发展需求，为全球用户提供连续、稳定、可靠的服务；发展北斗产业，服务经济社会发展和民生改善；深化国际合作，共享卫星导航发展成果，提高全球卫星导航系统的综合应用效益。

3. 建设原则

我国坚持"自主、开放、兼容、渐进"的原则建设和发展北斗系统。

（1）自主。坚持自主建设、发展和运行北斗系统，具备向全球用户独立提供卫星导航服务的能力。

（2）开放。免费提供公开的卫星导航服务，鼓励开展全方位、多层次、高水平的国际合作与交流。

（3）兼容。提倡与其他卫星导航系统开展兼容与互操作，鼓励国际合作与交流，致力于为用户提供更好的服务。

（4）渐进。分步骤推进北斗系统建设发展，持续提升北斗系统服务性能，不断推动卫星导航产业全面、协调和可持续发展。

4. 远景目标

2035年前还将建设完善更加泛在、更加融合、更加智能的综合时空体系。

5. 基本组成

北斗系统由空间段、地面段和用户段三部分组成。

（1）空间段。北斗系统空间段由若干地球静止轨道卫星、倾斜地球同步轨道卫星和中圆地球轨道卫星等组成。

（2）地面段。北斗系统地面段包括主控站、时间同步/注入站和监测站等若干地面站，以及星间链路运行管理设施。

（3）用户段。北斗系统用户段包括北斗兼容其他卫星导航系统的芯片、模块、天线等基础产品，以及终端产品、应用系统与应用服务等。

6. 发展特色

北斗系统的建设实践，走出了在区域快速形成服务能力、逐步扩展为全球服务的中国特色发展路径，丰富了世界卫星导航事业的发展模式。

北斗系统具有以下特点。

（1）北斗系统空间段采用三种轨道卫星组成的混合星座，与其他卫星导航系统相比，高轨卫星更多，抗遮挡能力更强，尤其低纬度地区性能优势更为明显。

（2）北斗系统提供多个频点的导航信号，能够通过多频信号组合使用等方式提高服务精度。

（3）北斗系统创新融合了导航与通信能力，具备定位导航授时、星基增强、地基增强、精密单点定位、短报文通信和国际搜救等多种服务能力。

请根据以上资料，思考下列问题。

（1）我国北斗系统可为哪些领域提供哪些服务？
（2）北斗系统由哪几部分组成？
（3）北斗系统具有哪些特点？

参 考 文 献

杨家其, 涂敏, 2014. 国际集装箱运输与多式联运[M]. 武汉: 武汉理工大学出版社.
孟祥茹, 2017. 国际集装箱多式联运[M]. 北京: 人民交通出版社.
邓一凡, 2021. 浅析危险货物道路运输安全管理[J]. 物流工程与管理, 43(5): 145-147.
牟伟相, 2019. 公路大件运输车辆安全性能优化与主动控制研究[D]. 西安: 长安大学.
李贺, 祁小辉, 俞灵, 2021. 粤港澳大湾区战略下深圳港的发展建议[J]. 水运工程(3): 41-46.
钟浩, 2021. 21世纪海上丝绸之路沿线主要国家港口综合竞争力及效应研究[D]. 湛江: 广东海洋大学.
黄凌波, 2021. 粤港澳大湾区港口竞合关系研究[D]. 广州: 华南理工大学.
张芬, 2021. 粤港澳大湾区港口竞合关系及演化研究[D]. 广州: 华南理工大学.
欧电, 2021. 基于博弈论的粤港澳大湾区港口群国际竞争力提升研究[D]. 广州: 华南理工大学.
谭涛, 黄泽涛, 林雁玲, 等, 2020. 大数据驱动的我国新能源汽车需求分析[J]. 可再生能源, 38(7): 967-971.
王吉寅, 张桥艳, 2017. 民航货物运输[M]. 重庆: 重庆大学出版社.
杨丽, 苟晓冬, 2019. 中国航空货运网络结构分析[J]. 西北师范大学学报(自然科学版), 55(4): 30-36.
胡婉君, 2019. 我国航空货流网络发展及其地域系统研究[D]. 上海: 上海师范大学.
崔艳萍, 武靖宇, 车探来, 2017. 亚欧国际铁路联运[M]. 北京: 中国铁道出版社.
权诗琦, 张巍, 2017. 中国与国际铁路运输政府间组织合作的思考[J]. 铁道运输与经济, 39(9):64-68.
李大朋, 2017. 论"一带一路"倡议下以铁路运输为中心的国际货运规则重构[J]. 武大国际法评论, 1(4):46-61.
覃娜, 张坚, 2017. "一带一路"倡议下我国国际铁路货物联运探析[J]. 对外经贸(9): 30-32.
朱琳, 2018. 低碳环境下企业运输方式选择研究[D]. 南京: 东南大学.
胡从旭, 2019. "一带一路"背景下中欧班列问题与对策[J]. 物流工程与管理, 41(9): 24-25.
张思远, 2019. 中欧班列返空率的影响因素研究[J]. 全国流通经济(11): 39-40.
韩斌, 2020. 远洋运输企业船舶租赁财务决策研究[J]. 财会学习(34): 42-43.
江振峰, 2021. 干散货航运企业纵向整合与运营管理优化研究[D]. 大连: 大连海事大学.